广东省科技期刊发展
蓝皮书（2023）

广东省科学技术期刊编辑学会　主编

U0330228

中山大學出版社
SUN YAT-SEN UNIVERSITY PRESS
·广州·

图书在版编目（CIP）数据

广东省科技期刊发展蓝皮书. 2023/广东省科学技术期刊编辑学会主编 . —广州：中山大学出版社，2024.4

ISBN 978 - 7 - 306 - 08076 - 9

Ⅰ . ①广… Ⅱ . ①广… Ⅲ . ①科技期刊—编辑工作—研究报告—广东—2023 Ⅳ . ①G237.5

中国国家版本馆 CIP 数据核字（2024）第 076922 号

GUANGDONGSHENG KEJI QIKAN FAZHAN LANPISHU （2023）

出 版 人：王天琪
策划编辑：曾育林
责任编辑：曾育林
封面设计：曾 斌
责任校对：孙碧涵
责任技编：靳晓虹
出版发行：中山大学出版社
电　　话：编辑部 020 - 84113349，84110776，84111997，84110779，84110283
　　　　　发行部 020 - 84111998，84111981，84111160
地　　址：广州市新港西路 135 号
邮　　编：510275　　　　传　真：020 - 84036565
网　　址：http://www.zsup.com.cn　　E-mail：zdcbs@mail.sysu.edu.cn
印 刷 者：广东虎彩云印刷有限公司
规　　格：787mm×1092mm　　1/16　　23.875 印张　　380 千字
版次印次：2024 年 4 月第 1 版　　2024 年 4 月第 1 次印刷
定　　价：128.00 元

《广东省科技期刊发展蓝皮书（2023）》编写委员会

前　　言

科技期刊传承人类文明，荟萃科学发现，引领科技发展，直接体现国家科技竞争力和文化软实力，不仅是开展学术交流与传播的媒介，更是推动科技进步与创新的重要平台。近年来，国家对科技期刊建设高度重视，党中央和国家有关部委先后出台了一系列重要的相关文件。

2021年6月23日，中共中央宣传部、教育部、科技部联合印发了《关于推动学术期刊繁荣发展的意见》，强调以习近平新时代中国特色社会主义思想为指导，紧紧围绕党和国家重大决策部署和宣传思想工作根本任务，努力打造一批世界一流、代表国家学术水平的知名期刊，为建设世界科技强国和社会主义文化强国做出更大贡献。2022年2月16日，中国科学技术协会印发了《2022年中国科协学会学术工作要点》，强调要做大一流科技期刊矩阵，面向建设世界创新高地，坚持质量第一，稳中求进，不断扩大一流期刊建设成效，推动期刊高质量发展。

2022年7月12日，中共广东省委宣传部、省教育厅、省科技厅联合印发了《广东省关于推动学术期刊繁荣发展的实施意见》（以下简称《意见》），在"指导思想"中强调，要"做大具有广东特色的学术期刊群，做强优势学科的学术期刊，做优多媒体融合发展的学术期刊，着力培育高水平的外文学术期刊，充分发挥学术期刊在广东省创新驱动发展战略中的重要支撑作用，进一步提升省内学术期刊各项指标与影响力，学术期刊整体实力跻身全国前列，为构建国家科研论文和学术信息高端交流平台、打造粤港澳大湾区国际科技和文化创新中心、建设科技和文化强省提供强大精神动力和智力支持"。

为贯彻落实《意见》精神，大力推进国内一流科技期刊建设，广东省科学技术期刊编辑学会组织了广东省内科技期刊领域的知名专家、学者组成专家委员会和编写委员会，撰写了广东省期刊领域的第一本"蓝皮书"——《广东省科技期刊发展蓝皮书（2023）》，围绕科技期刊强省的总体目标，总结经验、剖析问题、谋划未来。

本书详细介绍广东省科技期刊在促进学术交流、推动科技进步以及影响未来发展等方面的独特作用；同时，探讨科技期刊所面临的挑战与机遇，针对广东省科技期刊的发展现况及态势进行分析，对标国际及国内其他省份优秀科技期刊，探索广东省科技期刊高质量发展的可行路径、政策环境和保障策略，提出推进广东省科技期刊高水平建设的策略。本书共分为四章，分别从广东省科技期刊现状分析、广东省科技期刊影响力及载文特征分析、广东省科技期刊高水平建设进展和广东省科技期刊的实践与思考四个方面展开。全书内容翔实、数据可靠，是广东省科技期刊建设与发展的指南，可作为相关领域从业人员的重要参考。

在专家委员会、编写委员会众多专家学者的大力支持下，本书的编写秉承公正客观的原则，基于实际情况收集数据、查找文献、剖析问题、总结规律，力求全方位呈现广东省科技期刊产业发展现状。在此，谨向所有为本书的编写与出版付出辛勤劳动的专家、学者和业界同仁致以诚挚的感谢！由于编者能力有限，错误和疏漏之处在所难免，期待广大读者不吝赐教，批评指正。

目 录

第一章 广东省科技期刊现状分析①

内 容 提 要

一、广东省科技期刊基本信息

（一）广东省科技期刊数量及创刊时间

根据 2022 年广东省科技期刊年检资料以及本调查组调研结果，截至 2022 年 12 月，广东省公开发行且正常出版的科技期刊（刊号以 CN44 开头）共 196 种。

从创刊时间来看，中华人民共和国成立前创办期刊 1 种，1950—1969 年创办期刊 13 种，1970—1979 年创办期刊 39 种，1980—1989 年创办期刊 60 种，1990—1999 年创办期刊 37 种，2000—2009 年创办期刊 29 种，2010—2019 年创办期刊 17 种。2000 年以后创办的期刊数量占总量的近四分之一。

（二）广东省科技期刊出版地及出版周期分布

从出版地分布来看，广东省 21 个地级市（包括 2 个副省级市）中，12 个（占比 57.1%）均有出版科技期刊。由于我省高校、研究院（所）的科技、人力、设施等分布格局不平衡，各地区出版科技期刊的数量存在较大差异。广州作为全省的政治、文化、教育、经济中心，科技期刊数量最多，高达 167 种，占比 85.2%；深圳 13 种，佛山 3

---

① 执笔：张冰（牵头）、余菁、孙涛；周静（第一节）；余菁（第二节）；杨旺平、张英、卫亚东（第三节）；冼春梅（第四、五节）；李扬杵（第六节）。

种，湛江 3 种，汕头 3 种，东莞、韶关、梅州、茂名、江门、惠州、清远各 1 种。

从出版周期来看，广东省科技期刊以双月刊和月刊为主。对 196 种科技期刊出版周期进行统计发现，双月刊数量最多，有 78 种（占比 39.80%），接下来依次为月刊 67 种、季刊 26 种、半月刊 21 种、旬刊 3 种、半年刊 1 种。

（三）广东省科技期刊文种及学科分布

广东省科技期刊的文种分布以中文科技期刊为主。196 种科技期刊中，中文科技期刊 189 种（占比 96.4%），英文科技期刊 5 种（占比 2.6%），中英文科技期刊 2 种。

196 种科技期刊中，"医药、卫生，综合性医药卫生" 65 种，占比 33.2%；"工业技术总论" 57 种，占比 29.1%；"农业、林业，综合性农业科学" 17 种，"自然科学总论" 16 种，"综合性科学" 16 种，"交通运输" 9 种，"天文学、地球科学" 8 种，"生物科学" 3 种，"环境科学、安全科学" 3 种，"数理科学和化学" 2 种。

（四）广东省科技期刊主管、主办和出版单位分布

广东省科技期刊的主管单位、主办单位和出版单位分布较为分散，出版单位大多为单刊编辑部。统计显示，196 种科技期刊的主管单位共有 90 个，平均每个主管单位主管期刊 2.18 种。仅主管 1 种科技期刊的主管单位有 63 个，占比 70.0%；主管 2 种科技期刊的主管单位有 13 个，占比 14.4%；主管 3 ～ 10 种（不含）科技期刊的主管单位有 10 个，占比 11.1%。主管科技期刊数量 10 种及以上的主管单位仅有 4 个（占比 4.4%），分别为教育部（15 种）、广东省教育厅（26 种）、广东省科学技术协会（11 种）、广东省卫生健康委员会（11 种）。

（五）其他期刊

除了上述 196 种以 CN44 开头的科技期刊外，广东省内各机构或单位还主办和（或）承办了 39 种科技期刊，包括英文 23 种、中文 15 种、中英文 1 种。广东省目前正式出版的英文科技期刊数量达到 28 种。

二、广东省科技期刊办刊条件及人力资源

（一）广东省科技期刊办刊场所

广东省现有的 189 种中文刊、2 种中英文刊和 5 种英文刊中，共有 184 种填报了办刊条件的有效数据。广东省科技期刊有稳定的办刊场所，办公面积为 10 ～ 22 368 m²，中位办公面积为 70 m²。绝大多数的期刊（125 种，占比 67.9%）由上级单位提供办公场所，有 27 种（占比 14.7%）办公场所为租赁，26 种（占比 14.1%）为自有，3 种（占比 1.6%）为其他，3 种（占比 1.6%）为上级提供加其他形式。

（二）广东省科技期刊人力资源

广东省科技期刊从业总人数为 1 520 人，期刊从业人员最少 2 人，最多 108 人，中位从业人数为 6 人，刊均从业人数为 8 人。广东省科技期刊从业人员中，在编总人数 800 人，聘用总人数 720 人。

广东省科技期刊从业人员中，绝大多数从事采编工作，为 829 人。新媒体工作 107 人，行政管理 192 人，广告工作 80 人，发行工作 154 人，其他 158 人。

广东省科技期刊从业人员中，以大学本科学历为主。大学本科 630 人，占比 41.4%；硕士研究生 441 人，占比 29.0%；博士研究生 264 人，占比 17.4%；大专 185 人，占比 12.2%。

广东省科技期刊从业人员中，正高职称 293 人，占比 19.3%；副高职称 257 人，占比 16.9%；中级职称 372 人，占比 24.5%；初级及

无职称 598 人，占比 39.3%。

（三）广东省科技期刊出版单位性质和资金来源

据 2022 年广东省科技期刊年检资料和本调查组调研，广东省现有的 189 种中文刊、2 种中英文刊和 5 种英文刊中，共有 196 种填报了人力资源的有效数据。

广东省科技期刊中属于非法人单位的 139 种，企业法人 48 种，事业法人 8 种，非自然人投资或控股的法人独资 1 种。

三、广东省科技期刊获得奖励及经费资助情况

（一）获奖情况

1999—2005 年，国家新闻出版署曾举办过 3 届国家期刊奖，《中山大学学报（自然科学版）》荣获第二、第三届国家期刊奖"百种重点期刊"称号，《华南农业大学学报》荣获第三届国家期刊奖"百种重点期刊"称号。2001 年国家新闻出版总署组建中国期刊方阵，《中山大学学报（自然科学版）》《华南理工大学学报（自然科学版）》等 11 种期刊入选中国期刊方阵"双效"期刊，《家庭医生》入选中国期刊方阵"双高"期刊。

2021 年开展了首届广东出版政府奖评选活动，共有 10 种期刊获"期刊奖"。其中，南方医科大学主办的《南方医科大学学报》、中国病理生理学会主办的《中国病理生理杂志》、中山大学主办的《中山大学学报（自然科学版）（中英文）》、华南理工大学主办的《华南理工大学学报（自然科学版）》4 种科技期刊获得该奖项。

中国高校科技期刊研究会在 2018 年和 2020 年分别进行了"高校杰出·百佳·优秀科技期刊"的遴选活动。2018 年，广东省有 1 种期刊获得"中国高校杰出科技期刊"称号，4 种期刊获得"中国高校百佳科技期刊"称号，7 种期刊获得"中国高校优秀科技期刊"称号，2

种期刊获得"中国高校编辑出版质量优秀科技期刊"称号。2020年，广东省有1种期刊获得"中国高校杰出科技期刊"称号，9种期刊获得"中国高校百佳科技期刊"称号，18种期刊获得"中国高校优秀科技期刊"称号。中国高校科技期刊研究会在2022年开展了"中国高校科技期刊建设示范案例库·杰出/百佳/优秀科技期刊案例"的征集活动，广东省有1种期刊入选"杰出科技期刊案例"；9种期刊入选"百佳科技期刊案例"；8种期刊入选"优秀科技期刊案例"。

近20年来，广东省共有21种期刊获得"中国精品科技期刊"称号。其中，有1种期刊6次获得，2种期刊5次获得，3种期刊4次获得，4种期刊3次获得，4种期刊2次获得，7种期刊1次获得。《癌症（英文版）》《南方医科大学学报》《中国病理生理杂志》《中山大学学报（自然科学版）》《中华胃肠外科杂志》均多次荣获"中国百种杰出学术期刊"称号。《癌症（英文版）》于2013—2020年荣获"中国最具国际影响力学术期刊"。另有《南方医科大学学报》《生态环境学报》等7种期刊分别于2013年、2020—2022年荣获"中国国际影响力优秀学术期刊"。

（二）资助情况

中国科技期刊卓越行动计划以5年为周期，面向全国科技期刊系统构建支持体系。广东省有2种科技期刊入选2019—2022年中国科技期刊卓越行动计划梯队项目；2021年度和2022年度各有2种期刊入选中国科技期刊卓越行动计划高起点新刊项目；2020—2023年共有3位期刊编辑和1位期刊审稿人入选中国科技期刊卓越行动计划选育高水平办刊人才子项目－青年人才支持项目。

广东省科学技术厅2021—2022年度平台基地及科技基础条件建设项目共设79项。其中，"高水平英文科技期刊创办"专题4项；"高质量科技期刊建设"专题 19 项；"卓越科技期刊人才培训"专题 1 项。广东省科学技术厅 2023 年度平台基地及科技基础条件建设项目（省重点实验室、高水平科技期刊等）计划共资助 66 个项目。其中，"高起点英文新刊创办"专题 5 项，"高质量科技期刊建设"专题 10 项，"广东省科技期刊智慧服务管理平台"专题 1 项。

广东省科学技术期刊编辑学会自 2018 年开始设立资助基金项目，每两年一次。2018 年广东省科学技术期刊编辑学会基金项目立项 22 项，2020 年广东省科学技术期刊编辑学会基金项目立项 48 项。

四、广东省科技期刊经营状况

（一）平均期印数及平均期发行量

参加 2022 年年检的 196 种科技期刊中，196 种填报了"平均期印数"，填报有效数据的期刊为 196 种。平均期印数位于 1 000 册（不含）以下区间的期刊 67 种，占比 34.18%；平均期印数位于 1 000～1 500（不含）册区间的期刊 49 种，占比 25%；平均期印数位于 1 500～2 000 册（不含）区间的期刊 13 种，占比 6.63%；平均期印数位于 2 000～3 000 册（不含）区间的期刊 31 种，占比 15.82%；平均期印数位于 3 000～5 000 册（不含）区间的期刊 17 种，占比 8.67%；平均期印数位于 5 000～10 000 册（不含）区间的期刊 9 种，占比 4.59%；平均期印数位于 10 000～20 000 册（不含）区间的期刊 3 种，占比 1.53%；平均期印数位于 20 000 册及以上的期刊 7 种，占比 3.57%。

196 种填报了"平均期发行量"，剔除填报"0"的 4 条无效数据，填报有效数据的期刊为 192 种。平均期发行量位于 1 000 册（不含）以下区间的期刊 83 种，占比 43.23%；平均期发行量位于 1 000～1 500 册（不含）区间的期刊 36 种，占比 18.75%；平均期发行量位于 1 500 ～ 2 000 册（不含）区间的期刊 14 种，占比 7.29%；平均期发行量位于 2 000 ～ 3 000 册（不含）区间的期刊 26 种，占比 13.54%；平均期发行量位于 3 000 ～ 5 000 册（不含）区间的期刊 15 种，占比 7.81%；平均期发行量位于 5 000 ～ 10 000 册（不含）区间的期刊 8 种，占比 4.17%；平均期发行量位于 10 000 ～ 20 000 册区间的期刊 4 种，占比 2.08%；平均期发行量位于 20 000 册及以上区间的期刊 6 种，占比 3.13%。

（二）发行方式、收入和支出

参加 2022 年年检的 196 种科技期刊中，196 种填报了"发行方式"项。采用邮局发行的期刊 116 种（同时采用其他发行方式），占比 59.18%；采用自办发行的期刊 163 种（同时采用其他发行方式），占比 83.16%；采用"邮发＋自办发行"的期刊 89 种，占比 45.41%；OA、赠阅和内部交流的期刊 6 种，占比 3.06%。

196 种科技期刊在 2022 年年检数据中填报了"发行收入"项，其中填报"0"的 46 种（未在统计范围内），占比 23.47%；150 种有发行收入，占比 76.53%。年发行收入在 5 万元（不含）以下区间的期刊 69 种，占比 46.00%；年发行收入在 5 万～ 10 万元（不含）区间的期刊 17 种，占比 11.33%；年发行收入在 10 万～ 20 万元区间的期刊 19 种，占比 12.67%；年发行收入在 20 万～ 50 万元区间的期刊 25 种，占比 16.67%；年发行收入在 50 万～ 100 万元区间的期刊 10 种，占比 6.67%；年发行收入在 100 万元及以上区间的期刊 10 种，占比 6.67%。

196 种科技期刊中 72 种有版权收入，占比 36.73%。年版权收入在 2 万元（不含）以下区间的期刊 44 种，占比 61.11%；年版权收入在 2 万～ 5 万元（不含）区间的期刊 11 种，占比 15.28%；年版权收入在 5 万～10 万元（不含）区间的期刊 3 种，占比 4.17%；年版权收入在 10 万～30 万元（不含）区间的期刊 5 种，占比 6.94%；年版权收入在 30 万～100 万元（不含）区间的期刊 1 种，占比 1.39%；年版权收入在 100 万元及以上区间的期刊 8 种，占比 11.11%。

196 种科技期刊中 70 种有广告收入，占比 35.71%。年广告收入在 10 万元（不含）以下区间的期刊 24 种，占比 34.29%；年广告收入在 10 万～30 万元（不含）区间的期刊 17 种，占比 24.29%；年广告收入在 30 万～50 万元（不含）区间的期刊 13 种，占比 18.57%；年广告收入在 50 万～100 万元（不含）区间的期刊 9 种，占比 12.86%；年广告收入在 100 万元及以上区间的期刊 7 种，占比 10.00%。

196 种科技期刊中 33 种有项目活动收入，占比 16.84%。统计显示，年项目活动收入在 10 万元（不含）以下区间的期刊 9 种，占比 27.27%；年项目活动收入在 10 万～30 万元（不含）区间的期刊 10 种，占比 30.30%；年项目活动收入在 30 万～100 万元（不含）区间的期刊 5 种，占比 15.15%；年项目活动收入在 50 万～100 万元（不含）区间的期刊 2 种，占比 6.06%；年项目活动收入在 100 万元及以上区间的期刊 7 种，占比 21.21%。

196 种科技期刊中 12 种有新媒体收入，占比 6.12%。年新媒体收入在 30 万元（不含）以下区间的期刊 6 种，占比 50%；年新媒体收入在 30 万～50 万元（不含）区间的期刊 2 种，占比 16.67%；年新媒体收入在 50 万～100 万元（不含）区间的期刊 1 种，占比 8.33%；年新媒体收入在 100 万元及以上区间的期刊 3 种，占比 25%。

196 种科技期刊中仅 1 种期刊有海外出版收入（1.1 万元），占比 0.51%。

196 种科技期刊中 146 种有其他收入，占比 74.49%。统计显示，年其他收入在 10 万元（不含）以下的期刊 25 种，占比 17.12%；年其他收入在 10 万~20 万元（不含）区间的期刊 16 种，占比 10.96%；年其他收入在 20 万~30 万元（不含）区间的期刊 17 种，占比 11.64%；年其他收入在 30 万~50 万元（不含）区间的期刊 35 种，占比 23.97%；年其他收入在 50 万~100 万元（不含）区间的期刊 25 种，占比 17.12%；年其他收入在 100 万元及以上区间的期刊 28 种，占比 19.18%。

196 种科技期刊中 183 种有总收入，占比 93.37%。年总收入在 10 万元（不含）以下的期刊 17 种，占比 9.29%；年总收入在 10 万~20 万元（不含）区间的期刊 14 种，占比 7.65%；年总收入在 20 万~30 万元（不含）区间的期刊 14 种，占比 7.65%；年总收入在 30 万~50 万元（不含）区间的期刊 32 种，占比 17.49%；年总收入在 50 万~100 万元（不含）区间的期刊 44 种，占比 24.04%；年总收入在 100 万~1 000 万元（不含）区间的期刊 57 种，占比 31.15%；年总收入在 1 000 万元及以上区间的期刊 5 种，占比 2.73%。

196 种科技期刊中 194 种有总支出，占比 98.98%。统计显示，年总支出在 10 万元（不含）以下的期刊 13 种，占比 6.70%；年总支出在 10 万~20 万元（不含）区间的期刊 15 种，占比 7.73%；年总支出在 20 万~30 万元（不含）区间的期刊 15 种，占比 7.73%；年总支出在 30 万~50 万元（不含）区间的期刊 33 种，占比 17.01%；年总支出在 50 万~100 万元（不含）区间的期刊 51 种，占比 26.29%；年总支出在 100 万~1 000 万元（不含）区间的期刊 62 种，占比 31.96%；年总支出在 1 000 万元及以上区间的期刊 5 种，占比 2.58%。

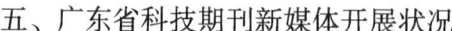

五、广东省科技期刊新媒体开展状况

（一）期刊网站年点击量

参加 2022 年年检的 196 种科技期刊中，38 种期刊未填期刊网站年点击量数据，占比 19.39%；67 种期刊填报"0"，占比 34.18%；91 种期刊填报了期刊网站年点击量，占比 46.43%。网站年点击量在 5 万次（不含）以下区间的期刊 30 种，占比 32.97%；网站年点击量在 5 万～10 万次（不含）区间的期刊 12 种，占比 13.19%；网站年点击量在 10 万～20 万次（不含）区间的期刊 21 种，占比 23.08%；网站年点击量在 20 万～30 万次（不含）区间的期刊 7 种，占比 7.69%；网站年点击量在 30 万～50 万次（不含）区间的期刊 7 种，占比 7.69%；网站年点击量在 50 万～100 万次（不含）区间的期刊 5 种，占比 5.49%；网站年点击量在 100 万～1 000 万次（不含）区间的期刊 4 种，占比 4.40%；网站年点击量在 1 000 万次及以上区间的期刊 5 种，占比 5.49%。

（二）官方客户端

参加 2022 年年检的 196 种科技期刊中，175 种期刊没有官方客户端，占比 89.29%；21 种期刊填报了官方客户端数量，占比 10.71%。19 种期刊有 1 个客户端，占比 90.48%；1 种有 2 个客户端，占比 4.76%；1 种有 3 个客户端，占比 4.76%。

（三）官方微信公众号

参加 2022 年年检的 196 种科技期刊中，86 种填报"0"或未填官方微信公众号数据，占比 43.88%；110 种有官方微信公众号，占比 56.12%。建设 1 个微信公众号的期刊有 104 种，占比 94.55%；建设 2 个微信公众号的有 6 种，占比 5.45%。

（四）官方微博账号

参加 2022 年年检的 196 种科技期刊中，196 种填报了"官方微博账号"项。其中，178 种期刊没有官方微博账号，占比 90.82%；18 种填报了官方微博账号，占比 9.18%。18 种科技期刊只有 1 个微博账号。

（五）新媒体运作方式及运作单位性质

参加 2022 年年检的 196 种科技期刊中，82 种期刊没有新媒体运作，占比 41.84%；114 种有新媒体运作，占比 58.16%。105 种期刊自行运作，占比 92.11%；3 种期刊委托其他单位运作，占比 2.63%；6 种期刊与其他单位合作运作，占比 5.26%。

六、广东省科技期刊被重要数据库收录情况

（一）国际数据库收录情况

截至 2023 年 8 月，广东省被 SCIE/ESCI、Scopus、PubMed 3 种权威国际数据库收录的科技期刊共有 38 种，其中英文刊 14 种。被 ESCI 收录 11 种、Scopus 收录 38 种、PubMed 收录 5 种；*Cancer Communications*、*Gastroenterology Report*、*Giga Science* 同时被 ESCI 和 PubMed 收录。广东省共有 57 种期刊是美国化学文摘（CA）来源期刊，86 种是日本科学技术振兴机构数据库（JST）来源期刊，5 种是 INSPEC 科学文摘来源期刊，44 种是 WJCI 科技期刊世界影响力指数报告来源期刊，5 种是 EI 来源期刊，13 种是俄国文摘杂志 Pж（AJ）来源期刊。

（二）国内数据库收录情况

截至 2023 年 9 月，广东省现有 45 种期刊入选北大图书馆《中文核心期刊要目总览（2020）》，81 种期刊入选中信所《中国科技期刊引证报告（核心版）（2023）》，36 种期刊入选中国科学引文数据库（CSCD 2023），占全国入选总数（2 571 种）的 3%。30 种期刊被中文核心期刊、中国科技核心期刊和 CSCD 同时收录。

第一节　期刊基本信息

一、数量及创刊时间

根据 2022 年广东省科技期刊年检资料以及本课题组调研结果，截至 2022 年 12 月，广东省公开发行且正常出版的科技期刊（刊号以 CN44 开头）共 196 种，占全国科技期刊总数〔5071 种，《中国科技期刊发展蓝皮书（2022）》报道的截至 2021 年底参加年检的内地期刊数据〕的 3.9%。目前，广东省科技期刊数量仅次于北京、上海、江苏、湖北、四川，居第六位（图 1-1），从全国范围来看广东是一个期刊大省。196 种科技期刊基本信息见附表 1。

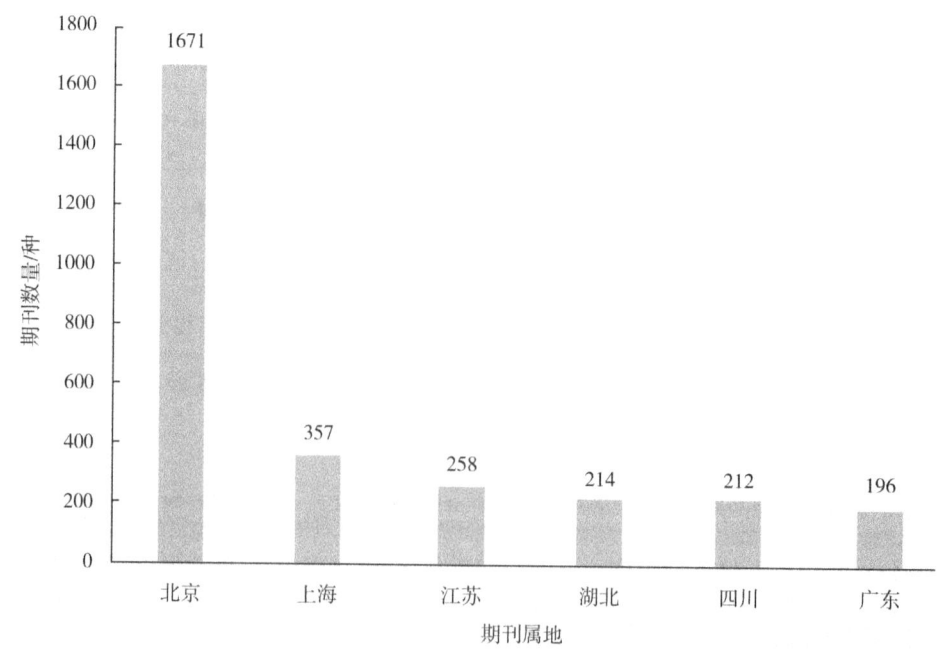

图 1-1　我国出版科技期刊数量前六名的地区分布

注：数据来自《中国科技期刊发展蓝皮书（2022）》、2022 年广东省科技期刊年检资料和本课题组调研结果。

从创刊时间来看，广东省科技期刊经历了一个萌芽—急剧增加—平稳发展的过程。中华人民共和国成立前创办期刊 1 种；1950—1969 年创办期刊的数量较少，仅 7 种；1970 年开始，创办期刊数量开始急剧增多，1970—1979 年间增加 39 种，是此前 20 年创办期刊数量的 3 倍；1980—1989 年创办期刊数量达到顶峰，10 年间创刊 60 种；1990 年后，创办期刊数量增速放缓，进入平稳发展阶段；2000 年以后创办期刊数量占总量的近四分之一，其中 2010—2019 年创办新刊 17 种（图 1-2）。

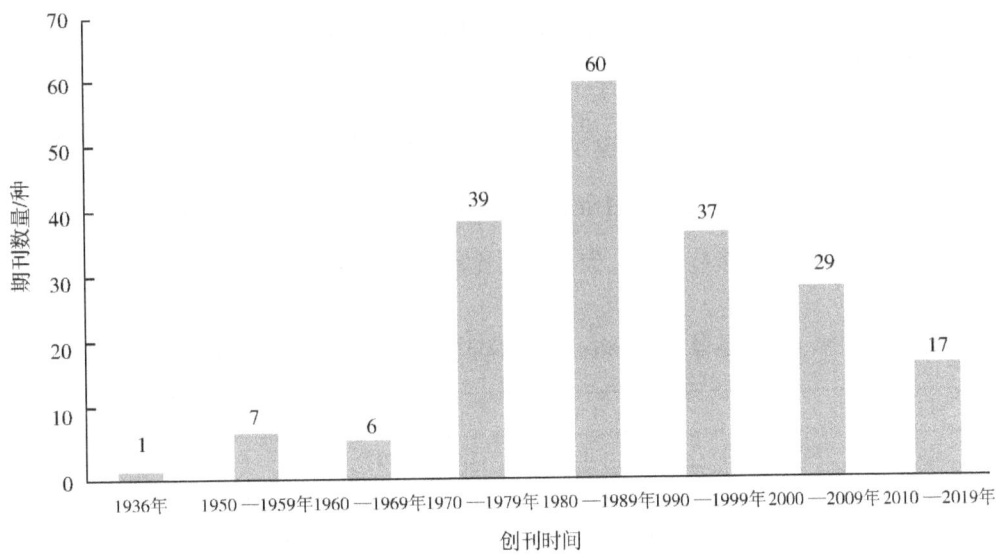

图 1-2　广东省科技期刊创刊时间分布

注：数据来自 2022 年广东省科技期刊年检资料和本课题组调研结果。

二、出版地及出版周期分布

（一）出版地分布

从出版地分布来看，广东省 21 个地级市（包括 2 个副省级市）中，12 个（57.1%）均有出版科技期刊。由于广东省高校、研究院（所）的科技、人力、设施等分布格局不平衡，各地区出版科技期刊的数量存在较大差异。广州作为全省的政治、文化、教育、经济中心，科技期刊数量最多，高达 167 种，占比 85.2%；深圳 13 种，佛山 3 种，湛江 3 种，汕头 3 种，东莞、韶关、梅州、茂名、江门、惠州、清远各 1 种。

（二）出版周期分布

从出版周期来看，广东省科技期刊以双月刊和月刊为主。对 199 种科技期刊出版周期进行统计发现，双月刊数量最多，有 78 种（占比 39.20%），接下来依次为月刊 67 种、季刊 26 种、半月刊 21 种、旬刊 3 种、半年刊 1 种。

由《中国科技期刊发展蓝皮书（2022）》可知，我国各地区科技期刊出版周期以季刊、双月刊、月刊、半月刊为主。进一步对比发现，广东省与全国科技期刊出版周期分布基本保持一致，但半月刊比例高于全国平均水平，见表 1-1。

表 1-1　全国及广东等 6 省/直辖市科技期刊的主要出版周期分布　　（单位：种）

地域	季刊	双月刊	月刊	半月刊	期刊总数
全国	757（14.93）	1 970（38.85）	1823（35.95）	320（6.31）	5071
广东	26（13.27）	78（39.80）	67（34.18）	21（10.71）	196
北京	197（11.79）	488（29.20）	767（45.90）	141（8.44）	1671
上海	55（15.41）	167（46.78）	121（33.89）	8（2.24）	357
江苏	46（17.83）	132（51.16）	66（25.58）	8（3.10）	258
湖北	22（10.28）	95（44.39）	74（34.58）	14（6.54）	214
四川	43（20.28）	89（41.98）	70（33.02）	5（2.36）	212

注：广东省数据来自 2022 年广东省科技期刊年检资料和本课题组调研结果；其余数据来自《中国科技期刊发展蓝皮书（2022）》，括号内为占比（%）。

三、文种及学科分布

广东省科技期刊的文种分布以中文科技期刊为主。196 种科技期刊中，中文科

技期刊 189 种 （96.4%），英文科技期刊 5 种 （2.6%），中英文科技期刊 2 种 （1.0%，《中山大学学报 （自然科学版）（中英文）》《隧道建设 （中英文）》）。广东省英文科技期刊数量占全省科技期刊总数的 2.6%，远低于中国英文科技期刊在全国科技期刊中的占比 8.28% （420/5071，数据来自《中国科技期刊发展蓝皮书 （2022）》），同时仅占全国英文科技期刊总数的 1.19% （5/420）（表 1-2）。

参照中国图书馆图书分类法进行学科分类发现，196 种科技期刊中，"医药、卫生，综合性医药卫生" 65 种，占 33.2%，高于同类期刊在全国科技期刊的占比 22.72% （数据来自《中国科技期刊发展蓝皮书 （2022）》）；"工业技术总论" 57 种，占比 29.1%；"农业、林业，综合性农业科学" 17 种，"自然科学总论" 16 种，"综合性科学" 16 种，"交通运输" 9 种，"天文学、地球科学" 8 种，"生物科学" 3 种，"环境科学、安全科学" 3 种，"数理科学和化学" 2 种 （表 1-2 和图 1-3）。

一方面，广东省科技期刊以医药卫生类和工业技术类为主，占比高达 62.2%，说明广东省医药卫生和工业行业的科研创新水平和技术水平较高。另一方面，航空、宇宙飞船类期刊呈空白状态，多个学科 （交通运输类，天文学、地球科学类，生物科学类，环境科学、安全科学类，数理科学和化学类）期刊数量不足 10 种。同时，英文科技期刊缺口较大，目前仅 3 个学科 （天文学、地球科学类，工业技术总论类，医药卫生类）有对应英文科技期刊。

表 1-2　广东省科技期刊文种及学科分布　　　　　　　（单位：种）

学科类别	学科	中文	英文	中英文	合计
基础科学 （46 种）	N 自然科学总论	15	0	1	16
	O 数理科学和化学	2	0	0	2
	P 天文学、地球科学	7	1	0	8
	Q 生物科学	3	0	0	3
	S 农业、林业，综合性农业科学	17	0	0	17

续上表

学科类别	学科	中文	英文	中英文	合计
技术科学（69 种）	T 工业技术总论	56	1	0	57
	U 交通运输	8	0	1	9
	V 航空、宇宙飞船	0	0	0	0
	X 环境科学、安全科学	3	0	0	3
医药卫生（65 种）	R 医药、卫生，综合性医药卫生	62	3	0	65
综合性科学（16 种）	Z 综合	16	0	0	16
	合计	189	5	2	196

注：数据来自 2022 年广东省科技期刊年检资料和本课题组调研结果。

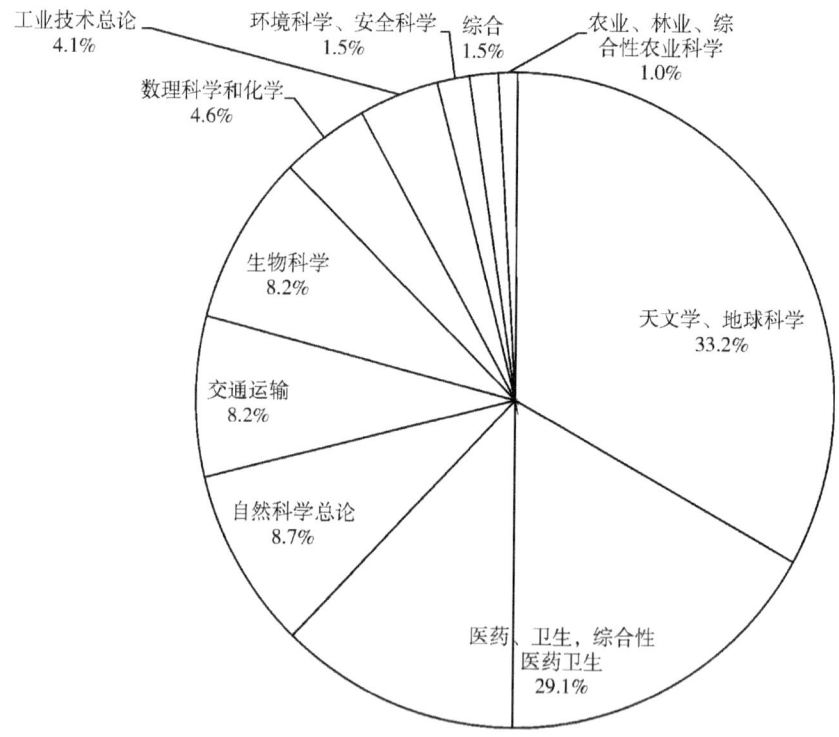

图 1-3　广东省科技期刊学科分布

注：数据来自 2022 年广东省科技期刊年检资料和本课题组调研结果。

四、主管、主办和出版单位分布

广东省科技期刊的主管单位、主办单位和出版单位分布较为分散，出版单位大多为单刊编辑部。统计显示，196 种科技期刊的主管单位共有 90 个，平均每个主管单位主管期刊 2.18 种，低于全国平均水平（3.83 种，数据来自《中国科技期刊发展蓝皮书（2022）》）。仅主管 1 种科技期刊的主管单位有 63 个，占比 70.0%；主管 2 种科技期刊的主管单位有 13 个，占比 14.4%；主管 3 ～ 10 种（不含）科技期刊的主管单位有 10 个，占比 11.1%。主管科技期刊数量 10 种及以上的主管单位仅有 4 个（占比 4.4%），分别为广东省教育厅（26 种）、教育部（15 种）、广东省科学技术协会（11 种）、广东省卫生健康委员会（11 种）。

基于第一主办单位的统计显示，广东省 196 种科技期刊的第一主办单位共有 146 个，平均每个主办单位主办期刊 1.34 种，低于全国平均水平（1.61 种，数据来自《中国科技期刊发展蓝皮书（2022）》）。仅主办 1 种科技期刊的主办单位有 123 个，占比 84.2%；主办 2 种科技期刊的主办单位有 13 个，占比 8.9%。其中，主办科技期刊数量较多的单位有：中山大学（10 种）、中国科学院广东省下属机构（7 种）、广东省医学学术交流中心（4 种）、广东省科学院下属机构（4 种）、华南理工大学（4 种）、南方医科大学（4 种）、《中国家庭医生》杂志社有限公司（4 种）、中华医学会（4 种）。按照性质来分，高校主办的科技期刊最多，达 61 种（占比 31.1%），研究院（所）主办 43 种，学会或协会主办 35 种，企业主办 35 种，行政部门及其直属单位主办 15 种，医院主办 7 种。

广东省 196 种科技期刊的出版单位共有 186 个，平均每个出版单位出版期刊 1.05 种，仅出版 1 种科技期刊的出版单位 180 个，占比 96.8%；单刊编辑部作为出版单位的就有 152 个，占比 81.7%。出版科技期刊数量 2 种及以上的出版单位分别是：《中国家庭医生》杂志社有限公司（4 种）、《中华医学杂志》社有限责任公司（4 种）、广州医药经济报出版有限公司（2 种）、广州中山大学出版社有限公司（2种）、科学出版社有限责任公司（2种）、《南方能源观察》杂志社有限公司（2种）。

五、其他期刊

除了上述196种刊号以CN44开头的科技期刊外，广东省内各机构或单位还主办和（或）承办了39种科技期刊，包括英文23种、中文15种、中英文1种，见附表2和附表3。

15种中文和1种中英文科技期刊均采用集群化办刊模式，主管、主办、出版单位相对集中，期刊出版地均为北京，均为医药卫生类期刊。创刊时间：2000年前2种，2000—2009年7种，2010—2017年7种。出版周期：季刊8种，双月刊6种，月刊2种。主管单位：国家卫生健康委员会11种，中国科学技术协会5种。第一主办单位：中华医学会14种，人民卫生出版社有限公司2种。出版单位：中华医学电子音像出版社有限责任公司9种，《中华医学杂志》社有限责任公司5种，人民卫生电子音像出版社有限公司2种，见附表2。

23种英文科技期刊加上之前有CN号的5种英文刊，广东省目前正式出版的英文科技期刊数量达到28种。从创刊时间来看，从20世纪90年代开始，新创英文科技期刊数量一直呈现上升趋势，特别是2020年以来，新创英文科技期刊达到15种之多，见图1-4。28种英文科技期刊出版周期以季刊为主，其中季刊20种，双月刊3种，月刊3种，半年刊1种，不定期出版1种。年均发文量多集中于30～49篇（19种，占67.9%），见表1-3。JCR学科分类涉及10个大类、30个小类，其中大类"多学科"和"临床医学"类期刊均超过10种，小类"材料科学，多学科"类期刊达到9种，见表1-4。28种英文科技期刊的主管单位有12个，第一主办单位21个。主管单位主管期刊数量前三名为教育部（6种）、广东省教育厅（4种）、广东省科技厅（3种）。第一主办单位主办期刊数量前两名为中山大学（4种）和华南理工大学（3种）。25种科技期刊有国内外合作出版社，共计 11 个出版社，合作期刊数量前两名分别是 Elsevier 出版社（5 种）、Wiley 出版社（4 种）。

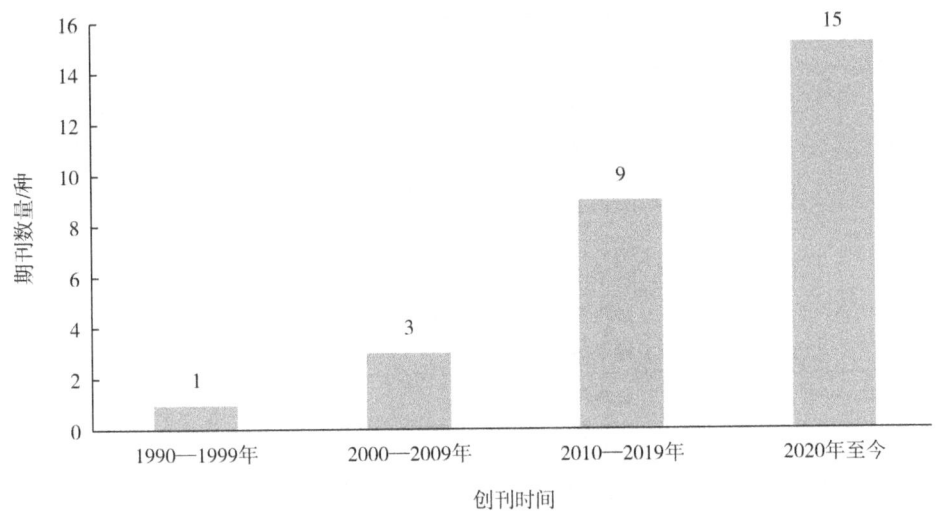

图 1-4　广东省 28 种英文科技期刊创刊时间分布

注：数据来自 2022 年广东省科技期刊年检资料和本课题组调研结果。

表 1-3　28 种广东省英文科技期刊年均发文量分布情况

年均发文量/篇	期刊数量/种
20 ～ 29	1
30 ～ 39	8
40 ～ 49	11
50 ～ 59	2
60 ～ 69	2
90 ～ 99	1
101 ～ 200	2
> 500	1
合计	28

注：数据来自本课题组调研结果。

表 1-4 广东省 28 种英文科技期刊 JCR 学科分布情况

大类	小类	期刊数量/种
多学科（11 种）*	材料科学，多学科	8
	化学，多学科	2
	多学科科学	2
临床医学（11 种）*	呼吸系统	1
	胃肠病学与肝病学	2
	心脏与心血管系统	1
	血液学	1
	眼科学	1
	医学，研究与实验	3
	医学实验室技术	1
	肿瘤学	1
	综合与补充医学	1
生物学和生物化学（6 种）*	化学，药用	1
	环境科学	3
	生物化学与分子生物学	1
	生物学	1
	细胞生物学	1
	药理学与药学	1
地球科学（4 种）*	气象学与大气科学	1
	海洋学	1
	地球科学，多学科	2
	材料科学，多学科	1
材料科学（4 种）	材料科学，复合材料	1
	高分子科学	3
化学（3 种）*	能源与燃料	2
	化学，多学科	1
	化学，物理	1
环境/生态学（3 种）	工程，环境	2
	生态学	1
工程学（2 种）	自动化与控制系统	1
	工程学，制造业	1
物理学（3 种）	能源与燃料	2
	化学，物理	1
农业科学（1 种）	真菌学	1

注：资料来自本课题组调研结果；*同种期刊可能涉及多个类别，有个别小类同时归属于两个大类。

第二节 办刊条件及人力资源

一、办刊场所

根据 2022 年广东省科技期刊年检资料和本课题组调研，广东省现有的 189 种中文刊、2 种中英文刊和 5 种英文刊中，共有 184 种填报了办刊条件的有效数据。广东省科技期刊有稳定的办刊场所，办公面积为 10 ～ 22 368 m^2，中位办公面积为 70 m^2。其中，办公面积大于 1 000 m^2 的有 1 种；办公面积为 600 ～ 999 m^2 的有 2 种；办公面积为 300 ～ 599 m^2 的有 6 种；办公面积为 200 ～ 299 m^2 的有 11 种；办公面积为 100 ～ 199 m^2 的有 43 种；办公面积为 50 ～ 99 m^2 的有 69 种；办公面积为 20 ～ 49 m^2 的有 49 种；办公面积小于 20 m^2 的有 2 种（图 1 - 5）。广东省科技期刊绝大多数（125 种，占比 67.9%）由上级单位提供办公场所，有 27 种（占比 14.7%）办公场所为租赁，26 种（占比 14.1%）为自有，3 种（占比 1.6%）为其他形式，3 种（占比 1.6%）为上级提供加其他形式。

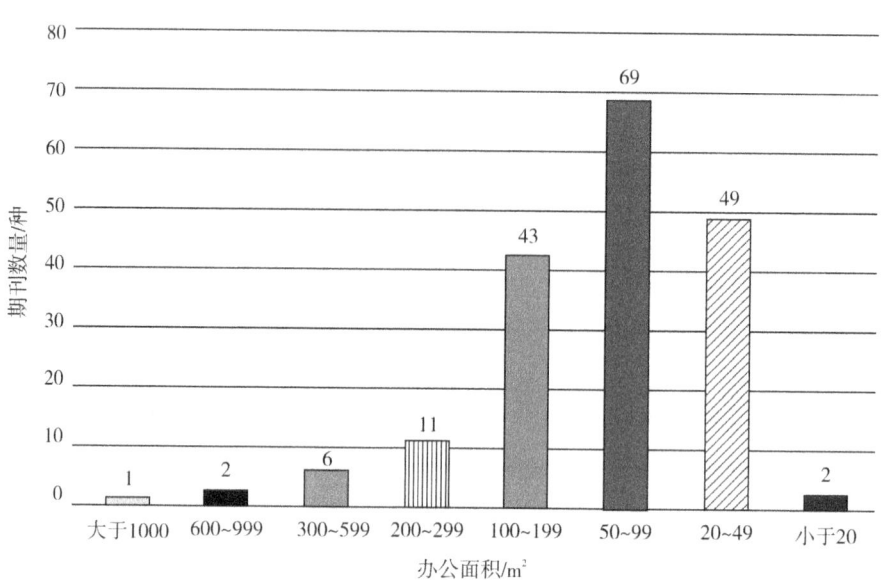

图 1－5　广东省科技期刊办公面积

注：数据来自 2022 年广东省科技期刊年检资料和本课题组调研结果。

二、人力资源

根据 2022 年广东省科技期刊年检资料和本课题组调研结果，广东省现有的189 种中文刊、2 种中英文刊和 5 种英文刊中，共有 184 种期刊填报人力资源的有效数据。

（一）广东省科技期刊从业人员数量分析

广东省科技期刊从业总人数为 1 520 人，各刊从业人员最少 2 人，最多 108人，中位从业人数为 6 人，刊均从业人数为 8 人。从业人数主要集中在 5 ～ 6 人。从业人数在 2 ～ 4 人的有 44 种，占比 23.9%；从业人数在 5 ～ 6 人 的有 51 种，占比 27.7%；从业人数在 7 ～ 9 人的有 48 种，占比 26.1%；从业人数在 10 ～ 12人的有 24 种，占比 13.0%；从业人数大于 12 人的有 17 种，占比 9.2%（图 1－

6)。广东省科技期刊从业人员中，在编总人数 800 人，聘用总人数 720 人。

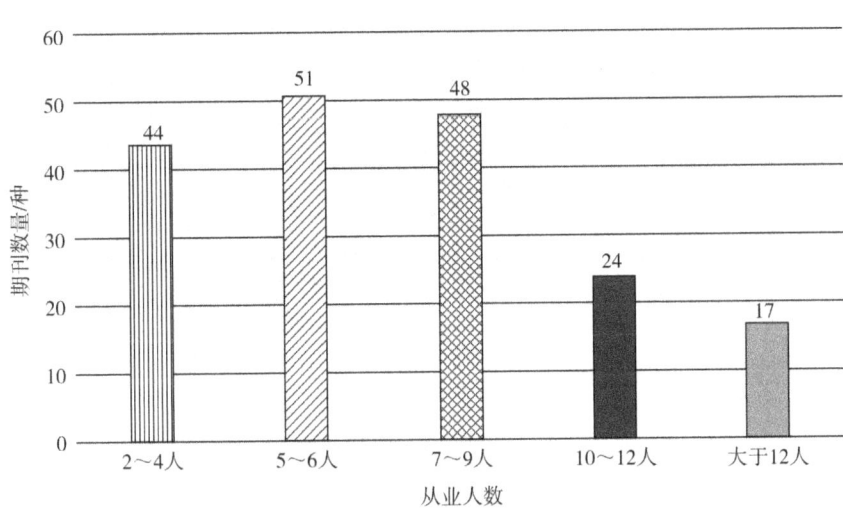

图 1-6　广东省科技期刊从业人数

注：数据来自 2022 年广东省科技期刊年检资料和本课题组调研结果。

（二）广东省科技期刊从业人员岗位分析

广东省科技期刊从业人员中，绝大多数从事采编工作，为 829 人。新媒体工作 107 人，行政管理 192 人，广告工作 80 人，发行工作 154 人，其他 158 人。其中各期刊负责采编工作的人员在 1 ～ 32 人之间。负责采编工作的人员在 1 ～ 4 人的期刊有 86 家，占比 46.7%；5 ～ 6 人的有 70 家，占比 38.0%；7 ～ 9 人的有 18 家，占比 9.8%；大于 9 人的有 10 家，占比 5.4%（图 1-7）。

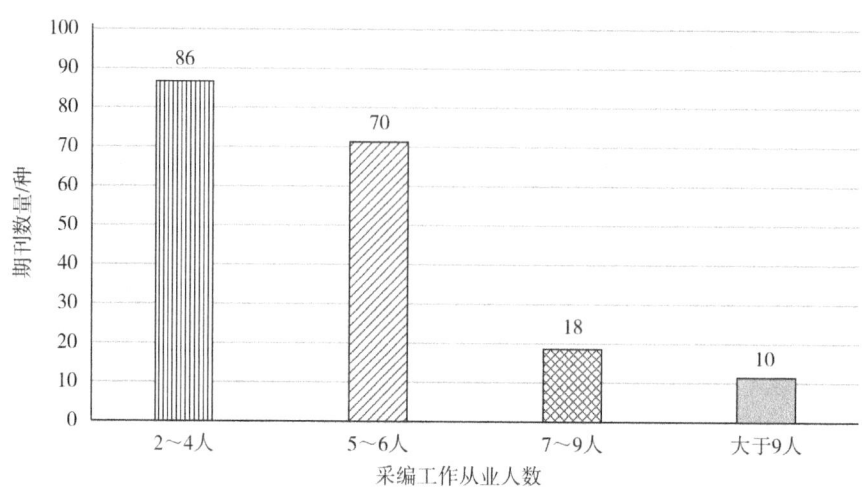

图 1-7　广东省科技期刊采编工作刊均从业人数

注：数据来自 2022 年广东省科技期刊年检资料和本课题组调研结果。

（三）广东省科技期刊从业人员学历分析

广东省科技期刊从业人员中，以大学本科学历为主。大学本科 630 人，占比 41.4%；硕士 441 人，占比 29.0%；博士 264 人，占比 17.4%；大专 185 人，占比 12.2%（图 1-8）。

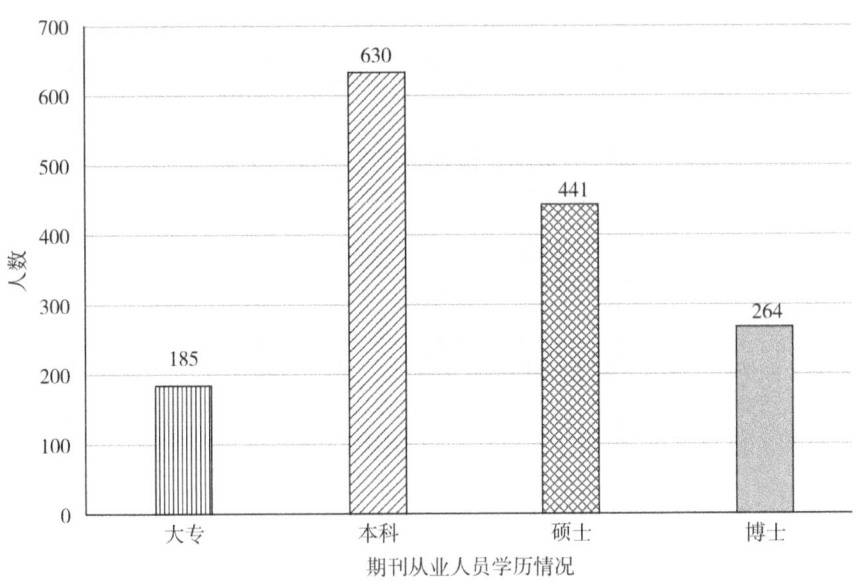

图 1-8 广东省科技期刊从业人员学历分析

注：数据来自 2022 年广东省科技期刊年检资料和本课题组调研结果。

（四）广东省科技期刊从业人员职称分析

广东省科技期刊从业人员中，正高职称 293 人，占比 19.3%；副高职称 257 人，占比 16.9%；中级职称 372 人，占比 24.5%；初级及无职称 598 人，占比 39.3%（图 1-9）。由以上数据可知，广东省科技期刊从业人员职称分布比较平均，高级职称（正高及副高）共 550 人，占比 36.2%，中级职称人数略少，作为人才储备的初级及无职称人员相对较多。

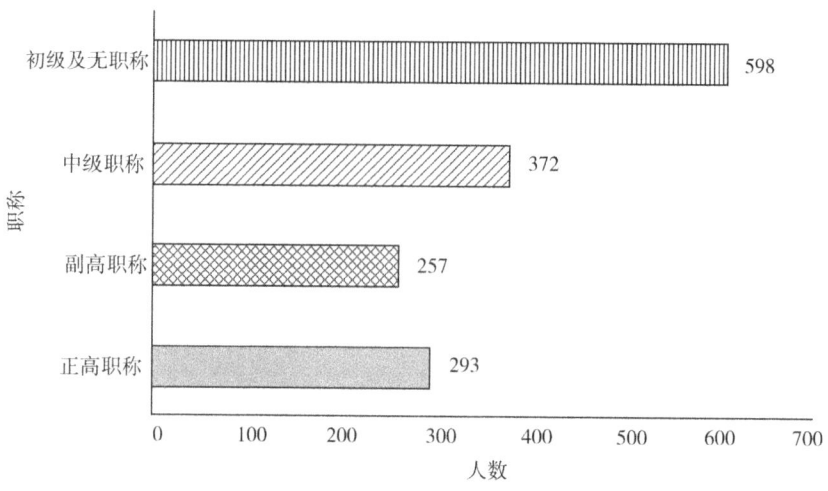

图 1-9 广东省科技期刊从业人员职称分析

注：数据来自 2022 年广东省科技期刊年检资料和本课题组调研结果。

三、广东省科技期刊出版单位性质和资金来源

根据 2022 年广东省科技期刊年检资料和本课题组调研结果，广东省现有的 189 种中文刊、2 种中英文刊和 5 种英文刊中，共有 196 种期刊填报人力资源的有效数据。

广东省科技期刊出版单位中共有非法人 139 家，企业法人 48 家，事业法人 8 家，非自然人投资或控股的法人独资 1 家。48 家企业法人中，有 44 家填报了法人类型，其中，有限责任公司 31 家，股份有限公司 2 家，全民所有制 2 家，集体所有制 7 家，联营 1 家，民间组织 1 家。有 3 家事业法人全额拨款，3 家事业法人差额拨款，1 家事业法人自收自支。非法人出版单位中，有 109 家填报了启动资金数额，其中，启动资金 100 万元及以上的 9 家，60 万～99 万元的 5 家，30 万～59 万元的 22 家，10 万～29 万元的 36 家，1 万～9 万元的 21 家，无启动资金的 16 家（图 1-10）。有 131 家填报了非法人资金来源，结果显示，非法人出版单位的

运作主要依靠主管、主办单位拨付，共 71 家，拨付与自筹相结合的有 27 家，自筹的有 32 家，其他专项资助的有 1 家。财务核算方式中，非独立核算的有 109 家，独立核算的有 22 家。

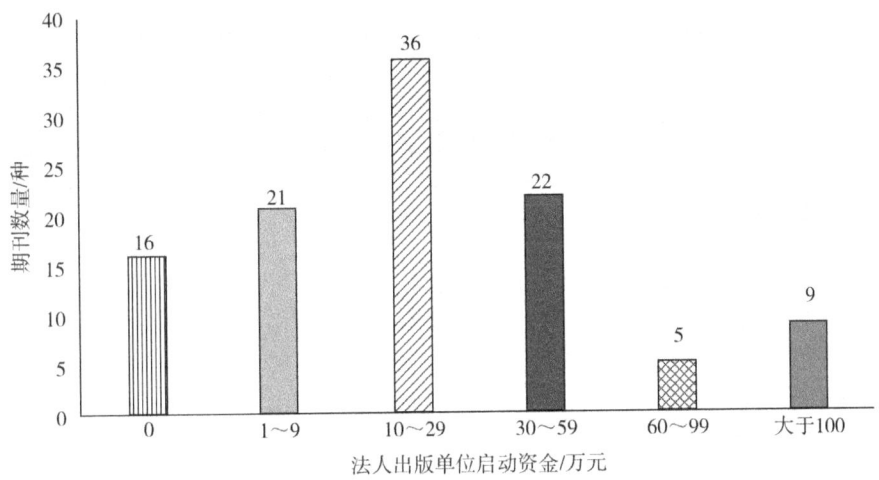

图 1-10　广东省科技期刊 109 家非法人出版单位启动资金情况

注：数据来自 2022 年广东省科技期刊年检资料和本课题组调研结果。

第三节　期刊获奖及经费资助情况

一、期刊获奖情况

（一）国家级政府奖

1999—2005 年，经中共中央宣传部批准，国家新闻出版署曾举办过 3 届国家期刊奖，《中山大学学报（自然科学版）》荣获第二、第三届国家期刊奖"百种重点期刊"称号，《华南农业大学学报》荣获第三届国家期刊奖"百种重点期刊"称号。2001 年国家新闻出版总署组建中国期刊方阵，方阵分为 4 个层面：第一个层

面是"双效"期刊；第二个层面是"双百"期刊；第三层面是"双奖"期刊；第四个层面是"双高"期刊。《中山大学学报（自然科学版）》《华南理工大学学报（自然科学版）》等 11 种期刊入选中国期刊方阵"双效"期刊（指社会效益、经济效益好的重点期刊），《家庭医生》入选中国期刊方阵"双高"期刊（指高知名度、高学术水平期刊）（表 1–5）。

表 1–5　广东省科技期刊获国家级政府奖情况

刊名	国家期刊奖百种重点期刊	双效期刊	双高期刊
中山大学学报（自然科学版）			
华南农业大学学报		√	
华南理工大学学报（自然科学版）			
暨南大学学报（自然科学与医学版）		√	
中国神经精神疾病杂志		√	
广州中医药大学学报		√	
广东农业科学	√	√	
新中医	√	√	
热带海洋学报		√	
人民珠江		√	
南方金属		√	
广东电力		√	
家庭医生		√	√
合计/种	2	11	1

注：国家期刊奖"百种重点期刊"、"双效"期刊和"双高"期刊均由国家新闻出版署发布。

（二）广东出版政府奖

广东出版政府奖是由广东省委批准，参照中国政府奖设立的广东省内出版行业的最高奖项。2021 年开展了首届评选活动，设置了"图书奖""期刊奖""音像电子网络出版物奖""印刷复制奖""装帧设计奖""先进出版单位奖""优秀出版人物奖"等奖项，共有 10 种期刊获"期刊奖"。其中，南方医科大学主办的《南方医科大学学报》、中国病理生理学会主办的《中国病理生理杂志》、中山大学主办的《中山大学学报（自然科学版）（中英文）》、华南理工大学主办的《华南理工大学学报（自然科学版）》4 种科技期刊获得该奖项（表 1-6）。

表 1-6 广东省科技期刊获广东省出版政府奖情况

刊名	主办单位
南方医科大学学报	南方医科大学
中国病理生理杂志	中国病理生理学会
中山大学学报（自然科学版）（中英文）	中山大学
华南理工大学学报（自然科学版）	华南理工大学
合计/种	4

注：首届广东出版政府奖由广东省委宣传部发布。

（三）获中国高校科技期刊研究会奖项情况

中国高校科技期刊研究会在 2018 年和 2020 年分别进行了"高校杰出·百佳·优秀科技期刊"的遴选活动。2018 年，广东省有 1 种期刊获得"中国高校杰出科技期刊"称号，4 种期刊获得"中国高校百佳科技期刊"称号，7 种期刊获得"中国高校优秀科技期刊"称号，2 种期刊获得"中国高校编辑出版质量优秀科技期刊"称号。2020 年，广东省有 1 种期刊获得"中国高校杰出科技期刊"称号，9 种期刊获得"中国高校百佳科技期刊"称号，18 种期刊获得"中国高校优秀科技期刊"称号。中国高校科技期刊研究会在 2022 年开展了"中国高校科技期刊建设示范案例库·杰出/百佳/优秀科技期刊案例"的征集活动，广东省有 1 种期刊入选"杰出科技期刊案例"；9 种期刊入选"百佳科技期刊案例"；8 种期刊入选"优秀科技期刊案例"（表 1-7）。

表 1-7 广东省高校科技期刊获中国高校科技期刊研究会奖项情况

刊名	杰出期刊	百佳期刊	优秀期刊	编辑出版质量优秀期刊	杰出期刊案例	百佳期刊案例	优秀期刊案例
南方医科大学学报	2018、2020				√		
华南理工大学学报（自然科学版）		2018、2020				√	

续上表

刊名	杰出期刊	百佳期刊	优秀期刊	编辑出版质量优秀期刊	杰出期刊案例	百佳期刊案例	优秀期刊案例
华南农业大学学报		2018、2020				√	
深圳大学学报（理工版）		2018、2020				√	
中山大学学报（医学版）		2018、2020				√	
暨南大学学报（自然科学与医学版）		2020	2018			√	
中药新药与临床药理		2020	2018			√	
中山大学学报（自然科学版）（中英文）		2020				√	
中国神经精神疾病杂志		2020					
控制理论与应用		2020					
器官移植			2020	2018		√	
中华胃肠外科杂志						√	
广东工业大学学报		2018、2020					√
广东农业科学		2018、2020					√
广东药科大学学报		2018、2020					√
广州中医药大学学报		2018、2020					√
华南师范大学学报（自然科学版）		2018、2020					√
广东海洋大学学报		2020					√
癌症		2020					
工业工程		2020					
广州体育学院学报		2020					
南方建筑		2020					
生态科学		2020					
中国医学物理学杂志		2020					
控制理论与技术（英文版）		2020					
肝脏研究（英文）		2020					
深圳信息职业技术学院学报		2020					
新医学		2020					
护理学报		2020					√
能源前沿（英文）							√
新中医				2018			

注："高校杰出·百佳·优秀科技期刊"及"中国高校科技期刊建设示范案例库·杰出/百佳/优秀 科技期刊案例"均由中国高校科技期刊研究会发布。表中阿拉伯数字为获奖具体年份，下同。

（四）获数据库荣誉称号情况

近 20 年来，广东省共有 21 种期刊获得"中国精品科技期刊"称号，其中，有 1 种期刊 6 次获得，2 种期刊 5 次获得，3 种期刊 4 次获得，4 种期刊 3 次获得，4 种期刊 2 次获得，7 种期刊 1 次获得。《癌症（英文版）》《南方医科大学学报》《中国病理生理杂志》《中山大学学报（自然科学版）》《中华胃肠外科杂志》均多次荣获"中国百种杰出学术期刊"称号。《癌症（英文版）》于 2013—2020 年荣获"中国最具国际影响力学术期刊"。另有《南方医科大学学报》《生态环境学报》等 7 种期刊分别于 2013 年、2020—2022 年荣获"中国国际影响力优秀学术期刊"（表 1-8）。可见，广东省影响突出的期刊成绩斐然，而且发展也比较稳定，对其他期刊具有很好的带动作用。

表 1-8 广东省科技期刊获数据库重要荣誉称号情况

刊名	中国精品科技期刊	中国百种杰出学术期刊	中国最具国际影响力学术期刊	中国国际影响力优秀学术期刊
南方医科大学学报	2023、2020、2017、2014、2011	2013—2020，2022、2023		2020—2022
中华肾脏病杂志	2023、2020、2017、2014	2021		
中华胃肠外科杂志	2023、2020、2017、2014	2013—2015		
中国病理生理杂志	2023、2020、2017、2014、2011、2008	2008—2021		
分析测试学报	2023、2020、2017			
机床与液压	2023、2020			
生态环境学报	2020、2017、2011			2020
实用医学杂志	2023、2020、2017、2014、2011	2015		
中华创伤骨科杂志	2023、2020、2017			
控制理论与应用	2017			

续上表

刊名	中国精品科技期刊	中国百种杰出学术期刊	中国最具国际影响力学术期刊	中国国际影响力优秀学术期刊
中国神经精神疾病杂志	2017、2014、2011			
中华神经医学杂志	2017			
中国临床解剖学杂志	2014			
中药材	2014、2011			
中药新药与临床药理	2014			
癌症（*Chinese Journal of Cancer*）*	2011	2011、2012	2013—2020	
中山大学学报（自然科学版）	2017、2014、2011、2008	2001—2005、2007、2009、2013、2014		
中山大学学报（医学科学版）	2017、2011	2012		
华南理工大学学报（自然科学版）	2011、2008	2008		2013
地球化学				2020—2021
大地构造与成矿学	2023			2020
器官移植	2023			
Gastroenterology Report				2022
Liver Research				2021—2022

注：中国精品科技期刊、中国百种杰出学术期刊由中国科技信息研究所发布；中国最具国际影响力学术期刊、中国国际影响力优秀学术期刊由中国知网和清华大学图书馆联合研制发布。

*《癌症》杂志 2010 年改为英文出版，英文刊名为 *Chinese Journal of Cancer*，英文版沿用中文版的 CN 号和 PubMed 收录资源，该刊 2014 年被 SCI 收录；2018 年，*Chinese Journal of Cancer* 改名为 *Cancer Communications* 出版，后者沿用了前者的 PubMed 和 SCI 收录资源，但不再用《癌症》的 CN 号；《癌症》恢复用中文版出版，其部分刊稿为 *Cancer Communications* 刊文的中文翻译版。

统计时间截至 2023 年 9 月。

二、资助情况

为贯彻落实《关于深化改革 培育世界一流科技期刊的意见》，推动我国科技期刊高质量发展，服务科技强国建设，中国科协、财政部、教育部、科学技术部、国家新闻出版署、中国科学院、中国工程院于 2019 年 8 月联合下发通知，启动实施中国科技期刊卓越行动计划。该计划以 5 年为周期，面向全国科技期刊系统构建支持体系，是迄今为止我国在科技期刊领域实施的力度最大、资助资金最多、范围最广的重大支持专项计划。

该计划强调系统施策，设立领军期刊、重点期刊、梯队期刊、高起点新刊、集群化试点以及建设国际化数字出版服务平台、选育高水平办刊人才 7 个子项目，对单刊建设、刊群联动、平台托举、融合发展进行系统布局，力图多点支撑、多点协同发力。自计划项目设置以来，广东省有 2 种科技期刊入选 2019—2022 年度中国科技期刊卓越行动计划梯队项目（表 1 - 9）；2021 年度和 2022 年度各有 2 种期刊入选中国科技期刊卓越行动计划高起点新刊项目（表 1 - 10）；2020—2023 年共有 3 位期刊编辑入选中国科技期刊卓越行动计划选育高水平办刊人才子项目—青年人才支持项目（表 1 - 11）。

表 1 - 9　广东省期刊入选 2019—2022 年度中国科技期刊卓越行动计划梯队项目

立项年度	中文刊名	主办单位	主管单位	资助额度/万元
2019	南方医科大学学报	南方医科大学	广东省教育厅	40
	中国病理生理杂志	中国病理生理学会	中国科学技术协会	40

注：数据源自中国科学技术协会网站（https://www.cast.org.cn/）。

表 1 - 10　广东省期刊入选 2019—2022 年度中国科技期刊卓越行动计划高起点新刊项目

立项年度	拟使用刊名（英文）	拟使用刊名（中文）	主要主办单位	主管单位
2021	*Light：Advanced Manufacturing Renewables*	光：先进制造 可再生能源	季华实验室 华南师范大学	佛山市人民政府 广东省教育厅
2022	*Materials Futures Ocean-Land-Atmosphere Research*	材料展望 海洋 - 陆地 - 大气研究	松山湖材料实验室 南方海洋科学与工程 广东省实验室（珠海）	东莞市科学技术局 珠海市人民政府

注：数据源自中国科学技术协会（https://www.cast.org.cn/）；*Renewables* 创刊于 2023 年；*Ocean-Land-Atmosphere Research* 创刊于 2023 年。

表 1 – 11　广东省入选中国科技期刊卓越行动计划选育高水平
办刊人才子项目—青年人才支持项目

立项年度	项目类型	项目承担单位	项目负责人	经费支持额度/万元
2020	实践活动类	中山大学附属第一医院期刊中心	李立	5
2021	科技期刊运营机制案例研究	南方医科大学	孙昌朋	3
2023	实践类：数字传播与学术运营融合出版	华南理工大学	闵甜	3

注：数据源自中国科学技术协会网站（https://www.cast.org.cn/）。

　　为加强科技创新基础能力建设，推动广东省科技资源整合共享与高效利用，有效服务保障科技创新战略和经济社会发展大局，广东省科学技术厅 2021— 2022 年度平台基地及科技基础条件建设项目共设 79 项，其中，与科技期刊建设与发展相关的有 24 项，包括"高水平英文科技期刊创办"专题 4 项，"高质量科技期刊建设"专题 19 项，"卓越科技期刊人才培训"专题 1 项（表 1 –12）。

表 1 – 12　广东省科学技术厅 2021—2022 年度平台基地及科技基础条件建设项目（期刊类）

专题名	项目名称	申报单位	负责人
高水平英文科技期刊创办	*Light*：*Advanced Manufacturing*（《光：先进制》）高水平英文科技期刊创办	季华实验室	项阳
	Annals of Eye Science（《眼科学年鉴》）高水平期刊创办	中山大学中山眼科中心	林浩添
	Aggregate（《聚集体》）高水平期刊创办	华南理工大学	唐本忠
	Gastroenterology Report（《胃肠病学报道（英文）》）高水平期刊创办	中山大学附属第六医院	甘可建
高质量科技期刊建设	*Cancer Communications*（《癌症通讯》）高质量期刊建设	中山大学肿瘤防治中心	阮继
	Control Theory and Technology（《控制理论与技术》）高质量期刊建设	华南理工大学	裴海龙
	Journal of Tropical Meteorology（《热带气象学报（英文版）》）高质量期刊建设	中国气象局广州热带海洋气象研究所	林丽珊
	Journal of Thoracic Disease（《胸部疾病杂志》）高质量期刊建设	广州医科大学附属第一医院	曾广翘
	《中山大学学报（自然科学版）》高质量期刊建设	中山大学	胡建勋

续上表

专题名	项目名称	申报单位	负责人
	《中国神经精神疾病杂志》高质量期刊建设	中山大学附属第一医院	李立
	《华南理工大学学报（自然科学版）》高质量期刊建设	华南理工大学	刘淑华
	《南方医科大学学报》高质量期刊建设	南方医科大学	陈望忠
	《分析测试学报》高质量期刊建设	广东省科学院测试分析研究所（中国广州分析测试中心）	盛文彦
	《中山大学学报（医学科学版）》高质量期刊建设	中山大学	高国全
	《中国病理生理杂志》高质量期刊建设	暨南大学	戚仁斌
高质量科技期刊建设	《大地构造与成矿学》高质量科技期刊建设	中国科学院广州地球化学研究所	邱亮斌
	《华南农业大学学报》高质量科技期刊建设	华南农业大学	刘雅红
	《润滑与密封》高质量期刊建设	广州机械科学研究院有限公司	严飞
	《中华胃肠外科杂志》高质量期刊建设	中山大学附属第六医院	汪挺
	《控制理论与应用》高质量期刊建设	华南理工大学	裴海龙
	《暨南大学学报（自然科学与医学版）》高质量期刊建设	暨南大学	孙升云
	《实用医学杂志》高质量科技期刊建设	广东省医学学术交流中心（广东省医学情报研究所）	李国营
	《中华肾脏病杂志》高质量期刊建设	中山大学附属第一医院	毛海萍
卓越科技期刊人才培训	卓越科技期刊人才培训	广东省科学技术期刊编辑学会	龙秀芬

注：数据源自广东省科技厅网站（http://gdstc.gd.gov.cn/）。

广东省科学技术厅 2023 年度平台基地及科技基础条件建设项目（省重点实验室、高水平科技期刊等）计划共资助 66 个项目，与科技期刊建设与发展相关的有16 项（表 1-13），占总项目数的 24%。其中，"高起点英文新刊创办"专题 5项，"高质量科技期刊建设"专题 10 项，"广东省科技期刊智慧服务管理平台"专题 1 项。

表 1－13　广东省科学技术厅 2023 年度平台基地及科技基础条件建设项目
（省重点实验室、高水平科技期刊等）计划（期刊类）

序号	专题名称	项目名称	申报单位	立项金额/万元	2023 年拟拨付金额/万元
1		Energy Reviews（《能源进展》）高水平英文国际期刊创办	深圳大学	200	200
2		Materials Futures（《材料展望》）高起点英文新刊创办	松山湖材料实验室	200	200
3	高起点英文新刊创办	高起点英文新刊 Giant 创办	华南理工大学	200	200
4		Carbon Research（《碳研究》）高起点英文新刊创办	广东省科学院生态环境与土壤研究所	200	200
5		Hygiene and Environmental Health Advances 高起点英文新刊	生态环境部华南环境科学研究所	200	200
6		GigaScience 高质量期刊建设	深圳华大生命科学研究院	100	100
7		《生态环境学报》高质量期刊建设	广东省科学院生态环境与土壤研究所	100	100
8		《中华显微外科杂志》高质量期刊建设	中山大学附属第一医院	100	100
9		Liver Research（《肝脏研究（英文）》）高质量期刊建设	中山大学附属第三医院	100	100
10	高质量科技期刊建设	《器官移植》高质量期刊建设	中山大学附属第三医院	100	100
11		《隧道建设（中英文）》高质量期刊建设	中铁隧道勘察设计研究院有限公司	100	100
12		《口腔疾病防治》高质量期刊建设	南方医科大学口腔医院（广东省口腔医院）	100	100
13		Mycosphere 高质量科技期刊建设	仲恺农业工程学院	100	100
14		《新医学》高质量期刊建设	中山大学附属第三医院	100	100
15		Advanced Industrial and Engineering Polymer Research（《先进工业和工程聚合物研究》）高质量科技期刊建设	金发科技股份有限公司	100	100
16	广东省科技期刊智慧服务管理平台	广东省科技期刊智慧服务管理平台	广东省科学技术期刊编辑学会	600	200

注：数据源自广东省科技厅网站（http://gdstc.gd.gov.cn/）。

为促进广东省科技期刊学术质量的提高和可持续化发展，广东省科技期刊编辑学会自 2018 年开始设立资助基金项目，每两年一次，鼓励编辑积极开展期刊学术研究工作，进一步提高广东省科技期刊编辑人员的专业素质和业务能力。其中，2018 年广东省科学技术期刊编辑学会基金项目立项 22 项，2020 年广东省科学技术期刊编辑学会基金项目立项 48 项。

第四节　期刊经营状况

一、平均期印数及平均期发行量

（一）平均期印数

参加 2022 年年检的 196 种科技期刊中，196 种填报了"平均期印数"，填报有效数据的期刊为 196 种。统计显示，平均期印数位于 1 000 册（不含）以下区间的期刊 67 种，占比 34.18%；平均期印数位于 1 500～1 500（不含）册区间的期刊 49 种，占比 25%；平均期印数位于 1 500～2 000 册（不含）区间的期刊 13 种，占比 6.63%；平均期印数位于 2 000～3 000 册（不含）区间的期刊 31 种，占比 15.82%；平均期印数位于 3000～5000 册（不含）区间的期刊 17 种，占比 8.67%；平均期印数位于 5 000～10 000 册（不含）区间的期刊 9 种，占比 4.59%；平均期 印数位于 10 000～20 000 册（不含）区间的期刊有 3 种，占比 1.53%；平均期印数位于 20 000 册及以上的期刊 7 种，占比 3.57%。

（二）平均期发行量

参加 2022 年年检的 196 种科技期刊中，196 种填报了"平均期发行量"，剔除填报"0"的 4 条无效数据，填报有效数据的期刊为 192 种。统计显示，平均期发行量位于 1 000 册（不含）以下区间的期刊 83 种，占比 43.23%；平均期发行量位于 1 000 ～ 1 500 册（不含）区间的期刊 36 种，占比 18.75%；平均期发行量位于 1 500 ～ 2 000 册（不含）区间的期刊 14 种，占比 7.29%；平均期发行量位于 2 000 ～ 3 000 册（不含）区间的期刊 26 种，占比 13.54%；平均期发行量位于 3 000 ～ 5 000 册（不含）区间的期刊 15 种，占比 7.81%；平均期发行量位于 5 000 ～ 10000 册（不含）区间的期刊 8 种，占比 4.17%；平均期发行量位于 10 000 ～ 20 000 册区间的期刊 4 种，占比 2.08%；平均期发行量位于 20 000 册及以上区间的期刊 6 种，占比 3.13%。

二、发行方式、收入和支出

（一）发行方式及发行收入

参加 2022 年年检的 196 种科技期刊中，196 种填报了"发行方式"项。统计显示，采用邮局发行的期刊 116 种（同时采用其他发行方式），占比 59.18%；采用自办发行的期刊 163 种（同时采用其他发行方式），占比 83.16%；采用"邮发＋自办发行"的期刊 89 种，占比 45.41%；OA、赠阅和内部交流的期刊 6 种，占比 3.06%。

196 种科技期刊填报了"发行收入"项，其中，填报"0"的 46 种（未在统计范围内），占比 23.47%；150 种有发行收入，占比 76.53%。统计显示，年发行收入在 5 万元（不含）以下区间的期刊 69 种，占比 46.00%；年发行收入在 5 万～ 10 万元（不含）区间的期刊 17 种，占比 11.33%；年发行收入在 10 万～ 20 万元区间的期刊 19 种，占比 12.67%；年发行收入在 20 万～ 50 万元区间的期刊 25 种，占比 16.67%；年发行收入在 50 万～ 100 万元区间的期刊 10 种，占比 6.67%；年发行收入在 100 万元及以上区间的期刊 10 种，占比 6.67%。

（二）版权收入

196 种科技期刊在 2022 年年检数据中填报了"版权收入"项，其中，72 种有版权收入，占比 36.73%。统计显示，年版权收入在 2 万元（不含）以下区间的期刊 44 种，占比 61.11%；年版权收入在 2 万～5 万元（不含）区间的期刊 11 种，占比 15.28%；年版权收入在 5 万～10 万元（不含）区间的期刊 3 种，占比 4.17%；年版权收入在 10 万～30 万元（不含）区间的期刊 5 种，占比 6.94%；年版权收入在 30 万～100 万元（不含）区间的期刊 1 种，占比 1.39%；年版权收入在 100 万元及以上区间的期刊 8 种，占比 11.11%。

（三）广告收入

196 种科技期刊在 2022 年年检数据中填报了"广告收入"项，其中，70 种有广告收入，占比 35.71%。统计显示，年广告收入在 10 万元（不含）以下区间的期刊 24 种，占比 34.29%；年广告收入在 10 万～30 万元（不含）区间的期刊 17 种，占比 24.29%；年广告收入在 30 万～50 万元（不含）区间的期刊 13 种，占比 18.57%；年广告收入在 50 万～100 万元（不含）区间的期刊 9 种，占比 12.86%；年广告收入在 100 万元及以上区间的期刊 7 种，占比 10.00%。

（四）项目活动收入

196 种科技期刊在 2022 年年检数据中填报了"项目活动收入"项，其中，33 种有项目活动收入，占比 16.84%。统计显示，年项目活动收入在 10 万元（不含）以下区间的期刊 9 种，占比 27.27%；年项目活动收入在 10 万～30 万元（不含）区间的期刊 10 种，占比 30.30%；年项目活动收入在 30 万～100 万元（不含）区间的期刊 5 种，占比 15.15%；年项目活动收入在 50 万～100 万元（不含）区间的期刊 2 种，占比 6.06%；年项目活动收入在 100 万元及以上区间的期刊 7 种，占比 21.21%。

（五）新媒体收入

196 种科技期刊在 2022 年年检数据中填报了"新媒体收入"项，其中，12 种

有新媒体收入，占比 6.12%。统计显示，年新媒体收入在 30 万元（不含）以下区间的期刊 6 种，占比 50%；年新媒体收入在 30 万～50 万元（不含）区间的期刊 2 种，占比 16.67%；年新媒体收入在 50 万～100 万元（不含）区间的期刊 1 种，占比 8.33%；年新媒体收入在 100 万元及以上区间的期刊 3 种，占比 25%。

（六）海外出版收入

196 种科技期刊在 2022 年年检数据中填报了"海外出版收入"项，其中，仅 1 种期刊有海外出版收入（1.1 万元），占比 0.51%。

（七）其他收入

196 种科技期刊在 2022 年年检数据中填报了"其他收入"项，其中，146 种有其他收入，占比 74.49%。统计显示，年其他收入在 10 万元（不含）以下的期刊 25 种，占比 17.12%；年其他收入在 10 万～20 万元（不含）区间的期刊 16 种，占比 10.96%；年其他收入在 20 万～30 万元（不含）区间的期刊 17 种，占比 11.64%；年其他收入在 30 万～50 万元（不含）区间的期刊 35 种，占比 23.97%；年其他收入在 50 万～100 万元（不含）区间的期刊 25 种，占比 17.12%；年其他收入在 100 万元及以上区间的期刊 28 种，占比 19.18%。

（八）总收入

196 种科技期刊在 2022 年年检数据中填报了"总收入"项，其中，183 种填报有效数据，占比 93.37%。统计显示，年总收入在 10 万元（不含）以下的期刊 17 种，占比 9.29%；年总收入在 10 万～20 万元（不含）区间的期刊 14 种，占比 7.65%；年总收入在 20 万～30 万元（不含）区间的期刊 14 种，占比 7.65%；年总收入在 30 万～50 万元（不含）区间的期刊 32 种，占比 17.49%；年总收入在 50 万～100 万元（不含）区间的期刊 44 种，占比 24.04%；年总收入在 100 万～1 000 万元（不含）区间的期刊 57 种，占比 31.15%；年总收入在 1 000

万元及以上区间的期刊 5 种，占比 2.73%。

（九）总支出

196 种科技期刊在 2022 年年检数据中填报了"总支出"相关数据，其中，194 种填报有效数据，占比 98.98%。统计显示，年总支出在 10 万元（不含）以下的期刊 13 种，占比 6.70%；年总支出在 10 万～20 万元（不含）区间的期刊 15 种，占比 7.73%；年总支出在 20 万～30 万元（不含）区间的期刊 15 种，占比 7.73%；年总支出在 30 万～50 万元（不含）区间的期刊 33 种，占比 17.01%；年总支出在 50 万～100 万元（不含）区间的期刊 51 种，占比 26.29%；年总支出在 100 万～1 000 万元（不含）区间的期刊 62 种，占比 31.96%；年总支出在 1 000 万元及以上区间的期刊 5 种，占比 2.58%。

第五节　期刊新媒体开展状况

一、期刊网站年点击量

参加 2022 年年检的 196 种科技期刊中，38 种期刊未填期刊网站年点击量数据，占比 19.39%；67 种期刊填报"0"，占比 34.18%；91 种期刊填报了期刊网站年点击量，占比 46.43%。统计显示，网站年点击量在 5 万次（不含）以下区间的期刊 30 种，占比 32.97%；网站年点击量在 5 万～10 万次（不含）区间的期刊 12 种，占比 13.19%；网站年点击量在 10 万～20 万次（不含）区间的期刊 21 种，占比 23.08%；网站年点击量在 20 万～30 万次（不含）区间的期刊 7 种，占比 7.69%；网站年点击量在 30 万～50 万次（不含）区间的期刊 7 种，占比 7.69%；网站年点击量在 50 万～100 万次（不含）区间的期刊 5 种，占比 5.49%；网站年点击量在 100 万～1 000 万次（不含）区间的期刊 4 种，占比

4.40%；网站年点击量在 1 000 万次及以上区间的期刊 5 种，占比 5.49%。

二、官方客户端

参加 2022 年年检的 196 种科技期刊中，175 种期刊没有官方客户端，占比 89.29%；21 种期刊填报了官方客户端数量，占比 10.71%。统计显示，19 种期刊有 1 个客户端，占比 90.48%；1 种期刊有 2 个客户端，占比 4.76%；1 种期刊有 3 个客户端，占比 4.76%。

有官方客户端的 21 种期刊中，20 种期刊填报了客户端总下载量数据，其中下载量不为"0"且有效的期刊 18 种（有 2 种期刊没有客户端却填报了下载量）。统计显示，客户端总下载量在 1 万次（不含）以下区间的期刊 5 种，占比 27.78%；在 1 万～5 万次（不含）区间的期刊 3 种，占比 16.67%；在 5 万～10 万次（不含）区间的期刊 3 种，占比 16.67%；在 10 万～30 万次（不含）区间的期刊 2 种，占比 11.11%；在 30 万～50 万次（不含）区间的期刊 2 种，占比 11.11%；在 50 万次及以上区间的期刊 3 种，占比 16.67%。

有官方客户端的 21 种期刊中，客户端活跃用户数不为 0 且有效的期刊 18 种。统计显示，活跃用户数在 1 000（不含）以下的期刊 4 种，占比 22.22%；活跃用户数在 1 000～5 000（不含）以下区间的期刊 5 种，占比 27.78%；活跃用户数在 5 000～1 万（不含）以内区间的期刊 1 种，占比 5.56%；活跃用户数在 1 万～2 万（不含）区间的期刊 3 种，占比 16.67%；活跃用户数在 2 万～5 万（不含）区间的期刊 2 种，占比 11.11%；活跃用户数在 5 万～20 万区间的期刊 3 种，占比 16.67%。

三、官方微信公众号

参加 2022 年年检的 196 种科技期刊中，86 种期刊填报"0"或未填官方微信公众号数据，占比 43.88%；110 种期刊有官方微信公众号，占比 56.12%。统计显示，建设 1 个微信公众号的期刊 104 种，占比 94.55%；建设 2 个微信公众号的期刊 6 种，占比 5.45%。

110 种有微信公众号的期刊中，104 种填报了微信公众号总订户数。据统计，订户数在 1 000（不含）以下区间的期刊 12 种，占比 11.54%；订户数在 1 000～2 000（不含）区间的期刊 13 种，占比 12.5%；订户数在 2 000～3 000（不含）区间的期刊 10 种，占比 9.62%；订户数在 3 000～5 000（不含）区间的期刊 16 种，占比 15.38%；订户数在 5 000～1 万（不含）区间的期刊 17 种，占比 16.35%；订户数在 1 万～2 万（不含）区间的期刊 14 种，占比 13.46%；订户数在 2 万～5 万（不含）区间的期刊 7 种，占比 6.73%；订户数在 5 万～10 万（不含）区间的期刊 4 种，占比 3.85%；订货数在 10 万及以上区间的期刊 11 种，占比 10.58%。

110 种有微信公众号的期刊中，101 种填报了微信公众号篇均阅读量。篇均阅读量在 100 次（不含）以下区间的期刊 15 种，占比 14.85%；篇均阅读量在 100～500 次（不含）区间的期刊 47 种，占比 46.53%；篇均阅读量在 500～1 000次（不含）区间的期刊 19 种，占比 18.81%；篇均阅读量在 1 000～3 000 次（不含）区间的期刊 11 种，占比 10.89%；篇均阅读量在 3 000～5 000 次（不含）区间的期刊 5 种，占比 4.95%；篇均阅读量在 5 000～1 万次（不含）区间的期刊 1 种，占比 0.99%；篇均阅读量在 1 万次及以上区间的期刊 3 种，占比 2.97%。

四、官方微博账号

参加 2022 年年检的 196 种科技期刊中，196 种填报了"官方微博账号"项。其中，178 种期刊没有官方微博账号，占比 90.82%；18 种期刊填报了官方微博账号，占比 9.18%。统计显示，18 种科技期刊只有 1 个微博账号。

有官方微博账号的 18 种科技期刊均填报了官方微博账号粉丝数。统计显示，官方微博账号粉丝数在 1 000 人（不含）以下区间的期刊 7 种，占比 38.89%；在 1 000～2 000 人（不含）区间的期刊 1 种，占比 5.56%；2 000～5 000 人（不含）区间的期刊 1 种，占比 5.56%；5 000～1 万人（不含）区间的期刊 2 种，占比 11.11%；1 万～3 万人（不含）区间的期刊 4 种，占比 22.22%；9 万人以上区间的期刊 3 种，占比 16.67%。

五、新媒体运作方式及运作单位性质

参加 2022 年年检的 196 种科技期刊中，82 种期刊没有新媒体运作，占比 41.84%；114 种期刊有新媒体运作，占比 58.16%。统计显示，105 种期刊自行运作，占比 92.11%；3 种期刊委托其他单位运作，占比 2.63%；6 种期刊与其他单位合作运作，占比 5.26%。

有新媒体运作的 114 种科技期刊中，76 种期刊新媒体运作单位性质为非法人单位，占比 66.67%；16 种期刊新媒体运作单位性质为国有企业，占比 14.04%；1 种期刊新媒体运作单位性质为非营利学术社会团体，占比 0.88%；1 种期刊新媒体运作单位性质为集体所有制，占比 0.88%；7 种期刊新媒体运作单位性质为民营企业，占比 6.14%；13 种期刊新媒体运作单位性质为事业单位，占比 11.40%。

第六节　期刊被重要数据库收录情况

一、国际数据库收录情况

截至 2023 年 8 月，我省被 SCIE/ESCI、Scopus、PubMed 3 种权威国际数据库收录的科技期刊共有 38 种，其中英文刊 14 种。被 ESCI 收录 11 种、Scopus 收录

38 种、PubMed 收录 5 种；*Cancer Communications*、*Gastroenterology Report*、*Giga Science* 同时被 *ESCI* 和 *PubMed* 收录。被重要国际数据库收录的 38 种期刊中，医药卫生类期刊 17 种，约占 45%；工业技术类期刊 8 种（表 1-14 至表 1-16）。

截至 2023 年 8 月，在广东省科技期刊中，共有 57 种是美国化学文摘（CA）来源期刊，86 种是日本科学技术振兴机构数据库（JST）来源期刊，5 种是 INSPEC 科学文摘来源期刊，44 种是 WJCI 科技期刊世界影响力指数报告来源期刊，5 种是 EI 来源期刊，13 种是俄国文摘杂志 Pж（AJ）来源期刊（表 1-17 至表 1-21）。

表 1-14　广东省科技期刊被重要国际数据库 SCIE/ESCI 收录情况

语种	刊名	主办单位	分类
英文刊	*Aggregate*	华南理工大学	工业技术
	Cancer Communications	中山大学肿瘤防治中心	医药、卫生
	Gastroenterology Report	中山大学	医药、卫生
	Giant	华南理工大学	工业技术
	Giga Science	深圳华大基因科技有限公司	工业技术
	Journal of Thoracic Disease	广州医科大学附属第一医院	医药、卫生
	Journal of Tropical Meteorology	广州热带海洋气象研究所	天文学、地球科学
	Control Theory and Technology	华南理工大学	工业技术
	Solid Earth Science	中国科学院广州地球化学研究所	天文学、地球科学
	Mycosphere	仲恺农业学院	农业科学
	Liver Research	中山大学	医药、卫生
合计	11 种		

注：数据来源于 Emerging Source Citation Index（ESCI），统计时间截至 2023 年 8 月。

表 1-15　广东省科技期刊被重要国际数据库 PubMed 收录情况

语种	刊名	主办单位	分类
英文刊	*Cancer Communications*	中山大学肿瘤防治中心	医药、卫生
	Gastroenterology Report	中山大学	医药、卫生
	Giga Science	深圳华大基因科技有限公司	医药、卫生

续上表

语种	刊名	主办单位	分类
中文刊	中华胃肠外科杂志	中华医学会、中山大学	医药、卫生
	南方医科大学学报	南方医科大学	医药、卫生
合计	5 种		

注：数据来源于 Medline（https://www.ncbi.nlm.nih.gov/nlmcatalog/journals/，统计时间截至 2023 年 8 月。

表 1-16　广东省科技期刊被重要国际数据库 Scopus 收录情况

语种	刊名	主办单位	分类
英文刊	Advanced Industrial and Engineering Polymer Research	金发科技股份有限公司	工业技术
	Aggregate	华南理工大学	工业技术
	Annals of Eye Science	中山大学	医药、卫生
	Annals of Blood	广州血液中心	医药、卫生
	Cancer Communications	中山大学肿瘤防治中心	医药、卫生
	Gastroenterology Report	中山大学	医药、卫生
	Giant	华南理工大学	工业技术
	Giga Science	深圳华大基因科技有限公司	医药、卫生
	Journal of Thoracic Disease	广州医科大学附属第一医院	医药、卫生
	Journal of Tropical Meteorology	广州热带海洋气象研究所	医药、卫生
	Liver Research	中山大学	医药、卫生
	Control Theory and Technology	华南理工大学	工业技术
	Solid Earth Science	中国科学院广州地球化学研究所	天文学、地球科学
	Mycosphere	仲恺农业学院	农业科学
合计	14 种		

续上表

语种	刊名	主办单位	分类
中文刊	南方医科大学学报	南方医科大学	医药、卫生
	大地构造与成矿学	中国科学院广州地球化学研究所	天文学、地球科学
	分析测试学报	中国广州分析测试中心、 中国分析测试协会	工业技术
	广东农业科学	广东省农业科学院、华南农业大学	农业科学
	华南理工大学学报（自然科学版）	华南理工大学	自然科学总论
	控制理论与应用	华南理工大学	工业技术
	口腔疾病防治	南方医科大学口腔医院、 广东省牙病防治指导中心	医药、卫生
	深圳大学学报（理工版）	深圳大学	自然科学总论
	南方水产科学	中国水产科学研究院南海水产研究所	农业科学
	南方能源建设	南方电网传媒有限公司、中国能源 建设集团广东省电力设计研究院有 限公司	工业技术
	热带地理	广东省科学院广州地理研究所	自然科学总论
	热带气象学报	广州热带海洋气象研究所	天文学、地球科学
	润滑与密封	中国机械工程学会、广州机械科学 研究院有限公司	工业技术
	器官移植	中山大学	医药、卫生
	现代食品科技	华南理工大学	工业技术
	中国病理生理杂志	中国病理生理学会	医药、卫生
	中华创伤骨科杂志	中华医学会、南方医科大学南方医院	医药、卫生
	中华神经医学杂志	中华医学会	医药、卫生
	中华肾脏病杂志	中华医学会	医药、卫生
	中华胃肠外科杂志	中华医学会、中山大学	医药、卫生
	中华显微外科杂志	中华医学会	医药、卫生
	中华炎性肠病杂志	中华医学会	医药、卫生
合计	22 种		
中英文	隧道建设（中英文）	中铁隧道勘察设计研究院有限公司	交通运输
	中山大学学报（自然科学版） （中英文）	中山大学	自然科学总论
合计	2 种		

注：数据来源于 Scopus（https://www.scopus.com/sources.ur?zone = TopNavBar&origin = mylist），统计时间截至 2023 年 8 月。

表 1-17　广东省科技期刊被美国化学文摘 CA 数据库收录情况

语种	刊名	主办单位	分类
英文刊	*Control Theory and Technology*	华南理工大学、中国科学院数学与系统科学研究院	工业技术
	South China Journal of Cardiology	广东省心血管病研究所	医药、卫生
合计	2 种		
中文刊	癌变·畸变·突变	中国环境诱变剂学会	医药、卫生
	癌症	中山大学肿瘤防治中心	医药、卫生
	材料研究与应用	广东省科学院新材料研究所	工业技术
	大地构造与成矿学	中国科学院广州地球化学研究所	天文学、地球科学
	地球化学	中国科学院广州地球化学研究所	天文学、地球科学
	电镀与涂饰	广州大学	工业技术
	分析测试学报	中国广州分析测试中心、中国分析测试协会	工业技术
	佛山科学技术学院学报（自然科学版）	佛山科学技术学院	自然科学总论
	佛山陶瓷	佛山市陶瓷研究所	工业技术
	广东工业大学学报	广东工业大学	工业技术
	广东海洋大学学报	广东海洋大学	自然科学总论
	广东化工	广东省科学院化工研究所	工业技术
	广东农业科学	广东省农业科学院、华南农业大学	农业科学
	广东药科大学学报	广东药科大学	医药、卫生
	广东医学	广东省医学学术交流中心（广东省医学情报研究所）	医药、卫生
	广州大学学报（自然科学版）	广州大学	自然科学总论
	广州化工	广州化工研究设计院、广州市化工行业协会	工业技术
	广州化学	中国科学院广州化学研究所	生物科学
	广州中医药大学学报	广州中医药大学	医药、卫生
	合成材料老化与应用	广州合成材料研究院有限公司	工业技术
	华南农业大学学报	华南农业大学	农业科学
	华南师范大学学报（自然科学版）	华南师范大学	自然科学总论
	化纤与纺织技术	广东省化学纤维研究所有限公司	工业技术
	暨南大学学报（自然科学与医学版）	暨南大学	自然科学总论
	解剖学研究	广东省解剖学会、中国解剖学会	医药、卫生

续上表

语种	刊名	主办单位	分类
	今日药学	广东省药学会、中国药学会	医药、卫生
	控制理论与应用	华南理工大学、中国科学院数学与系统科学研究院	工业技术
	岭南心血管病杂志	广东省心血管病研究所	医药、卫生
	南方金属	广东省金属学会	工业技术
	南方水产科学	中国水产科学研究院南海水产研究所	农业科学
	南方医科大学学报	南方医科大学	医药、卫生
	器官移植	中山大学	医药、卫生
	热带海洋学报	中国科学院南海海洋研究所	天文学、地球科学
	热带亚热带植物学报	中国科学院华南植物园、广东省植物学会	生物科学
	热带医学杂志	广东省寄生虫学会	医药、卫生
	润滑与密封	中国机械工程学会、广州机械科学研究院有限公司	工业技术
	深圳大学学报（理工版）	深圳大学	自然科学总论
中文刊	深圳职业技术学院学报	深圳职业技术学院	综合性图书
	实用医学杂志	广东省医学学术交流中心（广东省医学情报研究所）	医药、卫生
	五邑大学学报（自然科学版）	五邑大学	自然科学总论
	纤维素科学与技术	中国科学院广州化学研究所	工业技术
	现代食品科技	华南理工大学	工业技术
	新医学	中山大学	医药、卫生
	新中医	广州中医药大学、中华中医药学会	医药、卫生
	血栓与止血学	广州医科大学	医药、卫生
	眼科学报	中山大学	医药、卫生
	中国病理生理杂志	中国病理生理学会	医药、卫生
	中国神经精神疾病杂志	中山大学	医药、卫生
	中国职业医学	中华预防医学会、广东省职业病防治院	医药、卫生
	中华肾脏病杂志	中华医学会	医药、卫生
	中山大学学报（医学科学版）	中山大学	医药、卫生

续上表

语种	刊名	主办单位	分类
中文刊	中药材	国家食品药品监督管理局中药材信息中心站	医药、卫生
	中药新药与临床药理	广州中医药大学、中华中医药学会	医药、卫生
	仲恺农业工程学院学报	仲恺农业工程学院	农业科学
合计	54 种		
中英文	中山大学学报（自然科学版）（中英文）	中山大学	自然科学总论
合计	1 种		

注：数据来源于中国知网（https://www.cnki.net），统计时间截至 2023 年 8 月。

表 1-18　广东省科技期刊被日本科学技术振兴机构 JST 数据库收录情况

语种	刊名	主办单位	分类
英文刊	*Control Theory and Technology*	华南理工大学、中国科学院数学与系统科学研究院	工业技术
合计	1 种		
中文刊	癌变·畸变·突变	中国环境诱变剂学会	医药、卫生
	癌症	中山大学肿瘤防治中心	医药、卫生
	桉树科技	中国林业科学研究院速生树木研究所	农业科学
	大地构造与成矿学	中国科学院广州地球化学研究所	天文学、地球科学
	地球化学	中国科学院广州地球化学研究所	天文学、地球科学
	电镀与涂饰	广州大学	工业技术
	电子产品可靠性与环境试验	工业和信息化部电子第五研究所	工业技术
	分析测试学报	中国广州分析测试中心、中国分析测试协会	工业技术
	分子诊断与治疗杂志	《中国家庭医生》杂志社有限公司	医药、卫生
	工业工程	广东工业大学	工业技术
	广东电力	广东电网公司电力科学研究院、广东省电机工程学会	工业技术
	广东工业大学学报	广东工业大学	工业技术
	广东海洋大学学报	广东海洋大学	自然科学总论
	广东建材	广东省建筑材料研究院有限公司	工业技术
	广东交通职业技术学院学报	广东交通职业技术学院	综合性图书

续上表

语种	刊名	主办单位	分类
中文刊	广东科技	广东省科学技术情报研究所	自然科学总论
	广东农业科学	广东省农业科学院、华南农业大学	农业科学
	广东气象	广东省气象学会	天文学、地球科学
	广东药科大学学报	广东药科大学	医药、卫生
	广东医科大学学报	广东医科大学	医药、卫生
	广东医学	广东省医学学术交流中心（广东省医学情报研究所）	医药、卫生
	广州医科大学学报	广州医科大学	医药、卫生
	广州医药	广州市第一人民医院	医药、卫生
	广州中医药大学学报	广州中医药大学	医药、卫生
	国际医药卫生导报	中华医学会、国际医药卫生导报社	医药、卫生
	罕少疾病杂志	深圳市卫生和计划生育委员会	医药、卫生
	护理学报	南方医科大学	医药、卫生
	华南地震	广东省地震局	天文学、地球科学
	华南理工大学学报（自然科学版）	华南理工大学	工业技术
	华南农业大学学报	华南农业大学	农业科学
	华南师范大学学报（自然科学版）	华南师范大学	自然科学总论
	环境技术	中国电器科学研究院有限公司	环境科学、安全科学
	环境昆虫学报	广东省昆虫学会、中国昆虫学会	生物科学
	机电工程技术	广东省机械研究所有限公司、广东省机械工程学会	工业技术
	集成技术	中国科学院深圳先进技术研究院、科学出版社有限责任公司	工业技术
	暨南大学学报（自然科学与医学版）	暨南大学	自然科学总论
	控制理论与应用	华南理工大学、中国科学院数学与系统科学研究院	工业技术
	口腔疾病防治	南方医科大学口腔医院、广东省牙病防治指导中心	医药、卫生
	林业与环境科学	广东省林业科学研究院、广东省林学会	农业科学
	临床医学工程	广东省医疗器械研究所	医药、卫生

续上表

语种	刊名	主办单位	分类
中文刊	岭南急诊医学杂志	广东省医学会	医药、卫生
	岭南现代临床外科	广东省医学学术交流中心	医药、卫生
	岭南心血管病杂志	广东省心血管病研究所	医药、卫生
	南方电网技术	南方电网科学研究院有限责任公司	工业技术
	南方建筑	广东省土木建筑学会	工业技术
	南方能源建设	南方电网传媒有限公司、中国能源建设集团广东省电力设计研究院有限公司	工业技术
	南方水产科学	中国水产科学研究院南海水产研究所	农业科学
	南方医科大学学报	南方医科大学	医药、卫生
	皮肤性病诊疗学杂志	广东省皮肤性病防治中心	医药、卫生
	器官移植	中山大学	医药、卫生
	热带地理	广东省科学院广州地理研究所	自然科学总论
	热带海洋学报	中国科学院南海海洋研究所	天文学、地球科学
	热带气象学报	广州热带海洋气象研究所	天文学、地球科学
	热带亚热带植物学报	中国科学院华南植物园、广东省植物学会	生物科学
	润滑与密封	中国机械工程学会、广州机械科学研究院有限公司	工业技术
	深圳大学学报（理工版）	深圳大学	自然科学总论
	生态环境学报	广东省土壤学会、广东省科学院生态环境与土壤研究所	环境科学、安全科学
	生态科学	广东省生态学会、暨南大学	生物科学
	实用医学杂志	广东省医学学术交流中心（广东省医学情报研究所）	医药、卫生
	纤维素科学与技术	中国科学院广州化学研究所	工业技术
	现代临床护理	中山大学	医药、卫生
	现代消化及介入诊疗	广东省医学学术交流中心	医药、卫生
	现代医院	广东省医院协会	综合性图书
	心血管病防治知识	广东省介入性心脏病学会、广东省岭南心血管病研究所	医药、卫生
	新能源进展	中国科学院广州能源研究所	工业技术

续上表

语种	刊名	主办单位	分类
中文刊	新医学	中山大学	医药、卫生
	血栓与止血学	广州医科大学	医药、卫生
	循证医学	广东省循证医学科研中心、广东省人民医院、中山大学附属第三医院	医药、卫生
	移动通信	广州通信研究所	工业技术
	影像诊断与介入放射学	中山大学	工业技术
	中国 CT 和 MRI 杂志	北京大学深圳临床医学院、北京大学第一附属医院	医药、卫生
	中国病理生理杂志	中国病理生理学会	医药、卫生
	中国处方药	国家药品监督管理局南方医药经济研究所	医药、卫生
	中国临床解剖学杂志	中国解剖学会	医药、卫生
	中国神经精神疾病杂志	中山大学	医药、卫生
	中国医学物理学杂志	南方医科大学、中国医学物理学会	医药、卫生
	中华肾脏病杂志	中华医学会	医药、卫生
	中华胃肠外科杂志	中华医学会、中山大学	医药、卫生
	中华显微外科杂志	中华医学会	医药、卫生
	中山大学学报（医学科学版）	中山大学	医药、卫生
	中药材	国家食品药品监督管理局中药材信息中心站	医药、卫生
	中药新药与临床药理	广州中医药大学、中华中医药学会	医药、卫生
	珠江水运	交通运输部珠江航务管理局	交通运输
合计	83 种		
中英文	隧道建设（中英文）	中铁隧道勘察设计研究院有限公司	交通运输
	中山大学学报（自然科学版）（中英文）	中山大学	自然科学总论
合计	2 种		

注：数据来源于中国知网，统计时间截至 2023 年 8 月。

表 1-19　广东省科技期刊被 INSPEC 科学文摘数据库收录情况

语种	刊名	主办单位	分类
英文刊	*Control Theory and Technology*	华南理工大学、中国科学院数学与系统科学研究院	工业技术
中文刊	工业工程	广东工业大学	工业技术
	广东工业大学学报	广东工业大学	工业技术
	控制理论与应用	华南理工大学、中国科学院数学与系统科学研究院	工业技术
	深圳大学学报（理工版）	深圳大学	自然科学总论
合计	5 种		

注：数据来源于中国知网，统计时间截至 2023 年 8 月。

表 1-20　广东省科技期刊被重要国际数据库 EI 收录情况

语种	刊名	主办单位	分类
英文刊	*Control Theory and Technology*	华南理工大学	工业技术
	Advanced Industrial and Engineering Polymer Research	金发科技股份有限公司	工业技术
中文刊	大地构造与成矿学	中国科学院广州地球化学研究所	天文学、地球科学
	华南理工大学学报（自然科学版）	华南理工大学	工业技术
	控制理论与应用	华南理工大学	工业技术
合计	5 种		

注：数据来源于中国知网，统计时间截至 2023 年 8 月。

表 1-21　广东省科技期刊被重要国际数据库 AJ 收录情况

语种	刊名	主办单位	分类
英文刊	*Control Theory and Technology*	华南理工大学	工业技术
中文刊	华南理工大学学报（自然科学版）	华南理工大学	工业技术
	控制理论与应用	华南理工大学	工业技术
	电镀与涂饰	广州市二轻工业科学技术研究所	工业技术
	工业工程	广东工业大学	工业技术
	广东工业大学学报	广东工业大学	工业技术
	深圳大学学报（理工版）	深圳大学学报	自然科学总论
	分析测试学报	中国广州分析测试中心、中国分析测试协会	工业技术

续上表

语种	刊名	主办单位	分类
中文刊	华南农业大学学报	华南农业大学	农业科学
	南方水产科学	南海水产研究所	农业科学
	热带海洋学报	中国科学院南海海洋研究所	天文学、地球科学
	隧道建设（中英文）	中铁隧道勘察设计研究院有限公司	交通运输
	中山大学学报（自然科学版）（中英文）	中山大学	自然科学总论
合计	13 种		

注：数据来源于中国知网，统计时间截至 2023 年 8 月。

二、国内数据库收录情况

截至 2023 年 9 月，广东省共有 45 种期刊入选北大图书馆《中文核心期刊要目总览（2020）》（表 1-22），81 种期刊入选中信所《中国科技期刊引证报告（核心版）（2023）》（表 1-23），38 种期刊入选中国科学引文数据库（CSCD 2023）（表 1-24）。《大地构造与成矿学》《地球化学》《分析测试学报》《广东海洋大学学报》《华南理工大学学报（自然科学版）》《华南农业大学学报》《环境昆虫学报》《暨南大学学报（自然科学与医学版）》《控制理论与应用》《南方电网技术》《南方建筑》《南方水产科学》《南方医科大学学报》《热带地理》《热带海洋学报》《热带气象学报》《热带亚热带植物学报》《润滑与密封》《深圳大学学报（理工版）》《生态环境学报》《隧道建设》《中国病理生理杂志》《中国临床解剖学杂志》《中国神经精神疾病杂志》《中华创伤骨科杂志》《中华神经医学杂志》《中华肾脏病杂志》《中华胃肠外科杂志》《中山大学学报（医学科学版）》《中山大学学报（自然科学版）（中英文）》《中药新药与临床药理》共 30 种期刊同时被中文核心期刊、中国科技核心期刊和 CSCD 收录。

表1-22 广东省科技期刊被重要国内数据库（中文核心期刊）收录情况

刊名	主办单位	分类
大地构造与成矿学	中国科学院广州地球化学研究所	天文学、地球科学
地球化学	中国科学院广州地球化学研究所	天文学、地球科学
电镀与涂饰	广州大学	工业技术
分析测试学报	中国广州分析测试中心、中国分析测试协会	工业技术
工业工程	广东工业大学	工业技术
广东海洋大学学报	广东海洋大学	天文学、地球科学
广州体育学院学报	广州体育学院	社会科学
护理学报	南方医科大学	医药、卫生
华南理工大学学报（自然科学版）	华南理工大学	工业技术
华南农业大学学报	华南农业大学	农业科技
华南师范大学学报（自然科学版）	华南师范大学	天文学、地球科学
环境昆虫学报	广东省昆虫学会、中国昆虫学会	农业科技
机床与液压	中国机械工程学会、广州机械科学研究院	工业技术
暨南大学学报（自然科学与医学版）	暨南大学	医药、卫生
科技管理研究	广东省科学学与科技管理研究会	天文学、地球科学
控制理论与应用	华南理工大学、中国科学院系统科学研究所	工业技术
南方电网技术	中国南方电网有限责任公司技术研究中心	工业技术
南方建筑	华南理工大学建筑学院	工业技术
南方水产科学	南海水产研究所	农业科技
南方医科大学学报	南方医科大学	医药、卫生
器官移植	中山大学	医药、卫生
热带地理	广东省科学院广州地理研究所	天文学、地球科学
热带海洋学报	中国科学院南海海洋研究所	天文学、地球科学
热带气象学报	广州热带海洋气象研究所	天文学、地球科学
热带亚热带植物学报	中国科学院华南植物园、广东省植物学会	天文学、地球科学
润滑与密封	中国机械工程学会、广州机械科学研究院	工业技术
深圳大学学报（理工版）	深圳大学	工业技术
生态环境学报	广东省生态环境与土壤研究所、广东省土壤学会	工业技术
实用医学杂志	广东省医学学术交流中心（广东省医学情报研究所）	医药、卫生

续上表

刊名	主办单位	分类
体育学刊	华南理工大学、华南师范大学	社会科学
图书馆论坛	广东省中山图书馆	工业技术
现代食品科技	华南理工大学	工业技术
中国病理生理杂志	中国病理生理学会	医药、卫生
中国临床解剖学杂志	中国解剖学会	医药、卫生
中国神经精神疾病杂志	中山大学	医药、卫生
中国职业医学	中华预防医学会、华南区域劳动卫生职业病防治中心	医药、卫生
中华创伤骨科杂志	中华医学会	医药、卫生
中华神经医学杂志	中华医学会	医药、卫生
中华肾脏病杂志	中华医学会	医药、卫生
中华胃肠外科杂志	中华医学会、中山大学	医药、卫生
中华显微外科杂志	中华医学会	医药、卫生
中山大学学报（医学科学版）	中山大学	医药、卫生
中药材	国家食品药品监督管理局、中药材信息中心站	医药、卫生
中药新药与临床药理	广州中医药大学	医药、卫生
隧道建设	中铁隧道勘察设计研究院有限公司	工业技术
合计	45 种	

注：数据来源于中国知网，统计时间截至 2023 年 9 月。

表 1-23　广东省科技期刊被重要国内数据库（中国科技核心期刊）收录情况

刊名	主办单位	分类
癌变·畸变·突变	中国环境诱变剂学会	医药、卫生
癌症	中山大学肿瘤防治中心	医药、卫生
桉树科技	国家林业局桉树研究开发中心	农业科技
大地构造与成矿学	中国科学院广州地球化学研究所	天文学、地球科学
地球化学	中国科学院广州地球化学研究所、中国矿物岩石地球化学学会	天文学、地球科学
电镀与涂饰	广州大学	工业技术
分析测试学报	中国广州分析测试中心、中国分析测试协会	工业技术
分子影像学杂志	南方医科大学	医药、卫生

续上表

刊名	主办单位	分类
分子诊断与治疗杂志	中山大学	医药、卫生、工业技术
甘蔗糖业	中国糖业协会、全国甘蔗糖业信息中心、广州甘蔗糖业研究所	工业技术
工业工程	广东工业大学	工业技术
广东电力	广东电网公司电力科学研究院、广东省电机工程学会	工业技术
广东海洋大学学报	广东海洋大学	天文学、地球科学
广东农业科学	广东省农业科学院、华南农业大学	农业科技
广东药科大学学报	广东药科大学	医药、卫生
广东医学	广东省医学学术交流中心（广东省医学情报研究所）	医药、卫生
广州中医药大学学报	广州中医药大学	医药、卫生
合成材料老化与应用	广州合成材料研究院有限公司	工业技术
护理学报	南方医科大学	医药、卫生
华南地震	广东省地震局	天文学、地球科学
华南理工大学学报（自然科学版）	华南理工大学	工业技术
华南农业大学学报	华南农业大学	农业科技
华南师范大学学报（自然科学版）	华南师范大学	天文学、地球科学
华南预防医学	广东省疾病预防控制中心	医药、卫生
环境技术	广州电器科学研究院	工业技术
环境昆虫学报	广东省昆虫学会、中国昆虫学会	农业科技
机床与液压	中国机械工程学会、广州机械科学研究院	工业技术
暨南大学学报（自然科学与医学版）	暨南大学	医药、卫生
解剖学研究	广东省解剖学会、中国解剖学会	医药、卫生
科技管理研究	广东省科学学与科技管理研究会	经济与管理科学、天文学、地球科学
控制理论与应用	华南理工大学、中国科学院系统科学研究所	工业技术
口腔疾病防治	广东省口腔医院、广东省牙病防治指导中心	医药、卫生
岭南心血管病杂志	广东省心血管病研究所	医药、卫生
南方电网技术	中国南方电网有限责任公司技术研究中心	工业技术

续上表

刊名	主办单位	分类
南方建筑	华南理工大学建筑学院	工业技术
南方水产科学	南海水产研究所	农业科技
南方医科大学学报	南方医科大学	医药、卫生
器官移植	中山大学	医药、卫生
热带地理	广东省科学院广州地理研究所	哲学与人文科学、天文学、地球科学
热带海洋学报	中国科学院南海海洋研究所	天文学、地球科学
热带气象学报	广州热带海洋气象研究所	天文学、地球科学
热带亚热带植物学报	中国科学院华南植物园、广东省植物学会	天文学、地球科学
热带医学杂志	广东省寄生虫学会、中华预防医学会	医药、卫生
润滑与密封	中国机械工程学会、广州机械科学研究院	工业技术
深圳大学学报（理工版）	深圳大学	工业技术
生态环境学报	广东省生态环境与土壤研究所、广东省土壤学会	工业技术
生态科学	暨南大学、广东省生态学会	天文学、地球科学
实用医学杂志	广东省医学学术交流中心（广东省医学情报研究所）	医药、卫生
体育学刊	华南理工大学、华南师范大学	社会科学
图书馆论坛	广东省中山图书馆	工业技术
现代临床护理	中山大学	医药、卫生
现代食品科技	华南理工大学	工业技术
现代消化及介入诊疗	广东省医学学术交流中心	医药、卫生
新能源进展	中国科学院广州能源研究所	工业技术
新医学	中山大学	医药、卫生
循证医学	广东省循证医学科研中心、广东省人民医院、中山大学附属第三医院	医药、卫生
影像诊断与介入放射学	中山大学	医药、卫生
造纸科学与技术	广东省造纸学会	工业技术
中国 CT 和 MRI 杂志	北京大学深圳临床医学院、北京大学第一医院	医药、卫生
中国病理生理杂志	中国病理生理学会	医药、卫生

续上表

刊名	主办单位	分类
中国临床解剖学杂志	中国解剖学会	医药、卫生
中国神经精神疾病杂志	中山大学	医药、卫生
中国血管外科杂志电子版	人民卫生出版社	医药、卫生
中国医学物理学杂志	南方医科大学、中国医学物理学会	医药、卫生
中国职业医学	中华预防医学会、华南区域劳动卫生职业病防治中心	医药、卫生
中华创伤骨科杂志	中华医学会	医药、卫生
中华肝脏外科手术学电子杂志	中华医学会、中山大学附属第三医院	医药、卫生
中华关节外科杂志电子版	中华医学会、广州医科大学	医药、卫生
中华口腔医学研究杂志（电子版）	中华医学会、中山大学光华口腔医学院	医药、卫生
中华普通外科学文献（电子版）	中华医学会、中山大学附属第一医院	医药、卫生
中华神经医学杂志	中华医学会	医药、卫生
中华肾脏病杂志	中华医学会	医药、卫生
中华生物医学工程杂志	中华医学会、广州医科大学	医药、卫生
中华胃肠外科杂志	中华医学会、中山大学	医药、卫生
中山大学学报（医学科学版）	中山大学	医药、卫生
中药材	国家食品药品监督管理局、中药材信息中心站	医药、卫生
中药新药与临床药理	广州中医药大学	医药、卫生
中医肿瘤学杂志	广州中医药大学第一附属医院	医药、卫生
隧道建设	中铁隧道勘察设计研究院有限公司	工业技术
中华炎性肠病杂志	中华医学会	医药、卫生
中山大学学报（自然科学版）（中英文）	中山大学	天文学、地球科学
合计	81 种	

注：数据来源于 2023 年中国科技论文统计报告发布，统计时间截至 2023 年 9 月。

表 1-24　广东省科技期刊被重要国内数据库（CSCD）收录情况

刊名	主办单位	分类
大地构造与成矿学	中国科学院广州地球化学研究所	天文学、地球科学
地球化学	中国科学院广州地球化学研究所	天文学、地球科学
分析测试学报	中国广州分析测试中心、中国分析测试协会	工业技术

续上表

刊名	主办单位	分类
广东海洋大学学报	广东海洋大学	天文学、地球科学
华南理工大学学报自然科学版	华南理工大学	工业技术
华南农业大学学报	华南农业大学	农业科技
环境昆虫学报	广东省昆虫学会、中国昆虫学会	农业科技
暨南大学学报（自然科学与医学版）	暨南大学	医药、卫生
控制理论与应用	华南理工大学、中国科学院系统科学研究所	工业技术
南方电网技术	中国南方电网有限责任公司技术研究中心	工业技术
南方建筑	华南理工大学建筑学院	工业技术
南方水产科学	南海水产研究所	农业科技
南方医科大学学报	南方医科大学	医药、卫生
热带地理	广东省科学院广州地理研究所	天文学、地球科学
热带海洋学报	中国科学院南海海洋研究所	天文学、地球科学
热带气象学报	广州热带海洋气象研究所	天文学、地球科学
热带亚热带植物学报	中国科学院华南植物园、广东省植物学会	天文学、地球科学
润滑与密封	中国机械工程学会、广州机械科学研究院	工业技术
深圳大学学报（理工版）	深圳大学	工业技术
生态环境学报	广东省生态环境与土壤研究所、广东省土壤学会	工业技术
生态科学	暨南大学、广东省生态学会	天文学、地球科学
新能源进展	中国科学院广州能源研究所	工业技术
中国病理生理杂志	中国病理生理学会	医药、卫生
中国临床解剖学杂志	中国解剖学会	医药、卫生
中国神经精神疾病杂志	中山大学	医药、卫生
中国医学物理学杂志	南方医科大学、中国医学物理学会	医药、卫生
中华创伤骨科杂志	中华医学会	医药、卫生
中华关节外科杂志电子版	中华医学会、广州医科大学	医药、卫生
中华神经医学杂志	中华医学会	医药、卫生
中华肾脏病杂志	中华医学会	医药、卫生
中华胃肠外科杂志	中华医学会、中山大学	医药、卫生
中华显微外科杂志	中华医学会	医药、卫生
中山大学学报（医学科学版）	中山大学	医药、卫生

续上表

刊名	主办单位	分类
中药新药与临床药理	广州中医药大学	医药、卫生
隧道建设（中英文）	中铁隧道勘察设计研究院有限公司	工业技术
中山大学学报（自然科学版）（中英文）	中山大学	天文学、地球科学
Gastroenterology Report	中山大学	医药、卫生
Control Theory and Technology	华南理工大学、中国科学院数学与系统科学研究院	工业技术
合计	38 种	

注：数据来源于中国科学引文数据库（CSCD）来源期刊遴选报告（2023—2024 年度），统计时间截至 2023 年 9 月。

第二章 广东省科技期刊影响力及载文特征分析[①]

内 容 提 要

一、基于国际数据库收录的广东省科技期刊影响力分析

（一）WoS 数据库收录的广东省科技期刊现状分析

根据科睿唯安发布的《期刊引证报告》2022 年版，广东省有 10 种科技期刊被收录在 Web of Science（WoS）数据库，涵盖临床医学、地球科学、化学、生物学与生物化学、材料科学、工程学以及综合学科七大领域。其中，6 种期刊被收录于 *Science Citation Index Expanded*（SCIE），4 种收录于 *Emerging Sources Citation Index*（ESCI）。广东省拥有一定数量的 WoS 期刊，但尚未形成规模效应。从创刊到被 WoS 数据库收录，并获得首个影响因子，10 种期刊历时 3 到 18 年不等。虽然目前广东省被 WoS 数据库收录的科技期刊数量相对较少，但近年呈现出较快的发展趋势。

根据 2020 年至 2022 年的《期刊引证报告》，广东省 WoS 期刊 3 年的可被引文献总量分别为 1 055、1 126 和 980 篇，刊均总被引频次稳定在 3 000 次以上。2022 年的《期刊引证报告》显示，广东省有 3 种期刊的影响因子超过 10，2 种期刊的影响因子在 5～10 之间，其余 5 种

[①] 执笔：龙秀芬、吴惠勤（牵头）；裴楚、叶伊倩、周静、李雪、何艳（第一节）；李泽华、郭亿华、邓丹丹、蓝艳华、郑文棠、李健梅（第二节）；陈健英（协助材料的收集和汇总）。

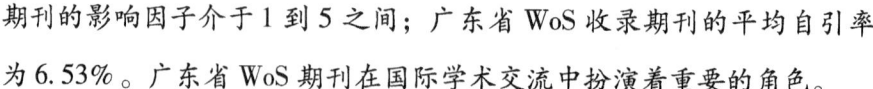

期刊的影响因子介于 1 到 5 之间；广东省 WoS 收录期刊的平均自引率为 6.53%。广东省 WoS 期刊在国际学术交流中扮演着重要的角色。

（二）Scopus 数据库收录的广东省科技期刊现状分析

截至 2022 年 9 月，广东省共有 32 种科技期刊被 Scopus 数据库收录，其中超半数为中文期刊（17/32，占 53.1%），这表明广东省中文期刊在国际化建设方面取得了一定成效。从期刊收录年份看，8 种期刊最早于 2011 年被收录；56% 的期刊在 2018 年之后被收录。就期刊主办单位类型而言，高校和科研院所占据主体地位，对期刊提供了重要支持。近年来，大部分广东省 Scopus 科技期刊的 CiteScore 值保持稳定或呈现出轻微上涨的趋势。

Scopus 数据库涵盖 27 个学科，而广东省的 32 种 Scopus 科技期刊已覆盖其中的 22 个学科。近三成的期刊属于医学领域，且高被引论文主要集中在此领域，反映了广东省医学期刊办刊质量较好、国际化程度较高，这与广东省较为发达的医学科研水平密切相关。

二、基于国际数据库的广东省科技期刊载文分析

（一）WoS 数据库收录的广东省科技期刊载文分析

2022 年广东省 WoS 数据库收录期刊可被引文献共有 980 篇。其中，呼吸系统学科的论文数量最多，达到 516 篇。化学综合和材料科学综合并列第二，均为 167 篇。

2022 年中国内地学者在广东省各学科期刊发表论文数量最多，共计 612 篇。紧随其后的是美国学者，发表 166 篇论文；日本学者排名第三，共发表 57 篇论文。

2022 年广东省 WoS 数据库收录期刊共有 10 篇高被引论文，篇均被引用 46.2 次。其中，被引用频次最高的论文发表于 *Mycosphere*，达到 116 次。

（二）Scopus 数据库收录的广东省科技期刊载文分析

2022 年 Scopus 数据库收录的广东省科技期刊发表量前三位的国家/地区分别是中国（不含港澳台地区）、美国和意大利，其中中国的论文数量超过 7 000 篇。随着更多期刊被 Scopus 收录，广东省的科技期刊有了更多展示优秀的中国科研成果给全球同行的机会。

2022 年广东省 Scopus 数据库收录的期刊中发表了高被引论文的期刊占比 26%　。这显示高被引论文的来源期刊相对较为集中。

三、基于 CNKI 的广东省科技期刊影响力分析

（一）广东省科技期刊的国内影响力

基于中国知网《中国学术期刊影响因子年报（自然科学与工程技术版)》2022 版，对收录的 148 种广东省科技期刊进行国内影响力分析，结论如下：①广东省科技期刊分布在 49 个学科，尚有 16 个学科未有分布；②广东省科技期刊 2021 年总可被引文献量 47 599 篇、复合总被引频次 305 642 次，刊均复合影响因子 0.970，均较往年有所上涨，反映广东省科技期刊的学术水平和质量稳步提升；2021 年刊均自引率均值为 0.11；③随着新媒体的不断发展，广东省科技期刊网络传播能力得到快速提升；④广东省科技期刊 2021 年进入期刊影响力指数（CI）学科 Q2 区以上期刊有 65 种，在全国排名第八，从全国范围内看，广东省是名副其实的期刊大省。

（二）广东省科技期刊的国际影响力

基于《科技期刊世界影响力指数（WJCI）报告》2022 版，广东省被收录科技期刊共 55 种，其中，46 种具有国内统一连续出版物号（数量在全国排名第九位），进入 WJCI 学科分区 Q1 和 Q2 的有 9 种，占入选期刊（有 CN 号）的 19.57%；未获得 CN 号的英文科技期刊有 9 种，进入 WJCI 学科分区 Q1 和 Q2 的有 7 种。有 CN 号的 46 种期刊

的刊均总被引频次 67 930，影响因子 1.02，WAJCI 值 0.70，WI 值 0.13，WJCI 值 0.82。总体上，广东省科技期刊国际影响面较广，但缺乏领军期刊，整体发展水平有待进一步提高。

（三）广东省科技期刊的载文特征

以 2021 年被 CNKI 收录的 171 种广东省科技期刊为统计范围，对刊载的 46 189 篇科学技术专业领域论文进行载文特征分析，结论如下：①论文学科分布篇数排名前三的分别是内科学、中医学与中药学、交通运输工程，反映广东省学科与科技期刊的协同发展；②发文最多的是医疗机构，反映广东省医学领域科研水平较高；③发文基金比 47.04%，其中国家级基金占比较高；④广东省内发文最多的是广州市作者，境内其他省级行政区发文最多的是江苏省作者，反映论文发文量与地区的经济和科研水平密切相关；⑤发文学科中被引频次最高的是中医学与中药学，反映广东省中医药产业发展较好；⑥根据《学术精要数据库》，广东省科技期刊 2021 年入选高被引论文共 345 篇，分布在 75 个学科，高被引论文数超过 5 篇的学科共有 21 个。

第一节　基于国际数据库的广东省科技期刊影响力与载文特征分析

一、Web of Science 收录的广东省科技期刊影响力与载文特征分析

（一）基于 Web of Science 的广东省科技期刊影响力分析

Web of Science（WoS）数据库是科睿唯安公司（Clarivate Analytics）提供的学

术信息数据库，它收录了权威学术期刊、专著和会议录等学术文献资源，内容涵盖自然科学、工程技术、生物医学、社会科学、艺术与人文等领域，并且具有强大的引文索引功能和学术影响力评价功能；同时，Web of Science 数据库具有先进的数据分析功能，有助于研究者深入挖掘和分析数据，发现学科领域的热点和发展趋势，是科研工作者常用的工具之一。

1955 年，尤金·加菲尔德博士提出了"引文索引"这一概念，并首次提出了"影响因子"。1960 年，加菲尔德博士创办了美国科学信息研究所（Institute for Scientific Information，ISI），并在 1963 年建立了世界著名的科学引文索引（SCI）数据库。1975 年 ISI 发布的 SCI 增加了一卷《期刊引证报告》（*Journal Citation Reports*，JCR），对 1974 年 SCI 收录的 40 多万篇论文提供了详细的期刊间引用关系，同时也首次发布了完整的期刊影响因子（IF）。自此，《期刊引证报告》成为一个多学科期刊评价工具，提供基于引文数据的统计信息的期刊评价。

本节基于 Web of Science 数据，对广东省科技期刊及其载文特征进行了分析。根据 2022 年版《期刊引证报告》，目前广东省有 10 种科技期刊被 Web of Science 数据库收录（以下简称"广东省 WoS 期刊"），其中 6 种被 *Science Citation Index Expanded*（SCIE）收录，4 种被 *Emerging Sources Citation Index*（ESCI）收录，期刊基本信息如表 2 - 1 所示。广东省 WoS 期刊虽有一定数量，但尚未形成规模效应。从创刊到被 WoS 数据库收录，并获得首个影响因子，10 种期刊历时跨度范围为 3 ~ 18 年。多数期刊选择与国际知名出版机构合作出版，也有期刊进行了"造船出海"的初步尝试。

表 2-1　广东省 WoS 期刊基本情况

数据库类型	序号	中文刊名	英文刊名	CN 号	ISSN 号	主办单位	出版方	语种	创刊年份	获首个 IF 年份
SCIE	1	癌症通讯（英文版）	*Cancer Communications*	—	2523-3548	中山大学肿瘤防治中心	Wiley	英文	2010	2014
	2	胃肠病学报道（英文）	*Gastroenterology Report*	44-1750/R	2052-0034	中山大学	Oxford University Press、Giga Science Press	英文	2013	2017
	3	—	*GigaScience*	—	2047-217X	深圳华大基因科技有限公司	Oxford University Press	英文	2012	2015
	4	胸部疾病杂志（英文版）	*Journal of Thoracic Disease*		2072-1439	广州医科大学附属第一医院、广州呼吸健康研究院、呼吸疾病全国重点实验室	AME Publishing Company	英文	2009	2014
	5	热带气象学报（英文版）	*Journal of Tropical Meteorology*	44-1409/P	1006-8775	中国气象局广州热带海洋气象研究所	Journal of Tropical Meteorological Press	英文	1995	2010
	6	菌物圈	*Mycosphere*		2077-7000	仲恺农业工程学院	Mycosphere Press	英文	2010	2015
ESCI	7	聚集体	*Aggregate*	—	2692-4560	华南理工大学、广东省大湾区华南理工大学聚集诱导发光高等研究院	Wiley	英文	2020	2023
	8	控制理论与技术（英文版）	*Control Theory and Technology*	44-1706/TP	2095-6983	华南理工大学、中国科学院数学与系统科学研究院	Springer-Nature	英文	2003	2021
	9	—	*Giant*	—	2666-5425	华南理工大学、Elsevier	Elsevier	英文	2020	2021

续上表

数据库类型	序号	中文刊名	英文刊名	CN 号	ISSN 号	主办单位	出版方	语种	创刊年份	获首个 IF 年份
SCIE	10	固体地球科学（英文）	*Solid Earth Sciences*	—	2451–912X	中国科学院广州地球化学研究所	Elsevier	英文	2010	2020

注：2022 年可被引文献量是指某期刊在 2022 年发表的被 Web of Science 收录的研究文章和综述两种可被引文献的总篇数。数据来源于 WoS 数据库 2022 年版《期刊引证报告》和国家新闻出版署网站。

1. 可被引文献量

期刊可被引文献量是期刊容纳科学研究信息量的重要标志，指的是某期刊在指定时间范围内发表的研究文章和综述两种可被引文献的总篇数。根据 2020—2022 年版《期刊引证报告》，广东省 WoS 期刊在 2020—2022 年的可被引文献总量分别为 1 055 篇、1 126 篇和 980 篇，刊均可被引文献量分别是 151 篇、113 篇、98 篇。

2. 总被引频次

期刊的总被引频次为某期刊在某年度内，被数据库中所有期刊引用的总次数，可作为反映期刊的总体学术影响力的指标之一。基于 2022 年版《期刊引证报告》，对广东省 WoS 期刊近 5 年总被引频次的变化趋势进行了研究。研究结果显示（见图 2-1），2018—2020 年间，广东省 WoS 期刊的总被引次数大幅增长。2021—2022 年间，被引频次的增幅虽然有所放缓，但总体仍呈上升趋势，发展势头良好。过去 3 年，刊均总被引频次均稳定在 3 000 次以上。以上数据说明，广东省 WoS 期刊在国际学术交流中发挥着重要作用。

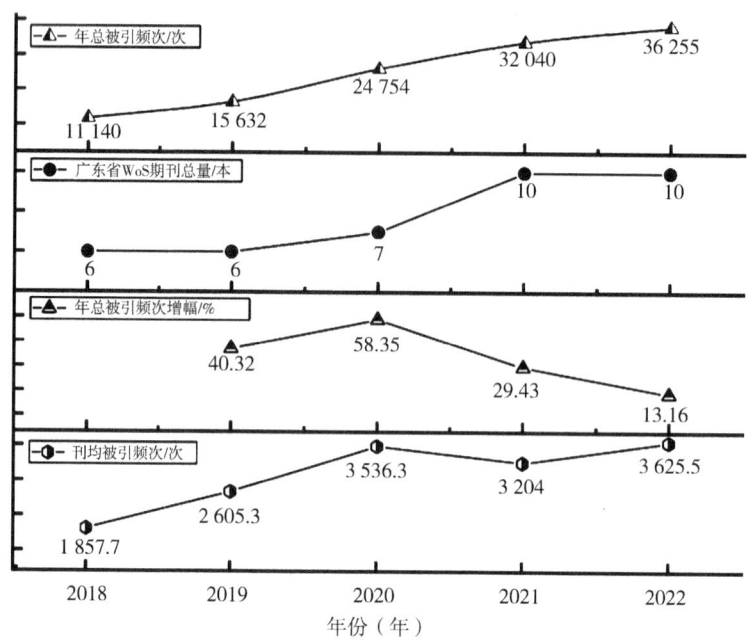

图 2 - 1　2018—2022 年广东省 WoS 期刊年总被引频次情况

注：数据来源于 2022 年版《期刊引证报告》。

3. 期刊影响因子

期刊影响因子（Impact Factor，IF）是代表期刊影响力的定量指标之一。Web of Science 数据库中的影响因子是指某年中，某刊前两年发表的所有论文的引证次数（包括自引次数），与该刊前两年所发表的研究文章（Article）和综述（Review）总数之比。

2022 年的《期刊引证报告》显示，广东省有 3 种期刊影响因子在 10 以上，有 2 种期刊影响因子在 5 ~ 10 之间，有 5 种期刊的影响因子在 1 ~ 5 之间。如图 2 - 2 所示，这些 SCIE 收录的期刊中，表现最为亮眼的是 *Mycosphere* 和 *Cancer Communications*。经过 5 年的发展，*Mycosphere* 从三区期刊提升为一区期刊（学科排名为 3/30）。*Cancer Communications* 的影响因子在 2020—2022 年有了较大幅提升，学科排名表现良好（15/241）。*GigaScience* 的影响因子稳步提升；其余 SCIE

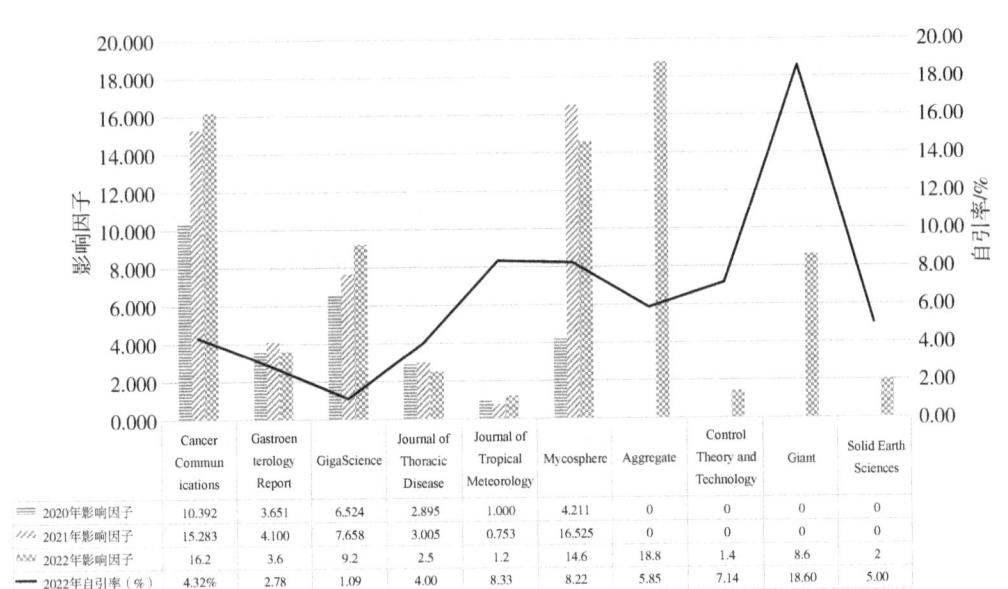

	Cancer Communications	Gastroenterology Report	GigaScience	Journal of Thoracic Disease	Journal of Tropical Meteorology	Mycosphere	Aggregate	Control Theory and Technology	Giant	Solid Earth Sciences
▬▬ 2020年影响因子	10.392	3.651	6.524	2.895	1.000	4.211	0	0	0	0
//// 2021年影响因子	15.283	4.100	7.658	3.005	0.753	16.525	0	0	0	0
∿∿ 2022年影响因子	16.2	3.6	9.2	2.5	1.2	14.6	18.8	1.4	8.6	2
—— 2022年自引率（%）	4.32%	2.78	1.09	4.00	8.33	8.22	5.85	7.14	18.60	5.00

图 2-2　广东省 WoS 期刊影响因子及自引率情况

注：数据来源于 WoS 数据库 2022 年版《期刊引证报告》。"0"表示当年无数据。

期刊总体影响因子相对稳定。

　　被 ESCI 收录的 *Aggregate*、*Solid Earth Sciences*、*Giant* 和 *Control Theory and Technology* 均在 2022 年获得了首个影响因子，其中 *Aggregate* 表现尤为突出，首个影响因子即达 18.8。

　　自引率指的是该期刊中自己发表的文章被自己引用的比例，是反映期刊自身学术质量的重要指标之一。广东省 WoS 期刊影响因子中的自引率均在 20% 以内，有 5 种在 5%～10% 之间，4 种在 5% 以内，平均自引率为 6.53%，总体自引率不高。

4．期刊即时指数

期刊即时指数（Journal Immediacy Index）指文章在发表当年被引用的平均次数，该指数可用于量度期刊刊文被引用的速度。计算方法为：一种期刊在某年度内发表的文章在同年被引的总次数除以该年该刊发表的所有论文数。广东省 WoS 期刊近 3 年即时指数的具体情况如图 2-3 所示。其中，*Cancer Communications* 的即时指数 3 年来呈递增趋势，2022 年达到 3.3；*Aggregate* 和 *Mycosphere* 的即时指数也表现良好，在 2022 年分别达到 2.5 和 3.7。有 2 种期刊即时指数在 1.0～1.3 之间，其他 5 种期刊即时指数均小于 1。由此表明，另 *Cancer Communications*、*Aggregate* 和 *Mycosphere* 期刊所刊载的论文较受关注。

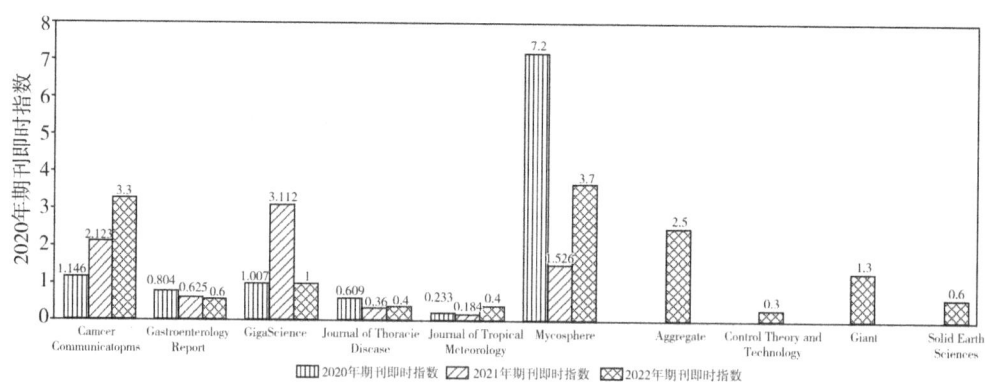

图 2-3　广东省 WoS 期刊近 3 年即时指数变化

注：数据来源于 WoS 数据库 2022 年版《期刊引证报告》。

5．WoS 期刊学科分布

目前被 WoS 收录的 10 本广东省期刊覆盖了临床医学、地球科学、化学、生物学与生物化学、材料科学、工程学及综合学科七大学科领域，共涉及 12 个学科类别。其中，临床医学期刊有 3 种，涉及呼吸系统、胃肠病学与肝病学、肿瘤学 3 个学科；地球科学期刊有 2 种，涉及气象学与大气科学和地球科学综合；化学期刊有 2 种，涉及学科为材料科学综合和高分子材料学；生物学与生物化学期刊 1 种，涉及学科为真菌学；材料科学期刊 1 种，涉及学科为物理化学；工程学期刊 1 种，涉及学科为自动化与控制系统；综合学科期刊有 3 种，涉及学科为化学综合、材料学综合、科学综合。

（二）基于 Web of Science 的广东省科技期刊载文特征分析

据统计，2022 年广东省 WoS 期刊的可被引文献共计 980 篇。以下将围绕论文学科、发文作者国家/地区、ESI 高被引论文和开放获取情况 4 个方面，分析 2022 年广东省 WoS 期刊发表的可被引文献特征。

1. 论文学科分布

广东省 WoS 期刊 2022 年论文学科分布情况如表 2 - 2 所示。可以看出分布在呼吸系统（Respiratory System）学科的论文最多，达 516 篇。化学综合和材料科学综合并列第二，均为 167 篇。除了上述 3 个学科外，发文量超过 100 篇的还有生物学、综合学科、肿瘤学、化学物理、胃肠病学与肝病学。

表 2 - 2　WoS 收录的广东省科技期刊 2022 年论文学科分布

序号	学科（中文名称）	学科（英文名称）	2022 年载文量/篇
1	呼吸系统	Respiratory System	516
2	化学综合	Chemistry Multidisciplinary	167
3	材料科学综合	Materials Science Multidisciplinary	167
4	生物学	Biology	128
5	综合学科	Multidisciplinary Sciences	128
6	肿瘤学	Oncology	125
7	化学物理	Chemistry Physical	116
8	胃肠病学与肝病学	Gastroenterology Hepatology	102
9	自动化与控制系统	Automation Control Systems	52
10	高分子科学	Polymer Science	51
11	气象与大气科学	Meteorology Atmospheric Sciences	35

续上表

序号	学科（中文名称）	学科（英文名称）	2022 年载文量/篇
12	地球科学综合	Geosciences Multidisciplinary	24
13	真菌学	Mycology	21

注：按照学科载文量排序。

数据来源于 WoS 数据库 2022 年版《期刊引证报告》。存在一种期刊属于 2 个及以上学科的现象。

2. 发文作者国家/地区分析

基于学科领域，对广东省 WoS 期刊不同学科发文前五的作者来源国家/地区进行统计，结果如图 2 - 4 所示。各学科发文量前五的作者分别来自中国（未含港澳台地区，下同）、美国、英国、德国、挪威、意大利、加拿大、澳大利亚、日本、韩国、印度、阿拉伯、瑞典、新加坡、法国 15 个国家，其中发文量最多的为中国学者，共计 612 篇；其次为美国学者，为 166 篇；居第三位的是日本学者，共 57 篇。此外，呼吸医学产出的论文作者分布最为广泛。

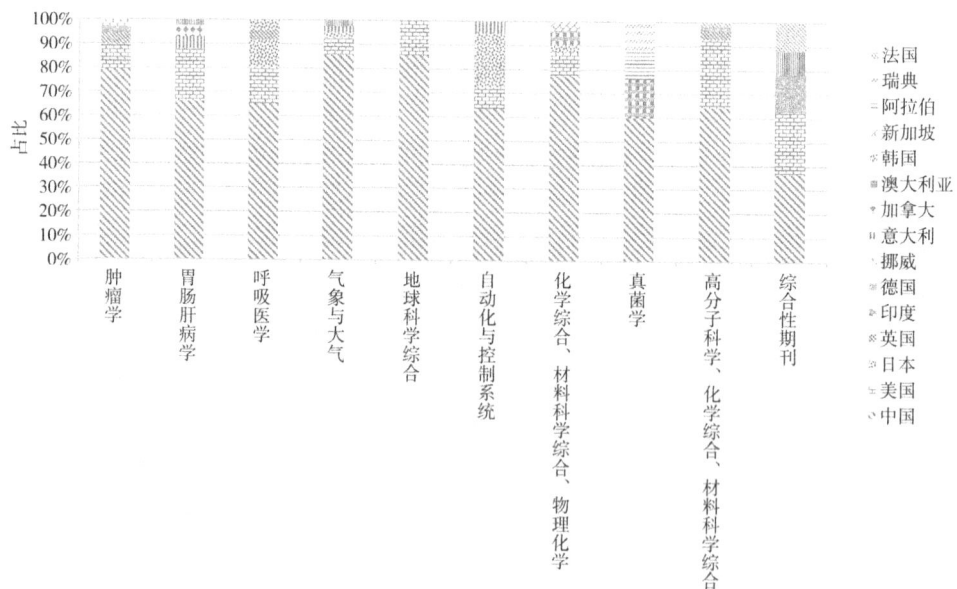

图 2 - 4　2022 年广东省 WoS 期刊各学科发文量前五的作者国家/地区分布占比

注：数据来源于 WoS 数据库 2022 年版《期刊引证报告》。

3. 高被引论文分析

ESI（Essential Science Indicators）基本科学指标，是通过分析 Web of Science 收录的 11 000 多种期刊的文献及其参考文献，提供各学科的科学家、机构、国家和期刊的排名数据。其中 ESI 高被引论文是指在发表年份和领域按被引次数排序都位于前 1% 的论文。基于 WoS 数据可得，2022 年广东省 WoS 期刊的高被引论文共计 10 篇，总被引频次为 462 次，篇均被引 46.2 次。其中，被引用频次最高的论文发表于 *Mycosphere*，被引频次达 116 次。从期刊分布来看，高被引论文所在的期刊分布于 *Cancer Communications* 和 *Mycosphere*，分别有 8 篇和 2 篇；同时，从学科分布来看，高被引论文学科主要分布在肿瘤学和真菌学。

（三）小结

基于 Web of Science 数据对广东省科技期刊的分析显示，广东省 WoS 期刊尽管数量还不多，但发展速度较快，近年来有新的期刊被 WoS 收录。近 3 年来，期刊的刊均总被引频次增长了近 10%，影响力总体呈稳步增长的趋势，显示了广东省科技期刊高质量发展态势。

二、Scopus 收录的广东省科技期刊影响力与载文特征分析

（一）基于 Scopus 的广东省科技期刊影响力分析

1. Scopus 收录的广东省科技期刊概况

Scopus 是爱思唯尔于 2004 年推出的摘要和引文数据库，涵盖了全球 44 000 多种期刊，内容涵盖数学、物理、化学、工程学、生物学、生命科学及医学、农业及环境科学、社会科学、心理学、经济学等 27 个学科领域，收录的文献均经过同

行评议，包括科学期刊、图书和会议论文集。Scopus 数据库收录的期刊由独立的国际团队 Scopus 内容遴选与审查委员会（CSAB）以定量与定性的多重指标进行持续定期的审核。Scopus 数据库提供许多不同类型的多元指标，供使用者针对研究文献、期刊、研究者从不同角度评估文献与期刊的影响力、研究的学术产出，其所采用的期刊指标包括引用分（CiteScore）、SCImago 期刊排名（SCImago Journal Rank）和标准化影响系数（Source Normalized Impact per Paper）等。其中，CiteScore 以 4 年区间为基准来计算每本期刊的平均被引用次数，并提供期刊领域排名、期刊分区的相关信息，使使用者能够对期刊在其领域的重要性和趋势分析一目了然。

CiteScore 2022 版是 Scopus 数据库于 2023 年发布的全球出版物影响力榜单，该榜单对收录于 Scopus 数据库的同行评阅期刊影响力作出了最新评估。根据 CiteScore 2022 版，Scopus 数据库收录的广东省科技期刊（以下简称"广东省 Scopus 期刊"）共有 32 种。由表 2 – 3 可见，在 32 种广东省 Scopus 期刊中，除了英文文种、中英文文种，有 17 种期刊为中文文种，数量上超过所有被收录期刊的一半（53.1%），表明这些中文期刊的质量也得到了该数据库的认可。从期刊主办单位类型来看，以高校和科研院所办刊为主。由于高校学科分布广泛、人才结构合理、科研实力雄厚，科研产出数量和质量具有一定优势，因此高校办刊有着天然的学术资源优势。其中，由中山大学、华南理工大学主办的 Scopus 期刊数量较多，说明"双一流"高校拥有较为优越的办刊资源，也从侧面反映了其办刊质量较高。从被收录的年份看，最早被收录的年份为 2011 年，当年共有 8 种期刊被收录；56% 的期刊在 2018 年之后被 Scopus 数据库收录，证明广东省科技期刊的质量近年来有所提高，国际影响力得到了一定的提升，对国外数据库的重视度也有所增加。

表2-3 广东省 Scopus 期刊的基本情况

序号	中文刊名	英文刊名	ISSN号	CN号	主办单位	文种	创刊年份	收录年份	学科类别
1	中山大学学报（自然科学版）	ActaScientiarum Naturalium Universitatis Sunyatseni	2097-0137	44-1752/N	中山大学	中文	1955	2011	综合
2	癌症通讯（英文版）	Cancer Communications	2523-3548		中山大学肿瘤防治中心	英文	2010	2018	医学
3	中华胃肠外科杂志	Chinese Journal of Gastrointestinal Surgery	1671-0274	44-1530/R	中华医学会	中文	1998	2019	医学
4	中华炎性肠病杂志	Chinese Journal of Inflammatory Bowel Diseases	2096-367X	10-1480/R	中华医学会	中英文	2017	2020	医学
5	中华显微外科杂志	Chinese Journal of Microsurgery	1001-2036	44-1206/R	中华医学会	中文	1978	2021	医学
6	中华神经医学杂志	Chinese Journal of Neuromedicine	1671-8925	11-5354/R	中华医学会	中文	2002	2020	医学、神经科学、心理学
7	中华创伤骨科杂志	Chinese Journal of Orthopaedic Trauma	1671-7600	11-5530/R	中华医学会	中文	1999	2020	医学、医疗保健
8	控制理论与应用	Control Theory & Applications	1000-8152	44-1240/TP	华南理工大学、中国科学院系统科学研究所	中文	1984	2011	工程学
9	控制理论与技术（英文版）	Control Theory and Technology	2095-6983	44-1706/TP	华南理工大学、中国科学院数学与系统科学研究院	英文	2003	2011	数学、工程学、计算机科学
10	胃肠病学报道（英文）	Gastroenterology Report	2052-0034	44-1750/R	中山大学	英文	2013	2018	医学
11	大地构造与成矿学	Geotectonica et Metallogenia	1001-1552	44-1595/P	中国科学院广州地球化学研究所	中文	1977	2013	地球与行星科学

续上表

序号	中文刊名	英文刊名	ISSN 号	CN 号	主办单位	文种	创刊年份	收录年份	学科类别
12	分析测试学报	*Journal of Instrumental Analysis*	1004－4957	44－1318/TH	中国广州分析测试中心、中国分析测试协会	中文	1982	2021	化学
13	口腔疾病防治	*Journal of Prevention and Treatment for Stomatological Diseases*	2096－1456	44－1724/R	南方医科大学口腔医院、广东省牙病防治指导中心	中文	1993	2021	牙科学
14	深圳大学学报（理工版）	*Journal of Shenzhen University（Science and Engineering）*	1000－2618	44－1401/N	深圳大学	中文	1984	2006	工程学、计算机科学
15	华南农业大学学报	*Journal of South China Agricultural University*	1001－411X	44－1110/S	华南农业大学	中文	1959	2018	农业和生物科学
16	华南理工大学学报（自然科学版）	*Journal of South China University of Technology（Natural Science Edition）*	1000－565X	44－1251/T	华南理工大学	中文	1957	2011	工程学
17	南方医科大学学报	*Journal of Southern Medical University*	1673－4254	44－1627/R	南方医科大学	中文	1981	2011	医学
18	热带气象学报（英文版）	*Journal of Tropical Meteorology*	1006－8775	44－1409/P	中国气象局广州热带海洋气象研究所	英文	1995	2011	地球与行星科学
19	肝脏研究（英文）	*Liver Research*	2542－5684	44－1725/R	中山大学	英文	2017	2019	医学
20	现代食品科技	*Modern Food Science and Technology*	1673－9078	44－1620/TS	华南理工大学	中文	1985	2013	农业和生物科学
21	器官移植	*Organ Transplantation*	1674－7445	44－1665/R	中山大学	中文	2010	2022	医学

续上表

序号	中文刊名	英文刊名	ISSN 号	CN 号	主办单位	文种	创刊年份	收录年份	学科类别
22	南方水产科学	*South China Fisheries Science*	2095 - 0780	44 - 1683/S	中国水产科学研究院南海水产研究所	中文	1963	2022	普通生物化学、遗传学和分子生物学、环境科学、农业与生物科学
23	热带地理	*Tropical Geography*	1001 - 5221	44 - 1209/N	广东省科学院广州地理研究所	中文	1980	2021	社会科学、地球与行星科学
24	隧道建设（中英文）	*Tunnel Construction*	2096 - 4498	44 - 1745/U	中铁隧道勘察设计研究院有限公司	中英文	1981	2022	工程学、地球与行星科学
25	先进工业和工程聚合物研究	*Advanced Industrial and Engineering Polymer Research*	2542 - 5048	—	金发科技股份有限公司	英文	2018	2021	聚合物和塑料
26	眼科学年鉴	*Annals of Eye Science*	2520 - 4122	—	中山大学	英文	2016	2021	眼科学
27	血液年鉴	*Annals of Blood*	2521 - 361X	—	广州血液中心	英文	2016	2021	血液学
28	—	*Giant*	2666 - 5425	—	华南理工大学、Elsevier	英文	2020	2021	表面、涂层和薄膜
29	—	*Giga Science*	2047 - 217X	—	深圳华大基因科技有限公司	英文	2012	2015	医学（综合）
30	胸部疾病杂志	*Journal of Thoracic Disease*	2077 - 6624	—	广州医科大学附属第一医院、广州呼吸健康研究院、呼吸疾病全国重点实验室	英文	2009	—	呼吸医学

续上表

序号	中文刊名	英文刊名	ISSN 号	CN 号	主办单位	文种	创刊年份	收录年份	学科类别
31	固体地球科学（英文）	*Solid Earth Science*	2451 – 912X	—	中国科学院广州地球化学研究所	英文	2016	—	地球物理学
32	菌物圈	*Mycosphere*	2077 – 7000	—	仲恺农业工程学院	英文	2010	—	植物科学

注：数据来源于 Scopus 数据库（数据收集于 2023 年 9 月）。
"—"表示数据不详。

2. Scopus 收录的广东省科技期刊学科分布

据统计，广东省 Scopus 期刊主要分布学科如表 2 – 4 所示。32 种广东省 Scopus 期刊涵盖了 22 个学科，而 Scopus 数据库中的学科总数为 27 个。总体来说，广东省 Scopus 收录的期刊在一定程度上体现出了省内学科多样性。

表 2 – 4　广东省 Scopus 期刊学科分布情况

学科（英文）	学科（中文）	刊数/种	占比/%
Agricultural and Biological Sciences	农业和生物科学	3	9
Biochemistry，Genetics and Molecular Biology	普通生物化学、遗传学和分子生物学	1	3
Chemistry	化学	1	3
Computer Science	计算机科学	2	6
Dentistry	牙科学	1	3
Earth and Planetary Sciences	地球与行星科学	4	12
Engineering	工程学	5	15
Environmental Science	环境科学	1	3
Health Professions	卫生专业	1	3
Geophysics	地球物理学（隶属于地球与行星科学）	1	3
Hematology	血液学（隶属于医学学科）	1	3
Mathematics	数学	1	3
Medicine	医学	12	36
Multidisciplinary	综合	1	3

续上表

学科（英文）	学科（中文）	刊数/种	占比/%
Neuroscience	神经科学	1	3
Ophthalmology	眼科（隶属于医学学科）	1	3
Plant Science	植物科学（农业和生物科学）	1	3
Polymers and Plastics	聚合物和塑料（隶属于材料 科学）	1	3
Psychology	心理学	1	3
Pulmonary and Respiratory Medicine	肺部和呼吸道医学（隶属于医学学科）	1	3
Social Sciences	社会科学	1	3
Surfaces，Coatings and Films	表面、涂层和薄膜（隶属于材料科学）	1	3

注：数据来源于 Scopus 数据库（数据收集于 2023 年 9 月）。

部分期刊属于多个学科，故占比相加大于 100% 。

3. Scopus 收录的广东省科技期刊可被引文献量、被引频次及 CiteScore 分析

与载文量不同，可被引文献是指可能被学术创新文献引证的发表文献，一般包括某期刊当年发表的研究论文和综述的数量，其他如社论（Editorial）、科技新闻（News Item）、快讯（Letters）等类型文献一律不计在内。可被引文献数能够准确反映该期刊信息容量大小，本章节的"可被引文献量"是指期刊在 Scopus 数据库中的可被引文献总篇数。

如表 2-5 所示，2020—2022 年，32 种广东省 Scopus 期刊的总可被引文献量分别为 4 476 篇、4 158 篇、4 036 篇，总体呈现一定波动。可被引文献最多的为 *Journal of Thoracic Disease*，为 2 160 篇；其次为《现代食品科技》，总可被引文献量为 1 478 篇。

从近 3 年总被引频次看，随着广东省 Scopus 期刊数量的增加，期刊的总被引频次也在不断增长，2022 年达高峰，为 49 553 次，3 年来提升了 51.7%。其中，总被引频次最多的为 *Journal of Thoracic Disease*，该期刊每年的总被引频次分别为 13 837 次、17 772 次和 18 177 次；其次为 *GigaScience*，3 年的总被引频次分别为 5 901 次、8 164 次和 9 431 次，增长幅度较大；居第 3 位的为 *Cancer Communica-*

tions，总被引频次分别为 1 224 次、2 334 次和 3 592 次，呈逐年上涨趋势。从表2-5 中数据可见，多数广东省 Scopus 期刊的总被引频次总体呈上涨趋势。

CiteScore 是某期刊连续 3 年内发表的研究论文、综述、会议论文、书籍章节和数据论文的被引用次数与该期刊这 3 年所出版的此类文章总数之比。CiteScore 值越高，代表该期刊的论文受到更多学者的引用，因此该期刊的影响力也越高。从广东省 Scopus 期刊 2020—2022 年的 CiteScore 值变化趋势看，多数广东省 Scopus 期刊的 CiteScore 与往年持平或略有提升，也有部分期刊影响力有了明显提升，如 *Mycosphere* 的 CiteScore 从 2020 年的 7.0 增至 2022 年的 24.4，涨幅达 249%；*Cancer Communications* 的 CiteScore 从 2020 年的 9.8 增至 2022 年的 19.9，涨幅达 103%。此外，45%（14 本）的广东省 Scopus 期刊 2022 年的 CiteScore 值小于 1，表明广东省 Scopus 期刊的影响力还有较大的进步空间。

表 2-5　广东省 Scopus 期刊近 3 年可被引文献量、总被引频次及 CiteScore 值

刊名	可被引文献量/篇			总被引频次/次			CiteScore		
	2020 年	2021 年	2022 年	2020 年	2021 年	2022 年	2020 年	2021 年	2022 年
中山大学学报（自然科学版）	104	102	120	—	23	31	0.4	0.5	0.5
Cancer Communications	48	75	52	1 224	2 334	3 592	9.8	14.3	19.9
中华胃肠外科杂志	229	176	170	715	760	853	0.5	0.6	0.8
中华炎性肠病杂志	72	70	70	35	61	70	0.2	0.3	0.2
中华显微外科杂志	—	142	52	4	78	74	—	—	0.4
中华神经医学杂志	249	224	131	5	54	66	—	0.1	0.2
中华创伤骨科杂志	207	193		72	154	243	0.1	0.2	0.6
控制理论与应用	283	206	183	2 574	2 398	2 523	1.3	1.5	1.6
Control Theory and Technology	38	44	43	293	366	457	2.1	2.3	2.3
Gastroenterology Report	65	65	89	1 028	1 338	1 464	4.4	4.9	5
大地构造与成矿学	87	82	73	580	669	1 009	0.9	1.1	1.7
分析测试学报	231	248	234	154	298	531	—	—	—
口腔疾病防治	109	141	104	26	53	79	—	0.1	0.3

续上表

刊名	可被引文献量/篇			总被引频次/次			CiteScore		
	2020 年	2021 年	2022 年	2020 年	2021 年	2022 年	2020 年	2021 年	2022 年
深圳大学学报（理工版）	126	89	90	183	289	315	0.3	0.5	0.6
华南农业大学学报	104	94	90	111	175	314	0.4	0.7	1.1
华南理工大学学报（自然科学版）	200	195	187	1 055	1 057	1 220	0.5	0.6	0.9
南方医科大学学报	279	266	249	1 130	1 505	1 688	0.5	0.9	1.3
Journal of Tropical Meteorology	42	38	34	217	229	254	0	1.3	1.4
Liver Research	28	29	34	313	560	639	4.6	6.3	5.9
现代食品科技	503	482	493	856	1 044	1 614	0.3	0.4	0.5
器官移植	108	108	94	105	110	162	—	—	0.7
南方水产科学			115	9	23	35	—	—	0.4
热带地理	101	76	160	146	268	469	—	0.6	1.2
隧道建设（中英文）	319	364	366	0	2	42	—	—	0.1
Advanced Industrial and Engineering Polymer Research	22	30	26	260	671	1 124	—	11.5	17.2
Annals of Eye Science	37	39	31	62	74	80	—	1	0.6
Annals of Blood	36	41	43	28	53	99	—	0.6	1.4
Giant	38	39	48	23	279	580	—	3.8	6.9
Giga Science	145	125	148	5 901	8 164	9 431	9.1	11.6	13.7
Journal of Thoracic Disease	934	708	518	13 837	17 772	18 177	3.2	4.1	4.6
Solid Earth Science	27	29	25	214	262	369	3.8	4.2	3.4
Mycosphere	21	18	21	1 504	1 957	1 949	7	13.9	24.4

注：数据来源于 Scopus 数据库（数据收集于 2023 年 9 月）。

"—"代表期刊当年未被收录或无数据。

（二）基于 Scopus 收录的广东省科技期刊载文特征分析

基于 Scopus 收录的广东省科技期刊载文情况，围绕论文学科、发文作者国家/

区域、高被引论文方面对其载文特征进行分析。

1. 发文作者国家/地区分析

如表2-6所示，广东省 Scopus 期刊发文量前3位的国家/地区分别为中国（未含港澳台地区，下同）、美国和意大利；其中，中国的论文超过7 000篇。广东省 Scopus 期刊出版的论文作者大部分来自内地，随着更多期刊被 Scopus 收录，广东省期刊能够将更多优秀的中国科研成果展现给各国同行。

表2-6 广东省 Scopus 期刊发文量前10位的国家/区域分布

排名/位	国家/区域	论文数/篇
1	中国	7 015
2	美国	2 703
3	意大利	1 046
4	日本	879
5	英国	751
6	德国	694
7	法国	438
8	澳大利亚	382
9	西班牙	321
10	新加坡	84

注：数据来源于 Scopus 数据库（数据收集于2023年9月）。

2. 高被引论文分析

针对2022年发表的论文分析高被引情况，根据总体样本情况，将被引频次超过10次的论文定义为"高被引论文"。如表2-7所示，在2022年发表的高被引论文共54篇，其中，隶属医学学科的 *Cancer communications*、*GigaScience* 和 *Gastroenterology Report* 期刊贡献了31篇高被引论文（总被引频次598），来自 *Giant*（隶属表面、涂层和薄膜学科）的文章8篇（总被引频次106），来自 *Advanced Industrial and Engineering Polymer Research*（隶属聚合物与塑料学科）的文章有6篇（总被引频次 99），*Journal of Thoracic Disease*（隶属呼吸医学学科）的文章共 5 篇（总被引频次 54），*Mycosphere*（隶属植物科学学科）共 3 篇（总被引频次 185），《隧道建设（中英文）》（隶属工程学、地球与行星科学）共 1 篇（总被引频次 12）。在 2022 年广东省 Scopus 期刊中，26％ 的期刊发表了高被引论文。这表明高被引论文的来源期刊相对比较集中。

表 2－7　2022 年广东省 Scopus 期刊高被引论文分布情况

所属学科	期刊	高被引文章数/篇	高被引文章总被引次数/次
医学	*Cancer Communications*	22	460
医学	*GigaScience*	5	76
医学	*Gastroenterology Report*	4	62
表面、涂层和薄膜	*Giant*	8	106
聚合物与塑料	*Advanced Industrial and Engineering Polymer Research*	6	99
呼吸医学	*Journal of Thoracic Disease*	5	54
植物科学	*Mycosphere*	3	185
工程学，地球与行星科学	隧道建设（中英文）	1	12

注：数据来源于 Scopus 数据库（数据收集于 2023 年 9 月）。

三、小结

综上所述，广东省 Scopus 收录期刊不仅包含英文期刊，还有中文期刊，说明中文期刊与英文期刊在探索国际化建设方面取得了一定成效。从期刊主办单位类型来看，高校科研单位主体优势明显，发挥了重要的办刊支撑作用。近年来，期刊总被引频次不断增长，绝大部分期刊的 CiteScore 值与往年持平或略有提升，影响力不断扩大。从学科看，接近三成的期刊属于医学领域，高被引论文也主要集中在医学领域，与广东省发达的医学科研水平高度吻合。

第二节　基于国内数据库的广东省科技期刊影响力及载文特征分析

一、广东省科技期刊影响力分析

（一）基于 CNKI 的国内影响力分析

1. 基本情况

基于中国知网《中国学术期刊影响因子年报（自然科学与工程技术版）》（以下简称《影响因子年报》）数据，分析广东省科技期刊的国内影响力整体表现。

《影响因子年报》是以光盘形式出版的年刊，统计发布中国学术期刊在统计年度发表论文情况以及被国内期刊、会议论文、博硕士学位论文的引用频次等数据，发布数十项定量评价指标，是评价中国科技期刊学术影响力表现的权威参考工具。《影响因子年报》2022 版收录科技期刊 4 010 种，广东省科技期刊 148 种，学科分布情况见表 2－8。

2. 学科分布

根据《影响因子年报》2022 版，广东省科技期刊分布在 49 个学科，其中跨学科的期刊有 14 种。期刊数量最多的 5 个学科为：自然科学与工程技术综合（13 种，占比 8.02%），医药卫生综合（13 种，占比 8.02%），无线电电子学、电信技术（7 种，占比 4.32%），自动化技术、计算机技术（7 种，占比 4.32%），化学工程（7 种，占比 4.32%）。

值得注意的是，广东省在系统科学、数学、力学、物理学、天文学、测绘科学技术、资源科学、医药卫生事业管理、妇产科学与儿科学、园艺学、矿山工程技术、石油天然气工业、武器工业与军事技术、核科学技术、航空航天科学技术、安全科学技术 16 个学科尚未有期刊分布，建议广东省期刊管理部门在制定新刊创刊支持政策和发展规划时，综合广东省在科技方面的优势领域，更多地考虑以上学科方向。

表 2-8　2021 年广东省科技期刊学科分布

序号	学科	刊数/种	占比/%	刊名
1	自然科学与工程技术综合	13	8.02	东莞理工学院学报；佛山科学技术学院学报（自然科学版）；广东公安科技；广东技术师范大学学报；广东科技；广东轻工职业技术学院学报；广东石油化工学院学报；广州大学学报（自然科学版）；华南师范大学学报（自然科学版）；暨南大学学报（自然科学与医学版）；汕头大学学报（自然科学版）；五邑大学学报（自然科学版）；中山大学学报（自然科学版）
2	医药卫生综合	13	8.02	广东医科大学学报；广东医学；广州医科大学学报；广州医药；国际医药卫生导报；临床医学工程；名医；南方医科大学学报；汕头大学医学院学报；实用医学杂志；现代医院；新医学；中山大学学报（医学科学版）
3	无线电电子学、电信技术	7	4.32	电脑与电信；电子产品可靠性与环境试验；电子质量；广东通信技术；环境技术；现代信息科技；移动通信
4	自动化技术、计算机技术	7	4.32	Control Theory and Technology；电脑与电信；集成技术；金融科技时代；控制理论与应用；现代计算机；自动化与信息工程
5	化学工程	7	4.32	电镀与涂饰；佛山陶瓷；广东化工；广州化工；合成材料老化与应用；化纤与纺织技术；纤维素科学与技术
6	中医学与中药学	6	3.70	按摩与康复医学；广州中医药大学学报；深圳中西医结合杂志；新中医；中药材；中药新药与临床药理
7	临床医学综合	6	3.70	分子影像学杂志；分子诊断与治疗杂志；罕少疾病杂志；岭南急诊医学杂志；深圳中西医结合杂志；循证医学
8	内科学	6	3.70	岭南心血管病杂志；热带医学杂志；现代消化及介入诊疗；心血管病防治知识（学术版）；血栓与止血学；中华肾脏病杂志
9	外科学	6	3.70	岭南现代临床外科；器官移植；中国骨科临床与基础研究杂志；中国微侵袭神经外科杂志；中华胃肠外科杂志；中华显微外科杂志

续上表

序号	学科	刊数/种	占比/%	刊名
10	土木建筑工程	6	3.70	广东建材；广东土木与建筑；广东园林；广州建筑；南方建筑；制冷
11	交通运输工程	5	3.09	广东公路交通；广东造船；广州航海学院学报；隧道建设（中英文）；珠江水运
12	基础医学	4	2.47	解剖学研究；中国病理生理杂志；中国临床解剖学杂志；中国医学物理学杂志
13	肿瘤学	4	2.47	癌变·畸变·突变；癌症；分子影像学杂志；循证医学
14	大气科学	3	1.85	*Journal of Tropical Meteorology*；广东气象；热带气象学报
15	生物学	3	1.85	环境昆虫学报；热带亚热带植物学报；生态科学
16	药学	3	1.85	广东药科大学学报；今日药学；中国处方药
17	林学	3	1.85	桉树科技；广东园林；林业与环境科学
18	畜牧、兽医科学	3	1.85	广东蚕业；广东饲料；广东畜牧兽医科技
19	农业科学综合	3	1.85	广东农业科学；华南农业大学学报；仲恺农业工程学院学报
20	工程技术综合	3	1.85	广东工业大学学报；华南理工大学学报（自然科学版）；深圳大学学报（理工版）
21	金属学与金属工艺	3	1.85	材料研究与应用；机床与液压；模具制造
22	机械工程	3	1.85	机床与液压；机电工程技术；润滑与密封
23	电气工程	3	1.85	广东电力；南方电网技术；日用电器
24	轻工业（除纺织、食品）	3	1.85	广东印刷；纤维素科学与技术；造纸科学与技术
25	化学	2	1.23	分析测试学报；广州化学
26	地质学	2	1.23	大地构造与成矿学；地球化学
27	海洋科学	2	1.23	广东海洋大学学报；热带海洋学报
28	预防医学与卫生学	2	1.23	华南预防医学；中国职业医学
29	护理学	2	1.23	护理学报；现代临床护理
30	军事医学与特种医学	2	1.23	影像诊断与介入放射学；中国 CT 和 MRI 杂志
31	农业工程	2	1.23	热带农业工程；现代农业装备
32	农艺学	2	1.23	甘蔗糖业；广东茶业
33	水产学	2	1.23	广东海洋大学学报；南方水产科学
34	工程与技术科学基础学科	2	1.23	工业工程；制冷
35	冶金工程技术	2	1.23	工程技术研究；南方金属

续上表

序号	学科	刊数/种	占比/%	刊名
36	能源与动力工程	2	1.23	南方能源建设；新能源进展
37	食品科学技术	2	1.23	甘蔗糖业；现代食品科技
38	水利工程	2	1.23	广东水利水电；人民珠江
39	地球物理学	1	0.62	华南地震
40	自然地理学	1	0.62	热带地理
41	神经病学与精神病学	1	0.62	中国神经精神疾病杂志
42	皮肤病学与性病学	1	0.62	皮肤性病诊疗学杂志
43	耳鼻咽喉科学与眼科学	1	0.62	眼科学报
44	口腔医学	1	0.62	口腔疾病防治
45	农业基础科学	1	0.62	生态环境学报
46	植物保护学	1	0.62	环境昆虫学报
47	材料科学	1	0.62	材料研究与应用
48	纺织科学技术	1	0.62	化纤与纺织技术
49	环境科学技术	1	0.62	生态环境学报
合计		162	100.00	

注：按照学科刊数排序。

　　数据来源于《影响因子年报》2022版。

　　存在一种期刊属于2个及以上学科的现象。

3. 可被引文献量

可被引文献一般是指具有学术成果性质的期刊论文，是可以在学术研究过程中被别的学术论文所引用的文献。期刊可被引文献量是期刊容纳科学研究信息量的重要标志。现根据《影响因子年报》分析广东省科技期刊近5年来的可被引文献量，以反映期刊的刊载信息的变化。

根据《影响因子年报》2018—2022版统计（数据统计年为2017—2021年），广东省科技期刊刊均可被引文献量从2017年发表289.71篇增长至2021年的321.61篇，总增幅为11.01%，年均增幅为2.65%。刊均可被引文献比从2017年的0.86上升到2021年的0.89，整体呈现稳定上涨态势（表2-9）。广东省科技期刊的数量较多，载文量较为可观，近5年总体呈上升趋势。随着载文量的增加，可被引文献量总体也呈上涨态势。

表 2-9　2017—2021 年广东省科技期刊刊均可被引文献量

统计年	刊数（A）/种	可被引文献量（B）/篇	刊均可被引文献量（B/A）/篇	刊均载文量/篇	刊均可被引文献比
2017	146	42 298	289.71	328.53	0.86
2018	148	42 019	283.91	319.11	0.86
2019	150	45 887	305.91	341.67	0.86
2020	146	44 100	302.05	332.97	0.88
2021	148	47 599	321.61	353.42	0.89

注：按照统计年排序。

数据来源于《影响因子年报》2018—2022 版。

4. 总被引频次

期刊的被引频次反映了期刊的总体学术影响力。《影响因子年报》中报道了中国期刊被中国来源期刊、博硕士学位论文、会议论文的引用——复合总被引频次。复合总被引频次为某期刊自创刊以来发表的全部可被引文献在统计年被引用的总次数，反映了期刊在各类科学研究和人才培养活动中的总体影响力。

综合统计源是指期刊类统计源，既包括基础研究型、技术研究型、技术开发型、研究层次综合型科技期刊，也包括引证科技期刊的人文社会科学理论研究型、应用研究型、工作实践型期刊。基于综合统计源的计量指标称为"综合类指标"。被期刊类统计源引用的为综合总被引。综合总被引是指某期刊自创刊以来发表的全部可被引文献在统计年被综合统计源引用的总次数。

根据《影响因子年报》2018—2022 版统计（数据统计年为 2017—2021 年），广东省科技期刊在 2021 年复合总被引频次为 305 642 次，比 2017 年增长 7.97%，年均增长率为 1.92%；2021 年刊均复合总被引频次为 2 065.15 次，比 2017 年增长 6.45%，年均增长率为 1.58%。

广东省科技期刊在 2021 年期刊综合总被引频次为 167 705 次，比 2017 年增长

11.94%，年均增长率为 2.86%；2021 年刊均期刊综合总被引频次为 1 133.14 次，比 2017 年增长 10.42%，年均增长率为 2.51%（表 2 - 10）。总体上，广东省科技期刊的总被引频次呈上涨趋势，反映广东省科技期刊总体被引用和受重视的程度不断提高。

表 2 - 10　2017—2021 年广东省科技期刊被引用情况

统计年	刊数 (A) /种	复合总被引频次 (B) /次	刊均复合总被引频次 (B/A) /次	期刊综合总被引频次 (C) /次	刊均期刊综合总被引频次 (C/A) /次
2017	146	283 235	1 939.97	149 821	1 026.17
2018	148	260 575	1 760.64	151 349	1 022.63
2019	150	252 858	1 685.72	159 153	1 061.02
2020	146	233 201	1 597.27	157 221	1 076.86
2021	148	305 642	2 065.15	167 705	1 133.14

注：按照统计年排序。

　　数据来源于《影响因子年报》2018—2022 版。

5. 影响因子及其即年指标

复合影响因子（U-JIF）是指某期刊前两年发表的可被引文献在统计年被复合统计源引用总次数与该期刊在前两年内发表的可被引文献总量之比。复合即年指标是指某期刊在统计年发表的可被引文献在统计年被复合统计源引用的总次数与该期刊当年发表的可被引文献总量之比。

综合影响因子（MS-JIF）是指某期刊前两年发表的可被引文献在统计年被综合统计源引用的总次数与该期刊在前两年内发表的可被引文献总量之比。综合即年指标是指某期刊在统计年发表的可被引文献在统计年被综合统计源引用的总次数与该期刊当年发表的可被引文献总量之比。

根据《影响因子年报》2018—2022 版数据（统计年为 2017—2021 年），广东省科技期刊 2017 年刊均复合影响因子为 0.637，2021 年为 0.970，呈上升趋势，年均增幅为 11.09%。2017 年复合即年指标为 0.086，2021 年为 0.144，呈上升趋势，

年均增幅为 13.56%。2017 年刊均综合影响因子为 0.478，2021 年为 0.699，呈上升趋势，年均增幅为 10.00%。2017 年期刊综合即年指标为 0.080，2021 年为 0.126，年均增幅为 11.97%（表 2-11）。从近 5 年的数据看，广东省科技期刊的影响因子逐年递增，在一定程度上反映了广东省科技期刊的学术水平和质量稳步提升。

表 2-11　2017—2021 年广东省科技期刊影响因子和即年指标

统计年	刊数/种	刊均复合影响因子	刊均综合影响因子	刊均复合即年指标	刊均期刊综合即年指标
2017	146	0.637	0.478	0.086	0.080
2018	148	0.662	0.501	0.074	0.065
2019	150	0.729	0.564	0.117	0.103
2020	146	0.793	0.644	0.158	0.150
2021	148	0.970	0.699	0.144	0.126

注：按照统计年排序。
　　数据来源于《影响因子年报》2018—2022 版。

6. 期刊自引率

自引率是指某期刊在统计年被本刊引用的次数与被统计源期刊引用之比，通常将自引率大于 20% 的期刊作为高自引期刊。

根据《影响因子年报》2018—2022 版数据（统计年为 2017—2021 年），2021年广东省科技期刊刊均自引率为 0.11，比 2017 年增长了 29.29%，年均增长率为 6.63%。2021 年，自引率小于 20% 的期刊 127 种，占比 85.81%，自引率大于等于 20% 的期刊有 21 种，占比 14.19%。从年度数据变化看，自引率小于 20%（警戒值）的期刊占比略有降低（表 2-12）。总体上，广东省科技期刊的自引率不高。

表 2 – 12　2017—2021 广东省科技期刊自引率分布

统计年	刊数/种	刊均自引率	自引率/%											
			0～5		5～10		10～15		15～20		20～30		30 以上	
			刊数/种	占比/%	刊数/种	占比/%	刊数/种	占比/%	刊数/种	占比/%	刊数/种	占比/%	刊数/种	占比/%
2017	146	0.09	57	39.04	35	23.97	26	17.81	17	11.64	7	4.79	4	2.74
2018	148	0.08	55	37.16	44	29.73	20	13.51	17	11.49	8	5.41	4	2.70
2019	150	0.09	56	37.33	46	30.67	18	12.00	17	11.33	8	5.33	5	3.33
2020	146	0.10	45	30.82	42	28.77	27	18.49	15	10.27	12	8.22	5	3.42
2021	148	0.11	39	26.35	44	29.73	24	16.22	20	13.51	12	8.11	9	6.08

注：按照统计年排序。

数据来源于《影响因子年报》2018—2022 版。

7. 网络传播指标

网络传播指标包括总下载量、Web 即年下载量与 Web 即年下载率，反映期刊全文的下载使用情况。《影响因子年报》发布的下载量基于中国知网中心网站服务器、海外站点服务器、国内各镜像站点服务器上的下载日志。按照每天同一用户、使用同一 IP 地址、同一次登录后下载同一篇文献只计算一次的规则进行数据清洗，有效避免各类多线程下载软件造成的误差，更好地反映用户使用的真实情况。"总下载量"是指某期刊在中国知网网络出版的所有文献在统计年被全文下载的总篇次。"Web 即年下载量"是指在统计年某期刊出版并在中国知网发布的文献当年被全文下载的总篇次。"Web 即年下载率"是 Web 即年下载量除以该期刊当年出版并上网发布的文献总数，代表篇均下载次数。

根据《影响因子年报》2018—2022 版统计（数据统计年为 2017—2021 年），广东省科技期刊总下载量从 2017 年的 1 020.83 万次增加到 2021 年的 1 875.07 万次，总体呈上升趋势，年均增幅为 16.42%。刊均下载频次从 2017 年的 6.99 万次增加到 2021 年 12.67 万次，呈上升趋势，年均增幅为 16.02%。从刊均 Web 即年下载率来看，也呈逐年上升趋势，从 2017 年的 30.07 次到 2021 年的 101.48 次，年均增长率为 35.54%（表 2-13）。随着新媒体的不断发展，广东省科技期刊网络传播能力得到快速提升，但结合 2017—2021 年全国刊均 Web 即年下载率的年均增长率（36.26%）看，广东省科技期刊的网络传播能力仍有待提高。

表 2-13　2017—2021 年广东省科技期刊《影响因子年报》报道下载频次

统计年	刊数/种	总下载频次/万次	刊均下载频次/万次	刊均 Web 即年下载率	刊均 Web 即年下载率增幅/%
2017	146	1020.83	6.99	30.07	—
2018	148	1134.27	7.66	35.65	18.55
2019	150	1454.14	9.69	60.10	68.59
2020	146	1520.52	10.41	87.20	45.08
2021	148	1875.07	12.67	101.48	16.37

注：按照统计年排序。
数据来源于《影响因子年报》2018—2022 版。

8. 期刊影响力指数（CI）

期刊影响力指数（CI）是反映期刊学术影响力的综合评价指标和期刊量效关系的综合指标，它是将最具代表性的两个评价指标——总被引频次和影响因子二者结合起来考量，投射到"期刊影响力排序空间"，采用向量平权计算得到的综合指标。该评价指标兼顾了期刊质量、创刊历史、载文量等因素，利用"期刊量效指数"修正个别期刊发文量、大影响因子低的特殊现象。《影响因子年报》对每个学科期刊按照影响力指数（CI）排序，并按期刊数量等分为 4 个区（Q1、Q2、Q3、Q4），更加客观地反映期刊学术影响力的相对水平。

根据《影响因子年报》2022 版收录的各省份科技期刊显示（统计截止时间为 2023 年 7 月 11 日），2021 年共收录了 148 种广东省科技期刊，期刊数量在境内 31 个省级行政区中排第 8 名（表 2-14）。刊均影响力指数（CI）为 211.542，在境内 31 个省级行政区中排第 15 名。广东省进入影响力指数（CI）学科 Q1 区的期刊有 27 种，Q2 区的期刊有 38 种，Q1、Q2 期刊合计 65 种（表 2-15、表 2-16），在境内 31 个省级行政区中排名第八。从全国范围内看，广东省是名副其实的期刊大省；但就影响力指数（CI）反映出的整体发展水平而言，广东省科技期刊在全国处于中游水平。

表 2 – 14 2021 年各省份科技期刊影响力指数

序号	省份	刊数/种	刊均影响力指数（CI）	Q1 期刊		Q2 期刊	
				刊数/种	占比/%	刊数/种	占比/%
1	北京	1 136	327.371	417	36.71	264	23.24
2	上海	279	229.156	57	20.43	80	28.67
3	江苏	221	234.097	56	25.34	53	23.98
4	湖北	181	259.130	45	24.86	58	32.04
5	四川	170	232.600	38	22.35	52	30.59
6	辽宁	156	261.984	39	25.00	34	21.79
7	陕西	150	284.130	52	34.67	37	24.67
8	广东	148	211.542	27	18.24	38	25.68
9	黑龙江	131	190.557	21	16.03	37	28.24
10	天津	117	240.515	24	20.51	38	32.48
11	山东	109	238.165	18	16.51	29	26.61
12	湖南	108	241.289	27	25.00	25	23.15
13	浙江	95	199.686	18	18.95	27	28.42
14	河南	94	209.777	21	22.34	27	28.72
15	河北	84	186.540	16	19.05	21	25.00
16	安徽	84	174.701	15	17.86	20	23.81
17	吉林	78	220.431	18	23.08	24	30.77
18	山西	67	147.897	7	10.45	16	23.88
19	重庆	61	314.267	27	44.26	14	22.95
20	甘肃	59	224.076	16	27.12	13	22.03
21	福建	56	110.262	4	7.14	7	12.50
22	广西	54	122.803	7	12.96	9	16.67
23	江西	54	110.274	4	7.41	12	22.22
24	云南	36	161.989	4	11.11	12	33.33
25	内蒙古	31	124.338	3	9.68	6	19.35
26	贵州	29	149.404	3	10.34	10	34.48
27	新疆	27	145.703	4	14.81	3	11.11
28	青海	12	62.598	0	0.00	2	16.67

续上表

序号	省份	刊数/种	刊均影响力指数（CI）	Q1 期刊		Q2 期刊	
				刊数/种	占比/%	刊数/种	占比/%
29	海南	10	311.665	5	50.00	1	10.00
30	宁夏	10	72.811	0	0.00	1	10.00
31	西藏	4	58.377	0	0.00	0	0.00

注：数据来源于《影响因子年报》2022 版。

表 2-15 2017—2021 年广东省科技期刊影响力指数

统计年	刊数/种	刊均影响力指数（CI）	Q1 期刊数/种	Q2 期刊数/种
2017	146	208.106	32	32
2018	148	213.112	30	32
2019	150	211.245	31	32
2020	146	220.293	28	35
2021	148	211.542	27	38

注：按照统计年排序。

数据来源于《影响因子年报》2018—2022 版。

表 2-16 2021 年广东省科技期刊进入学科分区 Q1 和 Q2 的期刊名单

序号	分区	刊名	复合总被引频次	复合影响因子	影响力指数（CI）	学科	学科排名
1	Q1	分析测试学报	4 323	2.042	461.130	化学	7/50
2	Q1	分子诊断与治疗杂志	1 653	1.948	479.586	临床医学综合	23/124
3	Q1	广东电力	3 281	3.127	336.488	电气工程	15/126
4	Q1	广东农业科学	7 392	1.342	345.281	农业科学综合	24/104
5	Q1	广东医学	7 712	1.111	655.023	医药卫生综合	8/215
6	Q1	华南理工大学学报（自然科学版）	5 073	1.511	511.670	工程技术综合	19/149
7	Q1	华南农业大学学报	2 819	2.349	450.529	农业科学综合	14/104
8	Q1	华南师范大学学报（自然科学版）	1 364	1.093	112.806	自然科学与工程技术综合	57/285
9	Q1	机床与液压	8 576	1.092	548.711	金属学与金属工艺	14/91
10	Q1	机床与液压	8 576	1.092	289.773	机械工程	12/91
11	Q1	暨南大学学报（自然科学与医学版）	1 114	1.581	213.540	自然科学与工程技术综合	16/285

续上表

序号	分区	刊名	复合总被引频次	复合影响因子	影响力指数（CI）	学科	学科排名
12	Q1	控制理论与应用	6 852	2.233	487.364	自动化技术、计算机技术	18/142
13	Q1	南方电网技术	3 191	2.791	270.438	电气工程	23/126
14	Q1	南方建筑	2 514	1.630	124.747	土木建筑工程	35/174
15	Q1	南方医科大学学报	4 343	2.168	685.793	医药卫生综合	7/215
16	Q1	润滑与密封	4 939	1.134	217.485	机械工程	21/91
17	Q1	生态环境学报	15 688	3.516	622.383	环境科学技术	7/76
18	Q1	生态科学	3 948	2.280	262.938	生物学	20/93
19	Q1	实用医学杂志	10 276	1.949	880.161	医药卫生综合	2/215
20	Q1	隧道建设（中英文）	5 613	2.240	681.748	交通运输工程	9/149
21	Q1	纤维素科学与技术	798	1.383	361.746	化学工程	44/177
22	Q1	现代食品科技	9 281	2.023	510.079	食品科学技术	6/52
23	Q1	中国病理生理杂志	4 397	1.761	718.995	基础医学	3/63
24	Q1	中华胃肠外科杂志	4 313	1.903	991.201	外科学	4/110
25	Q1	中华显微外科杂志	2 331	1.939	476.955	外科学	21/110
26	Q1	中山大学学报（自然科学版）	2 537	1.028	199.312	自然科学与工程技术综合	17/285
27	Q1	中药材	12 189	1.748	553.333	中医学与中药学	11/130
28	Q1	中药新药与临床药理	4 080	2.578	441.817	中医学与中药学	24/130
29	Q2	大地构造与成矿学	3 377	2.138	310.827	地质学	27/105
30	Q2	地球化学	3 708	1.598	254.909	地质学	35/105
31	Q2	电镀与涂饰	2 077	0.813	279.224	化学工程	66/177
32	Q2	工业工程	2 132	1.569	169.075	工程与技术科学基础学科	19/55
33	Q2	广东海洋大学学报	1 576	1.520	629.779	海洋科学	11/27
34	Q2	广东药科大学学报	1 987	1.337	357.776	药学	26/68
35	Q2	广州大学学报（自然科学版）	692	0.489	64.049	自然科学与工程技术综合	124/285
36	Q2	广州中医药大学学报	5 246	2.211	345.884	中医学与中药学	40/130
37	Q2	合成材料老化与应用	1 379	1.006	270.796	化学工程	69/177

续上表

序号	分区	刊名	复合总被引频次	复合影响因子	影响力指数（CI）	学科	学科排名
38	Q2	护理学报	5 316	1.755	483.088	护理学	9/27
39	Q2	华南预防医学	1 671	1.716	217.083	预防医学与卫生学	40/84
40	Q2	环境昆虫学报	2 555	1.630	218.177	生物学	26/93
41	Q2	环境昆虫学报	2 555	1.630	551.182	植物保护学	7/21
42	Q2	口腔疾病防治	884	1.071	463.158	口腔医学	9/23
43	Q2	林业与环境科学	1 459	1.378	239.224	林学	26/67
44	Q2	南方能源建设	580	1.140	247.720	能源与动力工程	20/56
45	Q2	南方水产科学	1 851	1.967	667.428	水产学	10/24
46	Q2	器官移植	927	1.265	352.023	外科学	35/110
47	Q2	热带地理	3 487	3.255	238.265	自然地理学	8/17
48	Q2	热带海洋学报	1 797	0.978	648.543	海洋科学	9/27
49	Q2	热带气象学报	2 241	1.693	391.917	大气科学	17/36
50	Q2	热带亚热带植物学报	2 044	1.740	184.259	生物学	35/93
51	Q2	热带医学杂志	2 878	1.364	224.314	内科学	34/117
52	Q2	人民珠江	1 724	1.178	202.851	水利工程	26/77
53	Q2	深圳大学学报（理工版）	1 077	1.314	274.840	工程技术综合	52/149
54	Q2	生态环境学报	15 688	3.516	711.016	农业基础科学	6/22
55	Q2	纤维素科学与技术	798	1.383	346.896	轻工业（除纺织、食品）	11/30
56	Q2	现代临床护理	1 610	1.209	251.776	护理学	11/27
57	Q2	现代农业装备	418	0.795	76.186	农业工程	10/20
58	Q2	现代消化及介入诊疗	2 353	1.452	165.114	内科学	50/117
59	Q2	新能源进展	723	1.737	331.425	能源与动力工程	15/56
60	Q2	新医学	1 340	0.786	217.447	医药卫生综合	89/215
61	Q2	新中医	10 551	0.942	303.559	中医学与中药学	49/130
62	Q2	移动通信	1 730	1.399	311.209	无线电电子学、电信技术	41/161
63	Q2	造纸科学与技术	853	0.856	209.018	轻工业（除纺织、食品）	15/30
64	Q2	中国 CT 和 MRI 杂志	3 346	0.987	655.541	军事医学与特种医学	8/24

续上表

序号	分区	刊名	复合总被引频次	复合影响因子	影响力指数（CI）	学科	学科排名
65	Q2	中国临床解剖学杂志	1 528	0.831	300.181	基础医学	29/63
66	Q2	中国神经精神疾病杂志	2 005	1.003	421.496	神经病学与精神病学	11/34
67	Q2	中国医学物理学杂志	1 927	1.120	389.162	基础医学	21/63
68	Q2	中华肾脏病杂志	2 304	1.550	222.475	内科学	35/117
69	Q2	中山大学学报（医学科学版）	1 328	0.977	327.741	医药卫生综合	59/215

注：数据来源于《影响因子年报》2022 版。
  存在一种期刊属于 2 个及以上学科的现象。

9. 分学科影响力

根据《影响因子年报》2022 版收录的 148 种广东省科技期刊的学科统计，收录刊数最多的学科是医药卫生综合（13 种）、自然科学与工程技术综合（13 种）；刊均即年下载率最高的是自然地理学（462 篇次）；复合总被引频次最高的是中医学与中药学（37 270 次）；刊均复合总被引频次最高的是农业基础科学（15 688 次）和环境科学技术（15 688 次）；刊均复合影响因子最高的是农业基础科学（3.516）和环境科学技术（3.516）；刊均复合即年指标最高的为食品科学技术（0.422）；刊均 CI 值最高的学科为农业基础科学（711.016）（表 2 - 17）。广东省科技期刊数量大、品种多，学科的种类丰富多样，随着优势学科领域的发展，对标的科技期刊质量也相应提升。

表 2 - 17 2021 年各学科广东省科技期刊国内影响力数据

序号	学科	刊数/种	可被引文献量/篇	刊均 Web 即年下载率	复合总被引频次	刊均复合总被引频次	刊均复合影响因子	刊均复合即年指标	刊均 CI 值	Q1、Q2 期刊数/种
1	自然科学与工程技术综合	13	1 071	122.46	9 077	698.23	0.588	0.12	63.137	4
2	医药卫生综合	13	6 697	79.08	34 522	2 655.54	0.83	0.112	276.257	5

续上表

序号	学科	刊数/种	可被引文献量/篇	刊均Web即年下载率	复合总被引频次	刊均复合总被引频次	刊均复合影响因子	刊均复合即年指标	刊均CI值	Q1、Q2期刊数/种
3	无线电电子学、电信技术	7	2 512	55	6 469	924.14	0.491	0.084	91.920	1
4	自动化技术、计算机技术	7	1 722	134.33	12 151	1 735.86	0.837	0.137	108.917	1
5	化学工程	7	6 688	123.43	20 936	2 990.86	0.707	0.126	207.073	3
6	中医学与中药学	6	5 407	147.83	37 270	6 211.67	1.354	0.164	286.607	4
7	临床医学综合	6	3 342	46.17	5 971	995.17	0.617	0.094	143.410	1
8	内科学	6	2 602	40.17	10 075	1 679.17	0.948	0.11	129.987	3
9	外科学	6	756	39.5	9 133	1 522.17	1.092	0.219	357.835	3
10	土木建筑工程	6	979	119.33	5 289	881.5	0.584	0.075	38.180	1
11	交通运输工程	5	1 462	78	7 216	1 443.2	0.681	0.18	153.662	1
12	基础医学	4	924	111.5	8 620	2 155	1.106	0.154	395.599	3
13	肿瘤学	4	412	63.75	3 503	875.75	0.631	0.09	130.954	0
14	大气科学	3	236	37.67	3 346	1 115.33	1.065	0.089	176.910	1
15	生物学	3	432	199.67	8 547	2 849	1.883	0.195	221.791	3
16	药学	3	1 378	130	5 667	1 889	0.881	0.174	224.490	1
17	林学	3	288	69.33	2 770	923.33	0.914	0.098	144.316	1
18	畜牧、兽医科学	3	1 074	78.67	1 718	572.67	0.405	0.081	85.805	0
19	农业科学综合	3	373	173.33	10 781	3 593.67	1.432	0.295	296.503	2
20	工程技术综合	3	374	156.67	7 135	2 378.33	1.361	0.202	316.447	2
21	金属学与金属工艺	3	1 264	82.67	9 708	3 236	0.615	0.072	243.227	1
22	机械工程	3	2 096	108.33	16 314	5 438	0.921	0.126	196.433	2
23	电气工程	3	635	86	6 811	2 270.33	2.028	0.144	205.272	2
24	轻工业（除纺织、食品）	3	195	120	1 801	600.33	0.794	0.106	185.305	1
25	化学	2	321	169.5	4 865	2 432.5	1.39	0.216	257.721	1
26	地质学	2	137	91.5	7 085	3 542.5	1.868	0.387	282.868	2
27	海洋科学	2	195	193.5	3 373	1 686.5	1.249	0.284	639.161	2
28	预防医学与卫生学	2	567	56.5	3 685	1 842.5	1.646	0.265	191.933	1
29	护理学	2	544	124	6 926	3 463	1.482	0.155	367.432	2

续上表

序号	学科	刊数/种	可被引文献量/篇	刊均Web即年下载率	复合总被引频次	刊均复合总被引频次	刊均复合影响因子	刊均复合即年指标	刊均CI值	Q1、Q2期刊数/种
30	军事医学与特种医学	2	785	56	3 871	1 935.5	0.843	0.146	410.002	1
31	农业工程	2	345	106.5	846	423	0.514	0.051	50.997	1
32	农艺学	2	162	72.5	1 125	562.5	0.799	0.247	58.740	0
33	水产学	2	202	140	3 427	1 713.5	1.744	0.291	607.064	1
34	工程与技术科学基础学科	2	184	114	2 562	1 281	1.031	0.075	103.336	1
35	冶金工程技术	2	2 833	31	2 370	1 185	0.189	0.019	22.783	0
36	能源与动力工程	2	137	133.5	1 303	651.5	1.439	0.103	289.573	2
37	食品科学技术	2	593	153.5	10 141	5 070.5	1.578	0.422	264.626	1
38	水利工程	2	456	88	2 972	1 486	0.899	0.146	128.302	1
39	地球物理学	1	87	42	604	604	0.627	0.08	75.594	0
40	自然地理学	1	116	462	3 487	3 487	3.255	0.353	238.265	1
41	神经病学与精神病学	1	177	38	2 005	2 005	1.003	0.073	421.496	1
42	皮肤病学与性病学	1	122	59	681	681	0.682	0.025	294.405	0
43	耳鼻咽喉科学与眼科学	1	157	45	171	171	0.276	0.064	101.184	0
44	口腔医学	1	141	152	884	884	1.071	0.27	463.158	1
45	农业基础科学	1	269	150	15 688	15 688	3.516	0.283	711.016	1
46	植物保护学	1	180	152	2 555	2 555	1.63	0.167	551.182	1
47	材料科学	1	81	94	605	605	0.587	0.062	67.088	0
48	纺织科学技术	1	839	29	692	692	0.623	0.309	67.790	0
49	环境科学技术	1	269	150	15 688	15 688	3.516	0.283	622.383	1
合计		148	47 599	101.48	305 642	2 065.15	0.970	0.144	211.542	65

注：数据来源于《影响因子年报》2022版。

存在一种期刊属于2个及以上学科的现象。

合计数据为排重后数据。

（二）基于 WJCI 的国际影响力分析

1. 基本情况

基于《科技期刊世界影响力指数（WJCI）报告》（以下简称《WJCI 报告》）2022 版数据，分析广东省科技期刊的国际影响力整体表现。

《WJCI 报告》2022 版由中国科学技术信息研究所、《中国学术期刊（光盘版）》电子杂志社有限公司、清华大学图书馆、万方数据有限公司、中国高校科技期刊研究会、中国科学技术期刊编辑学会 6 家单位联合研制。《WJCI 报告》依据世界各国家和地区 R & D 投入、科研论文产出、科研人员数量、期刊规模和水平确定各国家和地区入编来源期刊数，从全球正在出版的 6 万多种科技学术期刊中精选了最具地区代表性、学科代表性、行业代表性的优秀期刊 15 022 种为《世界引文库》来源刊。《WJCI 报告》创编了全面覆盖科学技术各领域，体现新兴、交叉学科发展的期刊分类体系，设有 291 个学科类目，对中外期刊实行同一标准下的分学科定量评价。该报告发布的评价指标——"科技期刊世界影响力指数（WJCI）"由基于引证数据的代表期刊学术影响力的评价指标 WAJCI 和基于网络使用数据的代表期刊社会影响力的评价指标 WI 共同构建，相比目前其他期刊评价体系，能够更加科学、全面反映各类科技期刊的世界影响力。

《WJCI 报告》分学科按"科技期刊世界影响力指数（WJCI）"排序，将期刊等分为 Q1、Q2、Q3、Q4 共 4 个区。《WJCI 报告》2022 版（统计年为 2021 年，下同）收录广东省科技期刊共 55 种，其中 46 种具有 CN 号（表 2 - 18），进入 WJCI 学科分区 Q1 和 Q2 的有 9 种，占入选期刊（CN 号）的 19.57%；其中未获得 CN 号的英文科技期刊有 9 种，进入 WJCI 学科分区 Q1 和 Q2 的有 7 种，占入选英文科技期刊的 77.78%（表 2 - 19）。

表 2-18　《WJCI 报告》2022 版各学科收录广东省科技期刊数量及主要评价指标

序号	刊名	总被引频次	影响因子	WAJCI	WI	WJCI	学科名称	学科排名	分区
1	大地构造与成矿学	2 538	1.808	1.602	0.055	1.657	地质学	49/142	Q2
2	华南理工大学学报（自然科学版）	1 415	0.685	1.339	0.095	1.434	工程综合	67/163	Q2
3	华南农业大学学报	1 202	1.261	1.926	0.079	2.005	农业科学综合	48/143	Q2
4	机床与液压	2 829	0.474	1.005	0.61	1.615	机械工程	66/152	Q2
5	南方医科大学学报	1 872	1.022	1.155	0.237	1.392	医学综合	131/312	Q2
6	热带地理	1 075	1.349	0.997	0.148	1.145	自然地理学	89/179	Q2
7	生态环境学报	6 002	1.884	1.852	0.13	1.982	农艺学	37/139	Q2
8	实用医学杂志	2 713	0.758	1.19	0.267	1.457	医学综合	123/312	Q2
9	隧道建设（中英文）	2 472	1.578	1.308	0.265	1.573	交通运输工程综合	43/105	Q2
10	Control Theory and Technology	424	0.986	0.703	0.114	0.817	控制科学与技术	56/78	Q3
11	Gastroenterology Report	1 179	3.721	0.877	0.098	0.975	消化系及腹部疾病	84/139	Q3
12	Liver Research	519	3.8	0.808	0.029	0.837	消化系及腹部疾病	93/139	Q3
13	分析测试学报	2 080	1.262	0.813	0.148	0.961	化学综合	97/162	Q3
14	广东海洋大学学报	825	1.079	0.591	0.069	0.66	海洋科学	74/112	Q3
15	护理学报	1 553	0.664	0.547	0.396	0.943	护理学	145/222	Q3
16	华南师范大学学报（自然科学版）	418	0.463	0.73	0.034	0.764	科学技术综合	166/257	Q3
17	环境昆虫学报	1 294	0.975	0.75	0.079	0.829	农艺学	98/139	Q3
18	暨南大学学报（自然科学与医学版）	320	0.493	0.403	0.034	0.437	医学综合	227/312	Q3
19	控制理论与应用	2 319	1.049	0.605	0.18	0.785	自动化与控制系统	68/104	Q3
20	南方电网技术	1 364	1.659	0.919	0.085	1.004	电气工程	129/222	Q3
21	南方水产科学	1 081	1.413	0.867	0.046	0.913	水产学	47/70	Q3
22	热带海洋学报	1 155	0.679	0.447	0.077	0.524	海洋科学	84/112	Q3
23	润滑与密封	1 779	0.516	0.757	0.135	0.892	机械工程	92/152	Q3
24	生态环境学报	6 002	1.884	1.012	0.135	1.147	环境科学技术综合	136/219	Q3
25	生态环境学报	6 002	1.884	0.98	0.125	1.105	生态学	89/146	Q3
26	现代食品科技	3 878	1.034	0.425	0.61	1.035	食品科学综合	83/127	Q3

续上表

序号	刊名	总被引频次	影响因子	WAJCI	WI	WJCI	学科名称	学科排名	分区
27	中国职业医学	1 192	1.006	0.59	0.021	0.611	职业卫生	73/98	Q3
28	中华胃肠外科杂志	1 450	0.916	0.72	0.163	0.883	外科手术学	42/68	Q3
29	中华显微外科杂志	1 649	1.42	0.903	0.026	0.929	外科学综合	46/79	Q3
30	中山大学学报（自然科学版）	926	0.577	0.951	0.102	1.053	科学技术综合	133/257	Q3
31	中药材	4 705	1.127	1.022	0.267	1.289	中医学与中药学、结合与补充医学	24/46	Q3
32	*Control Theory and Technology*	424	0.986	0.482	0.114	0.596	自动化与控制系统	81/104	Q4
33	*Journal of Tropical Meteorology*	394	0.809	0.176	0.032	0.208	大气科学	62/67	Q4
34	癌症	2 085	0.129	0.367	0.026	0.393	肿瘤学	242/268	Q4
35	地球化学	2 677	1.418	0.232	0.036	0.268	地球化学	21/25	Q4
36	电镀与涂饰	852	0.36	0.116	0.102	0.218	电化学、磁化学	23/25	Q4
37	电镀与涂饰	852	0.36	0.328	0.12	0.448	化学工程综合	114/143	Q4
38	环境昆虫学报	1 294	0.975	0.589	0.089	0.678	昆虫学	68/86	Q4
39	南方建筑	343	0.502	0.275	0.158	0.433	建筑科学	53/62	Q4
40	器官移植	343	1.072	0.254	0.048	0.302	器官移植外科学	26/29	Q4
41	热带气象学报	1 055	1.118	0.347	0.031	0.378	大气科学	59/67	Q4
42	热带亚热带植物学报	929	1	0.446	0.069	0.515	植物学	156/202	Q4
43	生态科学	1 589	1.045	0.379	0.089	0.468	生态学	130/146	Q4
44	纤维素科学与技术	233	0.494	0.26	0.044	0.304	化学工程综合	127/143	Q4
45	纤维素科学与技术	233	0.494	0.248	0.045	0.293	化学综合	137/162	Q4
46	中国病理生理杂志	1 500	0.792	0.362	0.138	0.5	病理学	66/76	Q4
47	中国病理生理杂志	1 500	0.792	0.289	0.138	0.427	医学生理学	57/63	Q4
48	中国临床解剖学杂志	543	0.289	0.124	0.034	0.158	解剖学	25/26	Q4
49	中国神经精神疾病杂志	517	0.329	0.154	0.03	0.184	精神病学	253/264	Q4
50	中国神经精神疾病杂志	517	0.329	0.091	0.03	0.121	神经病学	205/214	Q4

续上表

序号	刊名	总被引频次	影响因子	WAJCI	WI	WJCI	学科名称	学科排名	分区
51	中国医学物理学杂志	492	0.325	0.376	0.065	0.441	基础医学综合	23/29	Q4
52	中华肾脏病杂志	580	0.52	0.185	0.048	0.233	肾脏病学	37/41	Q4
53	中华胃肠外科杂志	1 450	0.916	0.347	0.163	0.51	消化系及腹部疾病	111/139	Q4
54	中山大学学报（医学科学版）	321	0.28	0.259	0.039	0.298	医学综合	247/312	Q4
55	中药新药与临床药理	1 249	0.969	0.371	0.138	0.509	药理学	206/240	Q4
56	中药新药与临床药理	1 249	0.969	0.659	0.138	0.797	中医学与中药学、结合与补充医学	39/46	Q4

注：数据来源于《WJCI 报告》2022 版。
　　存在一种期刊属于 2 个及以上学科的现象。

表 2 - 19　《WJCI 报告》2022 版各学科收录广东省英文科技期刊数量及主要评价指标

序号	刊名	总被引频次	影响因子	WAJCI	WI	WJCI	学科名称	学科排名	分区
1	Aggregate	422	19.5	26.468	0.254	26.722	科学技术综合	10/257	Q1
2	Gigascience	7 451	6.853	10.727	0.896	11.623	科学技术综合	20/257	Q1
3	Journal of Thoracic Disease	14 855	2.763	3.323	0.379	3.702	呼吸系及胸部疾病	12/74	Q1
4	Mycosphere	1 893	15.925	2.777	0.005	2.782	真菌学	7/39	Q1
5	Advanced Industrial and Engineering Polymer Research	466	7.348	2.336	0.043	2.379	工业工程	18/67	Q2
6	Cancer Communications	2 267	7.751	1.395	0.204	1.599	肿瘤学	103/268	Q2
7	Giant	275	5.722	1.472	0.03	1.502	高分子科学	32/84	Q2
8	Solid Earth Sciences	252	1.919	0.812	0.134	0.946	地球科学综合	74/128	Q3
9	Fuzzy Information and Engineering	354	0.723	0.492	0.042	0.534	应用数学	150/174	Q4
10	Fuzzy Information and Engineering	354	0.723	0.348	0.132	0.48	自动化与控制系统	87/104	Q4

注：数据来源于《WJCI 报告》2022 版。

2. 国内排名情况

根据《WJCI 报告》2022 版，对收录科技期刊达到 10 种及以上的省份进行统计分析，广东省被收录科技期刊 46 种（有 CN 号），排第 9 名；总被引频次为 67 930 次，排第 9 名；刊均被引频次 1 476 次，排第 13 名；刊均影响因子为 1.024，排第 17 名；刊均 WAJCI 为 0.695，排第 19 名；刊均 WI 为 0.125，排第 14 名；WJCI 为 0.820，排第 18 名（表 2－20）。综上，广东省科技期刊国际影响面较广，但缺乏领军期刊，整体发展水平也有待进一步提高。

表 2－20　《WJCI 报告》收录科技期刊达到 10 种及以上的省份的指标数据

序号	省市	刊数/种	总被引频次	刊均被引频次	刊均影响因子	刊均 WAJCI	刊均 WI	刊均 WJCI
1	北京	652	1 694 578	2 599	2.048	1.485	0.219	1.704
2	上海	128	251 809	1 967	2.407	1.177	0.185	1.361
3	江苏	101	161 836	1 602	1.415	0.959	0.13	1.089
4	四川	77	112 075	1 455	2.378	1.178	0.148	1.326
5	湖北	70	149 793	2 139	1.177	0.984	0.152	1.136
6	陕西	70	108 677	1 552	1.084	0.868	0.153	1.021
7	辽宁	60	145 964	2 432	1.547	0.998	0.199	1.196
8	天津	49	70 802	1 444	1.02	0.822	0.138	0.961
9	广东	46	67 930	1 476	1.024	0.695	0.125	0.82
10	浙江	41	46 653	1 137	1.918	1.107	0.119	1.227
11	湖南	33	61 183	1 854	1.032	1.062	0.207	1.269
12	黑龙江	32	50 508	1 578	1.027	0.87	0.142	1.012
13	重庆	31	52 383	1 689	1.806	1.258	0.261	1.519
14	山东	28	34 768	1 241	1.195	0.727	0.083	0.81
15	吉林	27	57 773	2 139	1.757	0.981	0.201	1.182
16	河南	27	36 570	1 354	1.363	1.005	0.126	1.131
17	安徽	24	24 370	1 015	0.723	0.517	0.116	0.633
18	甘肃	22	45 265	2 057	1.249	0.914	0.082	0.996
19	河北	15	23 927	1 595	0.985	1.062	0.115	1.177

续上表

序号	省市	刊数/种	总被引频次	刊均被引频次	刊均影响因子	刊均 WAJCI	刊均 WI	刊均 WJCI
20	云南	11	9 509	864	1.795	1.071	0.056	1.128
21	山西	10	10 414	1 041	0.681	0.379	0.12	0.499

注：数据来源于《WJCI 报告》2022 版。

3．分学科影响力

根据《WJCI 报告》2022 版，对广东省科技期刊所属二级学科的基本指标进行统计，期刊数量最多的学科为临床医学（9 种），总被引频次最高的学科为临床医学（9875 次，9 种），刊均被引频次最高的学科为食品科学技术（3878 次，1 种），刊均影响因子最高的学科为动力与电气工程（1.659，1 种），刊均 WAJCI 最高的学科为农学（1.509，3 种），刊均 WI 最高的学科为食品科学技术（0.610，1 种），刊均 WJCI 最高的学科为农学（1.605，3 种）（表 2 - 21）。临床医学领域期刊数量最多，彰显广东省医学领域科研水平较高。

表 2 - 21　2021 年《WJCI 报告》广东省科技期刊分学科指标统计

序号	学科	刊数/种	总被引频次	刊均被引频次	刊均影响因子	刊均 WAJCI	刊均 WI	刊均 WJCI
1	农学	3	8 498	2 832	1.373	1.509	0.096	1.605
2	交通运输工程	1	2 472	2 472	1.578	1.308	0.265	1.573
3	工程综合	1	1 415	1 415	0.685	1.339	0.095	1.434
4	机械工程	2	4 608	2 304	0.495	0.881	0.373	1.254
5	中医学与中药学	2	5 954	2 977	1.048	0.841	0.203	1.043
6	食品科学技术	1	3 878	3 878	1.034	0.425	0.610	1.035
7	动力与电气工程	1	1 364	1 364	1.659	0.919	0.085	1.004
8	化学	1	2 080	2 080	1.262	0.813	0.148	0.961
9	水产学	1	1 081	1 081	1.413	0.867	0.046	0.913
10	科学技术综合	2	1 344	672	0.520	0.841	0.068	0.909
11	医学综合	4	5 226	1 306	0.638	0.752	0.144	0.896

续上表

序号	学科	刊数/种	总被引频次	刊均被引频次	刊均影响因子	刊均WAJCI	刊均WI	刊均WJCI
12	信息与系统科学相关工程与技术	2	2 743	1 371	1.018	0.654	0.147	0.801
13	地球科学	7	9 719	1 388	1.180	0.627	0.064	0.691
14	临床医学	9	9 875	1 097	1.397	0.535	0.096	0.631
15	预防医学与公共卫生学	1	1 192	1 192	1.006	0.590	0.021	0.611
16	生物学	2	2 518	1 259	1.023	0.413	0.079	0.492
17	土木建筑工程	1	343	343	0.502	0.275	0.158	0.433
18	化学工程	2	1 085	542	0.427	0.294	0.082	0.376
19	基础医学	3	2 535	845	0.469	0.287	0.079	0.366

注：数据来源于《WJCI 报告》2022 版。
　　按《WJCI 报告》二级学科统计。

（三）小结

基于中国知网①《影响因子年报》，对收录的 148 种广东省科技期刊进行国内影响力分析。由分析可知，广东省科技期刊分布在 49 个学科，尚有 16 个学科未有分布；广东省科技期刊 2021 年总可被引文献量 47 599 篇、复合总被引频次 305 642 次、刊均复合影响因子 0.970，均较往年有所上涨，反映出广东省科技期刊的学术水平和质量稳步提升；广东省科技期刊 2021 年自引率均值为 0.11，近年来略微呈上涨趋势，应引起关注；随着新媒体的不断发展，广东省科技期刊网络传播能力得到快速提升，但与全国水平对比仍有待提高；广东省科技期刊 2021 年进入 CI 学科 Q2 区以上期刊有 65 种，在全国排第 8 名，从全国范围内看，广东省是名副其实的期刊大省。

《WJCI 报告》2022 版报道的广东省科技期刊共有 46 种，在全国排第 9 名。由分析可知，广东省科技期刊刊均总被引频次 67 930，影响因子 1.02，WAJCI 值

---

① 中国知网即中国知识基础设施工程（China National Knowledge Infrastructure，英文缩写为 CNKI）。

0.70，WI 值 0.13，WJCI 值 0.82，进入 WJCI 学科 Q2 区以上期刊 9 种。就整体发展水平而言，广东省科技期刊国际影响面较广，但缺乏领军期刊，整体发展水平也有待进一步提高。

二、基于 CNKI 的广东省科技期刊载文特征分析

以 2021 年广东省科技期刊被 CNKI 收录的 171 种为统计范围（即本部分"广东省科技期刊"所指范围），统计分析其 2021 年论文数量、基本特征、作者地域分布、影响力等情况。

广东省 171 种科技期刊共发表可被引论文 49 679 篇，其中 3 490 篇为社科或跨社科的论文，科学技术专业领域的论文为 46 189 篇，一些论文涉及 2 个及上专业领域。在本节中，载文特征只分析 46 189 篇科学技术专业领域论文。

（一）基本特征分析

1. 学科分布

本节参考《影响因子年报》对总计 46 189 篇 2021 年广东省科技期刊发表的可被引论文按 60 个专业学科类进行学科分析，各学科论文数及占比如图 2－5 所示。60 个学科中发文超过 500 篇的有 24 个，这 24 个学科发文占全部论文数的 85.29%。占比在 5% 以上的学科有 8 个，依次为内科学（3 983 篇，7.61%）、中医学与中药学（3 814 篇，7.29%）、交通运输工程（3 462 篇，6.61%）、自动化技术、计算机技术（3 402 篇，6.50%）、肿瘤学（2 937 篇，5.61%）、护理学（2 814 篇，5.38%）、外科学（2 765 篇，5.28%）和化学工程（2 681 篇，5.12%）。具体情况如表 2－22 所示。

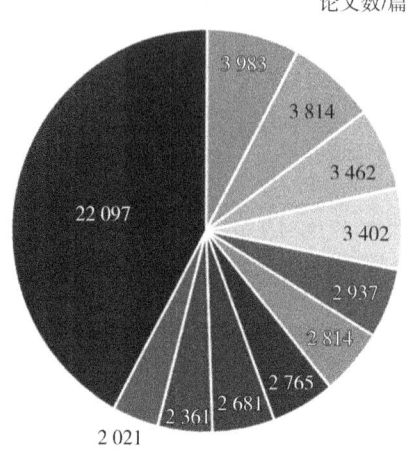

论文数/篇

- 内科学
- 中医学与中药学
- 交通运输工程
- 自动化技术、计算机技术
- 肿瘤学
- 护理学
- 外科学
- 化学工程
- 土木建筑工程
- 环境科学技术
- 其他

图 2－5　2021 年广东省科技期刊发表各学科论文数量

注：数据来源于《影响因子年报》2022 版。

表 2－22　2021 年广东省科技期刊发表各学科论文数量

序号	学科	论文数/篇	占比/%
1	内科学	3 983	7.61
2	中医学与中药学	3 814	7.29
3	交通运输工程	3 462	6.61
4	自动化技术、计算机技术	3 402	6.50
5	肿瘤学	2 937	5.61
6	护理学	2 814	5.38
7	外科学	2 765	5.28
8	化学工程	2 681	5.12
9	土木建筑工程	2 361	4.51
10	环境科学技术	2 021	3.86
11	妇产科学与儿科学	1 914	3.66
12	化学	1 592	3.04
13	电气工程	1 453	2.78
14	神经病学与精神病学	1 387	2.65
15	临床医学综合	1 341	2.56
16	无线电电子学、电信技术	1 080	2.06
17	食品科学技术	871	1.66

续上表

序号	学科	论文数/篇	占比/%
18	金属学与金属工艺	843	1.61
19	机械工程	768	1.47
20	水利工程	728	1.39
21	医药卫生事业管理	692	1.32
22	轻工业（除纺织、食品）	625	1.19
23	药学	568	1.09
24	材料科学	535	1.02
25	耳鼻咽喉科学与眼科学	463	0.88
26	畜牧、兽医科学	454	0.87
27	林学	443	0.85
28	预防医学与卫生学	429	0.82
29	基础医学	422	0.81
30	生物学	403	0.77
31	农艺学	385	0.74
32	石油天然气工业	380	0.73
33	口腔医学	350	0.67
34	航空、航天科学技术	342	0.65
35	植物保护学	318	0.61
36	军事医学与特种医学	298	0.57
37	工程与技术科学基础学科	287	0.55
38	大气科学	282	0.54
39	地质学	254	0.49
40	园艺学	212	0.41
41	皮肤病学与性病学	194	0.37
42	水产学	189	0.36
43	农业基础科学	184	0.35
44	海洋科学	175	0.33
45	数学	167	0.32
46	纺织科学技术	160	0.31
47	能源与动力工程	150	0.29
48	农业工程	146	0.28

续上表

序号	学科	论文数/篇	占比/%
49	矿山工程技术	145	0.28
50	地球物理学	119	0.23
51	测绘科学技术	101	0.19
52	冶金工程技术	66	0.13
53	物理学	52	0.10
54	武器工业与军事技术	40	0.08
55	力学	23	0.04
56	核科学技术	22	0.04
57	天文学	18	0.03
58	安全科学技术	14	0.03
59	自然地理学	9	0.02
60	系统科学	4	0.01
合计		52 337	100.00

注：按照发表论文数量降序排列。

数据来源于 CNKI（数据收集于 2023 年 8 月）。

统计范围为科学技术专业领域论文 46 189 篇，其中，5 890 篇论文涉及 2 个及以上专业领域。

2. 发文机构类型

2021 年各类机构在广东省科技期刊上发表论文数显示，发文最多的是医疗机构，占 35.97%，彰显广东省医学领域科研水平较高，高等院校发文量占 30.09%，企业占 14.61%，科研机构占 8.09%，其他机构占 11.25%（图 2 - 6）。

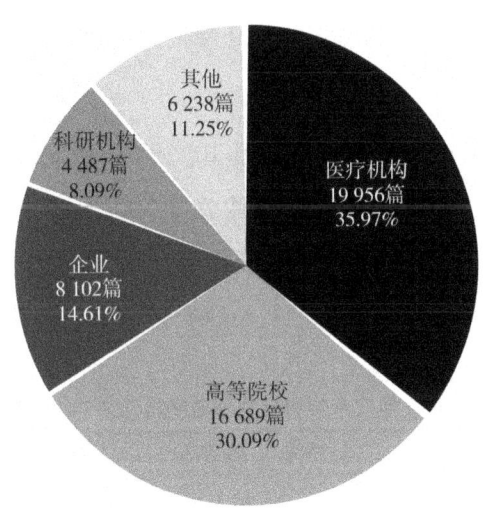

图 2 - 6　2021 年广东省科技期刊论文的发文机构类型分布

注：数据来源于 CNKI（数据收集于 2013 年 8 月）。

表 2 - 23 列出了广东省科技期刊论文的发文机构类型在各学科的构成情况：

（1）医疗机构是临床医学各领域发表论文的主体，仅在基础医学学科发文占比低于 70%。医疗机构发表论文占比最多的学科，依次为妇产科学与儿科学（98.40%）、外科学（97.70%）、护理学（95.98%）、肿瘤学（95.81%）、内科学（95.65%）、口腔医学（95.63%）神经病学与精神病学（95.02%）、皮肤病学与性病学（94.82%）、临床医学综合（94.44%）和军事医学与特种医学（93.27%）。

（2）高校发表论文占比超过 70% 的学科有 10 个，依次为力学（95.65%）、天文学（94.44%）、数学（89.82%）、生物学（80.50%）、材料科学（78.50%）、物理学（78.00%）、系统科学（75.00%）、化学（71.52%）、水产学（70.90%）和机械工程（70.57%）。

（3）企业发表论文占比较高的前 10 个学科依次为交通运输工程（67.81%）、矿山工程技术（67.63%）、冶金工程技术（67.19%）、石油天然气工业（58.70%）、电气工程（56.19%）、土木建筑工程（48.37%）、金属学与金属工艺

（43.99%）、水利工程（42.97%）、核科学技术（36.36%）和无线电电子学、电信技术（35.23%）。

（4）科研机构发表论文占比较高的前10个学科依次为武器工业与军事技术（50.00%）、水产学（48.15%）、核科学技术（45.45%）、自然地理学（44.44%）、农艺学（44.07%）、植物保护学（41.67%）、地质学（41.60%）、林学（40.61%）、海洋科学（40.23%）和园艺学（36.60%）。

表 2-23　2021 年广东省科技期刊各学科论文的机构类型分布

序号	学科	学科论文数/篇	医疗机构		高等院校		企业		企业科研机构		其他	
			论文数/篇	占比/%	论文数/篇	占比/%	论文数/篇	占比/%	论文数/篇	占比/%	论文数/篇	占比/%
1	内科学	3 884	3 715	95.65	422	10.87	14	0.36	58	1.49	53	1.36
2	中医学与中药学	3 777	2 784	73.71	1 493	39.53	152	4.02	197	5.22	198	5.24
3	自动化技术、计算机技术	3 329	68	2.04	2 181	65.52	626	18.80	301	9.04	645	19.38
4	交通运输工程	3 209	1	0.03	720	22.44	2 176	67.81	305	9.50	460	14.33
5	肿瘤学	2 866	2 746	95.81	399	13.92	14	0.49	31	1.08	31	1.08
6	护理学	2 764	2 653	95.98	276	9.99	2	0.07	7	0.25	44	1.59
7	外科学	2 654	2 593	97.70	206	7.76	2	0.08	20	0.75	17	0.64
8	化学工程	2 553	39	1.53	1 492	58.44	778	30.47	212	8.30	398	15.59
9	土木建筑工程	2 150	4	0.19	662	30.79	1 040	48.37	347	16.14	380	17.67
10	妇产科学与儿科学	1 877	1 847	98.40	96	5.11	0	0.00	12	0.64	22	1.17
11	环境科学技术	1 852	15	0.81	1 003	54.16	488	26.35	357	19.28	397	21.44
12	化学	1 538	41	2.67	1 100	71.52	179	11.64	170	11.05	316	20.55
13	电气工程	1 413	1	0.07	593	41.97	794	56.19	316	22.36	159	11.25
14	神经病学与精神病学	1 366	1 298	95.02	185	13.54	2	0.15	8	0.59	19	1.39
15	临床医学综合	1 312	1 239	94.44	144	10.98	11	0.84	14	1.07	27	2.06
16	无线电电子学、电信技术	1 036	8	0.77	423	40.83	365	35.23	258	24.90	149	14.38
17	食品科学技术	854	17	1.99	586	68.62	144	16.86	227	26.58	185	21.66
18	金属学与金属工艺	823	4	0.49	385	46.78	362	43.99	111	13.49	156	18.96

续上表

序号	学科	学科论文数/篇	医疗机构		高等院校		企业		企业科研机构		其他	
			论文数/篇	占比/%	论文数/篇	占比/%	论文数/篇	占比/%	论文数/篇	占比/%	论文数/篇	占比/%
19	机械工程	751	9	1.20	530	70.57	177	23.57	96	12.78	143	19.04
20	医药卫生事业管理	678	600	88.50	131	19.32	12	1.77	14	2.06	26	3.83
21	水利工程	633	0	0.00	104	16.43	272	42.97	204	32.23	167	26.38
22	轻工业（除纺织、食品）	603	2	0.33	305	50.58	71	11.77	30	4.98	239	39.64
23	药学	560	402	71.79	143	25.54	39	6.96	31	5.54	35	6.25
24	材料科学	521	3	0.58	409	78.50	66	12.67	39	7.49	71	13.63
25	耳鼻咽喉科学与眼科学	450	397	88.22	78	17.33	3	0.67	4	0.89	6	1.33
26	预防医学与卫生学	420	305	72.62	119	28.33	12	2.86	64	15.24	25	5.95
27	基础医学	420	200	47.62	280	66.67	12	2.86	33	7.86	24	5.71
28	畜牧、兽医科学	405	8	1.98	236	58.27	118	29.14	81	20.00	109	26.91
29	生物学	400	38	9.50	322	80.50	13	3.25	115	28.75	68	17.00
30	林学	394	3	0.76	130	32.99	30	7.61	160	40.61	208	52.79
31	石油天然气工业	368	0	0.00	144	39.13	216	58.70	48	13.04	35	9.51
32	农艺学	354	3	0.85	197	55.65	33	9.32	156	44.07	83	23.45
33	口腔医学	343	328	95.63	42	12.24	2	0.58	1	0.29	3	0.87
34	航空、航天科学技术	338	0	0.00	186	55.03	107	31.66	86	25.44	45	13.31
35	军事医学与特种医学	297	277	93.27	46	15.49	5	1.68	4	1.35	4	1.35
36	植物保护学	288	3	1.04	177	61.46	19	6.60	120	41.67	75	26.04
37	工程与技术科学基础学科	281	1	0.36	165	58.72	81	28.83	25	8.90	43	15.30
38	大气科学	274	0	0.00	91	33.21	18	6.57	72	26.28	195	71.17
39	地质学	250	1	0.40	113	45.20	77	30.80	104	41.60	86	34.40
40	园艺学	194	0	0.00	88	45.36	19	9.79	71	36.60	65	33.51
41	皮肤病学与性病学	193	183	94.82	21	10.88	3	1.55	8	4.15	1	0.52
42	水产学	189	1	0.53	134	70.90	35	18.52	91	48.15	26	13.76
43	农业基础科学	178	1	0.56	99	55.62	29	16.29	62	34.83	49	27.53
44	海洋科学	174	0	0.00	114	65.52	45	25.86	70	40.23	47	27.01
45	数学	167	4	2.40	150	89.82	2	1.20	0	0.00	18	10.78

续上表

序号	学科	学科论文数/篇	医疗机构		高等院校		企业		企业科研机构		其他	
			论文数/篇	占比/%	论文数/篇	占比/%	论文数/篇	占比/%	论文数/篇	占比/%	论文数/篇	占比/%
46	能源与动力工程	148	0	0.00	100	67.57	52	35.14	30	20.27	17	11.49
47	纺织科学技术	139	2	1.44	59	42.45	25	17.99	15	10.79	51	36.69
48	矿山工程技术	139	0	0.00	35	25.18	94	67.63	11	7.91	17	12.23
49	农业工程	136	0	0.00	84	61.76	23	16.91	36	26.47	26	19.12
50	地球物理学	115	0	0.00	35	30.43	12	10.43	23	20.00	78	67.83
51	测绘科学技术	92	0	0.00	31	33.70	17	18.48	25	27.17	30	32.61
52	冶金工程技术	64	0	0.00	20	31.25	43	67.19	4	6.25	5	7.81
53	物理学	50	0	0.00	39	78.00	8	16.00	7	14.00	4	8.00
54	武器工业与军事技术	38	0	0.00	18	47.37	9	23.68	19	50.00	4	10.53
55	力学	23	0	0.00	22	95.65	2	8.70	1	4.35	0	0.00
56	核科学技术	22	0	0.00	6	27.27	8	36.36	10	45.45	2	9.09
57	天文学	18	0	0.00	17	94.44	0	0.00	3	16.67	1	5.56
58	安全科学技术	14	0	0.00	6	42.86	4	28.57	3	21.43	5	35.71
59	自然地理学	9	0	0.00	6	66.67	0	0.00	4	44.44	2	22.22
60	系统科学	4	0	0.00	3	75.00	1	25.00	1	25.00	0	0.00
	合计	50 391	21 844	43.35	17 401	34.53	8 963	17.79	4 932	9.79	5 794	11.50

注：按照学科论文数降序排列。

本表中学科论文数为各学科有署名机构的论文数量。

数据来源于 CNKI（数据收集于 2023 年 8 月）。

"占比"指该类型机构发文量占本学科论文总量的比例。

由于上表是基于单篇论文全部发文机构的统计结果，一篇论文若跨多个学科或由多个类型机构合作完成，将被分别统计。

3. 基金论文分析

由基金资助的课题成果产出的论文称为基金论文。2021 年受基金资助发表在广东省科技期刊上的科技论文共 21 726 篇，占广东省科技期刊论文总量（46 189 篇）的 47.04%，接近一半的论文有基金支持。资助论文量最多的 10 种基金见图 2-7。可见资助力度较大的主要为国家自然科学基金、国家重点研发计划等国家级基金以及广东省自然科学基金、广东省科技计划、广州市科技计划项目等省市级基金。

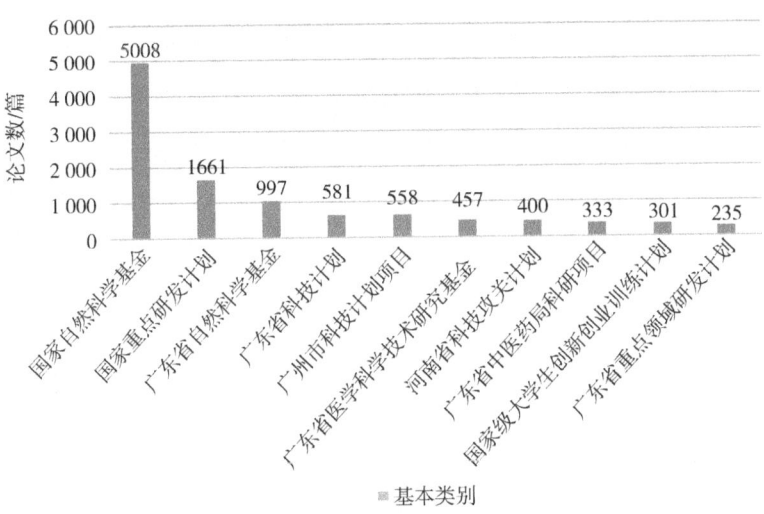

图 2-7 2021 年广东省科技期刊发表论文主要基金资助情况（TOP 10 基金）

注：数据来源于 CNKI（数据收集于 2023 年 8 月）。

（二）作者地域分布分析

2021 年广东省科技期刊发表论文中，有署名机构和作者的论文共 46 708 篇，按第一作者所属机构的地区统计，境内作者论文 46 664 篇，占比 99.91%。境外作者论文 73 篇，占比 0.16%。境内作者论文中，广东省作者发表论文 15 413 篇，占比 33.03%，其他省级行政区作者发表论文 31 587 篇，占比 67.69%[①]。

1. 广东省分布

根据第一作者所属机构的地区统计结果显示（图 2-8），2021 年广东省 21 个

---

① 有同一作者属于境内外机构的情况；有同一作者属于境内广东省及其他省级行政区机构的情况。

地级市的学者作为第一作者在广东省科技期刊共发表论文 15 413 篇，其中发文最多的是广州市（8 597 篇，55.09%），其余发文占比在 3% 以上的地区包括深圳市（1 255 篇，8.04%）、佛山市（980 篇，6.28%）、东莞市（622 篇，3.99%）、湛江市（552 篇，3.54%）和珠海市（482 篇，3.09%）。由图 2-8 可以看出，论文发文量与地区的经济和科研水平有密切的关系。

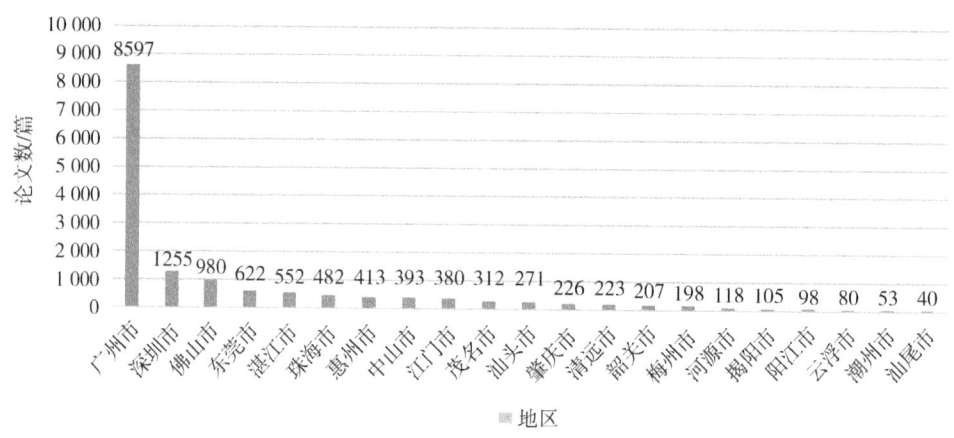

图 2-8　2021 年广东省科技期刊发表广东省各地区论文分布

注：数据来源于 CNKI（数据收集于 2023 年 8 月）。
同一学者署名不同地区多个机构的论文将被统计到多个地区。

2. 境内其他省级行政区分布

根据第一作者所属机构的地区统计（图 2-9），2021 年全国境内除广东省外其他 30 个省级行政区的学者作为第一作者在广东省科技期刊共发表论文 31 587 篇。发文最多的地区是江苏（3 314 篇，10.38%），其余发文占比在 5% 以上的省级行政区是河南（3 048 篇，9.55%）、北京（2 287 篇，7.16%）、福建（1 836 篇，5.75%）、浙江（1 752 篇，5.49%）、四川（1 737 篇，5.44%）和陕西（1 703 篇，5.33%）。数据佐证了论文发文量与地区的经济和科研水平的密切关系。

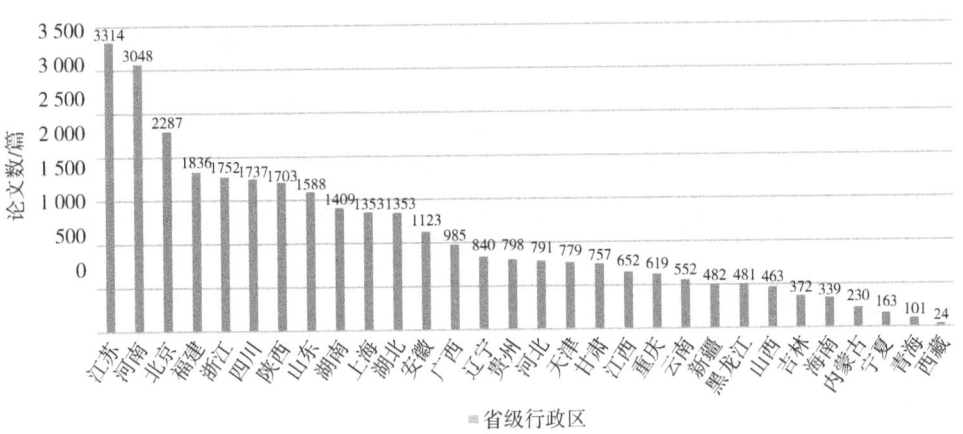

图 2 - 9　2021 年广东省科技期刊发表境内其他 30 个省级行政区论文分布

注：数据来源于 CNKI（数据收集于 2023 年 8 月）。
　　同一学者署名不同地区多个机构的论文将被统计到多个地区。

（三）影响力分析

1. 分学科分析

表 2 - 24 显示了广东省科技期刊 2021 年发表的论文在其发表之后累计被引用和被下载的情况。被引频次和下载量均来自中国知网《中国知识资源总库》，统计截止时间为 2023 年 7 月 31 日。

60 个学科中被引频次最高的学科是中医学与中药学（13 653 次），篇均被引频次最高的学科是农业基础科学（4.23 次），下载量最高的学科是中医学与中药学（1 396 532 次），篇均下载量最高的学科是自然地理学（478.44 次）。对比可看出，广东省科技期刊在中医学与中药学学科上的发文受到较为广泛的关注。

表 2 - 24　2021 年广东省科技期刊发表各学科论文的被引频次及下载量

序号	学科	论文数/篇	被引频次/次	篇均被引频次/次	下载量/次	篇均下载量/次
1	内科学	3 983	8 573	2.15	590 475	148.25
2	中医学与中药学	3 814	13 653	3.58	1 396 532	366.16
3	交通运输工程	3 462	6 402	1.85	580 585	167.70
4	自动化技术、计算机技术	3 402	7 680	2.26	1 163 743	342.08
5	肿瘤学	2 937	6 648	2.26	425 053	144.72
6	护理学	2 814	5 893	2.09	537 379	190.97
7	外科学	2 765	5 998	2.17	299 383	108.28
8	化学工程	2 681	3 993	1.49	784 190	292.50
9	土木建筑工程	2 361	4 804	2.03	500 498	211.99
10	环境科学技术	2 021	5 064	2.51	722 456	357.47
11	妇产科学与儿科学	1 914	3 221	1.68	187 189	97.80
12	化学	1 592	3 218	2.02	479 634	301.28
13	电气工程	1 453	3 226	2.22	351 314	241.79
14	神经病学与精神病学	1 387	3 135	2.26	245 900	177.29
15	临床医学综合	1 341	3 117	2.32	204 804	152.72
16	无线电电子学、电信技术	1 080	1 799	1.67	242 667	224.69
17	食品科学技术	871	3 095	3.55	359 242	412.45
18	金属学与金属工艺	843	1 359	1.61	169 862	201.50
19	机械工程	768	1 826	2.38	193 505	251.96
20	水利工程	728	1 292	1.77	96 321	132.31
21	医药卫生事业管理	692	2 263	3.27	189 783	274.25
22	轻工业（除纺织、食品）	625	873	1.40	119 622	191.40
23	药学	568	1 043	1.84	154 947	272.79
24	材料科学	535	863	1.61	190 668	356.39
25	耳鼻咽喉科学与眼科学	463	708	1.53	58 563	126.49
26	畜牧、兽医科学	454	764	1.68	105 360	232.07
27	林学	443	1 122	2.53	96 796	218.50
28	预防医学与卫生学	429	1 017	2.37	94 371	219.98
29	基础医学	422	891	2.11	153 099	362.79
30	生物学	403	1 019	2.53	160 969	399.43
31	农艺学	385	1 211	3.15	129 845	337.26

续上表

序号	学科	论文数/篇	被引频次/次	篇均被引频次/次	下载量/次	篇均下载量/次
32	石油天然气工业	380	519	1.37	70 181	184.69
33	口腔医学	350	610	1.74	62 628	178.94
34	航空、航天科学技术	342	533	1.56	76 646	224.11
35	植物保护学	318	854	2.69	97 521	306.67
36	军事医学与特种医学	298	1 038	3.48	33 467	112.31
37	工程与技术科学基础学科	287	439	1.53	59 172	206.17
38	大气科学	282	545	1.93	55 674	197.43
39	地质学	254	580	2.28	58 894	231.87
40	园艺学	212	486	2.29	60 514	285.44
41	皮肤病学与性病学	194	377	1.94	39 472	203.46
42	水产学	189	649	3.43	58 563	309.86
43	农业基础科学	184	779	4.23	83 367	453.08
44	海洋科学	175	318	1.82	55 510	317.20
45	数学	167	154	0.92	29 642	177.50
46	纺织科学技术	160	194	1.21	30 959	193.49
47	能源与动力工程	150	318	2.12	44 021	293.47
48	农业工程	146	422	2.89	48 104	329.48
49	矿山工程技术	145	305	2.10	18 340	126.48
50	地球物理学	119	244	2.05	24 889	209.15
51	测绘科学技术	101	148	1.47	21 914	216.97
52	冶金工程技术	66	49	0.74	10 257	155.41
53	物理学	52	87	1.67	13 852	266.38
54	武器工业与军事技术	40	44	1.10	5 400	135.00
55	力学	23	42	1.83	5 203	226.22
56	核科学技术	22	16	0.73	2 448	111.27
57	天文学	18	18	1.00	5 617	312.06
58	安全科学技术	14	34	2.43	3 691	263.64
59	自然地理学	9	37	4.11	4 306	478.44
60	系统科学	4	9	2.25	1 420	355.00

注：按照学科论文数量降序排列。

数据来源于 CNKI（数据收集于 2023 年 8 月）。

2. 高影响力论文

《学术精要数据库》是由中国知网评价中心推出的支持代表作论文遴选、衡量学者研究成果影响力的评价参考工具。对中国知网收录的近十年的论文数据进行统计，按论文引证标准化指数（PCSI）、他引频次、下载频次分别遴选前1%的论文，三者统称"高影响力论文"。其中，高被引论文是指同年度同学科同种文献类型（研究型、综述型文献）的国内期刊会议论文中，他引总频次排名前1%的论文；高PCSI论文是指同年度同学科同种文献类型（研究型、综述型文献）的国内期刊会议论文中，PCSI指数排名前1%的论文；PCSI指数是指基于PCSI统计源将被引频次进行标准化处理后所得到的相对影响力评价指标，能够表征论文被"控制后统计源"引用的次数与学科平均水平之间的差距，实现不同学科不同年度论文之间的比较。

根据《学术精要数据库》2023年8月更新数据（评价指标统计截止日期为2023年5月31日）统计，广东省科技期刊2021年发表论文入选高被引论文的共计345篇，分布在75个学科（学科体系为中国知网168学科），高被引论文数超过5篇的学科共有21个（表2-25），高被引论文数靠前的5个学科为：肿瘤学（47篇）、临床医学（36篇）、公路与水路运输（31篇）、外科学（29篇）、特种医学（29篇）。从数据看，医学领域的高被引论文较多，这与广东省在医学领域科研水平较高相关，体现了期刊与学科的协同发展。

表2-25 2021年广东省科技期刊高被引论文学科分布

序号	学科	总发文量/篇	高被引论文数/篇	被引频次/次	篇均被引频次/次	篇均PCSI
1	肿瘤学	2 883	47	766	16.30	13.539
2	临床医学	3 836	36	549	15.25	7.770
3	公路与水路运输	2 275	31	867	27.97	39.526
4	外科学	2 254	29	478	16.48	15.480
5	特种医学	582	29	411	14.17	5.895

续上表

序号	学科	总发文量/篇	高被引论文数/篇	被引频次/次	篇均被引频次/次	篇均 PCSI
6	自动化技术	1 597	16	349	21.81	7.867
7	建筑科学与工程	2 369	16	354	22.13	15.563
8	内分泌腺及全身性疾病	1 072	16	313	19.56	16.684
9	神经病学	1 173	15	253	16.87	12.109
10	心血管系统疾病	1 491	15	243	16.20	10.804
11	急救医学	788	13	217	16.69	11.429
12	中药学	1 587	13	480	36.92	11.971
13	中医学	2 211	12	244	20.33	5.511
14	轻工业手工业	1 664	12	229	19.08	11.304
15	泌尿科学	785	12	237	19.75	25.932
16	计算机软件及计算机应用	2 521	8	274	34.25	13.273
17	医药卫生方针政策与法律	684	7	165	23.57	6.164
18	呼吸系统疾病	734	7	96	13.71	7.648
19	电信技术	714	7	143	20.43	10.869
20	无线电电子学	383	6	85	14.17	2.448
21	消化系统疾病	752	6	84	14.00	10.419

注：按照高被引论文数量降序排列。

学科为中国知网 168 学科。

数据来源于《学术精要数据库》（数据收集于 2023 年 8 月）。

（四）小结

广东省科技期刊被 CNKI 收录的共有 171 种，对 171 种期刊中刊载的 46 189 篇科学技术专业领域论文进行载文特征分析。由分析可知，论文学科分布篇数排名前三的是内科学、中医学与中药学、交通运输工程，反映了广东省学科与期刊的协同发展；发文最多的是医疗机构，彰显了广东省医学领域科研水平较高；发文基金比 47.04%，其中国家级基金占比较高；广东省内发文最多的是广州市作者，境内其他省级行政区发文最多的是江苏省作者，彰显论文发文量与地区的经济和科研水平密切的关系；发文学科中被引频次最高的学科是中医学与中药学，反映广东省中医药产业发展较好。

第三章　广东省科技期刊高水平建设进展[①]

内 容 提 要

一、国内科技期刊高质量建设分析

（一）"中国科技期刊卓越行动计划"总体发展情况

"中国科技期刊卓越行动计划"（以下简称"卓越行动计划"）从2019年开始逐年按计划实施，先后资助了390种不同学科领域的科技期刊，共资助了23 195万元。2019年共资助250种期刊，包括22种领军期刊、29种重点期刊、199种梯队期刊和30种高起点新刊；2020年和2021年分别资助了30种高起点新刊；2022年资助了50种高起点新刊。

"卓越行动计划"资助期刊的语种以英文为主，学科分别为基础学科（45.38%）、技术科学（22.05%）、医药卫生（22.31%）、综合性学科（8.97%）。入选期刊的主办单位主要集中在北京市，以研究院所、高校、学/协会为主，且三者分布较为平均，仅有少量期刊由其他出版机构（包括企业等）进行主办。除高起点新刊以外，入选期刊的出版周期以月刊为主，其次为双月刊，较少为季刊和半月刊。

2019年，"卓越行动计划"共资助了5项集群化试点项目，总资助额度为2 805万元，其中，除高等教育出版社有限公司资助额度为

[①] 执笔：王景周、陈望忠（牵头）；闵甜、邬加佳、郑巧兰、赵少飞（第一节）；丛敏、张芷言（第二节）；陈咏梅、洪悦民、王海霞（第三节）。井思源、贺嫁姿、林佳美（数据调查与统计、访谈）。

124

500 万元以外，中国科技出版传媒股份有限公司、《中国激光》杂志社有限公司、有研博翰（北京）出版有限公司、中华医学会 4 家申报单位均资助了 576.25 万元。

2020—2023 年"卓越计划"选育高水平办刊人才子项目—青年人才支持项目共资助了 152 项，总额度达到了 530 万元。其中，2020 年的项目内容包括研究课题类（30 项）和实践活动类（20 项），每一类的资助额度均为 100 万元。2021 年，该项目重点支持期刊发展相关的案例研究，资助总额度为 90 万元。2022 年，该项目重点支持青年办刊人才职业发展路径研究、论文处理费和版面费收取情况调研和数字出版平台实践 3 个方向，资助总额度为 90 万元。2023 年，该项目在研究类上支持开放科学下的版权，在实践类上支持数字传播与学术运营融合出版，同时，还有 12 项的研修类项目，资助总额度为 150 万元。

（二）各省科技期刊专项的特征分析

2020 年开始，广东、湖南、陕西、湖北、四川 5 个省份对标中国科技期刊卓越行动计划，陆续开展了省级科技期刊专项申报工作。

广东省出台的《广东省高水平科技期刊建设项目》在 2021—2022 年共资助英文期刊创办 9 项，高质量期刊建设 29 项，人才培训项目 1 项，管理服务平台项目 1 项；资助经费 100 万～600 万元/项，总资助经费达 5 500 万元。《湖南省培育世界一流湘版科技期刊建设工程》共资助重点扶持期刊 6 项、梯队期刊 9 项、高起点新刊 2 项、期刊集群 1 项、监测平台 1 项，分别资助 100 万元、30 万元、40 万元、60 万元、60 万元/年，周期 5 年；科技期刊杰出中青年人才项目 12 项，资助 30 万元/项，3 ～ 5 年资助总金额约 5 710 万元。陕西省"三秦卓越科技期刊发展计划"设置三秦卓越科技期刊 23 种，其中领军期刊 3 种，重点期刊 5 种，梯队期刊 15 种。《湖北省科技期刊楚天卓越行动计划

(2021—2025 年)》设置楚天领军期刊 3 项、楚天重点期刊 8 项、楚天梯队期刊 10 项和楚天科技期刊论文在线开放平台 1 项，分别资助 8 万元/年、4.5 万元/年、3 万元/年、10 万元/年，5 年总资助金额为 500 万元。四川省"一流科技期刊培育示范项目"，遴选 10 项科技期刊项目，周期约半年，资助 20 万元/项，1 年总资助金额为 200 万元。

各省份资助英文期刊的比例均高于我国英文科技期刊总比例：广东省 38 种高水平科技期刊包含英文期刊 17 种（44.7%）、中文期刊 19 种（50%）、中英文期刊 2 种（5.3%），其中，湖南 4 种（4/17，24%），陕西 2 种（2/23，9%），湖北 4 种（4/21，19%），四川 6 种（6/10，60%）。

各省份资助的科技期刊侧重本省优势学科和特色学科。广东省资助医药卫生类科技期刊比例较高，达 42%。湖南省具有农业优势学科，因此资助"农业、林业，综合性农业科学"期刊占比 18%（3/17）；陕西和湖北两省资助的"工业技术总论"科技期刊所占比例较高，分别为 48%（11/23）和 48%（10/21）；四川省主要资助"工业技术总论""医药、卫生，综合性医药卫生"类期刊。此外，湖北省资助的"天文学、地球科学"科技期刊（19%）和湖南省资助的"自然科学总论"科技期刊（24%）所占比例远高于全国同类期刊比例。

各省份资助的科技期刊主办单位分布呈现不同的趋势，均以高校担任主办单位的期刊为主，分布比例分别为广东 47%（18/38）、湖南 65%（11/17）、陕西 70%（16/23）、湖北 43%（9/21）、四川 50%（5/10）。

广东省受资助期刊创刊时间最早的为 1936 年，1950—1969 年创刊 4 种，1970—1979 年创刊 5 种，1980—1989 年创刊 7 种，1990—2000 年创刊 4 种，2000 年以来创刊 17 种。受资助期刊出版地分布：广州 34

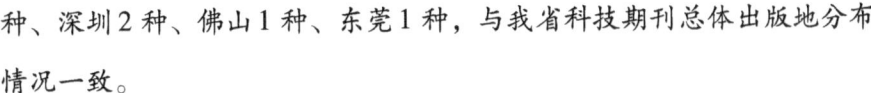

种、深圳2种、佛山1种、东莞1种，与我省科技期刊总体出版地分布情况一致。

二、广东省高水平科技期刊建设项目入选期刊影响力分析

入选中文科技期刊的主要影响力集中在国内。基于中国知网《中国学术期刊影响因子年报》（2013—2022年版）数据统计得出：①入选中文科技期刊刊均可被引文献量高于国际科技期刊，低于中文科技期刊、广东省科技期刊，从2017年的244.19篇降低到2021年的201.62篇，呈下降趋势；②入选的中文期刊刊均总被引频次明显高于广东省科技期刊平均值，从2017年的4 230刊/年降低到2021年的4 133刊/年，呈下降趋势；③广东省高水平科技期刊建设项目入选的21种中文期刊，其中，2021年15种、2022年6种，15种中文期刊入选广东省高水平科技期刊建设项目后，80%（12/15）期刊复合影响因子（U-JIF）明显提升，其中，4种期刊2021年比2020年U-JIF增长超过35%；④入选的中文期刊均在《影响因子年报》2022版影响力指数（CI）学科Q1、Q2区，其中，Q1区期刊14种（66.7%）、Q2区期刊7种（33.3%）；⑤入选中文期刊Web即年下载率从2017年的41.78%增长到2021年的154.89%，总体呈逐年上升趋势。基于《科技期刊世界影响力指数（WJCI）报告》（2022版）数据统计得出，收录入选中文科技期刊19种，大于中国期刊WJCI指数均值（1.378）的期刊占31.6%（6/19）；WJCI分区情况，36.8%（7/19）期刊进入Q2区。

入选英文科技期刊在国际学术交流中的地位和作用日益显现。基于Web of Science的入选英文科技期刊分析：①根据2023年6月发布的最新JCR报告，入选的17种英文科技期刊中共有10种期刊被SCIE/ESCI收录，Q1区期刊占比达到40%；②入选英文科技期刊的刊均可被引文献量呈先上升后下降趋势，刊均可被引文献量从2013年的

125.5 篇上升到 320 篇，再下降到 2022 年的 98 篇；③入选英文科技期刊总被引频次自 2020 年的 17 327 上升到 2022 年的 22 756，3 年来提升了 31%；④刊均影响因子自 2020 年的 4.8，上升到 2022 年的 8.5，逐年增长，同比增长 77%。基于 Scopus 的入选英文科技期刊分析：①根据 CiteScore（2022 版）17 种英文科技期刊中有 11 种期刊被 Scopus 收录；②刊载文量呈下降趋势，这与基于 Web of Science 数据库分析的下降趋势一致；③入选英文科技期刊的 CiteScore 均值显著提升；④入选英文科技期刊累计被引频次逐年上升。

三、广东省科技期刊高水平建设实施效果、问题及建议

本节通过问卷调查和访谈的方式，对 38 种受广东省科技厅资助的高水平、高质量、高起点科技期刊（以下简称"入选期刊"）在 2018—2022 年期间的发展状况进行了分析，评估其在精准出版、伦理规范、人才培养、编委会建设及影响力提升等方面的成效，并对存在问题提出建议与思考。

分析了 38 种入选期刊的全流程精准出版实施效果，在内容策划方面，栏目策划实施效果较好，86.84% 期刊均有栏目策划；89.47% 期刊均进行了专家约稿，但 42.11% 期刊的约稿论文占比在 10% 以下；仅有 21.05% 期刊开展了精准的内容订制。在内容生产效果方面，94.74% 期刊能够严格执行"三审三校"制度，92.11% 期刊采用专业的学术不端检测系统进行检测，92.11% 期刊使用专业排版软件进行排版，60.53% 期刊使用智能校对软件辅助校对。在内容传播效果方面，38 种期刊已全部加入多种国际或国内学术数据库，94.7% 期刊开通了新媒体平台，以微信公众号传播为主。在科研期刊出版中的伦理规范化建设方面，15.89% 的期刊未执行或非强制执行伦理政策，26.32% 的期刊未实行作者贡献声明制度，13.16% 的期刊无撤稿机制。在出版

人才队伍建设方面，所有期刊都设立有编委会，78.9% 的期刊采用独立主编制。对第一批立项单位中的 10 种科技期刊的主要负责人进行访谈，目前经费的使用从 20 万元～70 万元不等，资助经费的使用主要集中在举办各种学术论坛或会议、编辑部参加学术会议或约稿、差旅费、专题专刊等的组稿约稿等方面。28 种期刊提供了 3 年或以上的影响因子数据，大部分期刊的影响因子在获得高水平科技期刊建设项目资助后呈上升趋势，且有 5 种表现为大幅提升。

本次调查发现入选期刊在发展中存在以下问题：在内容策划方面，存在栏目策划特色不明显、学术热点与重点追踪不够、高质量的约稿尚需增加等问题；在内容加工生产中，对新型及隐匿型学术不端的识别度较低，内容加工出版上需进行全面技术优化升级或改造。在内容传播方面，存在新媒体传播方式单一、传播效果不佳、传播目标精准度不高的问题。在出版伦理方面，存在出版伦理政策不规范、不明晰、未公开的现象，科技期刊的编者对作者贡献、利益冲突及撤稿等出版伦理认知不足或不够重视的问题，需要制定我省科技期刊出版伦理规范化建设指南。在编辑人才队伍建设方面，需要打造复合型编辑人才团队，引入出版融合发展所需人才。另外，期刊还存在对主编遴选及评估机制不健全、编委会未能发挥应有功能等问题。

针对我省入选期刊的发展现状及存在问题，提出以下建议：第一，发挥入选期刊引领作用，建设学术内容策划、生产加工及精准传播的一体化智能平台；第二，继续推进媒体融合发展，打造具有广东特色的科技期刊群及优势学科期刊；第三，加强科技出版伦理规范化建设，充分发挥期刊在科研诚信及科技伦理治理中的把关作用；第四，加强高素质科技期刊编辑人才培养、发挥青委会在办刊中的作用；第五，利用科技期刊平台，推动产学研深度融合，助力科研成果转化。

第一节 国内科技期刊高质量建设分析

"中国科技期刊卓越行动计划"（以下简称"卓越行动计划"）由中国科协、财政部、教育部、科技部、国家新闻出版署、中国科学院和中国工程院联合实施，旨在推动中国科技期刊高质量发展，服务科技强国建设，于 2019 年开始实施，每年均有申报计划推出。2021 年开始，陕西、湖北、湖南、广东、四川 5 个省份对标中国科技期刊卓越行动计划，陆续开展了省级科技期刊专项申报工作，其中，2023 年湖南省和广东省已开展第 3 次申报工作。国内科技期刊专项的发展时间线如图 3 - 1 所示。

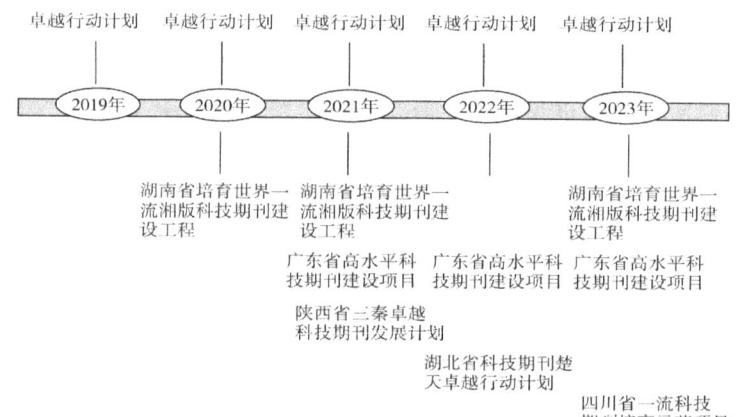

图 3 - 1 国内科技期刊专项的发展时间线

资料来源：中国科技期刊卓越行动计划办公室，2019，关于下达中国科技期刊卓越行动计划入选项目的通知：https://www. cast. org. cn/xs/TZGG/art/2021/art_ 4d3952e53d094d97a0128f7b1dc46955. html。

湖南省科学技术厅，中共湖南省委宣传部，2019，关于 2020 年度湖南省培育世界一流湘版科技期刊建设工程扶持重点期刊项目立项的通知：http://kjt. hunan. gov. cn/kjt/xxgk/tzgg/tzgg_ 1/202012/t20201207_ 13978713. html。

中共广东省委宣传部，广东省科学技术厅，2021，关于发布《2020—2021 年度广东省高水平科技期刊建设项目指南》的通知：http://gdstc. gd. cn/pro/tzgg_ if/content/post_ 3516459. html。

陕西省科学技术协会，中共陕西省宣传部，陕西省教育厅，陕西省科学技术厅，2020，关于推进陕西省科技期刊深化改革 高质量发展的意见：https://kyy. nwafu. edu. cn/docs/2021 - 03/a4b2133c506a4984bb1aca67244a4e5d. pdf。

湖北省科学技术协会，2022，关于开展湖北省科技期刊楚天卓越行动计划项目资助申报工作的通知：http://www. hbkx. org. cn/news/info?newsid = 9e1ef8ecae3f47afa4fbb38abea32b50。

四川省科学技术协会，四川省财政厅，2023，关于发布《天府科技云科技社团能力提升行动项目申报指南》的通知：https://www. scsssa. org. cn/info/17a8649fe4ea42c5b99a5dffdd4d8735。

一、"中国科技期刊卓越行动计划" 总体发展情况概述

（一）"中国科技期刊卓越行动计划" 概述

2019 年 8 月，中国科协、中宣部、教育部、科技部联合印发了《关于深化改革培育世界一流科技期刊的意见》，强调科技期刊引领科技发展，直接体现国家科技竞争力和文化软实力，要以建设世界一流科技期刊为目标，科学编制重点建设期刊目录，做精做强一批基础和传统优势领域期刊[1]。2019 年 9 月，中国科协、财政部、教育部、科学技术部、国家新闻出版署、中国科学院、中国工程院决定联合实施"卓越行动计划"，推动我国科技期刊高质量发展[2]。"卓越行动计划"是我国科技期刊领域资助力度最大、资助金额最多、范围最广的专项项目，共设置有领军期刊、重点期刊、梯队期刊、高起点新刊、集群化试点、国际化数字出版服务平台、选育高水平办刊人才 7 个子项目，入选的领军期刊、重点期刊、梯队期刊、高起点新刊均为行业翘楚，其中领军期刊、重点期刊、梯队期刊项目以 5 年为一个滚动周期，高起点新刊项目每年评选 1 次。

领军期刊要求以域选刊、竞争择优，在优先建设领域进行遴选，对标国际顶级期刊明确建设目标，一刊一策、精准扶持，力争在 5 年内使其跻身世界一流期刊行列。该项目要求瞄准世界科技前沿方向与国家创新发展战略需求，聚焦科研产出有优势、学科重要程度高、期刊发展基础好的优先建设领域，遴选有望率先冲击世界一流的科技期刊作为领军期刊，在内容质量、影响力、出版规范、组织效能、服务能力五大方向进行重点建设。

重点期刊要求围绕优先建设领域，择优遴选办刊基础好、发展潜力大的科技期刊，作为重点建设期刊，与领军期刊形成竞争态势，建立淘汰递补机制。重点支持优质稿源内容建设、出版伦理道德规范与科研诚信建设、办刊机制建设、人才队伍建设、国际传播能力建设等方向，进而加快提升期刊学术质量、内容质量

和服务能力。

梯队期刊项目则按照基础研究类、技术类、科学普及类三个方向选取具备一定潜力的期刊，着力提升其传播与服务能力，使其立足自身功能定位，以引领学科发展、助力经济建设、培育科学文化。以立足自身功能定位为重点，提升办刊专业化水平，加强传播能力和服务能力建设，强化出版伦理道德规范与科研诚信建设。

（二）"卓越行动计划"的实施情况

自"卓越行动计划"推动以来，先后资助了390种不同学科领域的科技期刊，其中以2019年资助力度最大，资助范围包含22种领军期刊、29种重点期刊、199种梯队期刊和30种高起点新刊；2020年和2021年分别资助了30种高起点新刊；2022年资助了50种高起点新刊，见表3-1。

表3-1 "卓越行动计划"期刊的资助类别

年份	资助类别			
	领军期刊	重点期刊	梯队期刊	高起点新刊
2019	22	29	199	30
2020	—	—	—	30
2021	—	—	—	30
2022	—	—	—	50
合计	22	29	199	140

资料来源：中国科技期刊卓越行动计划办公室，2019，关于下达中国科技期刊卓越行动计划入选项目的通知：https://www. cast. org. cn/xs/TZGG/art/2021/art_ 4d3952e53d094d97a0128f7b1dc46955. html。

中国科技期刊卓越行动计划办公室，2020，关于下达中国科技期刊卓越行动计划高起点　新刊入选项目的通知：https://www. cast. org. cn/xs/TZGG/art/2021/art_ 7b5ef0cb08944f7c96fea28d03284841. html。

中国科技期刊卓越行动计划办公室，2021，关于下达2021年度中国科技期刊卓越行动计划高起点　新刊入选项目的通知：https://www. cast. org. cn/xw/tzgg/KJCX/art/2021/art_ d4d35e9879d647268327dc2b867e4e0d. html。

中国科技期刊卓越行动计划办公室，2022，关于下达2022年度中国科技期刊卓越行动计划高起点　新刊入选项目的通知：https://www. cast. org. cn/xs/TZGG/art/2022/art_ fde72892d425434ead01ed2eb7f7467d. html。

由表3-2可知，2019—2022年"卓越行动计划"资助力度达到了23 195万元，其中，领军期刊资助金额为5 410万元，重点期刊为2 825万元，梯队期刊为7 960万元，高起点新刊为7 000万元。领军期刊中，资助额度排名前三的是《纳米研究（英文版）》《光：科学与应用》《工程》，分别为 520 万元、500 万元、480 万元。重点期刊中，大部分的资助额度为 100 万元，而《现代电力系统与清洁能源学报》《地球科学学刊》的资助额度分别为 65 万元和 60 万元。梯队期刊和高起点新刊的资助额度均为统一标准，每种期刊分别为 40 万元和 50 万元。

表 3 - 2 "卓越行动计划"期刊的资助总金额（万元）

年份	资助类别			
	领军期刊	重点期刊	梯队期刊	高起点新刊
2019	5 410	2 825	7 960	1 500
2020	—	—	—	1 500
2021	—	—	—	1 500
2022	—	—	—	2 500
合计	5 410	2 825	7 960	7 000

资料来源：同表 3 - 1。

由图 3 - 2 可知，2019—2022 年"卓越行动计划"资助的 390 种期刊中，大部分为英文期刊，占比为 74.10%，中文期刊占比为 25.64%，仅有 2019 年的高起点新刊《全球变化数据仓储》为中英文期刊。其中，领军期刊、重点期刊、高起点新刊均为英文期刊，梯队期刊中的英文期刊占比约 50%，总体来说，"卓越行动计划"中英文期刊的资助率要远高于中文期刊。根据 2019 年《中国科技期刊卓越行动计划评审会陈述答辩安排》中的数据，对比项目申报与资助比例：英文期刊（包括领军期刊、重点期刊、梯队期刊中的英文期刊）的资助率为 60.48%，高起点新刊的资助率为 31.91%，中文基础研究类期刊的资助率为 20.67%，中文工程技术类期刊的资助率为 19.29%，中文科学普及类期刊的资助率为 19.23%[3]。

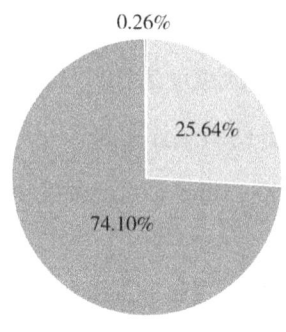

图 3 - 2 "卓越行动计划"期刊的文种分布

资料来源：同表 3 - 1。
注：《全球变化数据仓储》为中英文期刊。

　　根据我国不同区域的社会经济发展状况，我国的经济区域划分为东部、中部、西部和东北四大地区。由图 3 - 3 可知，"卓越行动计划"资助的 390 种期刊中，有 305 种期刊位于东部地区，占比为 78.21%；32 种期刊位于西部地区，占比为 8.21%；中部地区和东北地区的期刊占比分别为 5.90% 和 5.38%，有 9 种期刊未查询到其相关的信息。可以看出，经济发达的东部地区，其期刊的发展和支持力度均较大。

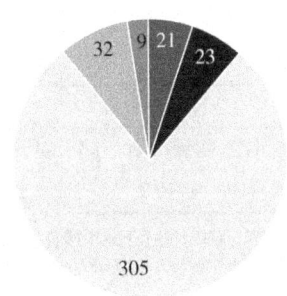

■东北地区 ■中部地区 ■东部地区 ■西部地区 ■未知

图 3-3 "卓越行动计划"期刊的地区分布

资料来源: 同表 3-1。

注: 其中有 9 种期刊的地区信息未查询到。东北地区: 辽宁省、吉林省、黑龙江省; 东部地区: 北京市、天津市、河北省、上海市、江苏省、浙江省、福建省、山东省、广东省、海南省、台湾地区、香港特别行政区、澳门特别行政区; 中部地区: 山西省、安徽省、江西省、河南省、湖北省、湖南省; 西部地区: 内蒙古自治区、广西壮族自治区、重庆市、四川省、贵州省、云南省、西藏自治区、陕西省、甘肃省、青海省、宁夏回族自治区、新疆维吾尔自治区。

　　从表 3-3 中可知, "卓越行动计划"中领军、重点、梯队期刊的主办单位主要集中在北京市, 共有 169 家期刊, 占比为 67.6%; 其次是上海市, 共有 19 家期刊; 江苏省、湖北省分别排名第三和第四; 四川省、陕西省、浙江省分别汇集了 6 家期刊的主办单位; 吉林省、天津市和辽宁省各主办了 4 种期刊; 黑龙江省和湖南省分别主办 3 种期刊; 最后, 广东省、重庆市、贵州省、云南省和新疆维吾尔自治区各主办 1 种期刊。2019 年, 由南方医科大学主办、广东省教育厅主管的《南方医科大学学报》入选了梯队类期刊项目, 获得了 40 万元的资助额度。

表 3 - 3　"卓越行动计划"中领军、重点、梯队期刊主办单位的省份分布

（单位：种）

年份	省份																
	北京	上海	江苏	湖北	四川	陕西	浙江	吉林	天津	辽宁	黑龙江	湖南	广东	重庆	贵州	云南	新疆
2019	169	19	11	10	6	6	6	4	4	4	3	3	1	1	1	1	1

资料来源：中国科技期刊卓越行动计划办公室，2019，关于下达中国科技期刊卓越行动计划入选项目的通知：https://www. cast. org. cn/xs/TZGG/art/2021/art_ 4d3952e53d094d97a0128f7b1dc46955. html。

由表 3 - 4 可知，2019—2022 年"卓越行动计划"中高起点新刊主办单位分布在 19 个省和直辖市，其中，以北京最为集中，2019—2022 年分别主办了 15 种、17 种、15 种、22 种高起点新刊；其次是上海，2019—2022 年分别主办了 2 种、3 种、5 种、7 种高起点新刊；江苏省和天津市则每年均有主办高起点新刊，数量均在 3 种以内；其他省和直辖市则在不同的年份有新入选的高起点新刊。广东省于 2021 年和 2022 年分别有 2 种期刊入选高起点新刊；其中，由季华实验室主办、佛山市人民政府主管的《光：先进制造》和由广东省教育厅主办、华南师范大学主管的《可再生能源（英文）》入选 2021 年高起点新刊项目，由松山湖材料实验室主办、东莞市科学技术局主管的《材料展望》（Materials Futures）和由南方海洋科学与工程广东省实验室（珠海）主办、珠海市人民政府主管的《海洋—陆地—大气研究》（Ocean-Land-Atmosphere Research）入选 2022 年高起点新刊项目。

表 3 - 4　"卓越行动计划"中高起点新刊主办单位的省份分布　　　（单位：种）

年份	省份																		
	北京	山东	上海	吉林	陕西	湖北	黑龙江	重庆	新疆	江苏	浙江	四川	天津	安徽	辽宁	广东	湖南	云南	海南
2019	15	3	2	1	1	1	1	1	1	1	1	1	—	—	—	—	—	—	—
2020	17	—	3	—	—	—	—	—	—	2	2	2	1	1	2	—	—	—	—
2021	15	—	5	—	2	—	—	—	—	3	1	1	—	—	—	2	—	—	—
2022	22	2	7	1	3	3	1	2	—	1	—	1	1	1	2	2	1	1	1
合计	69	5	17	2	6	4	2	3	1	7	4	4	2	3	4	4	1	1	1

资料来源：同表 3 - 1。

根据《中国科技期刊发展蓝皮书（2022）》的学科划分标准，2019—2022 年

"卓越行动计划"期刊的学科分布情况见表3-5。其中，基础科学包括自然科学总论、数理科学和化学、天文学和地球科学、农业、林业以及综合性农业科学；技术科学包括工业技术总论、交通运输、航空和宇宙飞船、环境科学和安全科学；医药卫生包括医药、卫生和综合性医药卫生。由表3-3和图3-4可知，总体来说，"卓越行动计划"的支持以基础科学为主，占比为45.38%；其次是技术科学和医药卫生，占比分别为22.05%和22.31%；而综合性科学相对较少，占比仅为8.97%。

表3-5 "卓越行动计划"期刊的学科分布情况

学科分布	期刊种类			
	领军期刊/种	重点期刊/种	梯队期刊/种	高起点新刊/种
基础科学	11	15	96	55
技术科学	5	8	49	24
医药卫生	5	6	39	37
综合性科学	1	0	15	19

资料来源：同表3-1。

注：其中《国际遥感学报》《草地，饲草和生态系统》《感染控制》《医学+》《智能材料与系统》5本期刊暂未查询到其相关的所属学科。

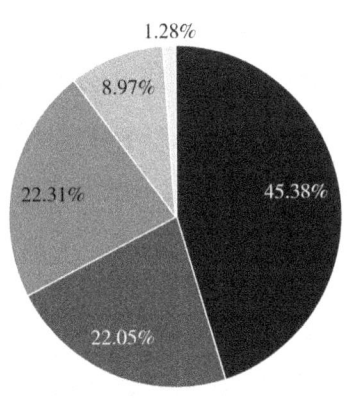

图3-4 "卓越行动计划"期刊的学科占比情况

资料来源：同表3-1。

由表 3-6 可知，总体而言，"卓越行动计划"期刊的主办单位以研究院所、高校、学/协会为主，且三者分布较为平均。其中，领军期刊中，仅有《国家科学评论（英文）》是由其他出版机构主办；重点期刊则大部分由研究院所主办，高校和学/协会分别为 7 种期刊的主办单位，有 3 种期刊为其他出版机构主办；而大部分的梯队期刊（81 种）由学/协会主办，研究院所、高校、其他出版机构分别主办了 58 种、40 种、20 种期刊；高起点新刊则大部分由高校主办，约占 50%，其中又以"双一流"高校为主，显示出强劲的办刊动能和实力，而其余三类主办单位分布则较为均衡。这也与前述的三种期刊的遴选原则和支持方向不同具有较大关系。

表 3-6 "卓越行动计划"期刊的主办单位情况

主办单位	期刊种类				合计
	领军期刊/种	重点期刊/种	梯队期刊/种	高起点新刊/种	
研究院所	8	12	58	25	103
高校	7	7	40	71	125
学/协会	6	7	81	27	121
其他出版机构（包括企业等）	1	3	20	17	41

资料来源：同表 3-1。

由表 3-7 可知，除高起点新刊以外，2019—2022 年"卓越行动计划"期刊中以月刊为主，其次为双月刊，较少为季刊和半月刊。可以分析得知，入选"卓越行动计划"的期刊稿源较为丰富，期刊出版的可持续性较强。

表 3-7 "卓越行动计划"期刊的出版刊期

刊期	期刊种类			合计
	领军期刊/种	重点期刊/种	梯队期刊/种	
半月刊	2	—	13	15
月刊	13	15	110	138
双月刊	7	11	57	75
季刊	—	2	17	19

资料来源：中国科技期刊卓越行动计划办公室，2019，关于下达中国科技期刊卓越行动计划入选项目的通知：https://www.cast.org.cn/xs/TZGG/art/2021/art_ 4d3952e53d094d97a0128f7b1dc46955.html。

注：由于高起点新刊的出版刊期较多并未确定，因此，本表仅统计领军期刊、重点期刊和梯队期刊的出版刊期；重点期刊中，《计算材料学》为不定期出版；梯队期刊中，《科学通报》为旬刊，《生态系统健康与可持续性（英文）》暂未查到具体信息。

（三）集群化试点项目的资助情况分析

2019 年，"卓越行动计划"共资助了 5 项集群化试点项目（表 3-8），总资助额度为 2 805 万元，其中，除高等教育出版社有限公司资助额度为 500 万元以外，其余 4 家申报单位均资助了 576.25 万元。其中，中国科技出版传媒股份有限公司和高等教育出版社有限公司均属于大型综合性出版发展模式，《中国激光》杂志社有限公司和有研博翰（北京）出版有限公司已经形成了自己特有的品牌特色，而中华医学会是学会出版的代表单位。

表 3-8 "卓越行动计划"集群化试点项目资助情况

序号	申报单位	主管单位	资助额度/万元
1	中国科技出版传媒股份有限公司	中国科学院	576.25
2	《中国激光》杂志社有限公司	中国科学院	576.25
3	高等教育出版社有限公司	教育部	500
4	有研博翰（北京）出版有限公司	中国科协	576.25
5	中华医学会	中国科协	576.25
合计			2 805

资料来源：中国科技期刊卓越行动计划办公室，2019，关于下达中国科技期刊卓越行动计划入选项目的通知：https://www.cast.org.cn/xs/TZGG/art/2021/art_ 4d3952e53d094d97a0128f7b1dc46955.html。

中国科技出版传媒股份有限公司是国内最大的综合性科技出版机构，依托中

国科学院，拥有高水平、高质量、多学科品种的期刊方阵；高等教育出版社有限公司的出版物研发与国家各类重要科研和出版项目相结合，形成了精品产品线，期刊规模和影响力位居国内前列；《中国激光》杂志社有限公司隶属于中国科学院上海光学精密机械研究所和中国光学学会，是一个拥有七刊两网，以出版发行光电类学术期刊和专业期刊为特色，以国际化、数字化、集群化和多元化媒体产品为发展方向的出版单位；有研博翰（北京）出版有限公司是有色金属领域唯一具有法人资格的期刊集群，社会效益和经济效益都具有非常优异的表现；中华医学会，发行183种纸质、电子系列医学期刊，入选领军期刊类项目1项，梯队期刊类项目15项[4]。

（四）青年人才项目资助分析

从表3-9中可以看出，2020—2023年"卓越计划"选育高水平办刊人才子项目-青年人才支持项目共资助了152项，总额度达到了530万元。其中，2020年青年人才项目内容包括研究课题类和实践活动类，其中研究课题类30项，实践活动类20项，每一类的资助额度均为100万元。与2020年相比，2021年项目内容主要是案例研究，共支持30项，资助总额度为90万元，支持方向为科技期刊影响力提升策略案例研究、编辑出版新技术与新业态案例研究、科技期刊运行机制案例研究。2020—2021年，青年人才项目实施目标都是支持国内科技期刊青年人才立足岗位，积极开展业务和案例研究，探讨我国科技期刊编辑出版中的重点、难点问题及解决对策，引导青年人才提升业务水平、拓宽工作视野、创新办刊理念，培育综合素质高、专业能力强的办刊人才队伍[5]。2022年，青年人才项目重点支持青年办刊人才职业发展路径研究、论文处理费和版面费收取情况调研和数字出版平台实践3个方向，资助总额度为90万元。2023年，该项目在研究类上支持开放科学下的版权，在实践类上支持数字传播与学术运营融合出版，同时，还有12项的研修类项目。可以看出，2022—2023年，青年人才项目更加关注青年科技期刊办刊人才的成长和发展，同时，也加大了对科技期刊新媒体发展的关注和支持。

表 3 – 9　"卓越行动计划"选育高水平办刊人才子项目—青年人才支持项目入选项目

年度	项目类别	项数	资助总金额/万元
2020	研究课题类	30	100
	实践活动类	20	100
2021	科技期刊影响力提升策略案例研究	10	30
	编辑出版新技术与新业态案例研究	12	36
	科技期刊运营机制案例研究	8	24
2022	青年办刊人才职业发展路径研究	5	15
	论文处理费和版面费收取情况调研	5	15
	数字出版平台实践	20	60
2023	开放科学下的版权（研究类）	15	45
	数字传播与学术运营融合出版（实践类）	15	45
	研修类	12	60
合计		152	530

资料来源：

中国科技期刊卓越行动计划办公室，2020，关于下达中国科技期刊卓越行动计划选育高水平办刊人才子项目 – 青年人才支持项目入选项目的通知：https：//www. cast. org. cn/xw/tzgg/KJCX/art/2020/art_ d80ac6dde4c4479d939f760f33d9786f. html。

中国科技期刊卓越行动计划办公室，2021，关于下达 2021 年度中国科技期刊卓越行动计划选育高水平办刊人才子项目 – 青年人才支持项目入选项目的通知：https：//www. cast. org. cn/xw/tzgg/KJCX/art/2021/art_ 099919e05eda48b8a001b344b4537c11. html。

中国科技期刊卓越行动计划办公室，2022，2022 年度中国科技期刊卓越行动计划选育高水平办刊人才子项目 – 青年人才支持项目拟入选项目公示：https：//www. cast. org. cn/xw/tzgg/KJCX/art/2022/art_e19e6bceb5634a0d8f5cc90bacd11467. html。

中国科技期刊卓越行动计划办公室，2023，关于下达 2023 年度中国科技期刊卓越行动计划选育高水平办刊人才子项目——青年人才支持项目入选项目的通知：https：//www. cast. org. cn/xw/tzgg/KJCX/art/2023/art_ c1782381edf44c3cb14bb350cdfd164b. html。

由表 3 – 10 可知，广东省分别于 2020 年、2021 年和 2023 年入选了 3 项"卓越行动计划"选育高水平办刊人才子项目—青年人才支持项目，承担单位分别是中山大学附属第一医院期刊中心、南方医科大学和华南理工大学，资助额度分别为 5 万元、3 万元、3 万元，其中 2 项是实践类项目，1 项是科技期刊运营机制案例研究。

表 3 – 10　广东省入选"卓越行动计划"选育高水平办刊人才子项目 – 青年人才支持项目的情况

年份	题目	承担单位	类别	项目负责人	资助额度/万元
2020	科技期刊新媒体平台建设与全媒体编辑人才培育	中山大学附属第一医院期刊中心	实践活动类	李立	5
2021	优化科技期刊青年编辑培育路径——基于全国东、中、西部6省/直辖市青年编辑的大样本调查	南方医科大学	科技期刊运营机制案例研究	孙昌朋	3
2023	基于微信平台实现食品类科技期刊内容的视频化传播研究	华南理工大学	实践类	闵甜	3

资料来源：

中国科技期刊卓越行动计划办公室，2020，关于下达中国科技期刊卓越行动计划选育高水平办刊人才子项目 – 青年人才支持项目入选项目的通知：https://www.cast.org.cn/xw/tzgg/KJCX/art/2020/art_ d80ac6dde4c4479d939f760f33d9786f. html。

中国科技期刊卓越行动计划办公室，2021，关于下达 2021 年度中国科技期刊卓越行动计划选育高水平办刊人才子项目 – 青年人才支持项目入选项目的通知：https://www. cast. org. cn/xw/tzgg/KJCX/art/2021/art _099919e05eda48b8a001b 344b4537c11. html。

中国科技期刊卓越行动计划办公室，2023，关于下达 2023 年度中国科技期刊卓越行动计划选育高水平办刊人才子项目——青年人才支持项目入选项目的通知：https://www. cast. org. cn/xw/tzgg/KJCX/art/2023/art _ c1782381edf44c3cb 14bb350cdfd164b. html。

二、各省科技期刊专项计划的特征分析

2020 年开始，湖南、广东、陕西、湖北、四川 5 个省份对标中国科技期刊卓越行动计划，陆续开展了省级科技期刊专项申报工作，全面落实《关于推动学术期刊繁荣发展的意见》《关于深化改革 – 培育世界一流科技期刊的意见》等文件精神，加快推动高水平科技期刊建设，有序推进科技期刊事业高质量发展。

（一）各省科技期刊专项计划的总体情况

目前已开展资助工作的 5 个省份在项目设置和资助力度方面差别很大。《湖南省培育世界一流湘版科技期刊建设工程》项目立项，共资助重点扶持期刊 6 项、梯队期刊 9 项、高起点新刊 2 项、期刊集群 1 项、监测平台 1 项，分别资助 100 万元/年、30 万元/年、40 万元/年、60 万元/年、60 万元/年，周期 5 年；科技期

刊杰出中青年人才项目 12 项，资助 30 万元/项。3～5 年资助总金额约 5 710 万元。陕西省于 2021 年发布《关于推进陕西省科技期刊深化改革高质量发展的意见》，并推出陕西省"三秦卓越科技期刊发展计划"，分为领军期刊、重点期刊、梯队期刊 3 个类别，申报三秦卓越科技期刊 23 种，其中领军期刊 3 种，重点期刊 5 种，梯队期刊 15 种。《湖北省科技期刊楚天卓越行动计划（2021—2025 年）》设置楚天领军期刊 3 项、楚天重点期刊 8 项、楚天梯队期刊 10 项和楚天科技期刊论文在线开放平台 1 项，分别资助 8 万元/年、4.5 万元/年、3 万元/年、10 万元/年，5 年总资助金额为 500 万元。2023 年四川省科协、财政厅联合实施的"天府科技云科技社团能力提升行动"中包括"一流科技期刊培育示范项目"，遴选 10 项科技期刊项目，周期约半年，资助 20 万元/项，1 年总资助金额为 200 万元。

由于广东省英文科技期刊较少，总体影响力有待提升，与广东省经济体量、国际化水平严重不符，因此，中共广东省委宣传部、广东省科学技术厅联合启动了《广东省高水平科技期刊建设项目》，于 2021 年分别设立了高水平英文期刊创办专题（100 万/项～500 万元/项）和高质量科技期刊建设项目（100 万元/项）；为支持广东省内科技期刊人才培养，专门设置了卓越科技期刊人才培训专题（200 万元/项）。2022 年设置高起点英文新刊创办（200 万元/项）和高质量科技期刊建设专题（100 万元/项）；为提升广东科技期刊服务管理水平，通过定向委托的方式，特设立广东省科技期刊智慧服务管理平台专题（600 万元/项）。经过组织申报、形式审查、网络评审、会议评审、召开项目论证会等程序，2021 年立项高水平英文期刊创办 4 项、高质量科技期刊建设 19 项、人才培训项目 1 项，总资助经费达 2 900 万元；2022 年立项高起点英文新刊创办 5 项、高质量科技期刊建设 10 项、管理服务平台项目 1 项，总资助经费达 2 600 万元。截至 2022 年底，该项目共资助 5 500 万元，共有 38 种广东省科技期刊入选。

（二）各省科技期刊专项计划入选科技期刊的特征分析与比较

1. 入选科技期刊的语种分布比较

根据中国科协主编的《中国科技期刊发展蓝皮书（2022）》，截至 2021 年底中国科技期刊总量为 5 071 种，文种分布为中文科技期刊 4 482 种（89.33%），英文科技期刊 420 种（8.37%），中英文科技期刊 169 种（3.36%）。

根据广东省科技期刊编辑学会统计数据，目前省内出版的英文科技期刊为 30 种（具有 CN 号和 ISSN 号期刊 5 种，仅有 ISSN 号期刊 25 种），中文科技期刊 189 种，中英文科技期刊 2 种。38 种高水平科技期刊包含英文期刊 17 种（44.7%），中文期刊 19 种（50%），中英文期刊 2 种（5.3%）。结合广东省科技期刊总量数据，英文期刊的资助比例为 56%（17/30），中文期刊为 10.0%（19/189），中英文期刊为 2/2。英文期刊的资助比率远高于中文期刊。这一结果也与高水平科技期刊建设项目设立高起点英文新刊创办和高水平英文科技期刊创办项目有着直接的关系。除去受资助的高起点英文新刊创办和高水平英文科技期刊创办项目的 9 种英文期刊外，高质量科技期刊项目中英文期刊的资助比例仍高达 38%（8/21），反映了广东省英文科技期刊的办刊影响力总体优于中文期刊。

其他各省份资助英文科技期刊的项目分别为：湖南 4 种（4/17，24%），陕西 2 种（2/23，9%），湖北 4 种（4/21，19%），四川 6 种（6/10，60%），见图 3 - 5。各省份资助英文期刊的比例均高于我国英文科技期刊总比例。且广东省和湖南省分别设置了高水平英文期刊创办项目和高起点新刊项目，着力在传统优势、交叉前沿、战略关键领域打造一批优质新刊，这也与我国致力于深化改革，培育世界一流科技期刊的目标一致。

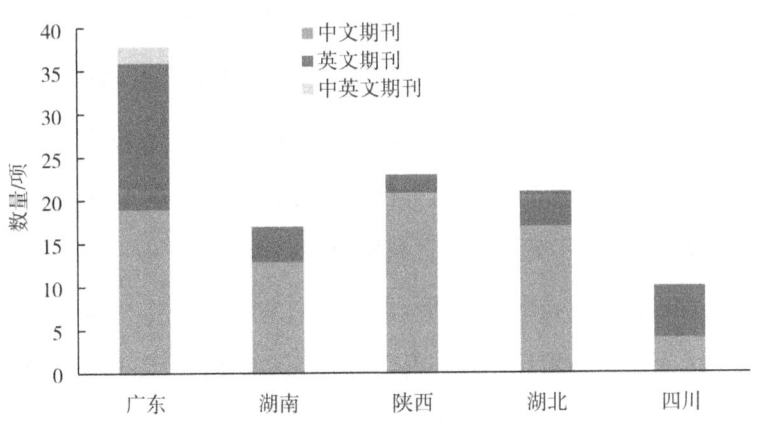

图 3 - 5　各省份资助期刊项目的语种分布

资料来源：湖南省科学技术厅，中共湖南省委宣传部，2019，关于2020年度湖南省培育世界一流湘版科技期刊建设工程扶持重点期刊项目立项的通知：http://kjt. hunan. gov. cn/kjt/xxgk/tzgg/tzgg_ 1/202012/t20201207_ 13978713. html。

中共广东省委宣传部，广东省科学技术厅，2021，关于发布《2020—2021年度广东省高水平科技期刊建设项目指南》的通知：http://gdstc. gd. gov. cn/pro/tzgg_ if/content/post_ 3516459. html。

陕西省科学技术协会，中共陕西省宣传部，陕西省教育厅，陕西省科学技术厅，2020，关于推进陕西省科技期刊深化改革 高质量发展的意见：https://kyy. nwafu. edu. cn/docs/2021－03/a4b2133c506a4984bb1aca67244a4e5d. pdf。

湖北省科学技术协会，2022，关于开展湖北省科技期刊楚天卓越行动计划项目资助申报工作的通知：http://www. hbkx. org. cn/news/info?newsid＝9e1ef8ecae3f47afa4fbb38abea32b50。

四川省科学技术协会，四川省财政厅，2023，关于发布《天府科技云科技社团能力提升行动项目申报指南》的通知：https://www. scsssa. org. cn/info/17a8649fe4ea42c5b99a5dffdd4d8735。

2. 入选科技期刊的学科分布比较

《中国科技期刊发展蓝皮书（2022）》将我国5 071种科技期刊分为4个大类11个学科，其中基础科学类1 570种，包括"自然科学总论"466种（9.19%），"数理科学和化学"211种（4.16%），"天文学、地球科学"248种（4.89%），"生物科学"109种（2.15%），"农业、林业，综合性农业科学"536种（10.57%）；技术科学类2 271种，包括"工业技术总论"1 876种（36.99%），"交通运输"225种（4.43%），"航空、宇宙飞船"76种（1.50%），"环境科学、安全科学"94种（1.85%）；医药卫生类"医药、卫生，综合性医药卫生"1 152种（22.72%）；综合科学类78种（1.54%）。

图3 -6显示了各省受资助期刊学科分布情况，具体如下：

（1）广东省获资助期刊学科分布情况：高水平建设科技期刊涵盖了 9 个学科类型，医药卫生类有 16 种期刊，工业技术类 10 种期刊，其他学科如环境科学、农业科学、天文学和地球科学、交叉学科等均少于 2 种。结合广东省科技期刊数据，我省医药卫生类科技期刊占全省科技期刊总数的 33.5%（74/221），此次获批的 16 种医药卫生类高水平建设期刊占获批期刊总数的 42.1%（16/38），与我省医学强省的地位相当。工业技术类期刊资助比例为 26.3%（10/38），10 种期刊中 6 种为英文期刊，且 5 种为新近创办的英文期刊。这体现了广东省在智能控制、工业制造、先进材料等传统优势领域的深耕和发力。另外，农业科学、天文学与地球科学、环境科学和交叉学科类等方向的优势期刊也获得相应资助。

（2）湖南省获资助的科技期刊集中在"工业技术总论""自然科学总论""医药、卫生，综合性医药卫生""农业、林业，综合性农业科学""交通运输"5 个学科。陕西省获资助的科技期刊涵盖"工业技术总论""交通运输""农业、林业，综合性农业科学""自然科学总论""医药、卫生，综合性医药卫生""数理科学和化学""生物科学"7 个学科。湖北省获资助的科技期刊学科分布于"工业技术总论""天文学、地球科学""医药、卫生，综合性医药卫生""交通运输""数理科学和化学""农业、林业，综合性农业科学"6 个学科。四川省获资助的科技期刊分布于"工业技术总论""医药、卫生，综合性医药卫生""自然科学总论""数理科学和化学""生物科学""交通运输"6 个学科。

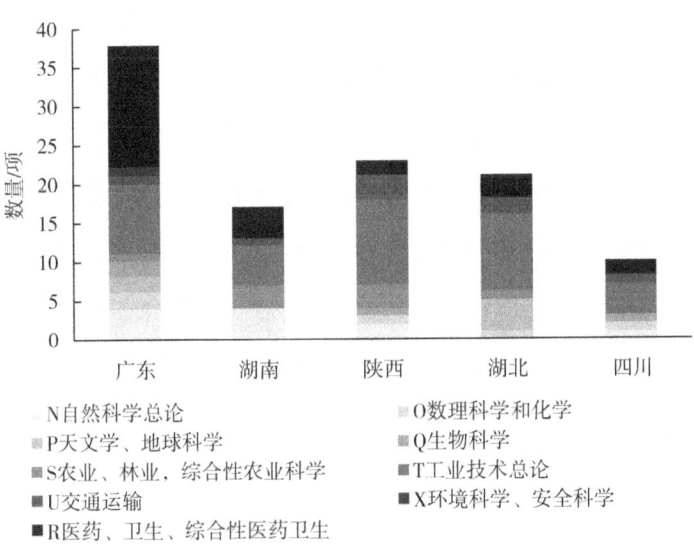

　N自然科学总论　　　　　　　　　O数理科学和化学
　P天文学、地球科学　　　　　　 Q生物科学
　S农业、林业，综合性农业科学　 T工业技术总论
　U交通运输　　　　　　　　　　 X环境科学、安全科学
　R医药、卫生、综合性医药卫生

图 3-6　各省份资助期刊项目的学科分布

资料来源：同图 3-5。

（3）各省份在资助项目上侧重支持本省优势学科和特色学科。广东省医学研究发展较快，资助医药卫生类科技期刊比例较高。湖南省具有农业优势学科，因此资助"农业、林业，综合性农业科学"期刊占比 18%（3/17），高于其他各省（陕西 13%、湖北 5%、广东 3%、四川 0）。陕西和湖北两省资助的"工业技术总论"科技期刊所占比例较高，分别为 48%（11/23）和 48%（10/21），远高于我国 36.99% 的总比例。此外，湖北省资助的"天文学、地球科学"科技期刊（19%）和湖南省资助的"自然科学总论"科技期刊（24%）所占比例远高于全国同类期刊比例。

3. 入选科技期刊的主办单位分布比较

我国科技期刊的主办单位主要包括学会、高校、研究院所、企业、出版社等，《中国科技期刊发展蓝皮书（2022）》显示主办科技期刊数量排名前三的主办单位包括中华医学会（148 种）、中华预防医学会（34 种）、中国医师协会（27 种），均为医药卫生类学会。

广东省受资助期刊主办单位（有多个主办单位的，以主要主办单位分析）分布：受资助的期刊主办单位为高校的有 18 种，其中，中山大学 8 种，华南理工大学 5 种，暨南大学、华南农业大学、南方医科大学、仲恺农业工程学院和深圳大学各 1 种。主办单位为研究所的有 9 种，学会的有 5 种，企业和医院的各 3 种。综观获批项目的主办单位分布，中山大学（包括与学会合办）和中山大学附属医院共获得 12 项资助，这与中山大学在广东省科技期刊领域的龙头地位密不可分。华南理工大学作为广东省理工科科研领域的佼佼者，通过创办英文新刊和已有的高质量期刊的实力，获得 5 项资助。值得注意的是，金发科技股份有限公司作为民营企业在国内率先创办了英文期刊 *Advanced Industrial and Engineering Polymer Research*，在科技期刊界乃至整个产业界都具有一定的代表性。

其他各省份资助的科技期刊主办单位分布呈现不同的趋势，但是均以高校担任主办单位为主，分布比例分别为陕西 70%（16/23），湖北 43%（9/21），湖南 59%（10/17），四川 50%（5/10）。出现主办单位分布差异较大的原因可能是几大学会的所在地均在北京，虽然有部分期刊的承办单位在各省，但不在各省资助项目的范围之内；而主办多种高质量科技期刊的高校一般在省内也具有可观的学术资源，更容易获得省级项目支持（图 3–7）。

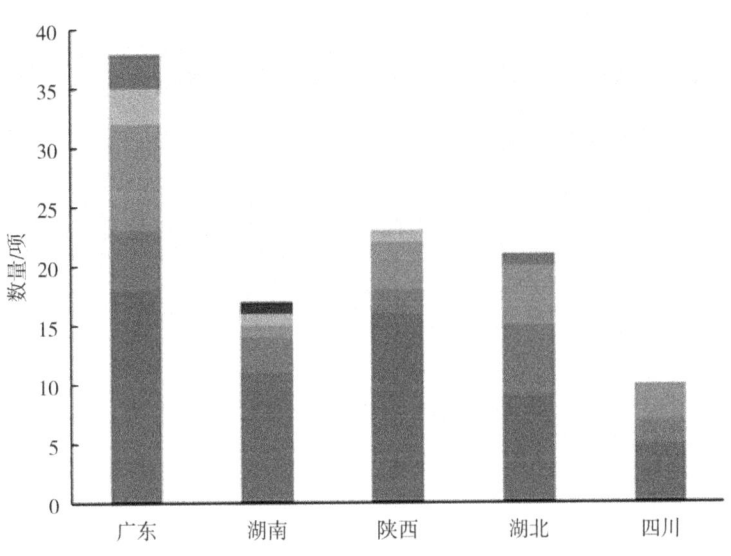

图 3-7　各省份入选科技期刊的主办单位分布

资料来源：同图 3-5。

4. 广东省受资助期刊的创刊时间及出版地分布

受资助期刊创刊时间分布：最早的为暨南大学学报（自然科学与医学版）（1936 年），1950—1969 年创刊 4 种，1970—1979 年创刊 5 种，1980—1989 年创刊 7 种，1990—2000 年创刊 4 种，2000 年以来创刊 17 种（其中 7 种为 2020 年后创办，16 种为英文刊，仅 1 种为中文刊）。这说明广东省既有一批历史悠久、学术声誉优良的期刊，又涌现出一大批具有潜力的新期刊。根据本书第一章统计的广东省科技期刊创刊时间分布，可见 2000 年以来创办的期刊受资助比例明显高于 2000 年以前，一方面是因为 2 个年度的指南均鼓励创办高水平英文期刊，而这些英文期刊大多在 2000 年后创办，说明广东省作为一个学术研究和知识创新的重要地区，一直在践行培育世界一流科技期刊，提升国家文化软实力的战略；另一方面也说明广东省新创办期刊具有一定的创新性，能够吸引优秀学者和高质量论文，具有较为广泛的学术影响力。

受资助期刊出版地分布为广州 34 种、深圳 2 种、佛山 1 种、东莞 1 种，与我省科技期刊总体出版地分布情况一致。

（三）各省科技期刊专项人才、集群及平台建设项目分析

1. 人才建设项目

科技期刊的高质量建设需要擅长编辑出版和运营管理的优秀编辑人才队伍。目前已出台科技期刊专项计划的 5 个省份中，广东省和湖南省均出台了相应的人才建设项目。

广东省出台的卓越科技期刊人才培训限定申报单位为广东省科技期刊编辑学会，目标是激发科技期刊内生活力，营造科技期刊发展的良好生态，建设高水平、专业化办刊队伍与审稿队伍，强化科技期刊稿源建设，提升科技期刊办刊能力。项目经费用于开展编辑出版相关专题培训和学术交流活动、建立编辑出版人才合作培养机制、表彰优秀期刊建设人才、组织高水平论文撰写培训。该项目资助经费 200 万元/项，周期 3 年。

湖南省出台了面向全省科技期刊的"科技期刊杰出中青年人才项目"，遴选出一批肯钻研、懂专业、善运营，兼具国际视野的科技期刊出版专家人才，培育出综合素质高、专业能力强的办刊队伍。申报条件对申请人的政治素养、年龄、编辑出版工作年限、专业理论素养等提出了较高要求，并规定结题验收标准包括期刊影响力提升、组织高质量稿源、数字化建设、集群化运营改革等。湖南省共遴选出科技期刊杰出中青年人才项目 12 项，资助 30 万元/项，周期 3 年。

2. 期刊集群建设项目

湖南省是目前唯一出台科技期刊集群项目的省份，探索科技期刊集群化发展路径，打造交通制造类、农林类、医学类、矿冶类期刊集群及高校科技期刊集群，

并在试点工作中实现旗舰期刊的尖兵突破和高水平刊群的集聚发展，大幅提高旗舰期刊和刊群在国际国内学术界的影响力和话语权，提升试点单位的办刊能力和市场竞争能力，为从集群化运作向集团化发展积累实力。申报条件为具有一定期刊集群化发展基础的期刊主办、出版单位，且具备以下条件之一：①期刊群拥有高水平的国际期刊，已被国际重要数据库收录，能发挥品牌期刊的示范效应；②期刊群具有一定的规模，不少于 8 种期刊；③具有自主建设的期刊集群平台，在期刊整合方面做过有益的探索实践。每种刊物仅限参与 1 个集群化试点项目。目前立项的为中南大学申报的"湘雅医学期刊集群"，支持额度为 60 万元/年，周期 5 年。

3. 平台建设项目

广东、湖北、湖南三省出台了科技期刊相关平台建设项目。

广东省资助的"科技期刊智慧服务管理平台"是为了打造数字化、信息化、智能化"三位一体"的智慧服务管理平台，实现论文提交、内容审读、编校质量检查、意见反馈、整改落实、年度审核、统一排版、按需印刷、出版发行等综合功能，确保期刊政治导向正确、学术诚信良好、编校质量过硬，全面提升广东科技期刊服务管理水平。定向委托申报单位为广东省科技期刊编辑学会，资助标准为 600 万元，周期为 3 年。

楚天科技期刊论文在线开放平台由湖北省科协牵头，建设"楚天科技论文在线开放平台"，汇聚湖北省科技期刊论文，以及湖北省科研机构、高等院校等科研成果，免费开放获取，打破学术信息交流壁垒，减少科技成果传播成本，推动科研成果的转化应用；是以立项方式支持探索高效精准的期刊知识服务、期刊融合出版及传播的经典案例，积极推动人工智能、短视频等新兴数字化技术在科技期刊的应用，推进科技期刊出版流程的重构及出版融合发展。支持方向：立足湖北面向全国，打造湖北省重要的开放存取的科研成果资源汇聚和发布中心，使平台成为湖北科技成果传播和推广应用的重要支撑。着力吸收先进的数字出版、人工智能技术，大胆创新期刊出版—传播—服务模式，积极借助外在资源打造先进的出版传播集成系统，实现国际化、智能化的多重数字出版服务功能，达到优秀的出版质量，超前的传播影响和最佳的服务效果。目前立项单位为华中科技大学出版社有限责任公司申报，支持额度 10 万元/年，周期 5 年。

湖南省计划建立一个科技期刊监测平台，对全省科技期刊定期监测、评估及考核，该项目由湖南省科学技术信息研究所申报获得，支持额度和周期公开文件未明确说明。

参考文献

［1］中国科协，中宣部，教育部，科技部. 关于深化改革 培育世界一流科技期刊的意见［J］. 编辑学报，2019，31（4）：355 – 356.

［2］中国科协. 关于组织实施中国科技期刊卓越行动计划有关项目申报的通知［EB/OL］. （2019 – 09 – 19）［2023 – 09 – 20］. http://www. cast. org. cn/xw/tzgg/KJCX/art/2019/art_ cc 69507aeef7452da6476071dcda274d. html.

［3］杨睿，王宝济. "中国科技期刊卓越行动计划"资助期刊特征分析［J］. 中国科技期刊研究，2020，31（9）：1101 – 1109.

［4］李娜，吴娜达. 从"中国科技期刊卓越行动计划"入选项目看中国科技期刊集群化建设［J］. 中国传媒科技，2021（1）：25 – 26.

［5］初景利. 中国科技期刊卓越行动计划选育高水平办刊人才子项目—青年人才支持项目专刊序［J］. 中国科技期刊研究，2022，33（6）：679.

第二节　广东省高水平科技期刊建设项目
入选期刊影响力分析

一、广东省高水平科技期刊建设项目入选中文期刊影响力分析

基于中国知网《中国学术期刊影响因子年报（自然科学与工程技术）》（以下简称"《影响因子年报》"）和《科技期刊世界影响力指数（WJCI）报告》（以下简称"《WJCI 报告》"）数据，分析广东省高水平科技期刊建设项目入选期刊的国内、国际影响力整体表现。

《影响因子年报》是中国知网·中国科学文献计量评价研究中心与清华大学图书馆自 2002 年开始，连续多年对中国学术期刊的国内影响力进行定量统计和分析的年度评价报告。统计发布我国学术期刊在统计年度发表论文情况以及被国内期刊、会议论文、博硕士学位论文的引用频次等数据，发布数十项定量评价指标，是评价我国科技期刊学术影响力表现的权威参考工具。《影响因子年报》2022 版收录期刊 2 835 种，涵盖参加年检科技期刊 4 010 种。

《WJCI 报告》由中国科学技术信息研究所、《中国学术期刊（光盘版）》电子杂志社有限公司、清华大学图书馆、万方数据有限公司、中国高校科技期刊研究会、中国科学技术期刊编辑学会联合研制，是一份体现世界期刊同台竞技结果的期刊评价报告。自 2020 年起，共出版 4 版。从全球正在出版的约 6 万种科技学术期刊中精选 1.5 万种左右为来源期刊。《WJCI 报告》2022 版收录全球科技期刊 15 022 种，其中，中国期刊 1634 种，中文期刊 1 262 种。

广东省高水平科技期刊建设项目入选中文期刊共 21 种（2021 年 15 种，2023

年 6 种），分布于 7 个学科。其中期刊数量最多的学科为"医药、卫生"（11 种），其次为"工业技术"（4 种），图 3-8 统计了广东省高水平科技期刊建设项目入选中文期刊学科分布情况。

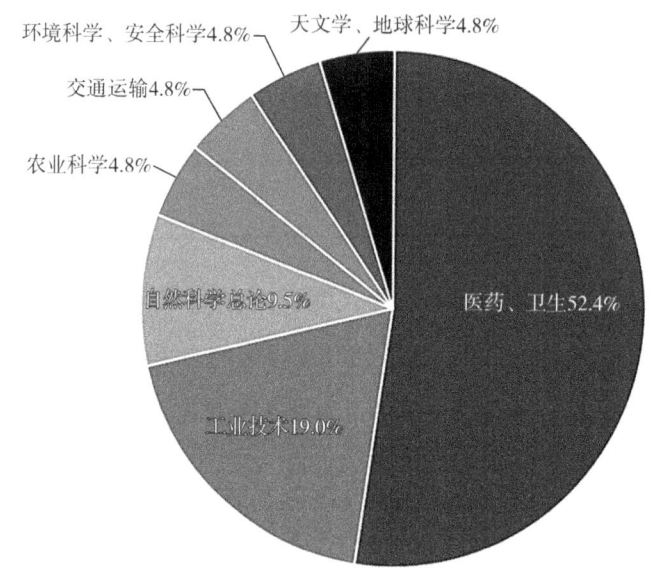

图 3-8　广东省高水平科技期刊建设项目入选中文期刊学科分布

期刊的被引频次、影响因子等数据反映了期刊的学术影响力。现根据《影响因子年报》2013—2022 版（数据统计年为 2012—2021 年）统计分析中文科技期刊近 10 年来的被引频次、影响因子指标的演变；根据《WJCI 报告》2020—2022 版（数据统计年为 2019—2021 年）统计分析中文科技期刊近 3 年来的科技期刊世界影响力指数（WJCI），以反映期刊的刊载信息及影响力的变化。

（一）可被引文献量

可被引文献一般是指具有学术成果性质的期刊论文，可以被学术创新文献引证的一次发表文献，区别于其他非创新性研究文章，如叙事抒情、介绍、科普资料以及二次文献、虚构作品、目录索引等。期刊可被引文献量是期刊容纳科学研究信息量的重要标志。

根据《中国科技期刊发展蓝皮书（2021）》，2019 年中文科技期刊刊均可被引文献量为 286.19 篇；根据科睿唯安发布的《期刊引证报告》（Journal Citation Reports，JCR）2019 年报告，国际科技期刊年均可被引文献量（期刊论文和综述性论文）为 179 篇。根据《影响因子年报》2018—2022 版统计（数据统计年为 2017—2021 年），广东省科技期刊刊均可被引文献量从 2017 年的 289.71 篇增长至 2021 年的 321.61 篇；广东省高水平科技期刊建设项目入选中文期刊刊均可被引文献量高于国际科技期刊，低于中文科技期刊、广东省科技期刊，从 2017 年到 2021 年总体呈下降趋势（表 3 – 11）。

表 3 – 11　2017—2021 年广东省高水平科技期刊建设项目入选中文期刊刊均可被引文献量

统计年	可被引文献量/篇	刊均可被引文献量/篇
2017	5128	244.19
2018	4961	236.24
2019	4605	219.29
2020	4438	211.33
2021	4234	201.62

注：数据来源于《影响因子年报》2018—2022 版（数据统计年为 2017—2021 年）。

图 3 – 9 统计了广东省高水平科技期刊建设项目入选中文期刊可被引文献量年平均值，《实用医学杂志》最高，明显高于其他期刊，《暨南大学学报（自然科学版）》最低；高于中文科技期刊刊均可被引文献量（286.19 篇）的期刊只有《实用医学杂志》和《中国病理生理杂志》，高于国际科技期刊年均可被引文献量（179 篇）的期刊占 52%（11/21）；可被引文献量年平均值 100 ~ 350 篇的期刊占 81%（17/21）。

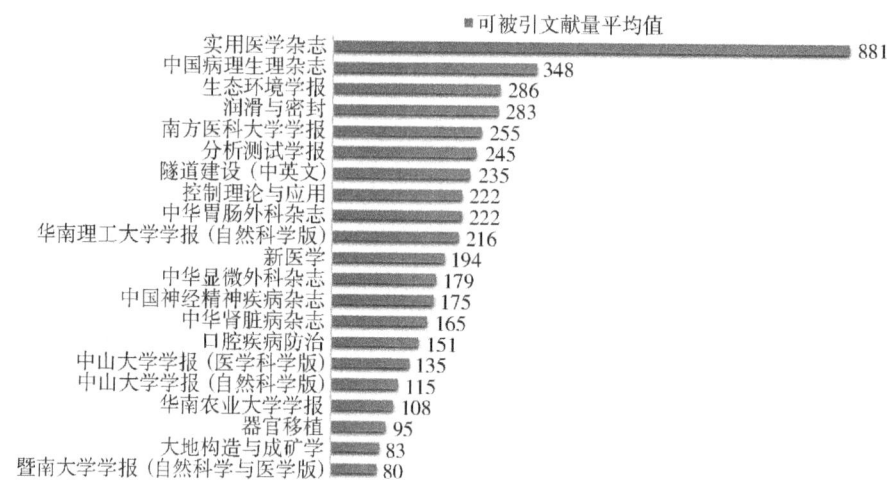

图 3 - 9　广东省高水平科技期刊建设项目入选中文期刊可被引文献量年平均值

注：数据来源于《影响因子年报》2018—2022 版（数据统计年为 2017—2021 年）。

（二）总被引频次

《影响因子年报》中的被引频次统计了中国来源期刊、博硕士学位论文、会议论文的引用，称为复合总被引频次（以下简称"总被引频次"），是指某期刊自创刊以来发表的全部可被引文献在统计年被引用的总次数，反映了期刊在各类科学研究和人才培养活动中的总体影响力。表 3 - 12 统计了广东省高水平科技期刊建设项目入选中文期刊与广东省科技期刊刊均总被引频次的对比，入选的中文期刊刊均总被引频次明显高于广东省科技期刊平均值。图 3 - 10 统计了广东省高水平科技期刊建设项目入选中文期刊总被引频次年平均值情况。其中，《生态环境学报》最高（12 803 次），其次为《实用医学杂志》（10 159 次），这两种期刊可被引文献量年平均值位于入选中文期刊前三；总被引频次年平均值大于 1 万次的期刊有 2种，明显高于其他期刊；81%（17/21）期刊总被引频次年平均值在 1 000 ~ 6 000次之间，小于 1 000 次的期刊有 2 种。

表 3 – 12　广东省高水平科技期刊建设项目入选中文期刊与广东省科技期刊刊均总被引频次对比

统计年份	入选中文期刊刊均总被引频次	广东省科技期刊刊均总被引频次
2017	4 230	1 940
2018	3 852	1 761
2019	3 593	1 686
2020	3 387	1 597
2021	4 133	2 065

注：数据来源于《影响因子年报》2018—2022 版（数据统计年为 2017—2021 年）。

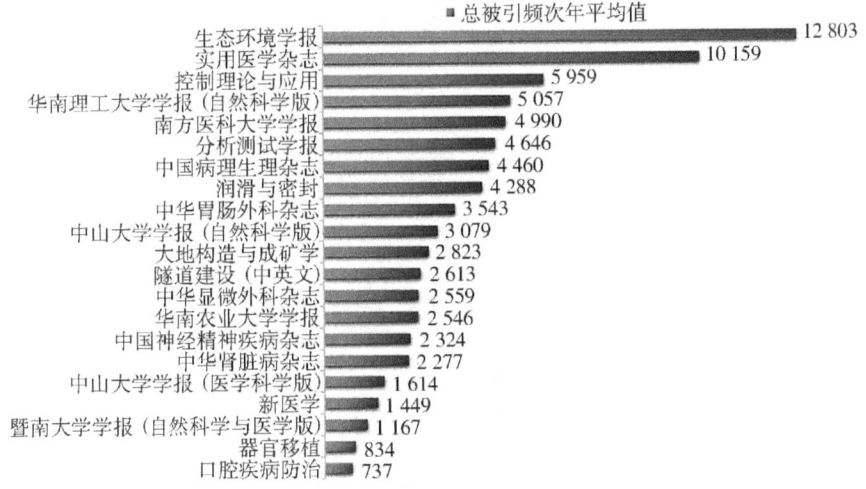

图 3 – 10　广东省高水平科技期刊建设项目入选中文期刊总被引频次年平均值

注：数据来源于《影响因子年报》2013—2022 版（数据统计年为 2012—2021 年）。

（三）影响因子和即年指标

复合影响因子（U-JIF）是指某期刊前两年发表的可被引文献在统计年被复合统计源引用总次数与该期刊在前两年内发表的可被引文献总量之比。复合即年指标是指某期刊在统计年发表的可被引文献在统计年被复合统计源引用的总次数与该期刊当年发表的可被引文献总量之比。

广东省高水平科技期刊建设项目入选中文期刊 2012—2021 年 U-JIF 平均值，最高为《生态环境学报》（2.351），其次为《大地构造与成矿学》（1.814）。各期刊复合即年指标平均值均小于 U-JIF 平均值，最高为《大地构造与成矿学》（0.382），其次为《暨南大学学报（自然科学与医学版)》（0.268）。广东省高水平科技期刊建设项目入选中文期刊近 10 年复合影响因子及即年指标平均值如图3－11。

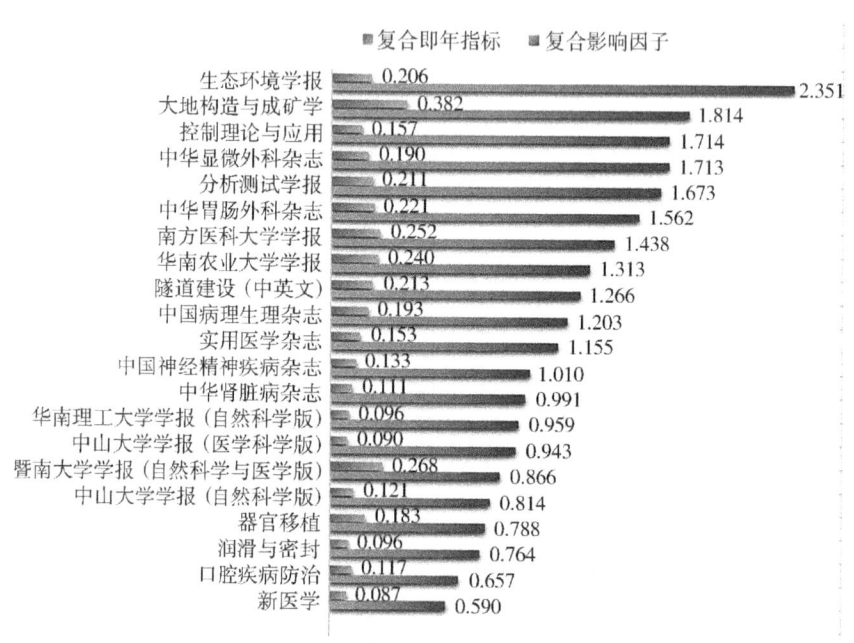

图 3－11　广东省高水平科技期刊建设项目入选中文期刊复合影响因子和即年指标平均值

注：数据来源于《影响因子年报》2013—2022 版（数据统计年为 2012—2021 年）。

广东省高水平科技期刊建设项目入选的 21 种中文期刊，其中 2021 年 15 种，2023 年 6 种。15 种中文期刊入选广东省高水平科技期刊建设项目后 U-JIF 的变化情况如图 3－12，80%（12/15）期刊 U-JIF 明显提升，其中《暨南大学学报（自然科学与医学版)》《华南理工大学学报（自然科学版)》《南方医科大学学报》《润滑与密封》2021 年比 2020 年 U-JIF 增长超过 35%。

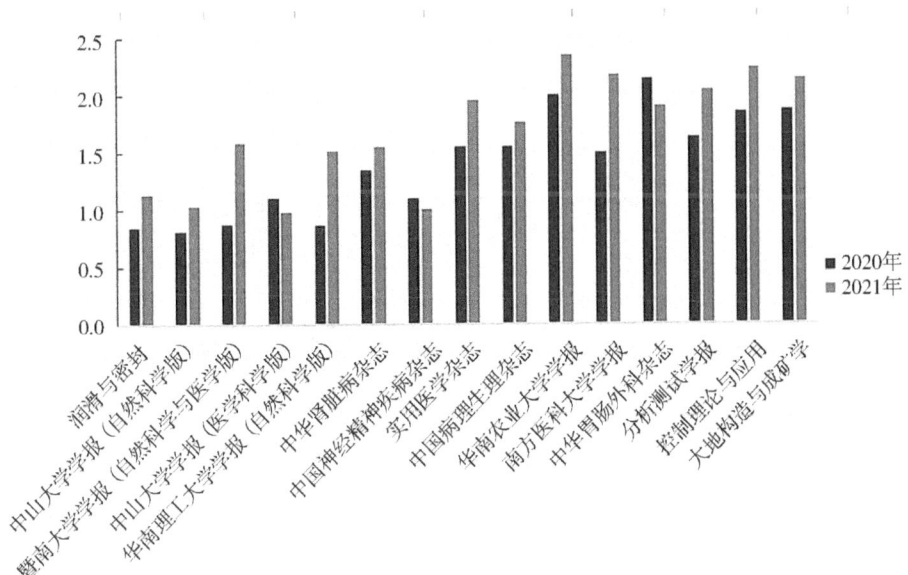

图 3 – 12 入选广东省高水平科技期刊建设项目后中文期刊复合影响因子的变化情况

注：数据来源于《影响因子年报》2021—2022 版（数据统计年为 2020—2021 年）。

按照学科分类，期刊数量最多的学科"医药、卫生"（共 11 种期刊）U-JIF 平均值最高的期刊为《中华显微外科杂志》，"工业技术"（共 4 种期刊）最高为《控制理论与应用》。

《生态环境学报》《中华显微外科杂志》《控制理论与应用》3 种期刊近 10 年 U-JIF 的变化趋势如图 3 – 13 所示。其中，《生态环境学报》近 10 年 U-JIF 有明显上升趋势，最大值为 3.516（2021 年），比 2012 年升高 78.6%；《控制理论与应用》UJIF 最大值为 2.233（2021 年），比 2012 年升高 56.4%；《中华显微外科杂志》UJIF最大值为 2.041（2014 年），随后下降。

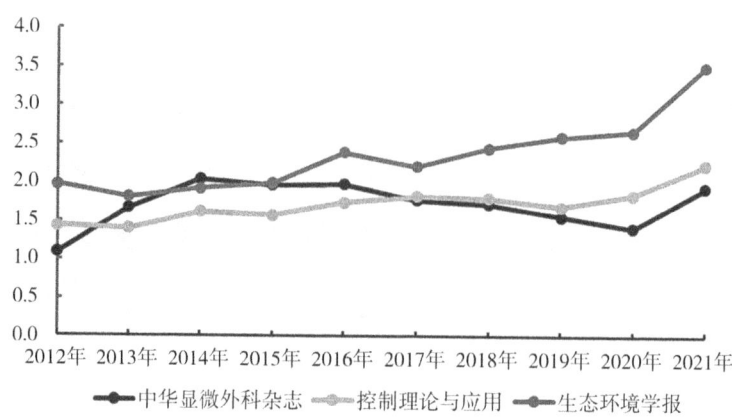

图 3-13 典型期刊近 10 年的复合影响因子

注：数据来源于《影响因子年报》2013—2022 版（数据统计年为 2012—2021 年）。

（四）期刊自引率

自引率是指某期刊在统计年被本刊引用的次数与被统计源期刊引用之比，通常将自引率大于 20% 的期刊作为高自引期刊。根据《影响因子年报》2013—2022版数据（统计年为 2012—2021 年），从年度数据变化来看，期刊自引率有明显下降趋势，2021 年广东省高水平科技期刊建设项目入选中文期刊刊均自引率为9.1%，比 2012 年下降了 39.3%。2021 年，自引率小于 20% 的期刊 19 种（90.5%），自引率大于等于 20% 的 2 种（9.5%）（表 3-13）。

表 3-13　广东省高水平科技期刊建设项目入选中文期刊自引率分布

统计年份	刊均自引率/%	0%～		10%～		20%～		30%～	
		刊数	占比/%	刊数	占比/%	刊数	占比/%	刊数	占比/%
2012	15.0	7	33.3	9	42.9	2	9.5	3	14.3
2013	10.7	12	57.1	5	23.8	3	14.3	1	4.8
2014	11.1	12	57.1	6	28.6	2	9.5	1	4.8
2015	11.2	13	61.9	4	19.1	3	14.3	1	4.8
2016	11.1	12	57.1	5	23.8	3	14.3	1	4.8
2017	9.8	13	61.9	6	28.6	1	4.8	1	4.8

续上表

统计年份	刊均自引率/%	0% ~		10% ~		20% ~		30% ~	
		刊数	占比/%	刊数	占比/%	刊数	占比/%	刊数	占比/%
2018	9.9	13	61.9	7	33.3	0	0	1	4.8
2019	9.7	13	61.9	6	28.6	1	4.8	1	4.8
2020	9.4	12	57.1	7	33.3	2	9.5	0	0
2021	9.1	14	66.7	5	23.8	1	4.8	1	4.8

注：数据来源于《影响因子年报》2013—2022 版（数据统计年为 2012—2021 年）。

（五）期刊影响力指数（CI）

学术期刊影响力指数（Academic Journal Clout Index，简称 CI），是反映一组期刊中各刊影响力大小的综合指标，它是将期刊在统计年的总被引频次（TC）和影响因子（IF）双指标进行组内线性归一后向量平权计算所得的数值，用于对组内期刊排序。其含义代表了刊物与领域内期刊影响力最优状态的相近程度。CI 越大，表明该刊的影响力越接近最优的那本期刊。CI 是一个综合指标，充分考虑了期刊载文量和办刊历史带来的有效影响力——总被引频次，以及代表篇均论文质量的代表性指标——影响因子，一定程度上可改善使用影响因子或总被引频次单指标带来的期刊评价片面化问题。

《影响因子年报》分区选择"影响力指数（CI）"这一综合指标为依据，对每个学科期刊按影响力指数（CI）降序排列，依次按期刊数量平均划分为 4 个区，即 Q1、Q2、Q3、Q4。Q1 区为本学科 CI 指数排名前 25%。表 3 - 14 统计了广东省高水平科技期刊建设项目入选中文期刊与广东省科技期刊刊均影响力指数（CI）的对比情况，入选的中文期刊刊均 CI 明显高于广东省科技期刊刊均 CI。表 3 - 15 统计了广东省高水平科技期刊建设项目入选中文期刊影响力指数（CI）及分区，广东省高水平科技期刊建设项目入选的中文期刊均在《影响因子年报》2022 版影响力指数（CI）学科 Q1、Q2 区，其中 Q1 区期刊 14 种（66.7%）、Q2 区期刊 7种（33.3%）。

表 3 - 14　广东省高水平科技期刊建设项目入选中文期刊与广东省科技期刊刊均影响力指数（CI）对比

统计年份	入选中文期刊刊均 CI	广东省科技期刊刊均 CI
2017	458.755	208.106
2018	473.983	213.112
2019	481.237	211.245
2020	510.571	220.293
2021	482.930	211.542

注：数据来源于《影响因子年报》2018—2022 版（数据统计年为 2017—2021 年）。

表 3 - 15　广东省高水平科技期刊建设项目入选中文期刊影响力指数（CI）及分区

刊名	学科分类	影响力指数（CI）	排名	分区
中华胃肠外科杂志	外科学	991.201	4/110	Q1
实用医学杂志	医药卫生综合	880.161	2/215	Q1
中国病理生理杂志	基础医学	718.995	3/63	Q1
南方医科大学学报	医药卫生综合	685.793	7/215	Q1
隧道建设（中英文）	交通运输工程	681.748	9/149	Q1
生态环境学报	环境科学技术	622.383	7/76	Q1
华南理工大学学报（自然科学版）	工程技术综合	511.67	19/149	Q1
控制理论与应用	自动化技术、计算机技术	487.364	18/142	Q1
中华显微外科杂志	外科学	476.955	21/110	Q1
口腔疾病防治	口腔医学	463.158	9/23	Q2
分析测试学报	化学	461.13	7/50	Q1
华南农业大学学报	农业科学综合	450.529	14/104	Q1
中国神经精神疾病杂志	神经病学与精神病学	421.496	11/34	Q2
器官移植	外科学	352.023	35/110	Q2
中山大学学报（医学科学版）	医药卫生综合	327.741	59/215	Q2
大地构造与成矿学	地质学	310.827	27/105	Q2
中华肾脏病杂志	内科学	222.475	35/117	Q2
润滑与密封	机械工程	217.485	21/91	Q1
新医学	医药卫生综合	217.447	89/215	Q2
暨南大学学报（自然科学与医学版）	自然科学与工程技术综合	213.54	16/285	Q1
中山大学学报（自然科学版）	自然科学与工程技术综合	199.312	17/285	Q1

注：数据来源于《影响因子年报》2022 版。存在一种期刊属于 2 个学科的现象。

（六）科技期刊世界影响力指数（WJCI）

科技期刊世界影响力指数（WJCI）是基于引证数据的学术影响力指数（WAJCI）和网络使用数据的社会影响力指数（WI）共同构建的期刊综合评价指标。"世界学术影响力指数 WAJCI"（World Academic Journal Clout Index，简称 WAJCI）。该指标由中国知网在其《世界学术期刊影响力指数年报》（2018 年）中首先提出，是期刊学术影响力指数（CI）学科内标准化以后的期刊引证影响力评价综合指标。"网络影响力指数（WI）"（Web Impact，简称 WI）是基于国际网络用户使用数据与国内期刊全文数据库用户下载数据的新的评价指标。在基础、医药和综合类期刊评价中，WAJCI 与 WI 所占权重为 80：20；在工程技术、农业类期刊评价中，WAJCI 与 WI 所占权重为 70：30，凸显了应用性期刊在实践工作中所发挥的作用。

2022 年中国期刊入选《WJCI 报告》1 634 种，WJCI 指数均值为 1.378，居世界第 9。图 3 – 14 统计了广东省高水平科技期刊建设项目入选中文期刊 WJCI 平均值，共 19 种期刊入选《WJCI 报告》。《华南农业大学学报》WJCI 平均值最高（1.912），其次为《华南理工大学学报（自然科学版）》1.814；大于中国期刊 WJCI 指数均值（1.378）的期刊占（6/19）31.6%。

2022 年中国期刊有 244 种进入 Q1 区，占全球 Q1 期刊的 6.15%，占中国来源期刊的 14.93%；入选 Q2 区期刊 398 种，占全球 Q2 期刊的 8.85%，占中国来源期刊的 24.36%；Q3 区期刊 588 种，Q4 区期刊 601 种。表 3 – 16 统计了广东省高水平科技期刊建设项目入选中文期刊 2022 年 WJCI 分区情况，没有期刊进入 Q1 区，36.8%（7/19）期刊进入 Q2 区。

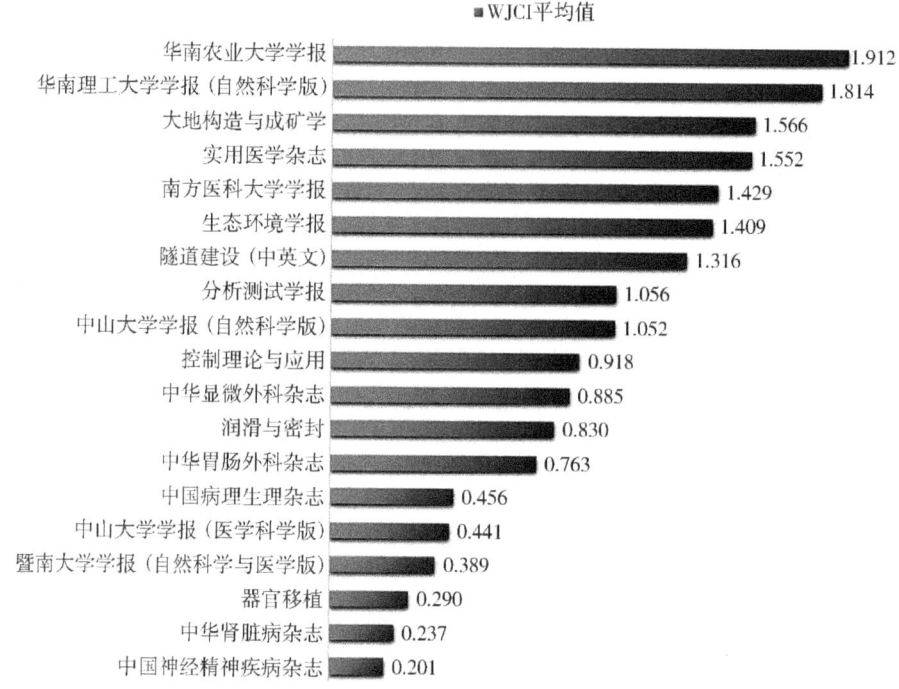

图 3-14　广东省高水平科技期刊建设项目入选中文期刊 WJCI 平均值

注：数据来源于《WJCI 报告》2020—2022 版（数据统计年为 2019—2021 年）。

表 3-16　广东省高水平科技期刊建设项目入选中文期刊 2022 年 WJCI 分区

刊名	WJCI 平均值	WJCI 分区
华南农业大学学报	1.912	Q2
华南理工大学学报（自然科学版）	1.814	Q2
大地构造与成矿学	1.566	Q2
实用医学杂志	1.552	Q2
南方医科大学学报	1.429	Q2
生态环境学报	1.409	Q2
隧道建设（中英文）	1.316	Q2
分析测试学报	1.056	Q3
中山大学学报（自然科学版）	1.052	Q3
控制理论与应用	0.918	Q3
中华显微外科杂志	0.885	Q3

续上表

刊名	WJCI 平均值	WJCI 分区
润滑与密封	0.830	Q3
中华胃肠外科杂志	0.763	Q3
中国病理生理杂志	0.456	Q4
中山大学学报（医学科学版）	0.441	Q4
暨南大学学报（自然科学与医学版）	0.389	Q3
器官移植	0.290	Q4
中华肾脏病杂志	0.237	Q4
中国神经精神疾病杂志	0.201	Q4

注：WJCI 分区来源于《WJCI 报告》2022 版（数据统计年为 2021 年）。

（七）网络传播指标

网络传播指标反映期刊在互联网上的传播情况，包括 Web 即年下载率与总下载量。《影响因子年报》发布的下载量基于中国知网中心网站服务器、海外站点服务器、国内各镜像站点服务器上所有的下载日志。按照每天同一用户、使用同一 IP 地址、同一次登录后下载同一篇文献只计算一次的规则进行数据清洗，从而有效避免各类多线程下载软件造成的误差，更好地反映用户使用的真实情况。"总下载量"是指某期刊在中国知网发布的所有文献在统计年被全文下载的总篇次。"Web 即年下载量"是指在统计年某期刊出版并在中国知网发布的文献当年全文被下载的总篇次。"Web 即年下载率"是指在统计年某期刊出版并在中国知网发布的文献当年被全文下载的总篇次与该期刊当年出版并上网发布的文献总数之比，代表篇均下载次数。

Web 即年下载率是基于中国知网网站的下载数据统计，《中华显微外科杂志》《中华胃肠外科杂志》《中华肾脏病杂志》是中华医学会期刊，在知网的下载量较少，不计入数据分析。表 3 - 17 统计了广东省高水平科技期刊建设项目入选中文期刊与广东省科技期刊刊均 Web 即年下载率的对比情况，入选中文期刊 Web 即年下载率从 2017 年 41.78% 增长到 2021 年 154.89%，总体呈逐年上升趋势。广东省高水平科技期刊建设项目入选中文期刊 Web 即年下载率平均值如图 3 – 15 所示。其中，《暨南大学学报（自然科学与医学版）》最高（111 次）。

表 3 – 17　广东省高水平科技期刊建设项目入选中文期刊与广东省科技期刊刊均 Web 即年下载率对比

统计年	入选中文期刊刊均 Web 即年下载率/%	广东省科技期刊刊均 Web 即年下载率/%
2017	41.78	30.07
2018	47.78	35.65
2019	79.72	60.10
2020	155.00	87.20
2021	154.89	101.48

注：数据来源于《影响因子年报》2018—2022 版（数据统计年为 2017—2021 年）。

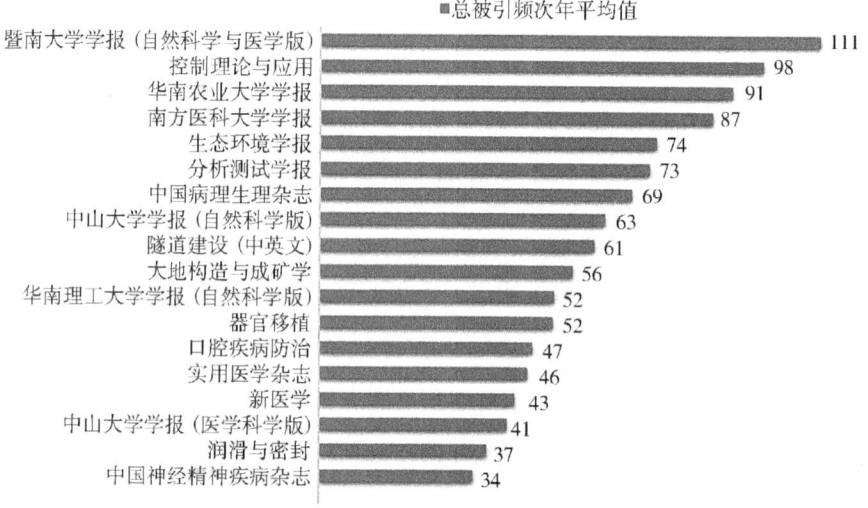

图 3 – 15　广东省高水平科技期刊建设项目入选中文期刊 Web 即年下载率平均值

注：数据来源于《影响因子年报》2013—2022 版（数据统计年为 2012—2021 年）。

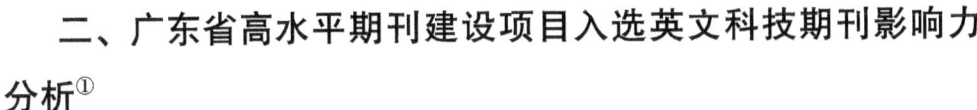

二、广东省高水平期刊建设项目入选英文科技期刊影响力分析①

（一）入选高起点英文新刊创办的英文科技期刊分析

自 2021 年广东省高水平科技期刊建设项目实施以来，广东省共有 9 种英文科技期刊入选高水平或高起点英文新刊创办项目（表 3 - 18），其中有 7 种英文科技期刊创办于 2020—2022 年（特别说明，*Gastroenterology Report* 于 2012 年创刊，于 2020 年获得 CN 号。*Annals of Eye Science* 于 2016 年创刊，不连续出版，2020 年开始连续出版）。新创办的英文期刊主办单位主要为广东省高校及科研院所、实验室。新创办的英文期刊领域为医学（2 种）、环境科学（2 种）、材料科学（2 种）、能源科学技术（1 种）、先进制造（1 种）、交叉学科（1 种）。

其中 *Materials Futures* 入选 2022 年度中国科技期刊卓越行动计划高起点新刊项目。*Giant* 填补了国家和广东省软物质高质量期刊的空白，创刊 1 年即被 Scopus 和 ESCI 收录。

表 3 - 18　入选广东省高水平/高起点英文新刊创办项目的英文期刊名单

英文刊名	中文刊名	ISSN 号	主办单位	创刊年份	合作出版商
Light：Advanced Manufacturing	光：先进制造	2689 - 9620	季华实验室	2020	自主办刊
Annals of Eyescience	眼科学年鉴	2520 - 4122	中山大学	2016	AME
Aggregate	聚集体	2692 - 4560	华南理工大学、广东省大湾区华南理工大学聚集诱导发光高等研究院	2020	Wiley

---

① 《中国科技期刊蓝皮书》中，根据期刊年检数据，将期刊获得 CN 号年份认为是期刊创办年份，本蓝皮书中创刊标准是期刊有 ISSN 号年份。本节中创刊年份以 ISSN 号年份为准。因为广东省英文期刊拥有 CN 号期刊数量较少，本节分析包括未获得 CN 号的期刊。

续上表

英文刊名	中文刊名	ISSN 号	主办单位	创刊年份	合作出版商
Gastroenterology Report	胃肠病学报道（英文）	2304 – 1412	中山大学	2013	Oxford University Press
Energy Reviews	能源进展	2772 – 9702	深圳大学	2021	Elsevier
Giant	—	2689 – 9620	华南理工大学	2020	Elsevier
Carbon Research	碳研究	2731 – 6696	广东省科学院生态环境与土壤研究所	2022	Springer Nature
Materials Futures	材料展望	2752 – 5724	松山湖材料实验室	2021	IOPP
Hygiene and Environmental Health Advances	卫生与环境健康研究进展	2773 – 0492	生态环境部华南环境科学研究所	2022	Elsevier

注：数据来源于各期刊网站。

（二）基于不同数据库的英文科技期刊影响力分析

期刊影响力需要多维度、多指标综合分析。不同的期刊数据库对期刊分析的维度和指标有所不同，本研究选取全球范围收录期刊数量最多的两个数据库（Web of Science 和 Scopus）对入选广东省高水平期刊建设项目的英文科技期刊进行影响力分析。

1. 基于 Web of Science 的入选项目的英文科技期刊分析

《期刊引证报告》（Journal Citation Reports，以下简称 JCR）是科睿唯安（Clarivate Analytics）研发的多学科期刊评价工具。自 2021 年广东省高水平科技期刊建设项目实施以来，广东省共有 17 本英文科技期刊入选此项目，根据 2023 年 6 月发布的最新 JCR 报告，入选项目的 17 本英文科技期刊中共有 10 本刊被 SCIE/ESCI 收录，Q1 区期刊占比达到 40%，10 本英文科技期刊具体信息见表 3 – 19。

表 3-19　基于 Web of Science 的广东省入选高质量期刊建设项目的英文科技期刊信息

英文刊名	中文刊名	ISSN 号	主办单位	收录类型	创刊年份	合作出版社	被收录年份（获首个 IF 年）	可被引文献量/篇	总被引频次/次	影响因子(IF)	JCR 学科	分区
Cancer Communications	癌症通讯（英文版）	2523-3548	中山大学肿瘤防治中心	SCI	2018 年变更为现刊名	Wiley	2018	62	3572	16.2	Oncology	Q1
Control Theory and Technology	控制理论与技术（英文版）	2095-6983	华南理工大学	ESCI	2003	Springer Nature	2021	47	308	1.4	Automation & Control Systems	—
Gastroenterology Report	胃肠病学报道（英文）	2304-1412	中山大学	SCI	2012	Oxford University Press	2018	105	1447	3.6	Gastroenterology & Hepatology	Q2
Journal of Thoracic Disease	胸部疾病杂志（英文版）	2072-1439	广州医科大学第一附属医院	SCI	2009	AME	2014	420	16425	2.5	Respiratory System	Q4
Journal of Tropical Meteorology	热带气象学报（英文版）	1006-8775	广州热带海洋气象研究所	SCI	1995	科学出版社	2010	35	672	1.2	Meteorology & Atmospheric Sciences	Q4
Liver Research	肝脏研究（英文）	2096-2878	中山大学	ESCI	2017	Elsevier	2023	—	—	—	Gastroenterology & Hepatology	—
Giga Science	—	2047-217X	深圳华大生命科学研究院	SCI	2012	Oxford University Press	2015	128	9104	9.2	Multidisciplinary Sciences	Q1

续上表

英文刊名	中文刊名	ISSN号	主办单位	收录类型	创刊年份	合作出版社	被收录年份（获首个IF年）	可被引文献量/篇	总被引频次/次	影响因子(IF)	JCR学科	分区
Giant	—	2689-9620	华南理工大学	SCI	2020	Elsevier	2021	45	315	7	Chemistry, Multidisciplinary	Q1
Aggregate	聚集体	2692-4560	华南理工大学、广东省大湾区聚集诱导发光高等研究院	ESCI	2020	Wiley	2021	18		18.8	Multidisciplinary; Chemistry, Physical	—
Mycosphere	菌物圈	2077-7000	仲恺农业工程学院	SCI	2010	无	2015	18	262	14.6	Mycology	Q1

注：1）肝脏研究（英文）于2023年8月被ESCI收录，将于2024年获得首个影响因子。

2）ESCI期刊暂无分区。

3）中国科学院广州地球化学研究所主办的 Solid Earth Sciences 于2020年被ESCI收录，但未入选广东省高质量期刊建设项目，故不显示在表格中。

（1）可被引文献量。2013—2022 年，表 3 - 20 中英文科技期刊的刊均可被引文献量呈先上升后下降趋势，刊均可被引文献量从 2013 年的 125.5 篇上升到 320 篇，再下降到 2022 年的 98 篇。10 种期刊中 *Journal of Thoracic Disease* 可被引文献量最多，占全部可被引文献量的 50% 以上，且其可被引文献量在 2013—2022 年间变动幅度较大，2013 年 *Journal of Thoracic Disease* 可被引文献量为 353 篇，2018 年达到历史最高，为 1 867 篇，2022 年又下降为 505 篇。其余期刊可被引文献量相对比较稳定，去除掉 *Journal of Thoracic Disease*，其余英文期刊刊均可被引文献量远低于 JCR 报告中国际期刊载文量的平均水平（213.29 篇），也远低于广东省中文期刊载文量的平均水平。

表 3 - 20　广东省入选高质量期刊建设项目的英文科技期刊 2013—2022 年刊均可被引文献量

统计年	可被引文献量（A）/篇	刊数（B）/种	刊均可被引文献量（A/B）/篇
2013	502	4	125.5
2014	577	4	144.3
2015	721	5	144.2
2016	1 325	5	265
2017	1 634	5	326.8
2018	2 246	6	320.8
2019	1 650	6	235.7
2020	1 055	7	151
2021	1 126	10	113
2022	980	10	98

注：数据来源于 Web of Science 及期刊官网。

（2）总被引频次。总被引频次指期刊发表的所有文献在统计年被世界各国（地区）学术期刊、图书和学术会议论文引用频次，反映英文期刊的国际学术影响力。2020—2022 年，近 3 年来，广东省英文科技期刊入选高质量期刊建设项目的英文科技期刊总被引频次为分别是 17 327 次、21 137 次、22 756 次，3 年来提升了 31%；刊均总被引频次分别为 3 465 次、3 523 次、3 793 次，3 年来提升了 9.5%。

（3）影响因子和即年指标。表 3 - 21 英文科技期刊刊均影响因子 2020 年为

4.8，2021 年为 7.9，2022 年为 8.5，逐年增长，同比增长 77%。刊均他引影响因子 2020 年为 4.1，2022 年为 7.9，同比增长 92%。

表 3－21　基于 Web of Science 的广东省入选高水平期刊建设项目的英文科技期刊影响力数据

统计年	国内影响力数据			国际影响力数据		
	刊数/种	刊均影响因子	刊均即年指标	刊数/种	刊均他引影响因子	刊均即时指数
2020 年	7	1.3	—	6	4.2	1.83
2021 年	7	2.1	—	6	7.1	1.32
2022 年	9	2.6	—	9	7.9	1.50

注：国内影响力数据来源于中国知网，国际影响力数据来源于《期刊引证报告》。

（4）网络传播指标。根据 JCR 统计，广东省英文科技期刊在 Web of Science 总下载频次逐年增长，同时社交媒体活跃度也逐年提升。

2. 基于 Scopus 的广东省入选高水平期刊建设项目英文科技期刊分析

Scopus 是爱思唯尔在 2004 年上线的数据库，是规模最大的同行评议文献（科学期刊、书籍和会议记录）的摘要和引文数据库，目前收录全球超过 7 000 家出版社的 26 000 多种系列出版物，提供有关科学、技术、医学、社会科学以及人文艺术领域的全球研究成果的全面概述。自 2021 年以来广东省共有 17 种英文科技期刊入选广东省高水平科技期刊建设项目，根据 CiteScore 2022 版，17 种英文科技期刊中有 11 种期刊被 Scopus 收录，基于 Scopus 数据库的 11 种期刊的具体信息见表 3－22。

基于 Scopus 数据，爱思唯尔自 2016 年底中国学术期刊分析报告推出 CiteScore™ 指标，包含 8 项系列指标可提供互补观点来分析所有 Scopus 持续更新连续出版物（包括期刊、行业杂志、系列会议论文集、丛书）的影响。该指标于 2020 年 6 月（公布 2019 CiteScore™）更新算法，新算法计算方法为：过去 4 年连续出版物发表的同行评议类文献（文章、综述、会议论文、图书章节、数据论文）获得的引文计数（分子）除以同期的同行评议类文献数（分母）。新算法指标同时计算了回溯数据，可追溯至 2011 CiteScore™。

表 3 - 22　基于 CiteScore 2022 的广东省高水平期刊建设项目的英文科技期刊信息

英文刊名	中文刊名	ISSN 号	主办单位	创刊年份	合作出版社	被收录年份	CiteScore	学科分类
Annals of Eye Science	眼科学年鉴	2520-4122	中山大学中山眼科中心	2016	AME	2021	0.6	Medicine: Ophthalmology
Cancer Communications	癌症通讯（英文版）	2523-3548	中山大学肿瘤防治中心	2018 年变更为现刊名	Wiley	2017	19.9	Medicine: Oncology
Control Theory and Technology	控制理论与技术（英文版）	2095-6983	华南理工大学	2003	Springer Nature	2014	2.3	Engineering: Control and Systems Engineering
Carbon Research	碳研究	2731-6696	广东省科学院生态环境与土壤研究所	2022	Springer Nature	2022	—	Earth and Planetary Sciences: Earth-Surface Processes
Journal of Thoracic Disease	胸部疾病杂志（英文版）	2072-1439	广州医科大学第一附属医院	2009	AME	2009	4.6	Medicine: Pulmonary and Respiratory Medicine
Gastroenterology Report	胃肠病学报道（英文）	2304-1412	中山大学	2012	Oxford University Press	2014	5.0	Medicine: Gastroenterology
Journal of Tropical Meteorology	热带气象学报（英文版）	1006-8775	广州热带海洋气象研究所	1995	科学出版社	2008	1.4	Earth and Planetary Sciences: Atmospheric Science
Liver Research	肝脏研究（英文）	2096-2878	中山大学	2017	Elsevier	2019	5.9	Medicine: Gastroenterology
Giant	—	2689-9620	华南理工大学	2020	Elsevier	2021	6.9	Materials Science: Materials Chemistry

续上表

英文刊名	中文刊名	ISSN 号	主办单位	创刊年份	合作出版社	被收录年份	CiteScore	学科分类
Giga Science	—	2047 – 217X	深圳华大生命科学研究院	2012	Oxford University Press	2015	13.7	Multidisciplinary Sciences
Advanced Industrial and Engineering Polymer Research	先进工业和工程聚合物研究	2542 – 5048	金发科技股份有限公司	2018	KeAi	2018	17.2	Engineering: Industrial and Manufacturing Engineering
Mycosphere	菌物圈	2077 – 7000	仲恺农业工程学院	2010	—	2014	24.4	Agricultural and Biological Sciences: Ecology, Evolution, Behavior and Systematics

注：1）数据来源于 Scopus 数据库。
2）学科分类仅显示第一学科。
3）Carbon Research 暂无数据。

（1）载文量。入选期刊刊载文量呈下降趋势，这与基于 Web of Science 数据库分析的下降趋势一致。以单刊而言，发文量较大的 *Journal of Thoracic Disease* 下降趋势明显，2022 年相比 2020 年发文量下降幅度达到 44%。其余期刊略有波动。如图 3-16 所示。

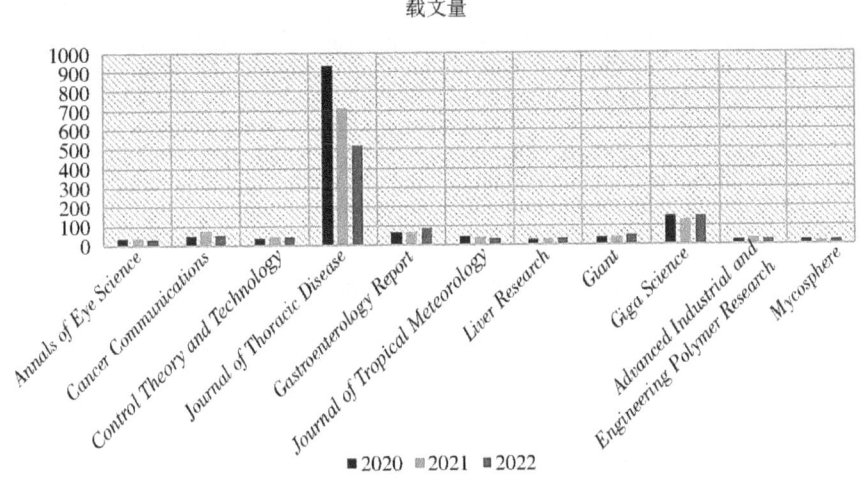

图 3-16　基于 Scopus 数据库的入选英文期刊载文量分析

注：数据来源于 Scopus 数据库。

（2）CiteScore 均值。CiteScore 是爱思唯尔自 2016 年起基于 Scopus 数据库每年发布的学术期刊评价指标。CiteScore 可以简单衡量 Scopus 来源出版物的引用影响。CiteScore 的计算采用了 4 年期窗口，计算方法是期刊在 4 年内被引文献（论文、评论、会议论文、书籍章节和数据论文）所引用次数除以编入 Scopus 索引的相同类型文献在这 4 年内发表的总数。据统计，近年来广东省英文科技期刊 CiteScore 均值显著提升。

（3）被引频次。CiteScore 中的被引频次是指来源出版物在统计年及统计年前 3 年发表的 5 种文献类型（论文、评论、会议论文、书籍章节和数据论文）在这 4 年被引用的总次数，即 4 年发表论文的累计被引频次。根据 CiteScore 统计，广东省 11 种英文科技期刊累计被引频次逐年上升。如图 3 – 17 所示。

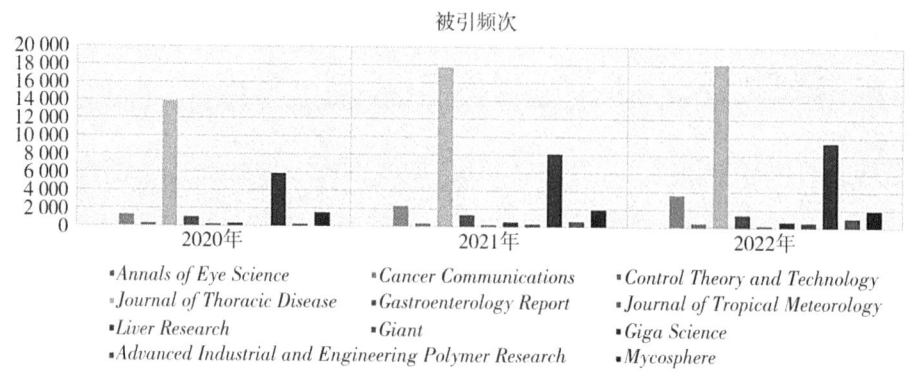

图 3 – 17　基于 Scopus 数据库的入选英文期刊被引频次分析

第三节　广东省科技期刊高水平建设实施效果、问题及建议

科技期刊传承人类文明，荟萃科学发现，引领科技发展，直接体现国家科技竞争力和文化软实力。科技期刊作为原创性科研成果的重要刊载阵地，是开展学术研究交流的重要平台，是传播思想文化的重要阵地，是促进理论创新和科技进步的重要力量，在引领学术发展、促进学术交流与创新方面具有积极作用。为深入贯彻习近平总书记关于学术期刊工作的系列重要指示精神，落实中共中央宣传部、教育部、科技部印发的《关于推动学术期刊繁荣发展的意见》，推动广东省学术期刊高质量发展，从 2020 年开始广东省委宣传部、科技厅启动了高水平、高质量及高起点科技期刊建设项目，拟打造一批具备国际传播力和学术地位的广东品牌科技期刊，更好地服务科技创新，发挥其在创新驱动发展战略中的重要支撑作用。

科技期刊全流程的精准出版、科研伦理的规范和审查、高素质的编辑人才培养、编委会建设、科技期刊集群化平台建设等对提升广东省科技期刊的影响力和核心竞争力意义重大。本节调查了广东省科技厅资助的 38 种高水平、高质量、高起点建设项目科技期刊在 2018—2022 年期间的发展状况，资助前后编辑队伍、出版伦理规范建设、项目经费使用以及期刊影响力等变化的情况，总结高水平建设实施过程中存在的问题并提出建议与思考，旨在发挥广东省高水平建设科技期刊的学术引领能力，将广东科技期刊打造成具有广东特色的学术内容生产、展示、传播与交流的平台。

一、广东省科技期刊高水平建设的实施效果

2020—2021 年度获得广东省科技厅财政资助的高水平、高质量、高起点科技期刊（以下简称"入选期刊"）共有 38 种，这些期刊基本代表了广东省最高水准的科技期刊。2023 年 8 月本书编者通过问卷调查和访谈的方式，统计分析了广东省 38 种入选期刊获得财政资助前、后 5 年（2018—2022 年）的高水平建设的实施情况，评估其在精准出版、伦理规范、人才培养、编委会建设及影响力提升等方面的成效。

（一）全流程精准出版的实施情况

"精准出版"包括精准期刊选题策划、精准约稿与组稿、精准遴选与考核审稿专家、精准寻找与黏合目标读者等[1]。广东省 38 种入选期刊全流程精准出版的实施情况如下。

1. 内容策划效果

（1）栏目策划。38 种入选期刊的栏目策划实施效果较好，86.84% 期刊（33/38）均有栏目策划。但在 33 种有栏目策划的入选期刊中，仅 33.33% 期刊（11/

33）的栏目是围绕期刊学科特色而设置的；42.42% 期刊（14/33）依据论文的文体类型来设置栏目，例如"论著""综述"等，这不能突出体现刊物的报道范围，因此，作者难以准确判断其所投稿件是否符合刊物要求。有 1 种期刊设置有优先出版栏目，强调了出版时效，但无法体现期刊特色；还有 1 种期刊设置了编辑推荐栏目，这种栏目虽不以论文主题、类型为限制，可体现期刊引导的主题方向，但也容易受编辑的主观因素影响；另外有 4 种期刊还进行了专刊策划。1 种期刊设置了《学术前沿》栏目，76.32% 的期刊（29/38）进行了热点策划。其中建设有长期、特色栏目的期刊中有 81.82%（27/33）进行了热点策划。

（2）主动约稿。主动约稿是现阶段科技期刊获取高质量稿源的重要手段。38 种入选期刊中，89.47% 的期刊均进行了专家约稿，但 42.11% 的期刊的约稿论文占比在 10% 以下，可见优质论文约稿的比例和效果有待升。

（3）内容定制生产。内容定制生产主要是指期刊编辑部拟定一个学术热点或选题，邀请知名专家按要求进行学术论文的写作、述评等，在 38 种入选期刊中仅有 21.05% 的期刊开展此项目。如表 3 - 23 所示。例如，针对新冠突发公共卫事件中急需的防范措施和临床治疗指南等开展的内容定制约稿，疫情期间《暨南大学学报》（医学版）邀约知名公共卫生专家，定制了新冠疫苗国内外的研究进展及上市后评价多篇述评，获得较好的影响力。如表 3 - 23 所示。

表 3 - 23　广东省 38 种三高科技期刊内容策划实施效果　　　　　　　n/%

内容策划调查项目	有	无
长期、特色栏目建设	33（86.84）	5（13.16）
热点策划	29（76.32）	9（23.68）
高端专家约稿	34（89.47）	4（10.53）
内容定制	8（21.05）	30（78.95）

注：本节表格数据来源均为笔者的调查问卷。

2. 内容生产效果

在内容生产的规范执行方面，94.74% 的期刊能够严格执行"三审三校"制

度，未执行的 2 种期刊中，一种期刊处于新刊创办阶段，另一种期刊编辑部有自行的 内部审校程序。同行评审方面，仅有 1 种期刊（2.63%）采用完全公开同行评审的方式进行，55.26% 的期刊采用单盲评审，36.84% 的期刊采用双盲评审，还有 5.26% 的期刊采用多种形式结合进行同行评审。

学术不端识别是论文发表过程中的重要一环，38 种入选期刊中有 92.11% 的期刊采用专业的学术不端检测系统进行检测，但也有极少数期刊是靠编辑来人工把关的。65.71% 的期刊（23/35）选择使用一种学术不端检测系统，31.43% 的期刊（11/35）会联合使用两种学术不端检测系统，仅有 1 种期刊会使用 3 种学术不端检测系统。期刊所使用的学术不端检测系统对文字复制的检测准确率较高，但对图片、表格和公式尚无法完全辨别检测，仅有 1 种期刊使用专业软件对图片进行检测。

在内容生产编排方面，92.11% 的期刊使用专业排版软件进行排版，其中有 14.29% 的期刊（5/35）是委托第三方公司进行排版业务的。

在智能化工具使用方面，60.53% 的期刊使用智能校对软件辅助校对，其中，8.70% 的期刊（2/23）只对参考文献使用智能校对软件（例如善锋校对软件），17.39% 的期刊（4/23）会同时对正文（例如黑马校对软件）和参考文献进行智能校对。

表 3-24　广东省 38 种三高科技期刊内容生产实施效果　　　　　　　　　*n*/%

内容生产调查项目	有	无
实施"三审三校"	36 (94.74)	2 (5.26)
实施同行评议	37 (97.37)	1 (2.63)
采用学术不端检测系统	35 (92.11)	3 (7.89)
采用排版软件	35 (92.11)	3 (7.89)
采用校对软件	23 (60.53)	15 (39.47)

注：本节表格数据来源均为笔者的调查问卷。

3．内容传播效果

2018—2022 年的调查数据显示，38 种入选期刊已全部加入多种国际或国内学术数据库。全部开通官方网站并运营良好，但在媒体融合出版方面的表现却不尽如人意。其中 36 种期刊开通了新媒体平台，但以微信公众号传播为主，而其他的新媒体平台的使用率低，且微信公众号的整体活跃度低，关注人数与阅读量普遍处于较低水平，未能充分发挥微信公众号的传播影响优势。另外，开展精准传播的期刊不足半数，已开展的期刊以邮件精准推送为主，详见表 3 - 25 及表 3 - 26。

表 3 - 25　广东省 38 种三高科技期刊传播平台及模式　　　　　　　　　　n/%

内容传播调查项目	有	无
官方网站	38（100）	0
微信公众号	36（94.7）	2（5.3）
视频号（开展直播）	12/6（31.6/15.8）	26（68.4）
内容传播调查项目	有	无
微博	7（18.4）	31（81.6）
其他传播平台/媒体平台	11（28.9）	27（71.1）
精准推送模式	11（28.9）	27（71.1）
国际数据库收录	38（100）	0
国内数据库收录	36（94.7）	2（5.3）

注：本节表格数据来源均为笔者的调查问卷。

表 3 - 26　广东省 36 种三高科技期刊的新媒体运行情况　　　　　　　　n/%

新媒体调查项目	1 000 以下	1 000 ～ 5 000	5 001 ～ 10 000	10 000 以上
新媒体关注人数	4（11.1）	16（44.4）	7（19.4）	9（25.0）
新媒体最高阅读量	4（11.1）	16（44.4）	2（5.6）	14（38.9）
新媒体平均阅读量	26（72.2）	9（25.0）	0	1（2.8）

注：本节表格数据来源均为笔者的调查问卷。

4．科研期刊出版中的伦理规范化建设情况

科技期刊作为学术成果发表的把关者，在科研诚信建设和科技伦理治理中发

挥着重要作用，期刊出版中的伦理规范建设有助于在出版环节防范学术不端及伦理失范行为[2]。近年来广东省的科技期刊出版伦理意识已经逐步加强，编辑人员加强了对一稿多投，重复发表，第三方代写代投论文等诸多不端行为的防范和抵制。但在制定出版伦理声明或政策及开展伦理审查、要求作者提供贡献声明、利益冲突声明及完善撤稿机制等方面尚有待提升，调查结果详见表 3 - 27。

表 3 - 27　广东省 38 种三高科技期刊的出版伦理规范化建设情况　　　　　　*n*/%

伦理规范调查项目	有	无（或非强制）
伦理声明及审查	32（84.21）	6（15.79）
作者贡献声明	28（73.68）	10（26.32）
利益冲突声明	30（78.95）	8（21.05）
撤稿机制	33（86.84）	5（13.16）

注：本节表格数据来源均为笔者的调查问卷。

（1）伦理政策及伦理审查情况。伦理政策或伦理声明总体执行情况较好。38 种入选期刊中未执行或非强制执行伦理政策的仅 6 种期刊（占 15.79%），其中英文刊 3 种，中文刊 3 种，均为自然科学类期刊，较少涉及伦理敏感领域（如生命科学、医学及人工智能等），生物医药期刊对伦理政策重视程度明显高于其他期刊。

（2）作者贡献声明执行情况。英文期刊对作者提供贡献声明的要求比较高，38 种入选期刊中有 26.32% 的未实行作者贡献声明制度，其中 1 种英文刊有贡献声明的要求，但未强制执行，其他 9 种全部为中文刊。

（3）利益冲突声明执行情况。38 种入选期刊中有 21.05% 的期刊未实行利益冲突声明，其中英文刊 1 种，中文刊 7 种。无利益冲突声明与无作者贡献声明的期刊基本重叠，说明这些期刊对这 2 项出版伦理规范的认知或重视程度不够。

（4）撤稿机制执行情况。英文期刊对撤稿的认知整体较好，通常按国际出版商和数据库的撤稿规则流程来执行，一般国际期刊视撤稿的严重程度通常分为三类情况：关注、勘误和撤稿；而中文期刊对撤稿的认知和执行方面尚存在不足。

38 种入选期刊中有 13.16% 的期刊无撤稿机制，或者办刊以来无撤稿的事件。

（三） 编辑人才队伍建设情况

1. 编委会建设

本次调研主要对参与办刊的编委和主编情况进行了调研。所有期刊都设立有编委会，编委人数最少者只有 7 名，最多者有 412 名。编委人数在 100 名以上的占 34.21% （13/38），在 50 ～ 100 名的占 36.84% （14/38），在 50 名以下的占 28.95% （11/38）。其中，6 种 （15.79%） 期刊设立了青年编委会。

2. 主编设置

78.9% 的期刊 （30/38） 采用独立主编制，其中，教授作独立主编者占 83.33% （25/30），院士作独立主编者占 16.67% （5/30）；7.8% 的期刊 （3/38） 采用双主 编制，其他则采用主编团队。多主编制中，主编均为教授者占 37.5% （3/8），院士与主编搭档者占 62.5% （5/8）。在全部 38 种期刊中，59 名主编均为正高级职称，其中，17 名为院士，占 28.81% （17/59）。

（四） 资助经费使用状况

本课题组成员采用随机抽样的方式选取了广东省高水平科技期刊建设项目第一批立项单位中的 10 种科技期刊的主要负责人作为访谈对象，进行半结构化访谈，资助经费使用情况访谈结果如下。

1. 资助经费使用和配套情况

广东省高水平科技期刊建设项目资助第一批立项单位的经费在 2022 年 1 月到账，资助周期为 3 年，计划于 2024 年底结项。目前经费的使用为 20 万 ～ 70 万不等。获得广东省高水平科技期刊建设项目资助后，仅个别单位有配套的经费支持。

2. 资助经费使用的主要类型

经费的使用主要集中在：①举办各种学术论坛或会议（会议费、劳务费）；②编辑部参加学术会议或约稿差旅费；③专题、专刊等的组稿、约稿费用；④提高同行评议专家的审稿费；⑤期刊品牌策划宣传推广费（视频号制作、海报、展台、期刊礼品等）；⑥出版商合作费（如国际传播平台、精准推送服务等、期刊影响力数据咨询费）等方面。

（五）期刊影响因子的变化情况

对 38 种入选期刊近 5 年的影响因子变化进行了调查，中文期刊采用中国知网的《中国学术期刊影响因子年报》的影响因子，英文期刊采用 SCI 的影响因子。38 种期刊中 10 种英文期刊因创刊年份较新没有影响因子或仅有 1 年的影响因子，其余 28 种均提供了 3 年或以上的数据，大部分期刊的影响因子在获得高水平科技期刊建设项目资助后呈上升趋势，且有 5 种表现为大幅提升，例如 *Cancer Communications* 的表现突出，影响因子由最初的 5.672 上升至 16.2。高水平科技期刊建设项目的目的就是提高广东省科技期刊的学术影响力和核心竞争力，使其成为创新驱动发展战略的重要支撑。目前，第一批资助项目 2022 年 1 月正式实施，第二批资助项目刚启动，影响力等指标需要更长的观察时间方能准确呈现，但近 3 年的影响因子的变化趋势说明获资助的科技期刊学术影响力有望持续稳步提升，如表 3 - 28 所示。

表 3 - 28　28 种入选期刊近 5 年的影响因子变化趋势　　　　　　　*n/%*

变化趋势	明显	轻微	合计
上升	5 (21.7)	20 (65.2)	25 (87.0)
持平	—	—	3 (13.0)
下降	—	—	0

注：本节表格数据来源均为笔者的调查问卷。

二、广东省科技期刊高水平建设实施中存在的问题

在大数据环境中，传统的出版模式已无法满足科技出版的需求。因此，科技期刊需要借助大数据对整个出版行业进行深度分析，识别并解决期刊出版过程中的问题，以优化科技期刊的出版流程，推动科技期刊出版行业的持续发展。网络技术为科研活动提供了便捷的在线交流平台，可以快速进行主题搜索，科研人员在使用社交媒体时，在网络空间留下大量的行为数据，对这些数据进行分类整理和科学分析，有助于全面把握科研趋势。然而，在实际的组稿、约稿过程中，编辑人员并未充分利用这些数据，因此无法准确把握科研人员的研究趋势，导致在组稿过程中选题策划不够精确。传统的出版流程通常只依赖编辑人员的个人经验进行判断，未能挖掘出潜在的信息，且未充分重视选题策划的精准化和同行评审专家的专业化，这可能会影响科技学术期刊的出版质量和效率[3]。

（一）全流程精准出版实施中的问题

1. 内容策划相关问题

作为科研成果传播、科技交流推动、技术推广及科技知识普及的关键途径和媒介，科技期刊的内容质量不仅关系到期刊的核心竞争力，也影响着科技成果的转化效率及公众科学素质的提升。期刊内容是体现期刊质量与核心竞争力的关键，是期刊生存与发展的基石，也是期刊影响力与传播力的源泉[4]。尽管科技期刊并非科技论文内容的直接生产者，但它是科技论文内容主题的策划者、论文内容呈现效果的优化者，以及对科技论文内容进行再生产、再加工的处理者，从而创作出具有高价值的原创内容。因此，如何提升科技期刊的内容策划能力，强化科技期刊的内容质量建设，提高科技期刊的核心竞争力与传播力，以及扩大科技期刊的国际影响力，是每位科技期刊编辑需要关注并思考的问题。本次调研结果显示，

入选期刊在内容策划方面存在如下的问题。

（1）栏目策划特色不明显。期刊的栏目设置是期刊有效管理的一种方式，其是由编辑人员根据期刊的宗旨和指导方针，结合期刊的学科特性和读者需求，对期刊的主要内容进行分类和编排而形成的分类。如果说期刊的宗旨是期刊的核心，那么栏目就是期刊的支架，是期刊宗旨的实际表现[5]。栏目是期刊的展示窗口，是期刊的宗旨、特色和学术水平的具体表现，也是反映编辑思维的媒介[6]。

进行栏目策划，可以实现以下效果：①提升期刊的专业性和针对性。通过设立不同主题的栏目，科技期刊可以更好地组织和呈现相关领域的研究成果，满足读者对特定学科领域的阅读需求，从而提升期刊的专业性和针对性。②优化期刊结构和内容布局。合理的栏目设置有助于期刊整体结构的优化，使论文内容条理更加清晰，便于读者快速定位和获取精准信息，提高阅读体验。③提升期刊影响力和知名度。优秀的栏目设置可以吸引更多高质量的论文投稿，从而提升期刊的学术水平和影响力。同时，有特色的栏目能够引起读者的关注和作者的投稿，进一步提高期刊的知名度。④促进学术交流和知识传播。科技期刊通过设置不同主题的栏目，可以促进相关领域的学术交流和知识传播，推动科研成果的转化和应用。⑤反映编辑部的办刊理念和特色。栏目设置是编辑部办刊理念和特色的具体体现，有助于塑造期刊的品牌形象，提升期刊的核心竞争力。纳入本次调研的广东 38 种入选期刊的栏目策划效果均不够理想：①栏目设置的特色化不足。虽然 86.84% 的期刊（33/38）进行了栏目策划，但其中，仅有 33.33% 的期刊（11/33）的栏目是围绕期刊学科特色而设置的，如"虚拟合集组建""新污染物毒性识别与健康风险""罕见病""通信与自动控制技术""岩石大地构造与地球化学""青藏高原隆升与演化""作物遗传育种与栽培""世界显微外科大师""施工机械""捐献之窗"等专栏。②整合资源的意识和能力不强。除了从期刊本身具有的学科出发设置专栏外，还可与专业学会合作，设置相应学科性质的专栏，让期刊和专业学会实现合作共赢。如《暨南大学学报（自然科学与医学版）》建设的中长期栏目"医学影像与人工智能"，就通过与相关学会协作办刊，吸引了众多国内高端学者的投稿。③栏目分类较单一。42.42% 的期刊（14/33）依据论文的文体类型来设置栏目，如"基础研究""临床研究""综述"等，这种栏目设置的主题引导性不强，仅是对论文文体的划分类。调查中有 1 种纸质期刊设置了优先出版栏目，但这需要与学术平台的网络优先出版结合才能体现出版时效。另有 4 种期刊有专刊的策划形式，专刊的主题传播效果比专栏更强，但实际操作中受稿件数量的影响，不易成行，但可通过综合不同刊期的同类文章形成跨刊的"虚拟合集或专刊"。

（2）学术热点、重点追踪不够。2020 年 9 月 11 日，习近平总书记在科学家座谈会上提出了科技发展要坚持面向世界科技前沿、面向经济主战场、面向国家重大需求、面向人民生命健康的重要论断。《关于深化改革培育世界一流科技期刊的意见》强调，"科技期刊要对标世界一流，突出关键重点，围绕国家重大需求和科技发展战略必争领域，做强优势学科，抢抓新兴交叉学科发展和数字化转型的战略机遇"。因此，科技期刊选题应以服务国家重大战略为导向，为国家核心战略提供支持，关注科技发展最前沿，这是科技期刊服务国家核心战略的实际体现，对科技期刊自身发展也有着重大意义。首先，热点问题必须是学术界高度关注、期待解决的重大、焦点问题，是需要共同研究的公共主题；其次，热点问题必须具有独特的知识逻辑、学术规则和价值规范，属于学术性问题和学术主题，具有理论性和普遍性[7]。鉴于我省科技期刊的选题策划能力薄弱问题，更需要关注热点问题，借助科技前沿热点或突发事件策划专题，组织出版热点重点文章，期刊选题策划中，不仅要具备一般专题策划的可行性和实践性，还要加强科技期刊的新闻性和社会性，吸引高端作者积极参与，满足普通读者的阅读需求，这既能提升科技期刊的学术水平和社会影响力，也有助于科技期刊承担社会责任，延伸品牌效应[7]。本次调研的 38 种入选期刊中，有些采用了追踪学术热点的内容定制形式，包括"全息技术""人工智能""机器学习""绿色智慧交通""精准农业航空""微米纳米制造""固态能源电池""肠道微生态""华南季风强降水观测特征、机理研究和预报技术发展""华南陆壳结构与南海北部地质过程""悬浮隧道建造技术研究"等，特别在影响全球的新冠疫情中，有多家期刊设立了新冠栏目，部分生物医学期刊化危为机，克服疫情出刊的困难，积极开辟绿色发表通道和新冠防治专栏，为我国抗疫提供学术技术支撑。

（3）高质量的约稿尚需增加。在科技发展和国家政策的双重推动下，我国正在大力推进科技创新，世界一流的科技成果层出不穷，科技期刊正面临着快速发展的黄金时期。随着科技期刊的快速发展，期刊发文量虽然也在持续增长，但优质稿件外流现象仍然严重，国内科技期刊如何吸引优质稿源在国内发表已经成为期刊人密切关注和重点研究的问题。期刊的长期稳定的高水平发展离不开高质量的稿源基础，但目前大多数刊物，别说"择米下锅"了，仍尚处于"等米下锅"的状态[8]。因此，科技期刊编辑需要通过多种途径主动出击获取优质稿源。研究表明，编辑部人员在约稿专家时，近 1/3 的遭遇专家不回应的情况，44.9% 的调查对象反映"专家不能及时/按期提供稿件"，邀约稿中普遍存在拖延情况，这影响了期刊的如期出版，打乱了编辑部的出版计划，不利于稿件的整体规划[9]。

专家们不回应或者拖延，除了他们更倾向于在 SCI 收录期刊上发表论文、事务繁忙没有时间和精力写作外，还有可能是认为约稿的期刊质量不佳[10]，而且学科领域权威专家还可能会将其研究生的文章作为邀约稿件予以答复，这与期刊约稿的初衷完全背道而驰[11]。本次调研的 38 种入选期刊中，虽然 89.47% 的期刊均进行了主动约稿，但 42.11% 的期刊的约稿论文占比在 10% 以下，可见优质论文约稿的比例和效果尚有很大提升空间。对于专家拖稿的问题，我省已有期刊进行了多种尝试，如通过建立高端学者约稿及写作微信群，编辑参与写作并及时跟踪写作进度等措施，一定程度上提高了约稿专家的写作效率。

2. 内容生产相关问题

（1）学术不端的识别度较低。论文是学术成果的主要展示形式，作者在科研、写作和发布过程中坚守科研诚信，是确保研究结果真实可靠的基石，也是推动学术交流与合作的关键。如果论文中出现数据伪造、篡改等学术不端行为，可能会误导其他研究者，阻碍良好的学术环境的形成。科研诚信是科技创新的根本，是

实施创新驱动发展战略、实现高水平科技自主创新的重要支撑[12]。仅依赖作者的道德约束和行业内的伦理声明很难有效控制学术不端行为的风险。并且，许多学术不端行为都是在文章发表后才被发现，此时已经产生了不良影响。因此，在互"联网＋"时代，利用人工智能、大数据等新兴信息技术对论文进行检测，有助于识别部分学术不端行为，降低不良学术影响。我国期刊选用较多是中国知网推出的学术不端文献检测系统万方检测（AMLC），其以《中国学术文献网络出版总库》为全文比对数据库，同时支持与互联网资源和自建资源库进行比对，支持从词、句子到段落的数字指纹定义，并可基于标题、上下文、图表等内容对图、表等特殊检测对象进行相似性检测；其他还有万方数据（WFSD）和维普资讯的维普论文检测（WPCS），其原理与 AMLC 相似。然而，这些学术不端检测系统对于文字复制的检测准确率较高，但对于图片、表格和公式的识别仍存在困难，对于图表较多的科技论文来说，其检测功能还有待提升[13]。本次调研的 38 种入选期刊中，92.11% 使用了专业的学术不端检测系统进行检测，29 种期刊使用的学术不端检测系统的频次，从高到低依次是 AMLC、WFSD、iThenticate、Editorial Manager、Turnitin、中华医学杂志社学术期刊出版服务平台中的查重系统、CrossRef、超星大雅论文检测系统。65.71% 的期刊（23/35）只使用一种学术不端检测系统，其中，最多的选择为 AMLC，其次为 iThenticate，使用最少的是 CrossRef。31.43% 的期刊（11/35）联合使用两种学术不端检测系统，基本都是 AMLC＋WFSD 的组合形式（10/11），仅有 1 种期刊联合使用 AMLC＋iThenticate。还有 1 种期刊使用了 3 种学术不端检测系统：AMLC＋WFSD＋超星大雅论文检测系统。由于不同学术不端检测系统的数据资源库有所不同，所以检测结果也会有所差异，为保证检测结果的准确性、全面性，建议联合使用两种及以上的学术不端检测系统的检测效果更为准确。

（2）内容加工需优化升级。在新媒体时代，科技从业者的阅读模式和习惯已经发生了转变，数字化、多样化和移动化使得高质量信息的迅速传播成为科技期刊的发展方向。因此，科技期刊数字出版流程的重塑和出版融合发展已成为高水平发展的主要方向，编辑、校对和排版流程优化和升级改造势在必行。目前广东省三高科技期刊部分应用数字出版系统及辅助智能软件提高编排质量和效率，如采用方正学术出版云服务平台快速排版，借力各平台的知识服务进行精准推送，采用腾讯视频会议系统进行审稿、校稿和举办学术会议，通过黑马校对、善锋参考文献校对软件等来确保编排的质量，减少人工校对可能遗漏的错误等，但需要进一步将流程优化升级推广到所有科技期刊，或者通过科技期刊集群化的管理模式促进采编和传播系统的优化改造。

3. 内容传播相关问题

党的十八大以来，以习近平同志为核心的党中央高度重视媒体融合发展，党中央全面深化改革委员会《关于推动传统媒体和新兴媒体融合发展的指导意见》指出，推动传统媒体与新兴媒体融合发展，强化互联网思维，坚持先进技术为支撑、内容建设为根本，形成立体多样、融合发展的现代传播体系。科技期刊既是科学共同体沟通交流的重要平台，也是大众科普的渠道之一，提升科技期刊在不同层面、国内与国外的传播力是我省高水平科技期刊建设的重要环节。

大数据时代，云计算、人工智能、区块链、互联网、物联网等新兴技术的飞速发展，推动中国出版业朝着多元化、精准化、个性化以及智能化方向前进，带动学术期刊数字出版持续发展。学术期刊的高质量发展要以融合发展为支撑。学术期刊除了抓内容质量外，对期刊的传播、管理和服务等外延职能亦须高度重视，而这种涉及内容、技术、渠道、管理、人才、服务等方面的融合正是出版融合发展的本质。近年来我国学术期刊或主动或被动地在融合发展的理论和实践方面进行了诸多尝试、探索和创新，也取得了一定成就，但当前的融合发展远未达到"深度融合"的要求。一是理论和实践未能很好协同发展。"出版融合"等研究发文量逐年攀升，但理论研究尚未能很好地指导实践并落实到位。此外，出版融合发展还存在人才和资金缺乏、管理和经营机制落后等一系列问题。二是融合发展尚不均衡。期刊的融合发展过于关注与技术的融合，而对与其他产业和平台融合的关注不够，出版融合大多集中在采编系统和传播渠道方面，而在期刊的经营管理、平台建设等方面的融合探索较少。三是融合发展的人才培养机制有待完善[14]。

本次广东省入选期刊的内容传播效果调研结果显示，38 种期刊对数据库建设较为重视，均加入了多个国际或国内数据库以提升国、内外学术影响力，这也是获得资助后的明显成效之一，学术质量与出版质量的提升加快了期刊进入国内外著名数据库的脚步，入选期刊正往世界一流期刊行列靠拢。38 种期刊已全部开通官方网站，但作为我省的领军期刊，在出版融合传播方面仍存在诸多不足，具体表现如下。

（1）新媒体传播方式单一。科技期刊要增强其传播力，就应充分运用信息技术，采用多元化传播平台策略，将传统媒体与新媒体融合、融通、融强，不断扩大传播范围，从而扭转科技期刊覆盖面窄、传播力弱的局面。本次调研的 38 种入选期刊以使用微信公众号为主，开通其他新媒体平台者较少，传播方式较单一，这与全国调研的整体情况相符[15]。在开通了微信公众号的 36 种期刊中，也仅有 12 种开通了视频号，其中 6 种开展了在线直播。这反映出我省高水平科技期刊的新媒体建设能力较弱，并未能发挥媒体融合发展的示范带头作用：①深度融合认知不足。尽管国家推进媒体融合发展已超过十年，但能将传统媒体与新媒体从简单相加深入到真正融合者仍较少。不少期刊人的出版融合思维仍停流于表面，对深度融合的意识不强、重视程度不够。②未能打破思维局限。微信是大众最常用的新媒体，而且由于其专业性强、吸引的关注者的黏性大，因此也常被用于公司、企业等的工作与宣传中，大部分期刊也顺应趋势开通了微信公众号，但对于其他类型的新媒体，多数期刊并未做进一步尝试。③人力资源配置不足。大部分期刊的新媒体运营工作由学术编辑兼任，并未配有专职的新媒体编辑，学术编辑本职工作繁忙，只能利用工作空余时间捉襟见肘地维护新媒体运营，难以深入开展多元化服务，这使得入选期刊新媒体建设未能满足高水平期刊发展的要求。④资金投入比例失衡。按照以往的科技期刊发展经验，入选期刊将最重要的学术出版质量放于首位，资金投入方向也以提升学术出版质量为主，但在学术出版质量获得较大发展后，对新媒体建设的投入并没有相应地增加，造成新媒体的发展步伐赶不上学术出版质量的发展步伐，这种学术出版质量与新媒体平台建设不相匹配的情况在入选期刊中非常常见，也造成了新媒体传播方式单一的局面。

（2）新媒体传播效果不佳。新媒体的关注人数及阅读量统计结果显示，大部分期刊新媒体的关注人数较少，以 1 000 ～ 5 000 人占比较多，关注人数超过10 000 人的期刊仅 9 种。而且新媒体阅读量也处于低下水平，大部分期刊的平均阅读量低于 1 000，个别期刊的阅读量甚至为 0。尽管大部分期刊已开通新媒体平台，但新媒体整体活跃度低，传播效果不佳，新媒体的传播优势未能被有效发挥，同时期刊缺乏对受众特征的了解与把握。新媒体的关注度低、阅读量少可能与缺乏吸睛的优质内容、宣传推广的人手不足、建设资金投入少等因素有关。新媒体的维护与发展并非易事，每个平台的特点与运营规则不同，推广的方式也各异，运营者除了需要有发现热点的敏锐度、把握传播机遇之外，还要具有专业的分析能力，针对受众的特点与喜好，产出优质内容。因此，在熟悉新媒体运作的基础上，还需要具备相应的运营能力，才能充分发挥新媒体的传播优势，从而避免将媒体融合停留于表层的现象。

（3）传播目标精准度不高。《关于深化改革　培育世界一流科技期刊的意见》指出，科技期刊要提供高效精准知识服务，推动科技期刊数字化转型升级。目前，我国科技期刊仍以官网、学术论文数据库等被动形式进行传播为主，采用主动精准推送模式的期刊为数不多。而通过人工智能精准匹配读者的其他推送模式仍未被充分认知和使用。本次调研的 38 种入选期刊采用主动精准推送者不足半数，以邮件推送为主，个别期刊采用微信推送、专业群推、被引推送或直接邮寄纸质期刊推送，少数期刊利用 AMINER、方正排版系统等提供的智能精准推送模式。精准传播是融媒体时代最有效的传播方式，针对性越强传播效果越好，高精准度的点对点推送形式更有助于提高期刊的黏性。

总之，目前科技出版中所使用的智能系统或软件相对比较孤立和分散，例如，某一智能程序只负责某一数据库平台的文字重复检测，或者仅负责参考文献校对或文字校对。因此，如何利用人工智能技术将选题策划、同行评议专家遴选、图片、文字查重、伦理审查、文字、图表及参考文献校对及精准推送等服务集中于一体并始终贯彻于出版的全流程，做到真正意义上的智能精准出版值得深入研究。

（二）科技出版中伦理规范化建设中存在的问题

科技期刊出版中的伦理规范化建设是科技期刊高水平建设的重要的一环，是落实中共中央办公厅、国务院办公厅关于《关于进一步加强科研诚信建设的若干意见》（2018 年）以及《关于加强科技伦理治理的意见》（2022 年）相关政策的具体实践，有助于引导作者开展负责任的创新研究，营造科研诚信的良好环境。

目前，科技期刊出版中涉及的各责任主体（作者、编者、审者）的科研伦理意识普遍较为薄弱[2]，在全球范围内学术论文因科研伦理失范而撤回数量逐步上升，生命科学和医学是学术不端行为频发的重灾区，是国家科研伦理治理的重点领域。科技出版中通常会涉及科技各领域的"研究伦理"和成果发表阶段的"出版伦理"两方面的内容，科技期刊的编者对出版伦理的认知水平相对较高，而对各领域的"研究伦理"的认知欠缺，急需通过相关的专业培训来提升各责任主体的伦理认知水平，使编辑和同行评议专家在科研伦理的协同把关审查中发挥应有的作用[16]。

针对广东省 38 种入选科技期刊的出版相关伦理调查表明，仍然 15.79% 的期刊无伦理声明或政策，没有对作者的研究伦理进行复核审查，有的编辑部伦理审查仅停留在论文是否提供伦理审批号等文字审核上，对研究内容是否与伦理审批件相符合，有无伪造伦理批件并未进行核实。部分期刊对作者署名和作者贡献（26.32%）、利益冲突（21.05%）及撤稿机制（13.16%）并不重视或认知有限。如多数编者对撤稿有一定的偏见，认为撤稿是一件非常负面的事件，但编辑也应该意识到，撤稿也有一定正面意义，通过撤稿修正错误、补充信息或避免误导，这也是期刊和作者一种负责任的行为表现。综上，我省科技期刊仍然存在出版伦理政策不规范、不明晰、未公开的现象，科技期刊的编者对作者贡献、利益冲突及撤稿等出版伦理认知不足或不够重视。

(三) 编辑人才队伍建设中存在的问题

人才是推动发展的首要资源，各类竞争的本质实际上是人才的竞争。科技期刊的学术群体包括作者、读者、编委专家、同行评议者和编辑出版者等。处于学术共同体的核心位置是研究型学者，包括作者、读者、编委专家等，他们是科技期刊内容的创造者和审核者，直接影响着科技期刊的学术质量和成果价值；而作为科技期刊内容和形式的组织者和评估者，编辑出版者和同行评议者可以发现稿件学术价值、提升稿件质量，他们也影响着科技期刊的长期发展方向和进程[17]。因此，建设以科技期刊为平台的，拥有所属领域学术话语权的学术共同体是促进科技期刊高质量发展的重要方法和途径。下面从主编和编委会两方面分析存在的问题。

1. 主编遴选及评估

作为期刊办刊宗旨和目标定位的践行人，主编需要制定期刊的发展策略、维护学术标准和监督编辑过程，其承担着期刊整体发展方向及质量的把关责任[18]，因此，期刊主编的遴选及评估是保证期刊学术质量的关键环节。在目前的主编遴选和评估过程中，还存在一些问题和挑战：①遴选标准不够明确。尽管学术界对主编应具备的素质有一定的共识，但由于在单位、机构及国家层面上还存在主编遴选机制缺失或无规可依的问题，所以在实际操作中，不同期刊对主编的遴选标准可能存在差异，导致遴选过程不透明。②评估体系不够完善。目前，对于主编的评估，主要依赖于期刊的影响因子、学术声誉等指标，但这些指标不能全面反映主编的领导能力和编辑水平。并且，评估过程中还可能存在主观偏见和利益冲突等问题。对此，有必要对科技期刊主编的遴选和评估制度进行改革和完善。具体为：①应明确遴选标准，确保遴选过程的公平和透明。可以通过制定具体的遴选条件、设立遴选委员会等方式，保证主编遴选的公正性。②建立科学的评估体系，全面评价主编的业绩。可以引入更多的评估指标，如主编领导力、编辑团队稳定性等，以更全面地反映主编的工作表现。同时，还要加强评估过程中的监督，避免主观偏见和利益冲突。科技期刊主编的遴选和评估是期刊发展的重要环节，只有建立科学、公正的遴选和评估制度，才能确保期刊的学术质量和发展前景。本次调研的 38 种入选期刊共计有 59 名主编，均为正高级职称，其中 17 名为院士，占 28.81%（17/59），体现了"院士领衔办期刊"的风向标，且教授职称的主编均担任有行政职务，说明主编"兼职化"现象普遍，但行政型主编可能会将主要的精力投入到日常行政事务当中，期刊主编的职责被弱化的可能性较大；其中 78.9%（30/38）采用独立主编制，其中院士作为独立主编者占 16.67%（5/30），遗憾的是本次未对院士在实际办刊过程中所起作用进行深度访谈；7.8% 的期刊（3/38）采用双主编制，但未能对双主编的具体分工进行调查。

2. 编委会未能发挥应有功能

作为期刊最原始的学术共同体组织，编委会会对期刊编辑和出版工作进行学术指导，其主要成员来自各学科领域的领军人物或具有深厚学术成就的知名专家，是期刊核心竞争力的关键要素[19]。只有尊重、依赖并服务于编委会，学术期刊才能办得有声有色[20]。期刊编委会在发掘潜在作者、提供最新的科技信息、策划专题文章、保障内容质量及在各种学术或讨论场合宣传期刊等方面发挥着至关重要的作用。然而，许多研究都表明，目前许多期刊的编委会的功能正在逐渐形式化和空洞化，编委的角色逐渐荣誉化和官僚化，他们对期刊工作的责任心不强，缺乏积极性，未能在期刊的编辑出版过程中发挥其应有的作用和功能[21]。广东省部分科技期刊的编委会也存在类似问题。

青年学者是科研领域的重要力量，期刊需要关注并整合青年学者的智慧[22]。青年编委会是由年轻学者组成的学术期刊编委会，成员年龄一般在 45 岁以下，因为 36 ~ 45 岁是研究者最具创新能力的阶段，是科研成果的高产期[23]。与传统编委会相比，青年编委会成员大多处于学术生涯的中段，具有强烈的学术成长和发展需求，如构建学术网络、扩大学术影响、积累学术成果等，故其对期刊工作的参与热情较高。成立青年编委会能够显著提升期刊编委的工作效能，特别是对于知名度和影响力有限的期刊，若其原有的编委会专家学者的学术影响力相对较弱，那么成立青年编委会就更加必要[24]。然而，目前广东省 38 种入选的科技期刊中，成立青年编委会的期刊数量仅为 6 种（15.79%），所以筹建青年编委会是我省科技期刊发展需要重视的方面。

3. 复合型编辑团队建设需强化

学术期刊的整合发展依赖于有力的人才培育体系的保障，然而，当前出版融合人才的建设规划和激励措施等方面仍存在不足，大多数期刊的新媒体编辑都是由学术编辑兼任，并且没有接受过系统的专业培训。学术期刊的融合发展对编辑提出了更高的要求，包括产品规划、内容编辑、技术开发、传播运营等，想要建设复合型编辑团队，单靠自我学习和实践探索是难以实现的。因此，学术期刊应以融合发展的需求为目标，对相关资源进行整合，制定明确的人才培育规划和激励机制，在优秀人才的晋升、待遇、评奖评优等方面，可提供一定的政策倾斜，同时在科研条件和资金投入方面提供相应的支持[25]。

三、广东省科技期刊高水平建设实施的建议

科技期刊是科技创新成果首发竞争的主战场，是国家科技力量的重要组成部分。党的二十大报告提出了高质量发展是全面建设社会主义现代化国家的首要任务。科技期刊编辑人员深入学习贯彻党的二十大精神，加强科技期刊高水平、高质量建设，对于提升国家科技竞争力和文化软实力具有重要作用[26]。

（一）发挥高水平期刊引领作用，打造学术内容生产、展示及交流的智能平台

人工智能与科技期刊融合的智能出版是未来发展的必然趋势，在不久的将来，人工智能将会参与科技期刊出版的全流程（选题策划、数据分析、同行评议、编辑加工、用户画像、精准传播等），并颠覆性变革、优化、重构智能化的学术出版流程，提升学术出版的知识服务能力[27]。但与此同时也应注意到人工智能应用也将为科技出版带来一些风险[28]。

1. 选题策划更科学

目前，科技期刊在选题策划方面主要依赖主编、编委的科研影响力和期刊编辑对学科热点的直观判断，但这种方式会受到专业背景等限制，在大数据时代已经显得落后，特别是在处理交叉学科问题时显得力不从心。在智能出版模式下，编辑可以向智能化选题系统输入策划思路，系统便会根据传播热度、热点词汇和阅读趋势分析，对学者的学术履历、用户行为信息、学术评价等数据进行自动清洗、整理和预测，生成多个维度的初步选题策划方案，以供编辑权衡选择。例如，清华大学推出的 AMiner、陈－扎克伯格慈善倡议（CZI）创办的 Meta、斯坦福大学图书馆与 Yewno 公司合作研发的 Yewno、非营利组织 AI2 推出的 Semantic Scholar、非营利机构 TED 推出的 Iris. ai、Sparrho 公司推出的 Sparrho 等，这些都是国内外主要的基于人工智能技术开发的学术搜索工具，可以应用于科技期刊选题策划的各个环节[29]。此外，结合读者下载量及相关文章的引用量等，智能化选题系统也可自动生成选题策划方案，丰富科技期刊的素材库和知识结构。基于人工智能的选题策划能够更精确地捕捉学科热点、交叉学科和学科前沿的发展趋势，故选题策划将会更准确、更稳定、更科学[30-31]。

2. 同行评议更客观

智能化审稿系统可运用大数据和人工智能技术对投稿的重要信息进行自动检

测和审核，筛选出不符合期刊定位的稿件，基于区块链技术优化身份认证机制，其可对同行评审专家的行为信息进行数据挖掘、特征识别和精确匹配，从而实时、公开地记录论文从投稿到发布的全过程生态链，保证同行评审的客观化。例如，Reviewer Locator，是多数国内英文期刊采用的 Scholar One 审稿系统多年前推出的审稿人推荐功能，它可以根据待审稿件的文题、关键词、摘要信息推荐一组审稿人。Reviewer Recommender，是基于 Aminer 的专家数据库开发的审稿人推荐系统，它可以整合并提取多个来源的学术数据（如书目数据和研究者概况），生成专家的可视化画像（如学术关系网、研究方向、学术指标、相似研究方向的作者、发表论文列表等），编辑可据此进行精准送审[32]。

3. 编辑校对更高效

在智能出版模式中，传统的烦琐、难以控制和复杂的编辑加工流程将实现自动化和标准化，使编辑流程更加一致、精细和规范，同时也可减少重复劳动，使编辑的编校工作更加高效，从而其能够有更多的时间和精力投入到更具创新性的工作中。对于过去需要编辑人工完成的工作，如逐字阅读文章、编辑校对、识别图表错误、核验数据模型、核实参考文献等，人工智能可以通过大数据挖掘、图文识别等技术，自动更正明显的逻辑错误和前后文不符等问题，从而降低编辑校对的错误率。所有疑似错误信息将被整合成一个智能分析报告，供编辑分析和判断[33]。此外，基于大数据平台的跨语言学术不端智能检测识别，也为出版物的科研诚信提供了保障。

4. 内容生产更智能

2022 年底上线的大型语言模型（LLM）ChatGPT 在短时间内吸引了社会各界的眼球。ChatGPT 使用了 Transformer 模型以及人类反馈强化学习（RLHF）技术，这类生成式人工智能不仅能流畅地与人类对话，还能从海量数据中发现规律从而像人类一样进行论文撰写、语言翻译、分析预测等。2023 年继 ChatGPT 之后，国内外的 LLM 纷纷上线，如百度文心一言、阿里巴巴通义千问、谷歌 Gemini、华为盘古、科大讯飞星火认知、商汤日日新、中国移动九天等。人工智能为内容生产带来了契机的同时也带来了风险。

（1）人工智能为内容生产带来了契机。目前有关人工智能与出版的相关论文数量也呈爆发式增长，对人工智能应用于科技出版进行了诸多分析与探索。特别是与语言关系最密切的生成式人工智能。生成式人工智能对海量数据收集与分析的能力使其在内容创作领域占有巨大优势，其在科技期刊中的应用价值和发展潜力将激发科技期刊出版形态的升级、出版理念的转变以及出版流程的优化。在未来，生成式人工智能将以全新的便捷性、拓展性和效能性成为科技期刊作者、编辑和审者的重要辅助工具，在内容生产和加工方面发挥重要作用。

（2）人工智能应用于科技出版的风险。尽管人工智能将助力科技期刊的发展，但不少问题与隐忧也挟裹而来。例如，生成式人工智能带来的版权问题以及科研诚信相关问题，美国语言学家诺姆·乔姆斯基认为生成式人工智能的本质是剽窃，已有一些科技期刊禁止使用生成式人工智能投稿。生成式人工智能将带来原创优质内容筛选、初级劳动力替代、意识形态把关、不准确内容识别等方面的考验，并引发效益实现与风险防控、技术进步与有效监管的博弈[34]，因此对人工智能的合理应用，应提前做出部署和伦理约束。尽管仍有部分保守者对人工智能的发展忧心忡忡，希望通过封控等措施来规避人工智能带来的风险，但技术革新的步伐无法阻挡，相较于回避人工智能或采用封控手段，如何恰当使用人工智能，在有效规避其风险的前提下充分发挥其长处与功能，从而促进出版业发展值得深究。

（二）推进媒体融合发展，打造具有广东特色的科技期刊群及优势学科期刊

本次调研发现入选期刊在精准传播方面的问题包括传播方式单一、传播效果不佳以及传播目标不精准等，应引起高度重视。广东省科技期刊的发展应提高站位，做大具有广东特色的科技期刊群，做强优势学科的科技期刊，做优多媒体融

合发展的科技期刊，就此，提出以下策略建议：

1. 紧跟国家政策导向，提高融媒体建设意识

2020年中共中央办公厅、国务院办公厅印发了《关于加快推进媒体深度融合发展的意见》，从重要意义、目标任务、工作原则三个方面明确了媒体深度融合发展的总体要求，希望各地各部门结合深刻认识全媒体时代推进这项工作的重要性、紧迫性并认真贯彻落实。科技期刊应在提高系统思维、战略思维、创新思维能力的基础上，进行前瞻性思考、开展全局性谋划、实施整体性推进。出版团队决定着期刊未来的发展，应有更高的融媒体建设意识层级，构建深层次的融媒体传播新理念。打破媒体形式单一化、融合简单化、媒体融合停留于表层的思维格局，方可向纵深推进。积极学习国家的最新政策与制度，参加相关培训与学术会议，定期进行出版融合工作总结等，是提高融媒体建设意识行之有效的方法。入选期刊作为我省科技期刊的领军队伍，应在推动科技期刊融媒体发展、扩大国际传播力与影响力方面发挥引领作用。

2. 整合利用有限资源，探索出版融合发展路径

尽管入选期刊近期获得了广东省科技厅"高水平科技期刊建设项目"等资金资助，但从期刊的长远发展来看，人力资源和运营经费仍有限，大部分期刊将面临这样的长期挑战与困难。因此，期刊需要优化传播结构、发挥资源的最大效能，在存量博弈下积极探索适合自身发展的路径。微信公众号是科技期刊使用的最多的媒体平台，这与其受众广泛的传播特点有关。截至2022年1月，微信的使用人数已超过10亿，微信内容推送的优势和传播效果已经得到业内的普遍认可[35]。

微信作为期刊最常用的传播手段，其既能拓展期刊的服务渠道、扩大期刊宣传规模，又有助于提升期刊的影响力和知名度，而且微信平台技术一直在不断地优化与发展，目前已整合为集社群、朋友圈、公众号、视频号和直播等传播渠道于一体的综合性传播平台，各期刊可以从中探索适合自身的微信传播形式，利用

微信不同组分的特色，打造以内容为王、以社交关系为传播链条的信息传播架构[36]。部分期刊的学术论文采用了视频元素，通过开通微信视频号，以集合打包的方式把分散的视频信息传播给读者，以虚拟视频专栏的形式展现期刊论文的特色，借此提高文章的被引率和影响力。本次调研中有6本期刊的视频号开展了网络直播，网络直播的时效性强，不受地域、天气、时间等限制，通过直播能及时、快速地传播科研成果，这对于提高期刊的转载率和被引率等指标有积极影响，此外，高效的直播宣传可以吸引更多的优质稿源，最终可有效地提升期刊的品牌形象及学术影响力。也有期刊通过建立专家微信群、作者微信群等加强与专家、作者及读者的交流，通过在群里推送期刊文章或信息，再以专家与作者为信息传播中心进行多点式的滚雪球传播，可进一步扩大期刊的传播范围。各期刊应在资源有限的情况下进行合理的整合与分配，有效利用大型学术传播平台资源（如知网的网络首发、万方的优先出版及主编推荐、其他平台附带的精准推送功能等），寻找适合自身期刊定位的媒体融合发展路径。

3. 挖掘各平台传播优势，丰富受众阅读模式与场景

新媒体编辑应了解各种媒体传播手段的优劣，以取长补短。科技期刊微信公众号关注者基本是相同学术领域的专业人员，具有传播的精准度高、黏性高等特点；但微信也有其局限性，包括其传播的封闭性与被动性，这种闭环式传播对于扩大传播范围会造成一定的影响[37]。期刊人只有熟悉了不同新媒体平台的特性，才能打破微信独大的固有思维，结合自身发展理念和条件，采用多元化的新媒体组合方式，多途径提升期刊的传播力。传统的科技期刊论文篇幅过长，且阅读方式较为单一，难以吸引读者的注意力，可通过大数据分析读者的阅读习惯，为用户构建不同的阅读场景，如碎片化阅读、移动阅读等更能提高读者对出版内容的关注度。科技期刊的编辑工作不再是单一的文稿加工，而应考虑在出版内容中添加丰富的声音、动画影像等多媒体形式，将原本复杂、难以理解的科研成果转化为更简洁、直观的表达形式，增强受众现实和虚拟的沉浸式体验[38]。本次调研中

有些期刊的经验值得借鉴，例如，《中国神经精神疾病杂志》对传播对象进行用户画像分析，明确该群体阅读频率较高的时间段，并从手机操作便捷性出发，结合当今碎片化阅读的特点，采用专注于音频内容的新媒体平台——喜马拉雅推出"2分钟读文献"音频专辑，提升了用户体验感和黏性（图 3 - 18）；《新医学》利用微博的开放式特性，抓住短视频爆炸式发展节点，基于每期优质论文内容推出了科创与科普相结合的"动画摘要"视频系列，以生动形式展示了论文概要，提升了传播效果，增加了潜在作者数量（图 3 - 19）[39]。

图 3 - 18　《中国神经精神疾病杂志》喜玛拉雅"2 分钟读文献"专辑

图 3 - 19　《新医学》微博"动画摘要"系列视频

4. 兼顾专业性与科普性，提升不同用户群的黏度

科技期刊的专业性强，枯燥乏味的学术论文难以吸引更多的非专业群体关注，覆盖面和受惠面窄是科技期刊扩大影响力的绊脚石。《关于新时代进一步加强科学技术普及工作的意见》对于推动科学普及与科技创新的共同发展指出了明确的方向，强调科学普及要与科技创新同频共振，两者要放于同等重要的位置。科技期刊既承担着发布权威科学学术研究成果的重要责任，也肩负着促进科学知识普及传播、提升公众整体科学素养水平的重要使命。19 世纪 30 年代，哈佛大学出版社社长杜马斯·马龙就提出了"学术增益（scholarship plus）"的口号，既要出版高度专业化的著作，也要出版面向普通读者的读物，增强和扩展学术的影响[40]。在推动科创与科普两翼齐飞的新时代，"学术增益"对于科技期刊的融媒体建设也尤为重要。要扩大传播范围、提高影响力，就需要拓展受众群体，既要针对专业人员打造高水平的专业交流平台，也要兼顾向普罗大众传播科普知识，这就需要精心准备适合不同群体的传播版本，提升不同群体的体验感。针对专业人员，不应局限于简单推送每期的学术论文，可以结合专业特点、行业热点、政策变化等推出一些参考性与实用性强的学术内容，吸引更多专业人士的关注；也可以采用提升作者曝光度与知名度的推送，提升作者的荣誉感和黏性。针对普通受众，采用表现形式生动、涉及社会热点、有益于生活与健康的推文是使其驻足的关键，最终达到增加阅读量、转发量及宣传效果的目标。

5. 博采众长始于足下，推动出版融合与世界接轨

在当今的融媒体建设中，科技期刊可借鉴国内外的经验，取长补短。目前，国内一些科技期刊在融媒体建设中已初露锋芒，获得了较好的成效，例如《金属加工》杂志走出了一条全媒体转型发展的特色之路；《中华护理杂志》构建了融媒体矩阵以协同增强传播效果；《中国中药杂志》基于微信平台大大提高了传播推广效率；《协和医学杂志》从传统纸媒单一定位到新媒体平台双重服务定位的革新提

升了自身传播力及综合影响力[41-44]。

放眼国际出版界，顶级期刊 *Nature*、*Cell*、*Science* 等均在官方网站的基础上打造了基于 Twitter、Facebook、微信等平台的新媒体矩阵，而且针对不同受众的特点，*Nature*、*Cell* 在同一新媒体平台还开通了多个账号，突出不同的传播重点以适应多层面的受众需求[45]。此外，科技期刊应主动与国内外的各大学术平台合作，多方拓宽自身的传播渠道，例如，广东省的 *Materials Futures* 加入了蔻享学术直播扩大期刊的学术影响力，*Light*：*Advanced Manufacturing*、*GigaScience*、*Liver Research* 利用全球科学新闻传播平台"EurekAlert！"传播论文信息、增强期刊在全球媒体的曝光度等，均取得较好的传播效果。

6. 通过用户画像，提升精准传播的准确度

精准传播是将精细加工的高质量内容准确推送给特定受众的个性化服务过程，能极大提高科研成果的传播时效，在满足用户需求的同时还能提高科技期刊的影响力，有助于期刊、作者、读者三者的互利共赢。媒体融合时代为科技期刊的发展带来了前所未有的便利，但论文数量的爆炸式增长也给精准传播带来了巨大挑战。期刊之间的竞争愈发激烈，优质稿源是期刊的核心竞争力，如何把优质稿源精准传播给最合适的目标受众，实现品牌传播效益的最大化，是高水平期刊建设的重要命题。目前，入选期刊主要通过邮件推送来实现简单的精准传播，但通过人工筛选推送目标及邮件推送，需要耗费编辑较多的时间和精力，且效率和精准度并不尽人意；微信推送则是第二种常用方式，此类新媒体平台系统会根据浏览历史向用户推送感兴趣内容，不断缩短获取目标信息的时间，使得传播更为精准。短信推送需要借助第三方工具实现，App 推送需要建立在有自身 App 的基础上。科技期刊高效利用人工智能技术针对用户的不同特征、不同喜好，进行精细的用户画像分析，构建个性化的精准传播模式以满足读者需求，探索有效的精准推送服务方式，对于提升期刊竞争力和学术影响力有着重要意义。建议精准推送的目标涵盖 5 个方面的学者[1]：①本文作者合作圈及相似作者；②论文关键词相关作

者；③参考文献作者；④同领域期刊作者；⑤同领域机构成员。

7. 借力学术智库平台，精准推送优质论文

在编辑部人手有限的情况下，借力大型智库的平台，通过人工智能处理海量数据进行用户画像及精准传播更为高效准确。调研中部分入选期刊依托各大数据库平台或借助第三方信息平台进行用户画像及精准传播，例如，采用清华 Aminer 智库、方正鸿云、重庆非晓、TrendMD 的精准推送功能将优质的论文精准地推送国内外的相关读者。基于人工智能技术的信息推送，利用算法和深度学习挖掘与分析用户的搜索记录和阅读痕迹数据，对用户群体进行分组归类，通过智能标签识别用户对学术信息内容的个性化需求，打破了传统学术期刊以信息发布者为主导的单向化和静态化传播形式。信息分发由传统媒体转移到算法平台，可以实现点对点的精准知识传递服务，形成信息内容与用户行为数据的智能化匹配，提高学术期刊用户服务的针对性和专业性，达到学术信息传播与用户需求的精确匹配及用户与传播主体之间的互动链接，营造全新的学术期刊智能化信息传播机制。

（三）加强科研伦理协同共治，营造良好的学术科研环境

学术不端行为包括但不限于抄袭、剽窃、伪造数据、不当署名、一稿多投，违反研究伦理等失范行为，这些行为严重破坏了学术秩序，损害了学术期刊的权威性和公信力。全球范围内因学术不端和伦理失范而撤回的学术论文逐步上升，且中国作者的比例在不断增加，这与学术出版中各责任主体的科研伦理认知不足以及科技期刊伦理政策不规范、不明晰、未公开等有一定的关系。为营造良好的学术科研氛围，本书提出科技期刊通过加强出版中的伦理规范化建设，积极参与科研伦理协同治理的策略思考和建议。

1. 强化科技期刊的协同审查，筑牢学术诚信和科研伦理的底线

科技期刊在科研伦理治理中承担着重要的社会责任并发挥着协同审查把关的

作用。科技期刊通过编辑初审、同行评议、编辑部终审等流程可发现伦理失范的行为，确保科技成果能客观、准确、合乎伦理地呈现和传播。广东省科技期刊在防范学术不端方面积累了不少成功经验，例如，《中山大学学报（医学版）》从采编系统作者登录密码入手，通过 IP 地址的分析推断代写代投行为[45]。除了对出版中的抄袭、剽窃、伪造数据、不当署名、一稿多投等不端行为进行识别防范外，科技期刊还需重视研究伦理的审查。部分广东省的高水平建设项目的生物医学期刊（例如，《中山大学医学版》《南方医科大学学报》《暨南大学》（医学版）等）伦理审查比较严格，对违反研究伦理的论文直接拒稿。《暨南大学学报（自然科学与医学版)》在出版实践中建立了作者自查、同行评议复核、编辑部协同审核的多重伦理审核机制，要求作者必须提供相关研究的伦理审查批件，并审核伦理审查件与发表论文研究内容是否一致[16]。建议广东省的科技期刊发挥学术把门人的作用，制定切实可行的伦理审核制度和流程来及时发现出版中的伦理失范行为，筑牢学术诚信和科研伦理的底线。

针对新型出版伦理问题，科技期刊编辑要密切关注国家政策以及行业指南动态变化。随着生成式人工智能（AIGC）在科技论文写作应用中的加速，学术出版中 AIGC 面临新的出版伦理挑战。2023 年 9 月，中国科学技术信息研究所、爱思唯尔、施普林格·自然、约翰威立国际出版集团联合发布了《学术出版中 AIGC 使用边界指南》，就研究开展和论文撰写阶段、投稿阶段、论文发表/出版后等的学术出版各个环节中 AIGC 的使用给出了详细的指导，强调作者对 AIGC 使用情况应进行充分、正确的披露和声明，为论文作者、研究机构、学术期刊出版单位等如何负责任地使用 AIGC 提出了建议和参考。

2. 采用多元伦理宣传教育手段，倡导作者开展负责的研究与发表

研究者伦理意识薄弱和伦理自律能力欠缺是科研伦理失范行为发生的主要因素。系统的科研伦理宣教能够使研究者知晓科技伦理行为标准和规范，明确知晓违反伦理带来的不良后果和要承担的责任，形成良好的科研伦理意识及规范的科

研行为[16]。另外，需倡导合作与竞争并重的科研氛围，鼓励科研工作者之间开展合作，共同解决重大科学问题；要正确处理竞争与合作的关系，遵循公平竞争原则，避免不正当竞争行为，营造良好的科研氛围。

科技期刊可通过多元化的科研伦理宣传教育手段倡导研究者开展合规的研究和成果发表，具体措施包括：制定并公开伦理政策或伦理声明、开辟宣传教育栏目刊登科研伦理知识、期刊微信公众号推送伦理规范、在投稿环节推送作者伦理自查表、适时开展线上线下伦理培训、通过学术研讨会宣讲科研伦理知识、编辑与作者直接沟通宣讲论文中存在的伦理问题等。出版伦理声明能起到很好的宣传教育作用，作者、审者及编者均可在声明中获取相关伦理知识并对照自查，预警失范行为的发生[2]。因此，强烈建议广东省科技期刊给研究者、作者明确的出版伦理规范指引，制定和发布各刊的出版伦理声明、学术不端处理程序，要求作者提供作者贡献声明、利益冲突声明等。

3. 通过撤稿等措施惩戒和预警伦理失范行为

科技期刊针对公然或故意的伦理失范行为，应采取撤稿或其他严厉的惩治措施，例如，通报作者单位、列入期刊不端行为"黑名单"等；还可以参照国际出版商的一些做法，例如，对违规作者采取不准投稿发表或不许担任期刊审稿人等惩戒措施。撤稿作为一种重要的期刊质量控制措施，可以确保学术诚信和严谨性，保护作者和期刊的权益和声誉。广东省英文科技期刊的撤稿机制较为完善，但部分中文刊需进一步提高撤稿意识，部分编者甚至认为撤稿是一种完全负面的行为。撤稿的意义在于纠正错误、阻断恶性传播、降低负面影响，惩戒和警示学术不端作者，维护期刊的声誉及构建良好的学术生态环境。出版后的论文如发现研究中有科技伦理失范行为，可参照 COPE 的撤稿指南及流程来处理。撤稿流程通常分为调查取证、发布撤稿声明和关注撤稿后稿件被引情况 3 个阶段，其中，撤稿后被引情况通常容易被忽视。对于作者诚实的错误或无意的差错，期刊可视具体情况给予更正、勘误或撤回等处理[16]。

4. 建立学术不端行为的举报制度

学术不端行为本质上是一种破坏科学共同体秩序、违背科学界基本规范的行为，需要科学共同体和社会共同治理。科学共同体成员内部举报是发现学术不端行为线索的重要信息来源。研究结果显示有9.4%的科技工作者在知晓学术不端行为后选择举报[46]。学术期刊可以建立学术不端行为举报制度，鼓励读者和作者举报学术不端和违反研究规范的行为，但学术期刊应该加强对举报人的保密和保护，防止举报人受到报复。

（四）培养高素质科技期刊编辑人才

1. 打造期刊高水平的复合型编辑团队

编辑团队是出版的核心力量，对于期刊转型升级和高质量发展起着重要作用。根据科技期刊未来的发展趋势，复合型编辑人才能够适应科技期刊编辑市场的未来需求，这是科技进步推动编辑工作者能力全面提升的体现，也是编辑出版行业共同追求的目标。期刊编辑团队的建设涉及多个方面，需要依赖政策优势、主管主办单位的支持、完善的体制机制和良好的成长环境，同时也需要通过激励机制、提高编辑综合素质、增强团队凝聚力来逐步实现。具体为：①制定发展规划和完善体制机制。根据媒体融合发展的总体思路，规划期刊的发展，丰富媒体出版形式，提高期刊团队的管理水平，完善期刊高质量发展的保障体系，以打造新时代的优质期刊[47]。②制定激励政策。激励政策可激发编辑团队的积极性和创造力，同时要坚持精神激励和物质激励相结合、短期激励和长期激励相结合、按质激励和按量激励相结合、按事激励和按绩激励相结合[48]。③提升团队的整体素质。复合型编辑需要有深厚的专业知识和广博的外围知识，同时还要有扎实的语言文字功底和市场化理念，以及较强的社会活动能力。④科学管理团队。从科学管理的角度加强对编辑从业资格、职称评定、出版专业资格获取、专业继续教育学习方

面的监督与约束，为编辑人员提供沟通交流的平台，针对不同岗位制订对应的培养计划，以提升编辑的审稿能力、策划能力、编校水平和学习新技术运行新平台的能力[49]。

2. 筹建青委会为期刊持续发展注入活力

青年学者充满活力，学术敏感度高，参与期刊工作的积极性强，能在优质稿源提供、同行评议和期刊宣传等方面发挥积极作用，为期刊的持续发展注入新的活力。作为我国学术界和期刊界具有较高权威性和社会认可度的代表，青年编委的作用能否有效发挥出来，还依赖于编辑部对其的选拔、管理和培养。因此，期刊编辑部除了要精心遴选青年编委外，还要不断优化青年编委会制度，激发青年编委的工作积极性，为期刊打造一支充满活力、热情、善于学习且乐于奉献的全新编委会生力军[51]。①改革青年编委遴选机制。采用公开招聘的方式遴选青年编委，是保证青年编委会活力和持续工作的关键，可以防止由行政任命或关系推荐引发的负面影响。青年学者主动申请加入青委会，能在一定程度上确保他们对参与期刊工作的热情。编辑部可以设置试用期，通过实践来检验青年编委的学术水平和审稿能力，通过考核者才能正式成为编委。对青年编委的学术能力评估，可以结合他们近三年的学术论文发表、课题申请和获奖情况进行全面评价。②明确职责和管理制度。科学的管理制度和激励机制是保证青年编委持续发挥作用的重要因素。首先，以正向的激励机制为主，为青年编委提供优先发表和获得学术荣誉的机会，如颁发青年编委证书、优秀审稿人或相关贡献证明等，请所在单位将青年学者参与学术期刊服务视为学术贡献，作为职称提升的参考。其次，设定相关的约束制度和处罚措施，如明确青年编委的工作职责和内容（如每年需完成的约稿和审稿数量等）。每年召开青委会总结会议，除了对突出贡献者进行表彰外，还应警告或清退未达标的青年编委。③区别定位，实现优势互补。青年编委并不能完全取代传统编委，所以要让两者共同发展，优势互补。传统编委多为知名学者或行政领导，他们的学术地位高、影响力大，但由于身兼多职，往往无法完成编辑部的约稿、组稿或审稿任务。而青年编委虽然学术资源和社会资源无法与传统编委相比，他们精力充沛，工作积极性高，能很好地弥补传统编委会在审稿、组稿、撰稿等工作中的不足。因此，两者的功能定位有所区别，青年编委可以更多地参与期刊的审稿、撰稿、组稿等工作，传统编委则可以在期刊宣传、品牌建设等方面起到扩大知名度和影响力的积极作用，两者互补，可以更好地服务于期刊建设。

3. 全方位培养和用好青年科技人才

青年科技人才处于创新创造力的高峰期，是国家战略人才力量的重要组成部分。党中央高度重视青年科技人才队伍建设。习近平总书记多次就加强青年科技人才的培养和使用作出重要指示批示，要求把培育国家战略人才力量的政策重心放在青年科技人才上，给予青年人才更多的信任、更好的帮助、更有力的支持，支持青年人才挑大梁、当主角，造就规模宏大的青年科技人才队伍。党的二十大对加快建设包括青年科技人才在内的国家战略人才力量提出明确要求，中央人才工作会议对加强青年科技人才队伍建设作出具体部署。因此，为深入贯彻党的二十大精神，落实中央人才工作会议部署，全方位培养和用好青年科技人才，中共中央办公厅、国务院办公厅于2023年8月印发了《关于进一步加强青年科技人才培养和使用的若干措施》（以下简称《若干措施》）。《若干措施》涉及青年科技人才培养和使用的方方面面，涵盖青年科技人才关心的主要问题。在具体措施上，既注重思想政治引领，又注重科研支持、职业发展、生活保障服务和身心健康关爱；既注重解决当前面临的迫切问题，又注重构建青年科技人才工作长效机制；既有原则性要求，也有量化要求。具体为：①支持青年科技人才在国家重大科技任务中"挑大梁"。规定国家重大科技任务、关键核心技术攻关和应急科技攻关大胆使用青年科技人才，40岁以下青年科技人才担任项目（课题）负责人和骨干的比例原则上不低于50%。鼓励青年科技人才跨学科、跨领域组建团队承担颠覆性技术创新任务，不纳入申请和承担国家科技计划项目的限项统计范围。稳步提高国家自然科学基金对青年科技人才的资助规模，将资助项目数占比保持在45%以上，支持青年科技人才开展原创、前沿、交叉科学问题研究。②深入实施国家重点研发计划青年科学家项目。规定国家重点研发计划重点专项进一步扩大青年科学家项目比例，负责人申报年龄可放宽到40岁，并不设职称、学历限制。对组织实施高效、高质量完成任务目标的优秀青年科研团队通过直接委托进行接续支持。经费使用可实行包干制。③国家科技创新基地大力培养使用青年科技人才。鼓励各类国家科技创新基地面向青年科技人才自主设立科研项目，由40岁以下青年科技人才领衔承担的比例原则上不低于60%。青年科技人才的结构比例、领衔承担科研任务、取得重大原创成果等培养使用情况纳入科技创新基地绩效评估指标，加强绩效评估结果的应用。④青年科技人才分类评价。明确要求不把论文数量和人才称号作为机构评价指标，避免层层分解为青年科技人才的考核评价指标[50]。

（五）利用科技期刊平台，推动产学研深度融合，助力科研成果转化

科技期刊在推动产学研融合发展和助力科研成果转化方面发挥着不可替代的作用。

1. 科技期刊在推动产学研和成果转化中的作用

（1）传播科技前沿的研究成果。科技期刊主要报道科学技术领域的最新研究成果、学术观点和创新思想，为科研人员、企业技术人员和相关政策制定者提供了丰富的知识资源。这有助于提高整个社会的科技水平，推动产学研深度融合。

（2）促进学术交流和交叉学科发展。科技期刊为国内外科研人员提供了一个展示研究成果和交流学术观点的良好平台，有助于他们建立合作关系，共同推动科技创新。目前我省许多重点学科都以广东省高水平建设期刊为学术交流平台，开展学术会议和讲座等，研究人员可以了解和借鉴同行的研究进展，找到自己的研究方向和定位，还可以找到合作契机，提高研究的效率和成果的质量。

（3）推动科技创新和成果转化。科技期刊报道的前沿科学研究和技术创新成果，可以激发企业和科研人员的创新意识，提高创新能力。科技期刊中的新理论、新方法、新技术等，可以为企业和研究机构提供有益的借鉴和启示，推动产业技术升级和产品创新。科技期刊上的研究成果可以被企业和产业界所关注，从而为产业创新和技术转化提供支持。科技期刊不仅关注基础研究，还关注应用研究和产业技术创新，有助于将科研成果转化为实际生产力。

（4）增加科技影响力和国际显示度。科技期刊是衡量一个国家、一个科研机构和一名科研人员学术影响力的重要指标。科技期刊的审稿制度和标准有助于提高研究规范及论文质量。在科技期刊出版中，同行评议专家会对论文进行严格的评审，提出建设性的修改意见。这有助于作者完善论文，提高研究质量。科技期刊是我国科技成果走向世界的重要途径之一。通过在国际和我国权威科技期刊发表高质量论文，可以提高我国在国际科技领域的影响力，提升我国科技实力。

（5）助力科技创新和编辑人才培养。科技期刊是培养科技人才和科研编辑人才的重要载体。科技期刊提供的知识服务、同行评议和编委会体系，可以拓宽科研人员知识视野，提高科研伦理素养以及阅读、写作和审稿能力，为我国的科技创新和科技编辑人才的培养贡献力量。因此，为了提高我国科技期刊的整体水平和影响力，政府和相关部门应当加大对科技期刊及编辑人才的支持力度，提升科技期刊的编辑质量，培养高水平的科技期刊编辑和审稿人，推动科技期刊与国际接轨。

2. 科技期刊服务产学研的实践与路径探讨

产学研（industry-university-research，IUR）指产业、高校、科研机构发挥各自优势相互配合，形成研究、开发、生产一体化的合作系统，促进技术创新所需的各种生产要素的有效组合。研究表明，理、医、农、工科技期刊服务于产学研活动的实践可以分为4类：①立足媒体本行，助力信息传播；②开发期刊特色栏目和特色选题服务产学研不同主体；③搭建多方学术交流与成果转化的新平台；④融入产学研联盟，发挥桥梁和纽带作用。科技期刊服务产学研活动的路径主要有 4 个：①合理定位、寻找切入点；②依托学会、主办单位拓展服务渠道；③多媒体协同、融合传播；④培养"跨界"发展理念[52]。

3. 科技期刊助力成果转化的对策思考

科技成果转化是新时代创新驱动发展的重要引擎，加快建设创新型国家要重点推动科技成果转化。研究显示我国的科研成果转化率仅为 25%，远远低于发达国家的 80%[53]，科技期刊如何把握创新型国家建设的重要契机，发挥自身优势促进科技成果转化，值得深入探究。

（1）发挥科技期刊在成果转化中的桥梁作用。科技期刊是科研成果的集散平台，扮演着协调科研成果转化供给与需求的重要角色，通过供需信息的高速流转来解决由信息不对称带来的科研成果转化受阻的问题。特别是科技期刊的集群化管理可以将分散的科研力量凝聚在一起，通过大数据平台的构建，实时反馈科研动态变化，避免重复研究，而出版融合发展缩短了科技成果信息出版和传播的时滞，促进科研成果转化效率的提升。科技期刊可以参与和助力成果孵化、生产、产出和应用的完整链条的多个环节，可以起到连接科研成果生产环节和科研成果应用环节的作用[54]。

（2）延展和深化科技期刊的服务功能与范围。传播科技成果虽然是科技期刊主要的功能，但其也具有科技成果转化服务的功能，参与科研成果转化是从科研成果产出阶段向科研成果转化及应用阶段的延伸，是立足于科技期刊原有的核心竞争力的合理延展。但多数科技期刊均忽视了科技成果转化服务的功能。科技期刊可以充分利用相关资源适时参与科技成果的形成阶段、商业化阶段及产业阶段。

四、小结

综上所述，38 本入选期刊在获得广东省高水平科技期刊建设项目立项后，办

刊人的积极性受到极大的鼓舞，更加坚定了办好刊的决心，充分利用财政资助放开手脚办实事，在高水平、高质量、高起点建设方面积累了初步经验并取得一定成效。目前，广东省科技期刊整体的影响力和传播力逐步提升，有望培育出一批具备国际传播力和学术地位的广东品牌科技期刊，更好地服务科技创新。同时，也期望管理部门继续加大对广东省高水平科技期刊建设项目的支持力度、广度和持续性，制定普惠政策，扩大资助面。另外，建议主管部门在项目的入选评价和结项考核时，不将期刊影响因子作为唯一的评价指标，还应考评期刊对业界发展的影响等因素，例如，期刊是否提高了中国学者的学术话语权，是否促进 SCI 论文回流国内等；由于项目实施效果有一定滞后性，建议考核立项单位的时间适当延长，以便更客观反映投入产出的效果。

参考文献

［1］陈咏梅，王景周，丛敏，等．COVID-19 疫情期间医学期刊的精准出版策略［J］．编报，2021，33（3）：305－308，312.

［2］陈咏梅，丛敏，王景周，等．科技伦理治理背景下制订生物医药期刊出版伦理声明的实践与思考——以《暨南大学学报（自然科学与医学版）》为例［J］．编辑学报，2022，34（4）：426－432.

［3］黄庆发，蒙薇．基于大数据的科技学术期刊出版流程优化研究［J］．企业科技与发展，2022（10）：115－117.

［4］严秀丽，院金谒，林静，等．科技期刊内容生产能力提升策略研究［J］．传播与版权，2023（1）：10－12，20.

［5］张小庆，陈春雪．设置特色栏目，提升期刊品牌影响力——以《核化学与放射化学》为例［J］．编辑学报，2017，29（S2）：102－103.

［6］吕锦忠．试论科技期刊的栏目设置及选题策划——《热力透平》办刊体会［J］．今传媒，2017，25（1）：150－152.

［7］祝叶华，陈广仁．新闻热点导入，科学深度解读——综合性科技期刊出版

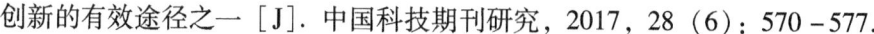
创新的有效途径之一［J］. 中国科技期刊研究，2017，28（6）：570-577.

［8］卢丹. 科技期刊约稿工作的措施与方法［J］. 新闻研究导刊，2020，11（8）：194-195.

［9］姜鑫，陈汐敏. 我国学术期刊专题/专栏建设情况、困难及对策——基于编辑部人员的问卷调查分析［J］. 中国科技期刊研究，2022，33（11）：1520-1530.

［10］陈汐敏，姜鑫. 基于合作对象探讨我国学术期刊专题/专栏建设［J］. 中国科技期刊研究，2022，33（3）：345-353.

［11］丁佐奇. 基于撤稿事件的专刊/专栏约组启示［J］. 编辑学报，2020，32（6）：655-658.

［12］冯婷. 科技期刊在科研诚信建设中的角色与作为［J］. 传播与版权，2023（15）：6-9.

［13］刘鑫，谭彩霞. 人工智能在学术不端行为风险控制中的应用［J］. 金陵科技学院学报（社会科学版），2018，32（3）：80-84.

［14］赵文青，宗明刚. 以融合发展助推学术期刊高质量发展：内在逻辑与路径选择［J］. 中国编辑，2023（7）：39-43，60.

［15］中国科学技术协会. 中国科技期刊发展蓝皮书（2022）［M］. 北京：科学出版社，2022：30-31.

［16］陈咏梅，丛敏，王景周，等. 学术论文中科研伦理失范现状、特征及治理策略思考——基于撤稿观察数据库［J］. 科技管理研究，2022，42（24）：198-207.

［17］李雪，刘健，李红军，等. 科技期刊的学术共同体构建探究［J］. 编辑学报，2023，35（1）：41-45.

［18］柯文辉. 建设世界一流科技期刊应优化主编人才培育机制［J］. 中国传媒科技，2023（6）：22-27.

［19］亢列梅，荆树蓉，杜秀杰，等. 一流期刊建设背景下高校科技学术期刊

编委会建设的对策与实践 [J]. 编辑学报, 2021, 33 (3): 301 - 304.

[20] 张学梅, 许军舰. 创新编委会工作模式, 提升期刊国际影响力 —— Science China Chemistry 成立青年工作委员会经验浅析 [J]. 中国科技期刊研究, 2016, 27 (4): 444 - 448.

[21] 陈培颖, 朱岩, 欧彦, 等. 学术期刊编委会的有效分工与管理 [J]. 中国科技期刊研究, 2015, 26 (11): 1217 - 1222.

[22] 代艳玲, 毕永华, 武英刚. 科技期刊学术共同体建设路径及能力研究 [J]. 中国科技期刊研究, 2023, 34 (6): 717 - 721.

[23] 尚智丛. 中国科学院中青年杰出科技人才的年龄特征 [J]. 科学学研究, 2007, 25 (2): 228 - 232.

[24] MERTON R K. The sociology of science: Theoretical and empirical investigation [M]. Chicago: The University of Chicago Press, 1973.

[25] 占莉娟, 张带荣. 青年编委会: 突破传统编委会困境的有效之策 [J]. 中国科技期刊研究, 2018, 29 (10): 1042 - 1047.

[26] 周红利, 冷怀明. 学习党的二十大精神推进科技期刊高质量发展的思考 [J]. 编辑学报, 2023, 35 (1): 8 - 11.

[27] 赵文青, 宗明刚. 以融合发展助推学术期刊高质量发展: 内在逻辑与路径选择 [J]. 中国编辑, 2023 (7): 39 - 43, 60.

[28] 蔡喆, 王梅, 赵延永. 生成式 AI 为助力出版发展提供新引擎 [J]. 全媒体探索, 2023 (5): 119 - 121.

[29] 丛立先, 李泳霖. 生成式 AI 的作品认定与版权归属——以 ChatGPT 的作品应用场景为例 [J]. 山东大学学报 (哲学社会科学版), 2023 (4): 171 - 181.

[30] 刘畅, 姜京梅, 范瑜晼. 人工智能在科技期刊选题策划中的应用与应对策略 [J]. 中国科技期刊研究, 2020, 31 (8): 909 - 914.

[31] 孔薇. 人工智能环境下学术期刊的融合出版: 热点主题、维度特征和发展路径 [J]. 中国编辑, 2021 (4): 39 - 44.

［32］冯景. 一流科技期刊审稿人系统建设的思考 —— 基于 Reviewer Locator 和 Reviewer Recommender 审稿人推荐系统的分析［J］. 学报编辑论丛，2021：542 - 546.

［33］赵燕萍. 基于出版流程构建科技期刊智能出版平台的研究［J］. 出版广角，2020（10）：46 - 48.

［34］丛立先，起海霞. 生成式 AI 对出版业的影响及其应对——ChatGPT 应用场景的视角［J/OL］. 新疆师范大学学报（哲学社会科学版），2023（6）：1 - 10. ［2023 - 08 - 27］. https://doi.org/10.14100/j.cnki.65 - 1039/g4.20230509.001.

［35］占莉娟，孙绪壕，王晓醉. 我国科技期刊微博运营现状与提升策略研究［J］. 出版学，2023，31（2）：70 - 77.

［36］闵甜，孙涛，赖富饶. 科技期刊优化微信公众号传播结构的策略［J］. 中国科技期刊研究，2023，34（6）：744 - 749.

［37］洪悦民. 融媒体时代传统医学期刊在突发事件中如何扛起使命担当［J］. 新闻知识，2020（7）：84 - 88.

［38］洪悦民. 短视频在传统医学期刊中的应用探索——以《新医学》杂志为例［J］. 编辑学报，2022，34（6）：668 - 672.

［39］雷永利，樊娟. 国外知名大学出版社管理模式探究［J］. 出版发行研究，2017（8）：81 - 84.

［40］栗延文，蒋亚宝，韩景春. 科技期刊媒体融合发展的探索与实践：以《金属加工》杂志社为例［J］. 编辑学报，2022，34（2）：131.

［41］周晔，曹作华，李伟杰，等. 中文护理科技期刊融媒体建设的探索：以《中华护理杂志》为例［J］. 编辑学报，2021，33（5）：553.

［42］吕冬梅，陈玲，李禾，等. 基于微信平台的科技期刊学术论文推广分析：以《中国中药杂志》为例［J］. 编辑学报，2022，34（2）：198.

［43］刘洋，李娜，李玉乐，等. 创新探索"学术 + 科普"融合发展，全面助力医学科技期刊双翼齐飞［J］. 中国传媒科技，2022（9）：14 - 17.

［44］徐婷婷. 中外 6 种生命科学类 SCI 期刊新媒体矩阵功能研究［D］. 大连：大连理工大学，2022.

［45］余菁，邬加佳，徐杰. 由采编系统登录密码辨别代写代投学术不端行为［J］. 科技与出版，2018（9）：157－160.

［46］赵延东，张琦. 谁会成为学术不端的"吹哨人"？——举报影响因素分析［J］. 科学学研究，2021，39（9）：1537－1545.

［47］李靓. 公民科学背景下科普期刊"破圈"传播路径研究［J］. 科技与出版，2022（4）：114－119.

［48］王志标. 基于全面质量管理的期刊编辑部高质量发展［J］. 科技与出版，2020（10）：84－91.

［49］吴锡微. 新时代期刊编辑团队建设研究［J］. 科学咨询（科技·管理），2023（7）：71－73.

［50］解读《关于进一步加强青年科技人才培养和使用的若干措施》［N］. 人民日报，［2023－08－28］（04）.

［51］占莉娟，张带荣. 青年编委会：突破传统编委会困境的有效之策［J］. 中国科技期刊研究，2018，29（10）：1042－1047.

［52］徐艳. 我国科技期刊服务产学研活动的实践与路径［J］. 科技传播，2023，15（10）：29－33.

［53］王雪芬. 科技期刊促进科技成果转化的策略研究［J］. 天津科技，2017，44（8）：91－92，96.

［54］李丽科. 科技期刊促进科技成果转化的对策探究［J/OL］. ［2023/9/28］，城镇建设，2022，2. https://www. g3mv. com/thesis/view/5890906.

［55］尹晨茹，王尚勇，宋勇刚，等. 科技期刊促进科技成果转化的对策探究［J］. 科技创业月刊，2021，34（10）：70－73.

第四章　广东省科技期刊的实践与思考[①]

内 容 提 要

科技期刊传承人类文明，荟萃科学发现，领引科技发展，直接体现国家科技竞争力和文化软实力。科技期刊的重要性可以体现在三个方面：①科技期刊是科研工作的重要基础和科技创新体系的重要支撑。科技期刊文献既是科技成果的记录，又是科学技术得以积累、继承、传播和创造的重要因素。据国家图书馆的统计，我国科技人员从科技期刊中获取的信息情况占整个信息来源的70%。科技期刊在世界各国均被视为宝贵的战略资源，是国家科技创新体系的重要支撑和基本保障。②科技期刊与科技发展密切相关。世界科技中心往往也是科技传播中心，分析历次科技中心转移与科技传播的关系可以发现，科技期刊的发展往往会先于科技中心的转移，科技传播力度大的国家必然会成为科技发展的中心，如20世纪20年代世界科技中心从德国转移至美国时，美国已经是世界科技出版的中心。此外，推动近百年来世界科技进步的诺贝尔奖得主的重要研究成果，都是以科技期刊论文的形式首先发布的。③科技期刊推动社会经济发展。科技期刊在科技知识转化为生产力的过程中起着重要的桥梁作用，科技期刊以较小的社会劳动传播重要的科技知识，使整个社会获益。有研究分析发达国家科

---

① 执笔：汪挺、吴淑金（牵头）；汪挺（第一节）；谭春林（第二节）；陈咏梅、洪悦民、王海霞（第三节）；杨旺平（第四节）。

技期刊数量与国内生产总值（GDP）的关系，结果显示科技期刊数量
与 GDP 是同步增长的。

与西方发达国家科技期刊大都已有 350 多年的历史不同，我国科
技期刊虽然仅经历了三四十年的高速发展，但取得的成就却是令人瞩
目的。我国目前被 SCI 收录的科技期刊 236 种，被 EI 收录的 292 种，
被 Medline 收录的 185 种，被 Scopus 收录的 1 139 种；影响因子进入
Q1 区者 137 种，总被引频次过万次者 25 种，影响因子和总被引频次
双双进入 Q1 区者 27 种。而且，科技期刊对我国重大战略需求的支撑
作用不断提升，2022 年，我国科技期刊发表了 419 万篇重大原创成果
论文。然而，连续 34 年 GDP 名列全国首位的广东省，无论是科技期
刊的数量及还是质量，都未能跟上全国科技期刊的发展步伐。因此，
广东省自 2021 年开始启动"广东省高水平科技期刊建设"项目，力争
在接下来 10 年实现弯道超车，通过一流科技期刊建设助力我省科技创
新体系建设和社会经济发展。

欲成为"期刊强省"，广东省首先需要成为"期刊大省"。因此，
鼓励面向国家重大战略和广东省创新发展需求的新刊创办尤其是英文
新刊的创办是广东省科技期刊建设的当务之急。本章第一节为广东省
英文科技期刊的创办提供了路径指引，包括办刊队伍及编委会的筹建、
出版商及出版模式的选择以及其他各项创刊筹备工作，并对创刊初期
的组稿约稿、审稿人邀请、数据库申请、国际宣传等提供了策略参考。

数字经济时代下，数字化平台已成为科研成果传播的重要载体。
国际出版商早已突破了传统的期刊采编发平台、文献数据库等文献传
递的基础功能，推出了满足知识服务需求、开放获取需求、富媒体传
播需求的新型数字出版平台。随着各种人工智能传播技术和各类新媒
体的涌现，以及新媒体和人工智能的发展，广东省部分科技期刊已在

媒体融合实践上进行了有益探索，本章第二节就科技期刊如何进行融媒体传播进行了经验分享，回答了"为何融、融什么、怎样融"等具体问题。

学术诚信和伦理规范是一流科技期刊建设的重要一环。近年来连续发生多起我国作者在国际科技期刊被集中撤稿的事件，给我国科技界的国际声誉带来了恶劣的影响。科技期刊通常会涉及科学研究阶段的"研究伦理"和成果发表阶段的"出版伦理"两方面的问题，如何全方位地提升科技期刊不同责任主体，尤其是编辑的伦理意识，强化科技出版中伦理规范和审查，是科技期刊共同面临的挑战。本章第三节对科技期刊出版中的伦理失范现象及特征进行梳理，并为科技期刊的伦理治理提出了建议。

一本成熟的高水平科技期刊，不仅要承载高水平的学术内容、拥有较高的学术影响力，同时也需要具备一定的盈利能力。我国科技期刊一般并不把经济效益作为办刊目标；反观境外期刊出版集团，在享有学术声誉的同时也能获取可观的经济收益。科技期刊要实现长远可持续发展，必须要通过期刊经营获得"自身造血"的能力。中国科协近年来连续发布的年度《中国科技期刊产业发展报告》也表明我国科技期刊产业的发展状况受到了越来越多的重视。本章第四节对科技期刊的产业链进行了分析，并就如何构建科技期刊全产业链提出了设想。

第一节　英文科技期刊的创办路径

英语目前仍是国际学术交流的主流语言，我国大力创办英文科技期刊可减少由语言带来的国际学术交流障碍，英文期刊的质量和规模也决定了其可为我国学术成果提供的国际舞台层次。加强英文科技期刊建设，不仅可以提升我国科技期刊的国际影响力和我国学术界的国际话语权，而且能扭转优秀稿源大量流向海外的局面，为此，近 10 年我国连续出台了多项办刊扶持政策。2013—2018 年间，中国科协等六部委先后组织实施两期"中国科技期刊国际影响力提升计划"，扶持创办了一批国内优秀英文科技期刊。2019 年 8 月，中国科协、中宣部、教育部、科技部联合发布《关于深化改革　培育世界一流科技期刊的意见》，这是贯彻落实中央全面深化改革委员会第五次会议精神、推动我国期刊改革发展的纲领性文件，体现了国家意志。为了落实意见精神，中国科协等七部委于 2019 年 9 月联合实施了"中国科技期刊卓越行动计划"，首批资助的科技期刊共计 280 种，其中 180 种为英文期刊，包括所有的 22 种领军期刊、29 种重点期刊、30 种高起点新刊，以及 99 种梯队期刊，是迄今为止我国在科技期刊领域实施力度最大、资助金额最多、覆盖范围最广的科技期刊支持专项。2021 年 5 月，中宣部、教育部、科技部联合印发《关于推动学术期刊繁荣发展的意见》，在该意见的推动下，全国有 10 多个省区市启动了各自的期刊培育计划，大力鼓励英文科技期刊的创办。

《中国科技期刊发展蓝皮书（2022）》显示，截至 2021 年底，我国英文科技期刊数量 420 种，占我国所有科技期刊的 8.28%。尽管从数据上看，我国英文科技期刊的数量及占比都较低，但值得注意的是，蓝皮书统计的只是有 CN 号的英文科技期刊，我国还有相当一部分在办的英文科技期刊并没有 CN 号。事实上，随着我国学者国际学术交流与合作的不断深入以及国家及各地政府对英文科技期刊扶持力度的不断加强，近年来我国各个领域英文科技期刊的创办数量呈井喷式增长。为了加大力度支持高水平英文新刊的创办，中国科技期刊卓越行动计划自 2022 年起将高起点新刊资助数量由 30 种增加到 50 种。除了数量上的快速增长，我国英文科技期刊质量近年也有了显著提升。汇总 JCR 数据，过去 5 年间，我国 SCI 期刊数量由 2018 年的 213 种增加到 2022 年的 276 种，其中位于 Q1 区的期刊数量更是由 52 种增加到 144 种。

在我国英文科技期刊步入量质齐飞的繁荣期之际，作为我国第一经济大省，广东省英文科技期刊无论是在数量还是质量上，与北京、上海等期刊强省都存在不小差距。目前广东省正式出版的英文科技期刊有 28 种，但具有 CN 号者仅 5 种，被 SCIE 收录者仅 6 种。在广东省委宣传部和科技厅的推动下，广东省自 2021 年开始启动"广东省高水平科技期刊建设"项目，在过去 2 年间共资助了 9 种英文新刊的创办，而且仍在继续鼓励和支持我省高校、科研院所及重点实验室、科技型企业等在粤单位，依托自身强大的科研实力和丰富的学术资源，聚焦国家重大战略和广东省创新发展需求，锚准我国英文科技期刊空白领域，创办高起点英文新刊。尽管当前广东省各相关单位创办英文期刊的热情高涨，但不少办刊人对如何创办英文期刊、筹备期间要做些什么准备、创刊初期应在哪些方面发力等，并没有太多的认识。因此，笔者基于《胃肠病学报道（英文）》的办刊经验，分享英文科技期刊的工作路径及不同发展阶段的重要举措，尤其强调对一些关键时间节点的把握，旨在为初创期刊提供具体的办刊指引。

一、《胃肠病学报道（英文）》筹办及发展历程

《胃肠病学报道（英文）》（*Gastroenterology Report*，以下简称本刊）于 2012 年初开始筹备创办，依托中山大学附属第六医院胃肠病学方面的学科优势，由我国知名的胃肠外科专家汪建平教授担任主编。经过近 1 年的紧张筹备，于 2012 年底与牛津大学出版社签署合作出版协议，2013 年 7 月正式创刊（初始为季刊，后于 2019 年更改为双月刊）。在出版 3 期后，于 2013 年底被 PMC 数据库收录，可在 Pubmed 上检索本刊全文。2015 年被 ESCI（Emerging Sources Citation Index）数据库收录后，可在 WoS（Web of Science）上检索本刊全文。2017 年本刊被 SCIE 收录，次年获得的首个公开影响因子 2.688；2018 之后影响因子稳步上涨，最新 2022 年影响因子为 3.6，位于 JCR（Journal Citation Report）胃肠病学二区。2018 年入选中国科技期刊国际影响力提升计划 D 类项目，并于 2020 年获批国内 CN 号，明确由教育部主管、中山大学主办。2021 年底入选首批"广东省高水平科技

期刊建设项目"。自创刊以来，该刊一直保持着较高的国际化程度，国际编委和国际审稿人的比例均在 80% 以上；2022 年的作者、读者和引用的国际化比例分别为 40% 、85% 和 75%。根据《胃肠病学报道（英文）》近 10 年的发展历程，笔者将期刊发展分为筹备阶段、创刊初期、快速发展期及品牌积累期四个时期。

（一）筹备阶段

筹备阶段是指从决定创刊至正式出刊的时间，一般需要 1 年左右。筹备工作主要包括拟定期刊名称和明确刊稿范围，筹建办刊队伍和明确经费来源，寻求国际出版合作和决定出版模式，制定栏目名称和草拟各类邮件模板，并邀约至少两期稿件。

（二）创刊初期

创刊初期是指从正式出刊至期刊被 SCI 收录的时间，通常要做 5 年的心理准备和出版规划。除了一些起点非常高的期刊（如 *Nature*、*Science*、*Cell* 等子刊）可在创刊后 1～2 年内以新刊模式申请 SCI 收录外（即无须考量期刊引证数据），绝大多数期刊都需要等到出版第 5 年经过申请由 ESCI 提升至 SCI。当然，也有少部分起点较高的期刊可以在出版第 3 年跨过 ESCI 直接被 SCI 收录，包括 *National Science Review* 和 *China CDC Weekly* 等本土英文期刊。在这个阶段，选题策划和组稿约稿是工作重点，建立并有效维系专家队伍是工作难点，把握重要数据库的申请时机是发展关键。然而，也有不少期刊因未能顺利被 SCI 收录、稿源面临枯竭而艰难维持在初期状态甚至中途夭折。

（三）快速发展期

渡过创刊初期被 SCI 收录后，期刊稿源尤其是国内稿源显著增多，关注度及影响力不断扩大，期刊也有机会通过中国科技期刊卓越行动计划高起点新刊项目申请国内刊号，并有望获得一些国家级或省部级的期刊培育经费，加之主办单位的更高期待以及编辑团队的昂扬斗志，期刊步入快速发展期。被 SCI 收录后，该刊遇到的一个大难题就是，面对突然大幅增多且质量不断提升的稿件，无论是新来稿初筛、审稿人邀请还是录用稿的编辑加工，编辑应都付得非常吃力；加之申请国内 CN 号、申请期刊培育项目及项目经费的使用、纸质刊的印刷出版等，编辑更是不堪重负。因此，期刊一旦被 SCI 收录，需要第一时间招募更多编辑以应对后续明显增多的工作；同时，可以考虑成立一支青年学术委员队伍帮助进行稿件初筛，大幅扩充审稿人队伍以应付更多的审稿需求，建立一支高水平的定稿专家队伍对审回稿进行集体决策。选题策划、专期组稿、综述约稿仍然是这一阶段提升高质量稿源及期刊引证指标的关键，规范和优化稿件处理流程以缩短审稿时间和刊稿周期是期刊口碑的保证，策划系列学术会议并组织各类评优活动则可不断提升期刊影响力。该刊现正处于这一阶段，对于这一阶段的时长笔者尚无清晰的认识，或许基于主编及办刊团队的理念，大多可能会将影响因子达到多少分/进入 Q1 区作为快速发展的目标，但笔者倾向于将编辑政策和稿件流程基本完善、培育出一支具有较高综合能力的编辑队伍、建立起一支亚专科覆盖全面且具有较强凝聚力的专家团队、期刊引证指标稳步提升、刊文数量达到一定规模、打造出一两个品牌学术活动等进行综合判断，简而言之，就是期刊已步入了一条成熟稳定的发展轨道。

（四）品牌积累期

笔者认为，经过快速发展期后，期刊多已具备了较高的影响因子和学术影响力，接下来可能需要换一种办刊心态，不必再奋力追求影响因子，而应该稳步推进各项工作，踏踏实实地用时间和学术质量积累期刊品牌，争取让影响因子与期刊实际的学术水平相符合。同时应开始着手期刊经营工作，逐步摆脱对主办单位和（或）期刊项目经费扶持的依赖，实现长期的可持续发展。

笔者体会，创刊后第 3 至第 4 年是期刊最为困难的时期，而创刊初期尚没有被重要数据库收录时，自由投稿的数量及质量都非常有限，若无充分的心理准备和积极的努力方向，不少期刊会在此阶段夭折。因此，本文着重分享笔者在筹备阶段和创刊初期的一些重要举措，并梳理了这两个阶段的工作路径（图4-1）。

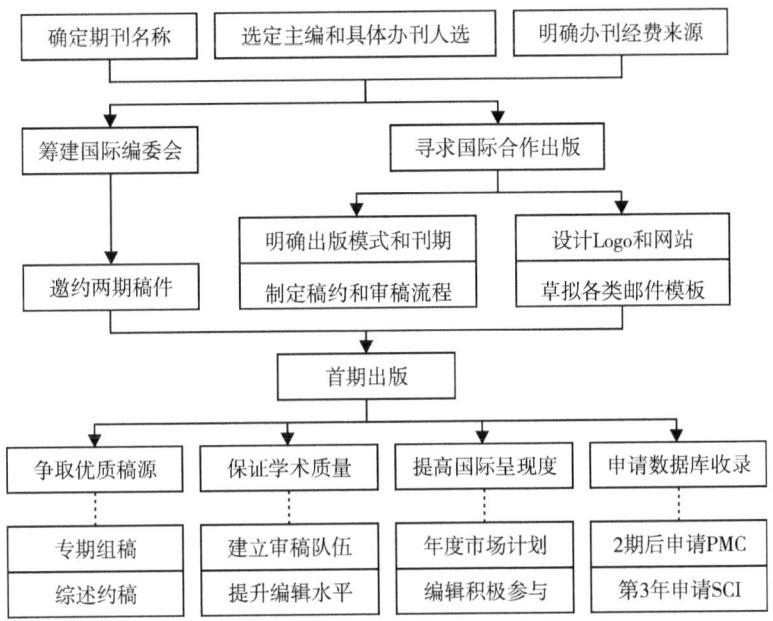

图4-1 英文科技期刊在筹备阶段及创刊初期的工作路径

二、筹备阶段工作路径

（一）期刊命名的考量因素

期刊如何命名决定了刊稿范围，笔者认为，在期刊命名上首先需考虑的办刊团队及其所在单位/协会的学科优势。优势学科能为期刊提供强大的学术支持和专家资源，尤其是国际专家资源，这是创刊初期稿源的重要来源。其次，期刊所属学科的研究热度也是需要考虑的重要因素。研究热度越高的学科，每年产出的论文总量以及该学科分类中的期刊数量一般也会越多，有助于推高期刊影响因子。

本刊所在单位的胃肠外科居全国领军地位并具有较高的国际影响力，同时承办《中华胃肠外科杂志》，有着非常丰富的学术资源。如果当时做一种胃肠外科方面的英文期刊，将会被归入外科类期刊（JCR 分类：Surgery），该学科在 2011 年影响因子最高的期刊 Annals of Surgery 也未过 10 分。反观消化类期刊（JCR 分类：Gastroenterology & Hepatology），2011 年影响因子超过 10 分的期刊有 5 种，总体影响因子高出外科类期刊不少。尽管从科技评价体系上，我们要扭转"SCI 至上"和"以刊评文"的不良科研成果评价生态，但 SCI 收录和影响因子仍然是目前评价英文科技期刊的重要标准，也是决定期刊能否获得充分稿源及后续发展的关键因素。

（二）筹建办刊队伍

1. 主办单位和主编

高等院校、科研院所、行业学会是我国创办英文科技期刊的三大主力，过去 3 年其主办英文期刊获批 CN 号的数量分别为 32 种、19 种、13 种，总计占比 93%；获得中国科技期刊卓越行动计划高起点新刊项目资助的期刊数量分别为 62 种、21 种、24 种，总计占比 97%。与国外医学期刊多为行业学会官方期刊不同的是，我国行业学会大多缺乏财力支撑，故我国英文医学期刊大多由医院实际承办。如此，具有较高学术地位的医院领导成为主编的最佳人选，可同时为期刊提供学术支持、政策扶持及资源投入。此外，为了更好地汇集国际学术资源，也可以考虑增设一位境外共同主编。主编人选非常重要，无论其是否会为期刊做实质性的学术工作，但其崇高的学术地位和巨大的学术号召力可以为期刊带来不少学术资源，而且主编人选也是后续申请国际出版合作、申请相关数据库收录、申报各类期刊培育项目的有力支撑。

2. 具体办刊人

考虑到作为医院领导的主编日常工作非常繁忙，难有余力专注期刊工作，因此，物色一名具有一定专业背景和较高英文水平的专职编辑部主任作为具体办刊人非常重要。若主编能请到一名具有较高学术造诣和学术地位又热衷于期刊事业的专家担任执行主编，负责期刊的组稿约稿和学术把关，那么对专职编辑部主任的学术要求则可适当降低一些。尽管近年来"科学家办刊"在我国科技期刊界的呼声越来越高，但目前来看，我国科技期刊尤其是医学期刊更多的还停留在"编辑部办刊"，加之临床医学生毕业后鲜少踏足编辑工作，编辑团队专业水平的不足成为我国英文医学期刊发展的主要制约因素，这是主编和办刊单位需要认真考虑的问题。

3. 国际编委会

在明确主编及具体办刊人后，就需要集中精力筹建国际编委会了。考虑到我国医务工作者写一篇英文论文之不易以及对 SCI 的盲从，创刊初期想从国内学者手上约到质量尚可的稿件实属不易，因此，在筹建编委会时应更多考虑国际编委。邀请编委可以从以下三个层面进行：①精准邀约，其针对的是那些与主编等办刊团队及期刊所在单位有学术往来的境外学者，包括学术会议、参观访问、课题合作等。其中一些学术地位颇高且学术往来较为密切的专家，可以考虑邀请其担任共同主编或副主编，作为核心编委成员。②重点推荐，是指在邀请到境外共同主编或副主编后，由其推荐编委人选。③广泛撒网，是通过广泛搜索，如国际名刊的编委、权威的学/协会的委员（注意是 Board/Committee 不是 Membership）等。相对于前两类，第三类人群应邀的可能性比较低，可能发出 20 封邀请函后只有 1 人同意，而且这些人后续对期刊的工作热情也不及前两者高，但这些人一般学术地位较高，学术关系也较广，一旦愿意为期刊服务，其贡献可能相对更大。笔者在邀请第三类编委的过程中发现，积极回应的境外学者多曾经来过中国进行学术交流，这些人往往会因在我国的所见所闻（与当地媒体所报道的大不相同）对中国充满善意。这也反映出加强我国国际学术交流的重要性。

在筹建编委会时，需要注意专业分布和地区分布。编委邀请函中须明确编委的责任，这是境外专家考虑是否担任编委很重要的参考，然而，编委责任尽量不要过于硬性，以免对方因认为自己可能无法较好地履行责任而拒绝邀约。笔者与诸多境外专家进行邮件交流的体会是，相比国内专家，境外专家的履约责任心更强，对其来说，担任期刊编委更多意味着责任而不是荣誉。有条件的期刊，可以通过召开国际编委会，或借助承办单位所主办的学术会议的机会，不时邀请国际编委前来参会，以提升这些国际编委的期刊工作热情。

（三）寻求国际出版合作

英文科技期刊由"借船出海"到"造船出海"已成为我国科技期刊人的共同期待并为之进行了有益探索。然而，截至目前，我国绝大多数英文科技期刊仍然是与境外出版商进行出版合作。2019 年首批入选中国科技期刊卓越行动计划的 180 种英文期刊中，有 149 种（83%）与国际出版商合作出版；而这一比例在 51 种入选领军/重点的期刊中更是高达 98%。在与牛津大学出版社的出版合作过程中，笔者体会，境外大型出版商的优势主要在于：①论文发布平台有更强大的功能和有更高的国际呈现度；②成熟的市场推广模式可进一步提高论文国际呈现度并有助于吸引国际稿源；③与国际数据库的紧密联系有利于期刊申请数据库收录。近年来，国内一些头部出版单位在中国科技期刊卓越行动计划等各类平台建设项目的支持下，努力打造自身的出版服务平台，如中华医学杂志社的 MedNexus、科学出版社的 SciEngine、清华大学出版社的 SciOpen、中国激光杂志社的中国光学期刊网等，将其所出版的期刊以及一些平台加盟期刊收录其中，旨在帮助一批高水平科技期刊实现由传统出版向数字出版的全面转型，逐步摆脱当前我国英文期刊对国外出版平台的依赖。相信在不远的将来，随着我国自主打造的国际数字出版平台的完善，我国英文科技期刊会越来越多地选择国内出版商。

在申请国际出版合作时，出版社一般会让编辑团队提供一份 Journal Proposal 供其审议，内容包括创刊依据、办刊宗旨与刊稿范围、市场竞争、编委会成员、审定稿制度、首期文章、经费来源、商业模式等。我们在撰写 Journal Proposal 时，

应努力让国际出版商相信这本期刊会有一个良好的发展前景，如该领域确实需要这样一本期刊，主编具有崇高的学术地位，编委会是一支国际化的权威专家队伍，期刊有稳定且持久的经费来源等。一般来说，国际出版商对 Journal Proposal 的审议一般需要半年左右的时间，因此，筹建编委会与寻求出版合作可同步进行，而且在达成合作协议后，可继续邀请编委以扩大编委队伍，因为有国际知名出版商的加成可以提高编委邀请的成功率。

（四）决定出版模式

与国际出版商签署合作出版协议后，办刊人需要决策采用传统订阅开放获取（OA）的模式，是纸刊发行还是单纯网络出版，是按期出版还是连续出版（即没有卷期的概念，按年份全年连续出版）？为了能获得更多的文章下载量及引用量，OA 出版模式显然更有优势，而且 OA 出版模式也有利于之后期刊被 PMC 收录。此外，在全媒体出版的强大冲击下，纸刊基本已无人问津，科技期刊发行量锐减，因此，从节约成本和减少工作量的角度看，online only 的模式是非常适合新刊的，尤其是在期刊发展初期阶段。

笔者在与一些创刊团队交流时，经常发现对方正在努力申请 ISSN 号，其实大可不必。因为国际出版商会为期刊提供 ISSN 号。《胃肠病学报道（英文）》在筹备创刊时，也走了一段小弯路。当时，为了拿 ISSN 号，杂志主编在香港注册了一家出版公司，并通过该公司申请到了一个 ISSN 号。但与牛津大学出版社确定合作关系后，对方提供了一个 eISSN 号，使得我们自行申请的 ISSN 号一直处于闲置状态。不过当杂志于 2020 年获得 CN 号后，在向中国 ISSN 中心申请与该 CN 号相匹配的 ISSN 号时，中国 ISSN 中心查到了我们之前自行申请的这个 ISSN 号，遂将其转入国内管理并作为本刊的 pISSN 号。

（五）出刊前材料准备

明确上述原则性、策略性问题后，需要为出刊作更为细致的准备，包括：

①设计杂志 Logo。编辑团队提出设计理念，出版商进行方案设计，最后由编辑团队确定最终方案。如果决定出版纸刊，则还需要进行封面设计，封面可以是固定封面，也可以每期不同，后者今后可以呈现封面文章或编辑推荐文章。②确定文章栏目和撰写稿约。基于出版社的相关模板，编辑部草拟稿约，并对各类文章栏目的基本要求和撰写风格予以明确。文章栏目设计可以参考领域内顶刊并结合自身的实际情况。文章栏目一旦明确，除非非常必要，否则不宜轻易更改。③制定稿件审理流程。基于出版社提供的稿件管理系统，设置个性化的投审稿要求，如包括同行评议在内的每个稿件审理流程的时限，是否需要推荐/回避审稿人选项，是否需要上传伦理审批文件，是否需要让作者投稿时迅速看到发表费信息，是否需要开设视频投稿服务，等等。④草拟邮件模板。包括编委邀请函、约稿函、组稿函、会议邀请函等邮件模板。此外，对稿件管理系统自带的邮件模板，如审稿邀请、催审、退稿/退修/录用通知等，编辑部可进行适当行修改。⑤备好两期稿件。建议最好等到手上备有两期稿件再考虑正式出刊，以免出刊后因后续稿件筹措不力导致无法按时出版。

三、创刊初期工作要点

（一）专期组稿和综述约稿是核心工作

专期组稿和综述约稿对于期刊学术影响力和期刊引证指标的提升作用无须多言。笔者认为，在创刊初期，应将有限的经费更多用于专期组稿和综述约稿上。专期组稿通常是内容导向的，即主编和编辑团队先通过选题策划确定一个主题，再邀请一名该领域的国际编委作为组稿专家（guest editor），协助编辑部制定组稿计划。组稿专家邀请函中应首先介绍该期的基本信息，即初步的专期主题、计划出版时间、专期文章数量（一般为综述）；然后明确组稿专家的责任，包括确定专期主题、草拟文章题目、推荐撰稿专家、审理约稿文章以及撰写专期述评。组稿计划制订完成后，编辑部可以开始向撰稿专家发出约稿，约稿函中除了明确告知撰稿要点、字数上限、图表要求、交稿时间外，最好可以附上整期组稿计划，因为对方可能会因认可整期组稿计划而接受约稿邀请。当然，如果组稿专家与推荐撰稿专家相熟，可以请组稿专家与对方先行沟通，而且向其约稿时可以同时抄送组稿专家，这样对方接受约稿的可能性会大大增加。

综述约稿一般有两个渠道，一种渠道是向编委们约稿，不定主题，让其自由发挥；另一种渠道是关注领域内顶尖刊物最新刊发的热点论文，向论文通讯作者或第一作者约稿。当然，第二种方式约稿的成功率较低，但只要坚持不懈地约稿，总能有所收获，这也是不少英文期刊拓展稿源的重要手段。这种约稿函的写法与前文提及的专期约稿会有所不同，需要先对其在顶尖期刊所发表的论文进行一番高度评价，然后明确告知希望其能就某一相关问题进行进一步深入探讨。对于约稿作者的选择，可考虑将其 H 因子作为参考，如选择 H 因子大于 20 者，其论文的关注度和潜在被引量会相对较高。

（二）把握国际重要数据库的申请时机

对于英文医学期刊，论文能在 PubMed 中检索和期刊被 SCI 收录是期刊发展的关键两步，直接关系到稿源数量和稿件质量。而对办刊人来说，如何被这个数据库收录也是其最为关心的。尽管大家都知道其重要性，但据笔者了解，有些英文医学期刊，创刊 5 年内居然连一次数据库申请都没有提交过！因此，了解这两个数据库的收录标准并把握好申请时机，对新创英文医学期刊来说至关重要。

1. PMC/MEDLINE 的收录标准和申请时机

笔者在创刊初期向境外学者约稿时，被问得最多的就是杂志是否被 PubMed 收录。与其深入交流后笔者发现，彼时境外学者对 SCI 及影响因子的关注度远不及国内，他们会知道自己这个领域内最好的期刊有哪几本，有高质量的研究成果会首先考虑这些有影响力的期刊；对于一些水平一般的研究成果，是否发表在 SCI

期刊或非 SCI 期刊，其实他们并不太在意，他们更为关注的是自己的文章能否在 PubMed 检索到，自己的研究成果或学术观点能否被同行看到。因此，对于医学期刊，首先要努力被 PMC 或 MEDLINE 收录，因为被这两个数据库收录后，期刊发表的论文都能在 PubMed 检索到。

PMC 与 MEDLINE 的区别，笔者在此不做赘述，其各自的收录标准，在美国国家生物信息中心（NCBI）官网上有明确列出。总体而言，两者的收录标准相似，侧重于考察期刊编辑政策、出版伦理、图表质量等；但 MEDLINE 的收录要求相对更高一些，而且一般需要出版了至少 40 篇同行评议文章后才可以申请。相较而言，PMC 一般在期刊出版两期后即可提交申请，但免费访问是 PMC 收录的必要条件，而这正是笔者推荐新刊应选择 OA 出版的原因之一。

该刊于 2013 年 10 月，即出版两期后即提交了 PMC 申请并顺利被收录，此后，文章一经在线发布，不久就可于 PubMed 及时检索到。但自 2017 年开始，我们发现杂志官网在线优先出版的文章并不能及时在 PubMed 中呈现，而是要在入期后才能整期显示。因此，尽管杂志已于 2017 年被 SCI 收录，我们仍于 2018 年提交了 MEDLINE 申请，但首次申请很遗憾没有通过，美国国立医学图书馆（NLM）的反馈意见中，两位同行评议人（一般是一名学者加一名图书馆员）对杂志学术质量、出版规范、学术影响力等方面均给出了较高的评价，但发现了编辑政策/出版伦理方面的两个问题，一是没有明确阐述对编委团队投稿文章（主要是指主编和副主编的稿件）的同行评议政策；二是有一篇受药厂经费资助的研究论文却声明无利益冲突。笔者建议，英文医学期刊一定要格外重视文章中的利益冲突声明，而这一点一直是国内编辑同行关注不够之处。

综上，笔者建议应在新刊出版 2～3 期后即可申请 PMC 收录，以便于后期的组稿约稿工作。为了能顺利被收录，对最初 2～3 期的稿件需要格外重视，包括文章作者的权威性和国际化分布，伦理声明和利益冲突声明的严谨性，图表的编校规范和图片的清晰度等。出版第 2 年可以尝试继续申请 MEDLINE 收录，以便在线优先出版的文章能第一时间在 PubMed 显示。考虑到 MEDLINE 的收录存在一定难

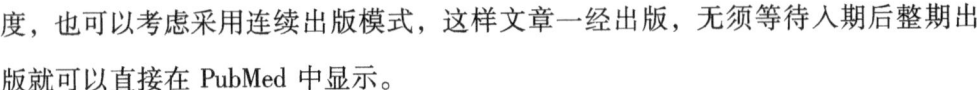

度，也可以考虑采用连续出版模式，这样文章一经出版，无须等待入期后整期出版就可以直接在 PubMed 中显示。

2. SCI 的收录标准和申请时机

对于一本英文新刊来说，SCI 收录是期刊发展的一个分水岭（由创刊初期迈入快速发展期的标志），甚至可以说是期刊能否继续生存的关键。出版第 3 年可以向 Clarivate 提出 WOS/SCI 申请，申请函中对期刊的介绍可囊括以下方面：办刊宗旨和刊稿范围；国际化编委团队（可重点介绍几名核心编委如主编、副主编的学术成就和既往办刊经历）；稿件质量控制措施（审稿流程）；稿件情况（收稿量、刊稿量、退稿率等）；全文下载量及年增长率；如果已被 PMC/MEDLINE 收录则可将其作为初步成功的标志。此外，还可以请数名国际知名专家各写一段简短的评价，以反映期刊已获领域内专家学者的学术认可。

SCI 的收录标准相较于 PMC/MEDLINE，更侧重于期刊引证数据，其中最主要的便是影响因子。如果期刊影响因子能"挤进"该学科 Q2 区，一般会被收录；如果徘徊在 Q4 区，基本不可能被收录。对于如何快速提高影响因子，相信办刊人都有自己的想法和办法，但笔者认为，精心策划的专期组稿和坚持不懈的综述约稿肯定是最有效的方法。

（三）建立一支高水平的国际审稿专家队伍

1. 付费审稿的现实意义

严格执行同行评议制度是科技期刊学术质量的重要保障。随着稿件数量的增多，仅凭借编委们无法承担繁重的审稿任务，因此，建立一支审稿人队伍十分必要。但对于大多数英文医学期刊来说，邀请审稿人是一件比较困难的事。有些医学期刊如《中华医学杂志（英文版）》通过 Publons 平台来邀请审稿人，但也仅仅是作为一种补充（实在找不到合适的审稿人时）。我刊应对审稿人邀约困难的方法是采取付费审稿。笔者也听到过质疑的声音，认为许多境外期刊审稿都不付费，义务审稿似乎是国际惯例。但笔者认为，我刊审稿人多为临床专家，其业务工作非常繁忙，而且不少身兼多本期刊的编委或审稿人，其为一本陌生期刊的审稿意愿较低，而且就算应邀审了一次稿，也很难邀请到其再次审稿。笔者体会，境外审稿人最初接受审稿邀请大多并不会因为期刊付费；然而，当其完成审稿后，确实收到了审稿费，其为期刊继续审稿的意愿会大大增强。久而久之，该审稿人会越来越关注期刊并可能会向其投稿；如果此人学术地位颇高且学术产出颇丰，甚至可以考虑将其发展为编委。

2. 审稿专家队伍的建设与维护

笔者对审稿人队伍规模的观点是多多益善，这不仅可以保证拟送审稿件的快速高质量审理，而且可使期刊凝聚一批专家学者。我刊对审稿人队伍（我刊初期审稿人基本是境外审稿人，即使是现今境外审稿人也占绝大多数）的具体建设管理模式如下：①针对拟送审稿件，通过文献检索找到合适的审稿人，向其发出审稿邀请。②审稿人接受邀请并完成审稿后，对其审稿水平和审稿速度进行评价，并将该审稿人及审稿评价信息记录到审稿人列表中。③每年6月和12月统计审稿数量，并通过邮件请其确认审稿数量，并提供/确认其银行卡信息，而且在邮件中顺便向其介绍杂志目前发展情况。④每年年底，对新加入列表的审稿人，详细查询其个人信息，若发现其系学术地位颇高的权威专家，可进一步邀请其加入编委队伍；如果是学术上非常活跃的高产青年专家，会特别留意其今后发展，并与其保持紧密的联系，逐步将其发展为杂志编委。⑤不定期整理审稿人列表，对于连续多次拒绝审稿邀请或多次出现审稿逾期的审稿人，可将其剔出审稿人列表，以确保审稿人队伍的活力。

笔者在创刊初期与境外编委、审稿人甚至作者、读者的邮件沟通过程中，常感到力不从心，因为许多境外学者不仅沟通意愿强而且回复速度非常快，经常一个小问题往返七八封邮件，笔者当时每天最怕的就是打开邮箱见到一堆新邮件。

但笔者当时坚定的一个信念就是，做好期刊的工作首先是做好人的工作，只有专家学者们都了解期刊、认可期刊、关注期刊，各项工作才好开展。所以尽管回复英文邮件耗时耗神，但笔者仍然坚持认真回复每一封邮件，因为同境外学者打交道与国内学者不同，大多是见不到的，只能通过邮件这唯一的沟通方式让其了解期刊并与其结下友谊。正是得益于这些境外学者彼时的巨大支持，该刊方能平稳度过艰难的创刊初期并顺利迈入快速成长期。如今，虽然该刊编辑人数已有 4 名之多，但由于稿件量的快速增长以及进入快速成长期后一系列工作的铺开，编辑们工作负荷较重从而怠于回复英文邮件。但笔者仍然不时强调专家队伍以及读作群体对期刊的重要性，所以要求编辑将与专家维系工作放在优先位置，无论多忙、英文回复有多吃力，都要认真回复每一封境外邮件。

3. 稿件送审的注意事项

编辑在送审稿件时需注意：①编辑要加大初筛力度，以保证送审稿件的学术质量，这样有利于审稿人对期刊学术水平的认可；②编辑需要非常熟悉其分管领域的审稿人，包括其所在单位、研究领域、审稿水平、审稿速度、对我刊的热情程度等，这样可以在紧急稿件（如绿色通道稿件、耽误多时的稿件等）送审时，选择那些接受审稿的可能性高且审稿速度快的审稿人；③编辑要注意，既不能觉得哪个审稿人审得又快又好就不停给其送审以致其产生倦怠情绪，也不能让某些审稿人长期无稿可审而渐渐遗忘了这本期刊。

（四）重视期刊的国际推广

尽管近年来在中国科技期刊国际影响提升计划/中国科技期刊卓越行动计划的支持和我国科技期刊人的不懈努力下，我国英文科技期刊无论是在质量还是规模上都有了巨大提升，越来越多的期刊被 SCI 收录甚至不少跻身 JCR 一区，但我们的学术期刊无论是学术影响力和社会影响力，还是国际声誉和学术话语权，都与美英等西方国家的科技期刊存在不小的差距。国家鼓励创办英文科技期刊的目的就是为我国学者提供一个开放的国际化的学术平台，提高我国学者的国际话语权。因此，我们的期刊编辑们一定要有国际市场推广的意识，努力提高期刊的国际显示度和论文的国际传播能力（有条件者可以考虑购买一些跨平台文献精准推荐以及境外社交媒体运营服务）。该刊也正是得益于自创刊之初对国际推广工作的重视，才使得在期刊被 SCI 收录后的第 4 年，在国内投稿量猛增和关注度显著提高的情况下，仍能维持将近 40% 的国际刊文比例，论文国际下载和国际引用的比例更是在 80% 以上。

虽说与境外出版商合作后，市场推广主要是出版社在负责，但编辑绝不可置身事外。通常出版社每年会制订一份市场计划，编辑部一定要根据实际情况对这份市场计划进行讨论修改，编辑可以积极参与的市场行为包括但不限于以下几个方面：①参加国际学术会议。编辑要考虑有什么样的国际学术会议最适合期刊宣传，可将其作为重点添加到市场计划中，要求在该会议设置展位，必要时编辑可以亲临会议。在会场了解领域进展的同时，不时前往展位，从而更好地向参会的专家学者面对面介绍期刊，给对方留下深刻的印象，那么后期向其发出约稿/审稿邀请时，对方应邀的可能性会大增。要知道，出版社虽然制订了该计划，但在实际参会时可能会摆放其旗下的多本该领域期刊甚至书籍进行宣传，而且出版社的人可能并不了解我们的期刊。②重视专期推广。如果次年有专期出版的计划，编辑需要将其作为推广重点写进市场计划中。③策划论文评选。编辑选出过去 1 年或 2 年一些高下载、高被引或高质量的文章，附上论文简介，交由出版社进行高影响力论文评选（Highest Impact Competition），也不失为一种较好的国际推广方式。④单篇重点宣发。如果遇到高质量且具有潜在高关注的文章，编辑可以要求出版社对该文进行重点宣发，除了常规的网站、社交媒体等推广外，还可以通过新闻发布会和境外主流报刊媒体进行宣传。而承诺进行单篇重点宣发也可以作为编辑邀约某项高质量原创性研究成果的一个"价码"。当然，如何进行国际推广需因刊而异，除了笔者提及的上述举措外，还有一些其他途径，在此就不作详述。

对于国内市场推广，如笔者前文所述，考虑到我国学者对 SCI 的执着以及撰写一篇英文稿件的不易，该刊在创刊初期基本没有在国内进行过任何市场推广，甚至许多国内消化领域的学者是在我刊被 SCI 收录后才知道有这本期刊的。在创刊初期，笔者的总体思路是，先依靠境外专家力量和国际市场推广，努力吸引国际稿源，待被 SCI 收录进入快速发展期后，就需要加强期刊国内宣传，更重要的是通过重点走访权威专家、精心招募青年才俊、积极举办学术活动等方式吸纳更多的国内编委/审稿人并建立常态化专家联系机制，以实现"二次点火、加速升空"。

四、小结

本节通过对《胃肠病学报道（英文）》10 年发展历程的回顾，提出了我国英文科技期刊发展的四个阶段，并针对筹备阶段和创刊初期的工作路径和关键举措进行了经验分享。在筹备阶段，刊名和办刊团队一经明确，为加快创刊步伐，可将"筹建编委会—组稿约稿"与"寻求国际出版合作—制定出版政策和稿件流程"并行推进，要格外重视最初 2 期稿件的学术质量和编校质量，以及完备的编校流程、出版政策、伦理规范，这直接决定了期刊能否尽早被 Pubmed 收录。在创刊初期，选题策划和组稿约稿是核心工作，建立高水平的国际化审稿队伍并通过密切的交流沟通保证其审稿积极性是工作难点，认真制订年度市场计划并积极参与市场推广是编辑容易忽略的工作，而了解重要数据库的收录标准并把握申请收录的时间点是期刊发展的关键。

第二节　科技期刊出版融合发展实践

在新媒体与人工智能时代，各种传播新技术、各类新兴媒体的不断涌现，对传统学术期刊出版融合而言，既是机遇，又是挑战。党和国家从政策层面对出版

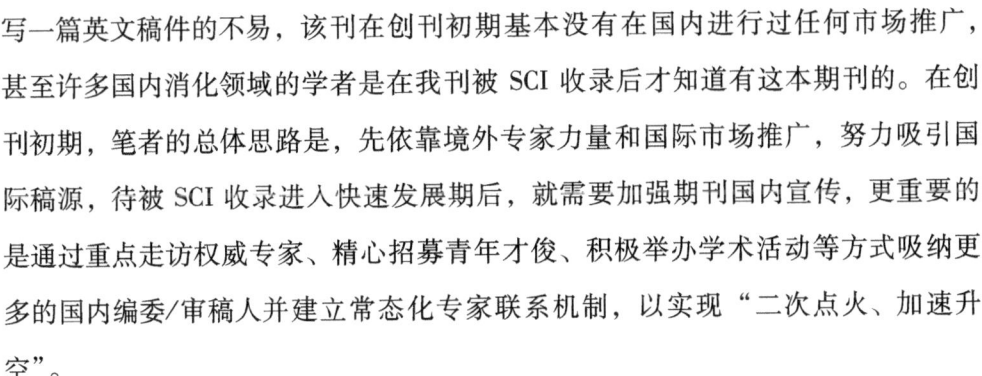

融合发展给予了高度重视。作为科技期刊的办刊人，有必要提高政治站位、充分认识融合发展的重大意义。党的十八大以来，习近平总书记发表了一系列重要讲话，强调媒体融合发展的关键在融为一体，要尽快从相加阶段迈向相融阶段，着力打造一批新型主流媒体。这为出版融合发展指明了方向。2014年9月，中共中央办公厅、国务院办公厅印发了《关于推动传统媒体和新兴媒体融合发展的指导意见》，指出"推动传统媒体和新兴媒体在内容、渠道、平台、经营、管理等方面深度融合"；2020年9月，中共中央办公厅、国务院办公厅印发了《关于加快推进媒体深度融合发展的意见》，对媒体深度融合发展明确总体要求，强调推动传统媒体和新兴媒体在体制机制、政策措施、流程管理、人才技术等方面加快融合步伐；《中华人民共和国国民经济和社会发展第十四个五年规划和2035年远景目标纲要》指出，"推进媒体深度融合，做强新型主流媒体"。2022年，中共中央宣传部印发了《关于推动出版深度融合发展的实施意见》，着眼出版强国建设目标，为出版融合坚持正确发展方向提供了行动指引。具体体现在：①聚焦行业发展突出问题，为出版融合破解"堵点""难点""关键点"提出思路；②立足出版单位发展的实际需要，回答了"为何融、融什么、怎样融"的问题；③与出版融合发展工程相互支撑，进一步形成推动出版融合向纵深发展的政策合力。党和国家对出版融合的高度关注和强力推动，充分体现了出版融合发展在推进中国特色社会主义现代化建设全局中的重要作用和重大意义。

近5年来，科技期刊界对出版融合发展高度关注和重视，已在媒体融合实践上开展了不同程度的融合工作。结合科技期刊的办刊工作实际，如何开展融合发展工作，解决"为何融、融什么、怎样融"的具体问题，是科技期刊出版融合发展过程中值得关注的问题。本文主要从新媒体的概念、期刊融合发展现状、期刊出版融合发展模式以及新媒体运维实践与新技术等方面展开讨论，为科技期刊出版融合实践提供参考。

一、新媒体的概念

随着新媒体技术的快速发展，媒体传播方式发生根本性的变化，由传统媒体与读者间的单向传播（One-Sided Communication），转变为新媒体的双向传播（Two-Sided Communication）、互动传播（Interactive Communication）、群体传播（Group Communication）、大众传播（Mass Communication），新媒体技术开启了以"用户为中心"的时代。在新媒体的发展演变进程中，先后出现了网站、电子邮件、电子出版物、搜索引擎、数字音乐、手机 App、博客/播客/Vlog、小程序、网络游戏、数字电视、视频会议、交互设备、VR/AR/MR/XR、数字人（Digital Human，Meta Human）、元宇宙（Metaverse）等形态。

自媒体（We Media）最早于 2001 年由美国科技作家丹·吉摩尔首次提出，而自媒体这一概念的内涵和发展演变过程也在 2004 年出版的 *We the Media* 一书中得到详细解析。与新媒体不同的是，自媒体在出现时就具有了较为清晰明确的指向和定义，因为该书作者丹·吉摩尔是博客报道形式的首创者，所以他认为"以博客为趋势的个人媒体称为自媒体"。在我国，百度贴吧、BBS 论坛、博客、微博、微信等网络社区均属于自媒体平台。自媒体是一种大众化、平民化、个性化、普泛化、自主化的媒体，真所谓"人人都是自媒体"。虽然被称为"自媒体"，但也分组织、个人两种博主类型。

社交媒体（Social Media）最早出现在 2007 年安东尼·梅菲尔德所著 *What Is Social Media* 一书中，作者将社交媒体定义为"一种给予用户极大参与空间的新型在线媒体"，具有参与、公开、交流、对话、社区化、连通性特征。国内典型的社交媒体主要包括：微博、抖音、快手、小红书/Bilibili（B 站）、知乎、微信公众号/视频号、豆瓣等。国外典型的社交媒体主要包括：TikTok（海外抖音）、Facebook（脸书）、Instagram（照片墙）、Twitter（推特）、Youtube（油管）、LinkedIn（领英）等。

媒体融合（Media Convergence）是指融合各类媒介（报刊、广播、电视、电脑、手机等）、各种渠道（论坛社区、博客微博、微信公众号、视频平台、社交社群等）、各种组织机构的多种优势，实现内容的多平台出口，让传播能力最大化的一种发展模式。媒体融合进程中先后出现跨媒体（Cross Media）、全媒体（Omni Media）、融媒体（Convergence Media）等概念。"跨媒体"一词最早出现在1997年一篇论文《办看得见的电台——珠江经济台的户外活动及跨媒体合作》中，用"跨媒体"描述珠江广播台与报纸、电视台等"横跨"联合办节目的"合作"传播新模式，表现为媒体之间的简单连接。"全媒体"是在2006年由北大方正电子有限公司在"报业全媒体"战略中提出的；2008年烟台日报报业集团"全媒体新闻中心"组建，此后"全媒体"概念逐渐活跃于全国新闻传播领域。全媒体既强调传播形态的"全媒介"，又强调媒体运营的"全媒体"，实现多平台、多落点、多形态的传播体系。"融媒体"最早是在1998年由美国学者Jay Rosen提出，他在一篇名为《融媒体：新闻业的未来》的文章中首次提出了融媒体的概念。2014年中国国家广播电视总局发布了《关于加快推进广播电视融媒体发展的指导意见》，正式提出了融媒体的概念和发展方向。

无论哪种媒体，传播均为传播者（Communicator）和受众（Audience）之间的交互、交流过程，新媒体的传播具有即时传播、多媒体性、移动性、互动性等特点。与传统媒体的传播过程不同，新媒体是主动传播者（Active Communicator），需要根据受众兴趣（Audience Interest）进行受众定位，根据受众行为（Audience Activity）所反映出来的用户调性，动态调整传播主体的内容输出和服务输出。

二、期刊出版融合发展现状

2013年以来"两微一端"移动社交新媒体得到快速发展，人们的阅读习惯已发生了较大变化，信息获取与传播渠道也随移动社交新形态的浮现而发生"多元化"。新媒体的传播力对传统期刊的传播有明显的推动作用，不少大众传媒、科普期刊已从中获得红利，并率先加快了传统媒体与新兴媒体的融合发展道路，但传统科技期刊出版融合起步较晚，且进展缓慢。

"两微一端"和"新媒体＋"融合传播模式将成为科技期刊融媒体传播的重点建设方向。对于科技期刊而言，由于受众面过于小众，用户难以形成规模，因此，自建微信公众号（微信）、借助科研垂直受众规模大且学术性较强的"科学网"博客（微博）、授权积累了图书馆资源和高校教育受众的"超星学习通 App"（客户端）来推动期刊的媒体融合建设，是大多数科技期刊普遍采用的出版融合方式。陶华等选取 2017—2018 年度《中国科技期刊引证报告（核心版）》收录的 130 种地学核心期刊作为样本，采用 R 语言随机森林回归模型对"两微一端"融媒体传播模式及其传播贡献力进行了分析。结果表明：微信公众号开通率较低（36%），超星学习通开通率高（80%），科学网博客开通率极低（3.8%）。平台互动性较弱，不同平台间缺乏内容联动，微信平台用户关注量对期刊传播效力的贡献最大。

微信公众平台是一种基于连接品牌和用户的内容出版群发平台，也是最具有"出版属性"的数字出版平台。将微信公众号与期刊出版融合，利用新媒体协同推动学术期刊的"主动传播"，有利于期刊信息的传播、读者数量的增张和宣传效应的扩大。学术期刊开始顺应读者阅读方式的改变，重视"浅阅读"和"深阅读"相结合，特别是在数字时代学术期刊对"浅阅读"和"深阅读"需要"两手抓"，由公众号的"浅阅读"引导读者通过二维码转向 Html 网刊或 PDF 电子期刊进行"深阅读"。

众多新闻、报纸和科普类传统纸媒出版社纷纷发展了适合自身品牌的新媒体渠道，并从中收获了大量受众、取得了巨大的社会效益和经济效益。与新闻媒体相比，传统学术期刊更多关注的是其刊载的学术内容，往往忽视传播的作用。目前，广东省已有大量期刊编辑部或出版社对新媒体技术的应用与开发进行了探索。例如：采用方正 XML、仁和数字出版系统可以实现全媒体数字化融合出版；利用超星期刊的学习通 App 实现移动端全文 Html 阅读与分享传播；利用微信公众号、微信视频号发布期刊宣传、目录摘要、征稿约稿等，传统期刊编辑与读者、作者、专家的互动交流得到加强；等等。但是多数学术期刊出版融合发展的进程缓慢，新媒体的传播力弱小。

三、期刊出版融合发展模式

学术期刊是传播学术信息、研究成果的主流媒体。科技期刊具有两大重要功能：服务功能、教育功能。服务功能主要包括学术出版、信息传播、知识积累（保存、交流、发展）、传播学术成果、促进学术交流、举办或参与学术会议等。教育功能主要表现为：传授知识、培养技能、人才培育等。

新媒体时代，科技期刊可充分利用自身的出版资源和出版内容，运用新媒体融合与传播技术，开展符合期刊自身"刊情"的期刊出版融合发展建设，探索符合期刊专业化、特色化出版方向的期刊出版融合新模式。科技期刊出版融合模式可归纳为：服务的融合、媒介的融合、渠道的融合。

（一）服务的融合

目前适合科技期刊对社会提供的服务类型可分为：学术交流服务、知识输出服务、教育服务。

1. 学术交流服务

科技期刊是学术传播的主流媒体，拥有广泛的学者资源（读者、作者、专家）。期刊的编辑出版过程本身就是一种学术交流过程，期刊可以创造条件，充分挖掘学者资源，搭建具有一定读者受众规模、具有影响力的新媒体学术传播平台。充分利用期刊新媒体的"私域流量"，提升科技期刊的学术服务水平，为学术交流搭建桥梁。期刊的学术服务范围：传播最新学术信息，刊登有学术价值的研究成果，推动新兴研究领域的拓展，促进学科建设，举办学术会议促进学术交流。

参加、举办或承办学术会议是科技期刊吸引高层次读者、作者、专家受众最有效的途径，对期刊发展和媒体融合起到重要作用：①编辑"走出去"参加学术会议，扩大学术视野，为策划征稿、打造特色栏目增加知识储备；②编辑作为期刊代言人参与学术交流，认识专家学者，扩大学术圈，建立良好的学术人脉基础，为征稿、约稿拓展渠道；③有条件的期刊可以举办或承办学术会议，扩大期刊品牌效应和提升期刊的社会影响力。近几年来，广东省有不少期刊中心或期刊编辑部率先展开了"学术服务的融合"，取得了卓越成效，在这里不一一列举。

2. 知识输出服务

科技期刊的知识服务过程：从出版的内容资源中，按照读者用户的需求，经过"二次编辑"提炼或"碎片化加工"而生产出"知识产品"，构建知识网络和语义体系，为读者提供"碎片知识"和解决方案。这种服务的特点是基于"用户思维"、以读者为中心的"知识输出服务"。

知识输出服务是将期刊论文中的实验方法、测试方法、突破性指标、原创性论述等内容"碎片化"加工为包含文献出处的"碎片知识"，利用微信公众平台后台的"关键词回复"功能搭建机器人语料库，机器人根据读者在后台的提问自动回复，即时输出"碎片知识"解答读者的问题。这种服务具有以下功能：①提高期刊公众号的交互性、增加公众号的关注量和常读率、增加用户活性和黏性；②提高科技期刊的服务水平和社会效益；③实现对期刊品牌的推广宣传、对期刊论文的精准传播，提升期刊论文的引用率和期刊影响力。

3. 作者培育服务

科技期刊编辑具有自身的专业优势，在审稿、编辑加工、校对等环节都与作者保持良好的沟通，一篇稿件从投稿到刊出，都凝结着编辑的创造性劳动，多数作者也从中学习到了文献检索与引用知识、写作与绘图规范，该过程其实是一个对初级作者开展如何准确、严谨表达科研成果的"培育"过程，具有一定意义上的"培育教育功能"。

近年来，科技期刊鼓励编辑"走出去""走上讲台"，利用微信公众号、微信视频号、B 站等新媒体平台面向读者开展"科技论文写作"的公益课程、学术直播、线上学术论坛等，这是科技期刊实施"教育服务"融合的有益尝试。例如：中山大学医学期刊联盟于 2023 年 5—6 月开展了"我为群众办实事"主题教育"论文写作提升工作坊——资深编辑手把手教您论文写作"的线上授课活动，活动反响强烈，受众收获很大并期望收看视频重播。该期刊联盟于 2023 年 7 月开始连续以"论文编辑说"专栏在微信公众平台发布。这不仅是"作者培育服务"融合，也是"知识输出服务"融合发展的典范。

（二）媒介的融合

科技期刊论文所依托的传播介质不同，其形态也不同。在纸质媒介上为固定版式的印刷版，在电脑上为 PDF 电子版，也是固定的"版式文档"，这在不同屏幕规格的阅读终端上不方便阅读。利用数字出版平台将排版的 PDF 电子版进行"二次加工"为可以自适应阅读终端屏幕分辨率的"流式文档"（如 Html 全文），采用在纸媒期刊论文中插入电子版 PDF 二维码的形式建立连接，同时建立互联的参考文献、相关文章等，将纸媒印刷版与电子版融合起来，将一篇孤立的期刊论文与其他期刊、机构、搜索引擎等连接起来，这是对传统出版的初次"媒介融合"。

随着移动新媒体的发展，手机不仅是一种新型的传播介质，更是一种人际物联网。通过社交媒体 App（微信、微博、客户端等）的大数据和人工智能算法将"近邻取向"的人群"圈"起来，相近兴趣爱好、相近专业背景、相近工作性质的人群之间通过分享、转发、点赞等互动行为，使受众个体成为传播者、传播中继。将期刊论文"碎片化""二次加工"为不同形态的"学术资源"数字产品（如可视化为视频出版片段），以更易读懂、更易获取、更易交流的媒介形态在移动新媒体上传播，提升内容的传播力。

1. 图文出版形态

"碎片化"（Fragmentation）的概念源于西方后现代主义哲学，科技期刊发展中存在碎片化趋势，在阅读方式、出版模式和评价标准等方面开始从整本出版走向单篇出版。目前科技期刊"碎片化"出版主要有两种途径：

（1）将整本期刊"单篇化"。单篇论文在通过同行评审、定稿录用后，以一种数字出版形态（PDF 版式文档）在网络上"优先出版"。目前，多数科技期刊通过在知网"网络首发"的形式实现"单篇出版"，这在很大程度上缩短了"出版时滞"，使期刊论文的传播赢在起跑线上。"单篇化"是对整本期刊"碎片化"的初级形态，但这种"碎片化"仍然存在篇幅太长、不易在移动端传播等问题，主要以 Html 图文形态进行传播。

（2）将单篇论文"碎片化"。将传统"版式文档"结构的学术论文按照论文结构（研究方法、表征分析、重要指标、重要论点等）"碎片化"为"知识片段"或"主要内容"等图文信息，实现从"浅阅读"到"深阅读"引流，最终向"精准阅读"分流。

2. 音频出版形态

采用人工智能"文字转语音"（Text-to-Speech，TTS）技术，将"碎片化"信息转换为音频出版形态，满足不同受众利用"碎片化"时间获取"碎片化"信息的视听习惯。对于最新热点研究、最新突破的研究论文而言，抢占首发权非常重要。若将其摘要以"科研新闻"形式，录制成"碎片化"播报音频，则可加快首发论文的传播。"碎片化"内容除了通过微信公众号以图文形态发布以外，还能以碎片化音频出版形态发布。

《中国神经精神疾病杂志》编辑部通过在微信公众号文章的头部嵌入"喜马拉雅"上制作的"微电台 | 2 分钟读文献"音频的方式，首次尝试了"喜马拉雅音频"与"微信订阅号图文"的"跨媒体""跨形态"融合，增强了用户的"视听

体验"。该编辑部对其新媒体用户画像进行分析后，尝试开展这种"媒介融合"。该公众号的"用户画像"主要为医疗工作者，且在上午 7：30 ～ 8：00 有早读习惯，而该时段的多数用户常在上班路上，用户通过手机只需要 2 分钟可"听阅"一篇文献摘要。这种融合为用户的碎片化学习提供了良好的学术服务。

3. 视频出版形态

科技期刊与短视频的融合可以促进学术信息和科学知识的传播。邓履翔等基于编码理论提出学术期刊短视频出版的编码策略，期刊内容本身不具备易于被公众理解的特性，这就需要将术语多、文字拗口、内容不易理解的"原始"论文经过"转译""编码"，生产出更直白、易理解和易掌握的信息产品，如何让科技期刊论文更有趣、更易于接受，这需要对期刊论文重新"编码"，对严谨的科学内容进行"降维解码"，采用更轻松的"符号"（文字、图像、声音、视频等）表达出来。通过对学术信息系统结构进行重新排列组合，提高用户完全理解传播信息的可能性。

将科技期刊论文"科普化"为短视频形态，是近年来国内外科技期刊普遍采用的一种视频融合模式。将"专业化"内容"科普化"本身就是一个"知识解码""知识降维"的符号化"重构编码"过程。例如，"三叶学术"视频号采用腾讯公司的"智影"虚拟数字人视频合成技术制作了"全球变暖引爆 5 个气候临界点"短视频，引出"碳达峰与碳中和"研究意义，最后播报征稿启事。该视频号还尝试为刊出论文制作科普短视频，引出期刊论文的出版信息和访问二维码，由"碎片化"短视频"浅阅读"方式引导受众进一步"深阅读"。这种由"文字到视频"的数字人合成视频出版是科技期刊进行视频融合的一种很好的尝试。

（三）渠道的融合

新媒体时代，传播渠道是一种"流量"。科技期刊新媒体传播渠道可分为公域流量和私域流量两种流量模式。公域流量是指流量巨大，可持续获取新用户的渠道，如知网、维普、超星等大型传播平台。读者用户并不属于期刊，而属于这些大平台，期刊无法直接获取用户信息、学科背景以及阅读习惯。私域流量是指期刊积累的读者群、作者群、专家群，可以通过自建网站或新媒体后台直接触达用户的渠道。例如，期刊的博客好友、微博粉丝、公众号用户、社群（QQ 群、微信群）、微信朋友圈等。

两种流量的主要区别：①竞争力不同。公域流量竞争大，同质化期刊多，稿源市场竞争激烈；而期刊私域流量专属于期刊，没有同行竞争，且学科定位窄、受众精准。②留存度不同。公域流量池中可选择的期刊众多，用户难以留存且过客多；而私域流量依赖于期刊品牌、学术影响力，用户黏性强。③传播力不同。公域流量虽然受众基数大，但覆盖面广（大众），通常需要依赖算法根据单篇论文的热度去推荐，导致绝大多数期刊论文不被推荐；而私域流量的传播渠道控制在期刊自己手中，推送哪篇论文、向哪些学科的受众推送，完全可控。

1. 期刊多渠道拓展公域流量

期刊不断被国内外各大数据库（知网、万方、维普、超星、DOAJ、Scopus、EBSCO 等）收录是最常用且成熟的渠道，但需要期刊向特色化栏目、专业化办刊方向发展，才能避免因同质化、小、散、弱等因素导致的传播力低下。缩小收稿范围，增加交叉学科、热点领域的发文量，可提升期刊论文在公域流量池中的传播力。

2. 期刊与学术媒体合作

科技期刊可通过与其他大型学术平台、学术大 V 自媒体合作的方式拓展渠道融合。合作方式通常有两种：

（1）与大型学术平台合作，即在学术氛围浓厚的博客、视频媒体上注册期刊账号或编辑个人账号，建立期刊自媒体。例如，在中国科学报社的"科学网"注册博客，在哔哩哔哩注册 UP 主，在微信公众平台注册公众号和视频号，等等。

（2）与学术大 V 自媒体合作，以广告投资形式投放期刊征稿启事和推荐论文。例如，《环球科学》杂志旗下的"科研圈"以及其他自媒体丁香园、募格学术、解螺旋等。多种媒体组织之间，通过受众细分市场进行优势互补、各取所需等方式合作，实现内容生产、传播渠道的融合，互利传播、资源共享。

3. 官方媒体与自媒体协同

期刊新媒体的认证主体为"官方媒体"，具有权威性、严肃性，但发文内容通常会受到很多限制。期刊编辑部可以充分发挥编辑自媒体的主观能动性，建设与编辑工作相结合的自媒体，弥补官方媒体发文局限、增长缓慢、传播力弱的不足。一方面，编辑自媒体建立了编辑与读者、作者、专家的沟通桥梁，更好地提升编辑工作业绩；另一方面，编辑自媒体成长为学术大 V 自媒体，可作为"期刊代言人"，扩大期刊品牌影响力，拓展优质稿源，提升期刊学术影响力。这种官方媒体与编辑自媒体的协作方式开始于博客时代，多数发布期刊出版信息的博主均为编辑个人实名认证的主体，也有不少编辑博主成为大 V，对期刊的品牌宣传和社会影响力的提升作出了不可磨灭的贡献。

期刊出版融合发展推动学术期刊"走出去"将优秀稿源"引进来"。编辑"走出去"，提高在学术圈的参与度和活跃度；服务"走出去"，扩大期刊的读者群、作者群、专家群；内容"走出去"，提升期刊在学术圈的认可度和影响力；将读者"引进来"，提升期刊论文的曝光度和引用率；将专家"引进来"，提升论文的审稿质量和审稿效率；将作者"引进来"，提升期刊的投稿量和稿件质量。

四、新媒体实用技术

（一）公众号文章"引导语"的设置方法

期刊公众号文章的阅读量整体上偏低，很大程度上与在文中未设置"引导语"

有关。常见的引导语根据所投放的位置不同可分为：文首导语、文中导语、文末彩蛋、文末导语。文首导语（或编者按）是能否激发读者阅读兴趣的关键；文中导语是引导读者完成阅读、提升内容"完播率"的激励机制。例如，提示文末点击"阅读原文"引导网刊下载 PDF、文末有学术资源（科研资料）下载方式等等；文末彩蛋是与文章内容的学科专业非常相关、读者非常感兴趣且有较强获取动机的学术资源（视频回放、PPT、模板等）；文末导语是留住精准读者、增加关注用户的重要操作，例如提示读者加关注、加星标、点在看、转发等，其中加星标是提升公众号"常读率"的关键。

文末彩蛋的获取方式并非直接在文末提供网盘链接或葵花码，而是设置引导语"长按下方二维码关注本号，回复关键词'……'后立即获取"。通过设置获取条件，可快速增加公众号的关注量。笔者曾将"嵌入式四氧化三钴负极材料的赝电容性能研究"[《华南师范大学学报（自然科学版）》2023 年第 2 期]一文相关的"碎片知识"（电化学测试方法教学视频、实验方法）和配套资料（数据拟合工具、绘图模板）融合起来，利用公众号发布该论文全文（文末彩蛋赠送"碎片知识"和配套资料，文末"阅读原文"链接到网刊 Html 全文），获得了不错的传播效果。同时，笔者分析了当期的其他未做任何形式新媒体推广的论文的传播数据。网刊发布 2 个月时的数据显示：该论文的摘要阅读量达到 1 144 次，是其他论文摘要平均阅读量（68.5 次）的 16.7 倍；该论文 PDF 下载量达到 289 次，是其他论文 PDF 平均下载量（38.5 次）的 7.5 倍。

（二）基于"用户画像"分析的精准推送

"用户画像"是由交互设计之父 Alan Cooper 提出，他认为用户画像是一种通过对用户大量的真实行为进行数据挖掘而构建的"标签化"的用户模型，利用公众号运维工具依据读者的学科专业"打标签"，将公众号用户按学科专业分类（分组），选择不同学科的期刊论文推文针对不同学科分组的受众进行精准推送，能提高学术内容的传播力。闵甜等通过采集公众号的用户标签、根据不同用户画像开展精准推送，对比研究全用户推送和精准推送的效果。结果表明：精准推送对于提升科技期刊内容的传播力和影响力有显著的、积极的影响；总阅读次数、总分享次数均有大幅提升，且更易产生"引导关注"，分享后产生新增的阅读次数显著增加。

（三）利用机器人实现后台"自动回复"

微信公众号后台的"自动回复"功能，可以即时回复用户的咨询，利用自动回复功能可以增加公众号与用户之间的互动性、活跃性、黏性，可以培养关注用户的忠诚度。自动回复功能可以实现"碎片知识"的互联，促进碎片化内容的融合与传播。

在公众号后台，选择菜单功能—自动回复—关键词自动回复—添加规则，可添加相应的关键词自动回复消息。公众号自动回复的规则上限：最多 200 条规则，每条规则最多 10 个关键词和 5 条回复内容，每条回复内容最多 300 个汉字。有开发能力的期刊可以突破这些限制、更灵活地设置消息形态（文字、语音、视频、图片、文本链接、图文链接等）。例如，将学术信息、学术资源、论文碎片知识等"标签化"为关键词语料库，构建公众号后台"语义"机器人应答系统，将公众号建设为一个"智库"，增加公众号的吸引力和关注量。例如，编辑之谭公众号将最新版 SCI 期刊影响因子的 Excel 文件导入到机器人应答系统中，从而实现了 SCI 期刊影响因子查询系统。通过类似方法，可建设期刊的"虚拟专辑"、碎片知识、关键词、下载链接等语料库，实现碎片内容的融合与传播。

（四）虚拟数字人合成技术

数字人（Digital Human）的概念源于 1989 年美国的"可视人"计划，2001 年美国科学家联盟（FAS）将人类基因组计划（Human Genome Project）、人类脑计划（Human Brain Project）、虚拟人计划（Virtual Human Project）、可视人计划（Visible Human Project）统称为"数字人"计划（Digital Human Project）。网络上关于"数字人"的概念释义模糊、应用混乱。2022 年 9 月 13 日，全国科学技术名词审定委员会在北京以线上与线下相结合的方式举办了"元宇宙及核心术语概念研讨会",对"元宇宙"(Metaverse)、"化身"(Avatar)、"数字人"3个核心概念的名称、释义形成共识,对"数字人"的英文对照名定义为"Digital Human,Meta Human",释义为"运用数字技术创造出来的、与人类形象接近的数字化人物形象"。

"虚拟数字人"(Virtual Digital Human)亦称"虚拟主播",是"数字人"的一个分支,是集合文本转语音、文本转视频技术的"非同步"的人工智能音频、视频合成技术。该技术通常包含内容策划、文案设计、排版剪辑等与编辑、校对非常相似的工作,因此,"虚拟数字人"具有"出版属性",是一种视频出版物,"虚拟数字人"技术非常适合学术期刊的视频出版、新闻播报、会议主持、文献解读等应用场景。

1. 虚拟数字人应用案例

如何将人工智能语音合成、虚拟数字人视频合成技术应用于学术期刊的视频融合出版实践,是值得新媒体编辑深入探索、开展编辑学研究的热点之一。笔者利用虚拟数字人技术,合成了一系列虚拟数字人视频,首次将虚拟数字人引入到学术期刊的视频融合出版实践,取得较好的传播效果,视频代表作封面如图4-2所示。将"虚拟数字人"人工智能音视频合成技术应用于学术期刊,是将传统出版内容"二次加工"为"视频出版物"并进行视频出版融合的有益尝试,为实现多媒体、多媒介的深度融合打下基础。

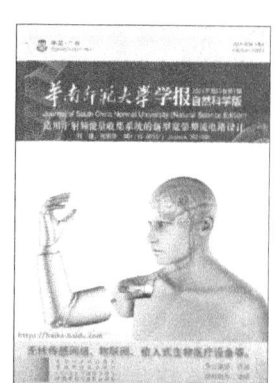  

（a）《华南师范大学学报》　　　（b）《华南农业大学学报》　　　（c）《广东财经大学学报》

（d）《华南理工大学学报》

图 4-2　"虚拟数字人"的应用案例

2. 虚拟数字人视频创作

以"智影"平台（https://zenvideo.qq.com）为例，介绍"虚拟数字人"视频的合成方法。必备软件：人工智能数字人制作平台（智影）、录屏软件（如 oCam）、剪辑软件（剪影）。其他辅助软件：办公软件（如 PowerPoint）、绘图软件（如 PhotoShop）。"虚拟数字人"视频创作过程一般分为三个步骤：①选择"数字人"形象、服饰、姿态（站姿或坐姿）、位置、音色，选择背景为绿幕（或演播厅背景），输入一段文字，点击"生成视频"按钮即可生成绿幕数字人视频；②制作与文案内容一致的 PPT 演示文稿，播放绿幕数字人视频，同时手动控制 PPT 演示内容，采用 oCam 录屏软件录制出演示视频；③利用"智影"平台网页版的视频剪辑功能，上传演示视频，将绿幕视频叠加于演示视频之上，利用"色度抠图"功能扣除绿幕背景，单击"合成"按钮即可下载最终的虚拟数字人合成视频。

横屏虚拟数字人视频的合成相对比较简单，但对于适合手机端浏览的竖屏视频合成过程较为复杂。采用各类短视频剪辑软件将"横屏视频"剪辑为"竖屏视频"，实现"一次合成""多元传播"，同时满足电脑横屏与手机竖屏的需求。采用平面设计软件绘制竖屏、横屏视频背景图片（分辨率大于 300 dpi），像素尺寸设计如图 4 - 3 所示，仅供参考。

图 4 - 3　横屏、竖屏视频相互转换的剪辑示意图

五、展望

随着智慧新媒体时代的发展，各类新型媒介形态、新型传播平台将不断出现。新技术的发展为科技期刊融合发展提供了广阔的发展空间，这对传统期刊发展而

言，既是机遇又是挑战。科技期刊已逐步从追求"从无到有"的"一应俱全"的粗犷融合模式，转向精准定位期刊发展、重点探索基于微信生态圈层传播媒介（公众号与视频号）的媒体融合之路。

科技期刊出版融合的进程需要稳步推进，融合发展的深度还需加大，融合发展对科技期刊影响力提升的效果研究还有较大的研究空间。更新办刊理念，接受新思想，勇于创新，利用科技期刊出版融合发展新模式、新技术，多渠道、多元化、全方位提升科技期刊的社会效益和学术影响力。

第三节 科技期刊出版中的伦理问题与治理策略

在全球范围内科研诚信与伦理失范的问题依然严峻，因伦理失范而撤稿的学术论文呈上升趋势，且中国作者数量增加明显。2015 年以来连续发生多起我国作者在国际性学术期刊发表论文被集中撤稿的事件，给我国科技界的国际声誉带来了恶劣的影响。

科技期刊出版中通常会涉及各科技领域研究阶段的"研究伦理"和成果发表阶段的"出版伦理"两方面的问题。目前出版中涉及的不同责任主体（作者、审者及编者）均存在伦理意识淡漠的现象。如何全方位地提升科技期刊不同责任主体，尤其是编辑的伦理意识，强化科技出版中伦理的规范和审查，是科技期刊共同面临的挑战。因此，本节分析总结科技期刊出版中的伦理失范现象、特征，并结合国家科技伦理治理的政策背景，提出科技期刊积极参与科研伦理治理的思考与建议。

一、科技出版中的伦理问题及治理背景

(一) 科技期刊出版中伦理问题现状

1. 出版中不同的责任主体的伦理意识薄弱和自律能力欠缺

对科技期刊，尤其是生物医药期刊的伦理调查研究表明，目前的作者、审者及编者的科技伦理意识普遍薄弱。主要问题表现在作者、编者、审者和伦理委员会四个方面：①作者。不少伦理失范和学术不端事件发生，并非作者道德水准低下而"明知故犯"，而是由于缺乏对研究伦理及出版伦理规范的认识。有相当部分作者在投稿时，编辑部要求作者提供研究的"伦理审查批件"才去找伦理委员会补批盖章，这完全违反了伦理审批应前置的原则。②编者。生物医药期刊编辑普遍缺乏出版伦理和医学研究伦理方面的培训，经常参加相关培训的编辑仅为9.21%，几乎没有参加过培训的编辑却占31.14%；仅53.07%的编辑会经常要求作者提供相关医学研究的证明材料，大多数期刊编辑对论文中的医学研究伦理内容只是形式上的检查。③审者。部分审稿人缺乏出版伦理意识，擅自请他人替审、敷衍无效审稿、违反保密规定，剽窃学术成果、滥用评审权力，诱导甚至强制作者引用其论文。④伦理委员会。部分科研单位的伦理审查流于形式，仍存在"直接盖章同意和批复"走过场的现象，因此编辑部的复审更有价值。

2. 科技期刊出版伦理政策不规范、不明晰、未公开的现象普遍存在

国内多个有关科技期刊稿约、投稿须知（或伦理声明）中存在的伦理问题调研结果显示：①多数高校中文科技期刊和高校自主出版的英文期刊网站上发布的出版伦理规范不完善。②51.4%的医学期刊的稿约中对伦理审查批件没有强制要求，个别稿约中的医学伦理国际准则、法律法规版本比较陈旧，未及时更新。

③部分期刊稿约中伦理表述过于宽泛笼统，缺乏可操作性；因此，我国生物医学类论文的伦理学水平不高的现状，可能与我国期刊稿约或声明中对伦理的规范和要求不足有关。④稿约或声明中有关伦理政策的描述通常比较笼统、简单或陈旧，有相当部分伦理要求流于形式，未能全面、清晰地阐述各责任主体应遵循的伦理细则，所涉及的伦理内容难以满足当今科技创新发展的需求。

2023 年 8 月，本书调查小组针对获得广东省科技厅财政资助的 38 种高水平建设项目科技期刊的调查表明：仍有 26% 的期刊无明确伦理声明或政策，未开展对作者的研究伦理的复核审查，有的伦理审查仅仅停留在文字审核上，对研究内容是否与伦理批件一致，有无伪造伦理批件并未进行核实，部分期刊对作者署名和贡献声明（26.32%）、利益冲突（21.05%）及撤稿机制（13.16%）并不重视，未制定相应的伦理政策。

3. 编辑对新型隐蔽性和复杂性的科研失信行为认识不足

近年来科研失信行为表现出更强的隐蔽性和复杂性，针对新的表现形式，《科研失信行为调查处理规则》增加了买卖实验研究数据、无实质学术贡献署名、重复发表等 7 种科研失信行为，并对从事论文买卖、代写、代投第三方机构的查处作出规定，细化了违反科技伦理规范的行为，强调以弄虚作假方式获得科技伦理审查批准，或伪造、篡改科技伦理审查批准文件等均属于科研失信行为。

4. 因研究伦理失范而撤回的学术论文呈逐年上升趋势

基于撤稿观察数据库对因"缺伦理审批"或"无患者知情同意"而撤稿的论文进行调查，截至 2022 年 5 月的数据显示：①近年来全球研究伦理失范导致撤回论文呈上升趋势，且中国作者参与的数量增加明显（图 4 - 4、表 4 - 1）；②研究伦理失范撤稿涉及众多国际知名出版商及不同级别的国际期刊；③撤稿 95.35% 集中在医学与生命科学领域，外科、麻醉、药理学为重灾区（表 4 - 2）；④撤稿原因具有多样性、复杂性，研究伦理失范常与其他学术不端行为合并存在，通常因为被机构、第三方、期刊或出版商的调查而发现。

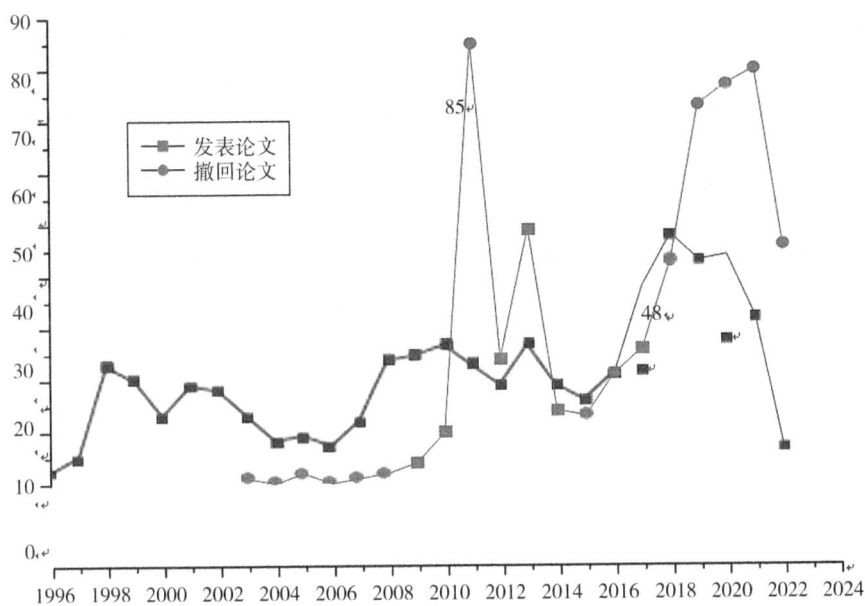

图4-4　研究伦理失范论文的发表和撤回时间分布趋势

表4-1　研究伦理失范撤回论文 10 篇以上的国家论文数量及占比

国家/地区	论文数量/篇	占比/%
日本（Japan）	124	21.70
美国（United States）	118	20.60
中国（China）	107	18.70
德国（Germany）	92	16.00
英国（United Kingdom）	26	4.50
韩国（South Korea）	21	5.00
新加坡（Singapore）	18	3.00
印度（India）	17	2.90
意大利（Italy）	16	2.70
澳大利亚（Australia）	15	2.60
巴基斯坦（Pakistan）	13	2.30

续上表

国家/地区	论文数量/篇	占比/%
合计	567	100.00%

表4-2　研究伦理失范撤回论文出现频次大于30次的学科分布及占比

学科分类	出现频次/次	占比/%
医学—外科学〔（HSC）Medicine-Surgery〕	211	11.54
医学—药理学〔（HSC）Medicine-Pharmacology〕	159	8.70
医学—麻醉学〔（HSC）Medicine-Anesthesia/Anaesthesia〕	150	8.20
医学—心血管学〔（HSC）Medicine-Cardiovascular〕	103	5.63
生物—细胞学〔（BLS）Biology-Cellular〕	78	4.27
遗传学〔（BLS）Genetics〕	65	3.56
医学—胃肠病学〔（HSC）Medicine-Gastroenterology〕	63	3.44
生物化学〔（BLS）Biochemistry〕	60	3.28
医学—心脏病学〔（HSC）Medicine-Cardiology〕	56	3.06
医学—神经内科学〔（HSC）Medicine-Neurology〕	50	2.74
生物—癌症〔（BLS）Biology-Cancer〕	43	2.35
生物—分子学〔（BLS）Biology-Molecular〕	42	2.29
医学—泌尿与肾脏病学〔（HSC）Medicine-Urology/Nephrology〕	39	2.13
医学—康复/治疗医学〔（HSC）Medicine-Rehabilitation/Therapy〕	39	2.13
医学—肿瘤学〔（HSC）Medicine-Oncology〕	38	2.08
医学—妇产科学〔（HSC）Medicine-Obstetrics/Gynecology〕	37	2.02
医学—儿科学〔（HSC）Medicine-Pediatrics〕	35	1.91
医学—器官移植〔（HSC）Medicine-Transplantation〕	31	1.70
合计	1299	70.03

（二）我国科研诚信及科技伦理的治理背景

近年来，针对我国科技论文发表中抄袭剽窃、图片或数据造假、稿件代写代投、论文工厂论文、同行评议操纵、违背研究伦理等诸多不端行为的现象，国家相关部门高度重视并陆续颁布了一系列的政策法规。

2015年中国科学技术协会等部门发布的《发表学术论文"五不准"》规定：

不准由"第三方"代写论文；不准由"第三方"代投论文；不准由"第三方"对论文内容进行修改；不准提供虚假同行评审人信息；不准违反论文署名规范。

2019 年国家新闻出版署颁布了《学术出版规范期刊学术不端行为界定》（CY/T 174—2019）（以下简称"《学术出版不端行为界定》"），这是我国首部针对学术出版中不端行为的行业标准，其颁布被认为是出版伦理和科研诚信领域的里程碑事件，为期刊编辑部、出版商和研究机构认定不端行为提供了尺度标准，也为研究者避免伦理失范提供了参考准则。《学术出版不端行为界定》将作者学术不端行为分为 8 类：剽窃、伪造、篡改、不当署名、一稿多投、重复发表、违背研究伦理及其他不端行为。

2022 年 9 月科技部、中央宣传部等二十二部门印发的《科研失信行为调查处理规则》，进一步规范了调查程序，统一了处理尺度，科研失信行为的调查处理工作有了更具操作性的规范。

2022 年 3 月 20 日中共中央办公厅、国务院办公厅印发并实施的《关于加强科技伦理治理的意见》指出：目前我国科技伦理治理存在体制机制不健全、制度不完善、领域发展不均衡等问题，已难以适应科技创新发展的现实需要。2023 年 4 月 4 日，科技部发布了"关于公开征求对《科技伦理审查办法（试行）》意见的公告"，明确指出了需要进行科技伦理审查的研究领域。生命科学和医学是研究伦理失范频发的重灾区，是国家科技伦理治理的重点领域。随着"基因编辑婴儿"等一系列研究伦理失范事件的发生，构建国家指导、国际接轨、多方参与、协同共治、符合国情、行业细化的科技伦理治理体系势在必行。

科技期刊作为学术成果的呈现者和把关者，可在科研诚信与伦理协同治理中发挥重要作用，应该积极参与科技出版伦理的细化及科研伦理的协同把关。

二、科技出版中的主要伦理失范行为及规范要素

本小节结合国际标准、国家相关政策法规，相关出版伦理研究成果及广东省

科技期刊的伦理规范的薄弱点，对不当署名、作者贡献、代写代投、论文工厂论文、违背研究伦理及人工智能（AI）可能带来出版伦理等问题进行分析并提出科技期刊防范此类失范行为的思考与建议。

（一）不当署名、作者贡献及规范要素

不当署名是指与论文实际贡献不符的署名或作者排序行为。作者署名应依据作者署名规则及贡献大小来排序。作者署名顺序应在稿件提交前确定，第一作者应是对论文贡献最多者，提交后所做的任何更改须经所有作者同意并向编辑进行书面解释和申请。对本研究做出贡献但尚不足以列入作者的人应在"致谢"中表达谢意。中国科学院等医学期刊针对我国医学科研人员的调查显示，因缺乏对署名作者的资格、责任及署名规则的认知，45%的相关作者曾经出现过不当署名。不当署名主要表现为操纵作者身份和滥用同等贡献作者两类行为。操纵作者身份（authorship manipulation），指违背作者身份事实的支配行为，其目的是利用某些学者身份的影响力，迎合部分编辑或审稿人的判断偏好，促进论文审稿与发表。虚假作者、伪造作者身份、被署名是操纵作者身份的最典型方式。学术论文挂名是一种常见的不当署名类型，通常分为借光型挂名、馈赠型挂名和买卖型挂名三类，其操作手段隐蔽、表现形式多样、防范和治理难度较大。

在合著论文中，借助作者贡献声明可初步判断作者署名排序与对论文的实际贡献是否相符，为编辑部判断署名顺序提供参考。2019年基于CSCD数据库的调查表明仅有2.6%（32/1 028）的期刊著录了作者贡献声明。作者贡献声明记录的是知识生产过程中合著者的分工和贡献，起权责标识作用。推广和规范著录作者贡献声明，是完善我国学术治理体系，提升学术治理能力的重要举措之一，有利于合著者高效合作、协同攻关，促进科研诚信治理和学术评价。为了防范无实质学术贡献署名现象，建议期刊：①投稿时要求作者提供贡献声明。作者贡献声明应明确描述每一位作者的具体贡献并要求所有署名作者均对论文内容负责，这可为期刊规范作者署名、防范不当署名提供有效依据和帮助。②多途径审查作者的

学术背景。通过网络搜索引擎、文献数据库搜索署名作者的学术背景、已发表文章等，对比所投稿件的学科与研究方向是否一致。此外，科技期刊可推荐所有作者注册使用科研人员国际唯一学术标识符 ORCID，以便将作者身份与其研究成果相关联，通过 ORCID 可查询作者既往发表的研究成果，从而协助判断作者贡献和署名的合理性。③要求在投稿系统登记所有署名作者的邮箱，同步发送期刊投审稿通知。对于署名作者身份存疑或其中存在知名学者的稿件，可通过电话直接沟通、发送电子邮件等方式，有效甄别知名学者对论文内容是否知情或是否存在挂名的问题。④参考 COPE 指南，当怀疑稿件存在挂名行为时，编辑应该要求作者在论文中分别说明各自在研究中所做出的贡献，并由作者单位出具证明，证明该作者确实从事了这项研究。对涉及挂名的稿件，期刊需及时通知第一作者及通讯作者，在做出正式处理决定前，允许作者就此问题做出解释和申辩，期刊根据作者的申辩做进一步判断或邀请专家对稿件进行复审，做出最终认定意见。

（二）利益冲突问题及规范要素

利益冲突（Conflict of Interest，COI）是指在经济（资金、聘用、股票、咨询费、讲课费、差旅费等）/非经济（人际关系、利益或信仰）等因素将影响研究者、作者、编辑或审稿人的评价的客观性或左右其行为，而产生的利益关联及冲突，COI 可能导致发表的研究结果出现偏倚或因成果发表带来的潜在利益竞争。

利益冲突牵涉范围包括研究者、研究机构、资助机构、资助企业、论文作者、编辑及同行评议专家等，针对国际撤稿数据库 95 篇 COI 撤稿论文的调查显示，46% 表现为 COI 披露不充分，18% 研究本身存在 COI。作者普遍对 COI 披露的范围认知不足，大多数仅认为"研究获得企业的资助"属于应披露的 COI。我国排名前 100 位的科技期刊中共有 29 种医学类期刊，有 21 种期刊的稿约要求作者报告利益冲突，但只有 18 种在发表的论文中报告了利益冲突。其中除了 1 种期刊的利益冲突内容报告得比较详细外，其余 17 种期刊绝大多数采用统一且简单的否认格式，说明我国医学类期刊报告利益冲突的情况亟待提高。

基于上述 COI 问题，建议期刊：首先，要求作者投稿时声明全部的利益冲突，避免因成果发表带来的潜在利益竞争。其次，应在期刊的伦理声明或投稿须知中明确 COI 披露的范围。例如，要求作者在推荐审稿人时要规避有利益关系和冲突的同行评议专家。要求编辑和审稿人在审稿过程发现有利益关联或冲突时（如存在亲属、师生、校友、同事、竞争等关系）须及时向编辑部声明，以便于及时回避 COI。多数研究者对利益冲突认知有限，或者故意回避某些利益关联，仅声明研究得到第三方的资助，应告知作者接受企业的咨询费或讲课费、研究期间开会的差旅费等各种经济的和非经济的利益关系均应包含在利益冲突声明的范围内。例如，中华医学会系列杂志要求通讯作者签署潜在利益冲突声明表并对所提供的利益冲突的真实性负责（www.ecjn.org.cn），要求作者公开声明投稿论文的研究工作是否接受过第三方的资助或服务，包括但不限于专项研究资金、研究设计、稿件准备及统计分析等。

（三）代写代投、论文工厂论文及识别与防范

2021 年 3 月 25 日，*Nature* 杂志发表的《打击制造伪科学的"论文工厂"》揭露了大规模来自"论文工厂"的学术造假行为，这种通过剽窃、篡改/伪造、重复使用图表数据、操纵数据/署名及系统性操纵出版过程等手段来生产和销售假科学论文以谋求利益的非法组织形式，受到了学界的高度关注。2021 年国家卫健委通报了第 13 批医学科研诚信案件调查处理结果，半年内通报的 310 个案件中近 50% 涉及论文代写代投、论文及数据买卖，"论文工厂"作为生物医学论文买卖的重要途径，提供定制、代写、代发的全流程服务。对于层出不穷的论文工厂问题，需要国家集成信息传播、高效协同治理：建设符合自身国情的"撤稿观察数据库"和"论文出版后同行评议平台"，加强"中国科研诚信网"的深度开发和建设，不仅要拥有功能完备的失信举报和处理可回溯信息系统，而且能集成各传播机构和部门的诚信治理方案及处理信息，常态化通报科研诚信案件调查处理结果，形成合力，保持威慑力，真正成为"发布科研诚信和作风学风政务信息，褒扬诚信、

惩戒失信、开展宣传教育的重要窗口"。需要期刊加强前端控制、共享中介信息：前端控制主要包括稿件入库过程中的审查和稿件处理系统注册信息的完善；出版机构的集体行动和充分的信息交流是发现中介论文的最佳途径。需要单位完善过程管理、及时学术预警：完善单位对科研论文的过程管理，是科研诚信治理长效机制形成的关键环节，有利于科学道德精神及其行为规范的内化；预防与惩治并举，自律与监督并重，及时发布学术预警信息，防患于未然。

在代写代投、论文工厂论文防范和识别方面，可参考以下经验：①根据论文的特征进行甄别。Christopher 归纳了论文工厂生产的论文的八大特征：具有相似的文本和结构；可能存在造假模板，图像数据会在不同文章中反复使用；原始数据图像来自不同模块的排列组合；引用文献与内容毫不相关；不同作者从同一台计算机提交手稿等。②借用技术手段进行识别。借助注册信息、登录密码和次数等技术手段进行分析，在互联网背景下还可通过 IP 定位技术确定稿件投出地 IP 定位，根据投出地 IP 地址搜索相关稿件，进而代写代投稿件的判断与验证。例如我省中山大学医学期刊从采编系统作者登录密码入手，分析代写代投学术不端行为的特征，提出判断代写代投论文的方法。③从作者注册信息和论文中可疑点寻找论文代投线索。例如《暨南大学学报（自然科学与医学版）》通过投稿论文作者的电子邮箱、联系电话、身份证号码、用户名等个人注册信息，结合专业知识服务平台（中国知网、维普资讯、万方数据、Web of Science 等）与搜索引擎（百度、谷歌和 360 等）甄别疑似代投论文。④借力同行评议识别。编辑要善于邀请负责任的审稿专家，由于他们在该领域有较为敏锐的嗅觉，同行审稿过程中可能发现或举报代写代投、论文工厂论文。⑤完善编辑部内控机制。加强账号注册管理，建立统一的学术身份标志，规范作者个人信息，防范作者或第三方冒充审稿专家的行为；对于经过甄别确认代投论文，可通过期刊门户网站曝光作者信息，建立学术不端行为黑名单数据库，或反馈信息给对方人事部门惩戒处理。

（四）同行评议中伦理问题及规范要素

同行评议是科技评价的重要手段，广泛应用于学术论文鉴审、科学基金分配、科研人才选拔等遴选程序中，一直扮演着"科学守门人"的角色。调查研究认为，在目前对同行评议外部激励与约束机制相对薄弱的情况下，同行评议在国内面临较多争议，这些争议往往与评审人伦理意识和责任态度有关，具体表现在：①审稿人的伦理意识薄弱，违反保密规定，擅自请他人替审、敷衍或者无效审稿；②由于学术偏见、利益冲突等多种原因，同行评议专家可能会违反公平原则，做出不公正的评审意见；③滥用评审权力，剽窃学术成果，诱导甚至强制作者引用其论文；④审稿专家的拖延审理、无效评审，导致需要重新寻找审稿人而使整个编辑加工流程受阻。⑤同行评议造假行为。基于撤稿观察数据库（Retraction Watch Database）发现中国自 2011—2021 年因同行评议造假造成的论文撤稿数量为 1005 篇，占全球同行评议造假撤稿论文总量的 66.8%，占中国撤销论文总量的 10%。国际期刊和部分国内期刊的同行评议制度允许投稿者推荐专家，这给不良投稿作者或第三方机构捏造审稿专家的电子邮箱，用于操纵和伪造同行评议提供了可乘之机。同行评议造假不仅与作者学术道德失范有关，还可能与审稿机制存在漏洞或编辑责任感缺失有一定的关系。

为了维护学术公平、保障同行评议科学规范运行，建议编辑在进行同行评议时应注意以下四个方面的事项：①编辑部应加强同行评议专家的伦理培训。使其了解编辑部的出版伦理规范、明确伦理审查的标准，提升专家自身的伦理自律及对作者的伦理审查能力，提醒专家在审稿时同时兼顾学术和伦理的把关。②同行评议过程中审稿人的拒绝审理、拖延审理、无效评审、邀约无回应等行为，可通过有效沟通、精准匹配、恰当激励等措施进行有效干预。开展多渠道、多模态交流。除了使用电子邮件这种主流渠道外，还应增加与审稿人的面对面、电话等多渠道、多模态交流，且审稿意见不仅可以接受书面文本，也可以接受审稿人直接上传语音或视频，甚至可以是审稿人和编辑的交流记录，这样还可能发现和防范

虚假同行评审的行为。③尝试开放同行评议模式。向作者、公众公开评审人身份等信息的开放同行评议模式，能让同行评议更真实、更客观、更透明，能提高作者或读者在学术出版过程中的参与度和监督权，以实现公平、公正的科研评价与诚信监督，有效防止虚假的内容、数据等误导性地传播等。④针对国际期刊中的同行评议造假可采用以下防范方式：第一，主要方式。借助各投审系统自带的审稿专家工作情况统计分析功能，结合期刊的送审量情况，每隔一段时间，汇总所有审稿专家的审稿数量和审稿时间数据，并分别进行排序。对于审稿数量多或审稿时间短，尤其是审稿数量多且审稿时间短的审稿专家，重点查阅其所有审稿意见，判断其是否存在学术不端行为。第二，辅助方式。着重注意审稿专家的参考文献推荐行为，当发现某审稿专家存在不当的参考文献推荐时，可及时向编辑部反馈，让编辑有针对性地进行核查。

（五）研究伦理规范要素及协同伦理审查

研究伦理失范评判主要依据《学术出版不端行为界定》及《科研失信行为调查处理规则》中对"违背研究伦理"的界定，其具体的表现形式为：①论文涉及的研究未获得伦理审批或不能提供相应的审批证明，或者以弄虚作假的方式获得科技伦理审查批准，或伪造、篡改科技伦理审查批准文件；②论文涉及的研究超出伦理审批许可的范围；③研究存在不当伤害受试者或虐待有生命的实验对象，违背知情同意原则等行为；④论文泄露了受试者或被调查者的私隐；⑤论文未按规定对所涉及研究者进行利益冲突说明。

鉴于绝大多数的研究伦理失范发生在健康科学和基础生命科学领域，本节主要阐明生物医学领域科研伦理的规范及审查要点。

1. 涉及人体试验的伦理

建议根据《世界医学协会赫尔辛基宣言》《关于印发涉及人的生命科学和医学研究伦理审查办法的通知》进行伦理审查。无论前瞻性抑或回顾性的临床研究，作者投稿时应出具该研究经过机构伦理委员审查批准和获得受试者知情同意或豁免的证明文件，并在文中描述相关的审批内容和批件号。值得重视的是，许多研究者错误地认为可先开展研究，以后再去补伦理审批，即使疫情暴发等重大传染性疾病的应急研究也不能豁免伦理审查，应通过应急审查通道进行快速审批。2019年中国科学院科研道德委员提醒：研究者不应在论文投稿、申报奖项时才去后补伦理审批，机构伦理委员会也不应接受正在实施和已结束项目的审查申请。以下情况可豁免知情同意：① 利用可识别身份信息的人体材料或者数据进行研究，已无法找到该受试者，且研究项目不涉及个人隐私和商业利益；②生物样本捐献者已经签署了知情同意书，同意所捐献样本及相关信息可用于所有医学研究。受试者私隐保护：论文中不得出现可辨识或可溯及受试者身份的文字、数据或图片等的信息，因特殊情况需要时应获得受试者的书面知情同意。临床研究注册：凡涉及人的前瞻性临床试验研究，原则上作者均应在国际认可的临床试验平台注册，如 WHO 国际临床试验注册中心或中国临床试验注册中心等，并在稿件中标注临床试验注册号。

2. 涉及动物实验的伦理

建议根据《关于善待实验动物的指导性意见》及《实验动物福利伦理审查指南》（GB/T 35892—2018）进行伦理审查。作者需要提供"三证一表"，即实验动物生产许可证、使用许可证、质量合格证及实验动物福利伦理审查表，论文中须注明以上"三证一表"的编号，并写明所用动物的品种、品系、性别、日龄或月龄、体质量、数量、饲养条件、饲料品种及来源、建模方法和时间、实验起点和终点、镇痛及处死方法等必要信息，确保动物的福利以及实验符合"3R"原则：替代（replacement）、减少（reduction）、优化（refinement）。编辑需要审查研究者有关文字著录内容，例如，在优化实验动物研究方案时应注意研究者是否使用已经淘汰的动物麻醉剂。2013 年美国兽医学会《动物安乐死指南》明确规定水合氯醛不适合对动物进行麻醉及安乐死，因其镇痛效果差且副作用大，目前广东省多

家生物医药期刊对使用水合氯醛进行动物麻醉的研究论文直接拒稿。在构建动物肿瘤模型时是否根据不同实验和动物种类，严格控制接种肿瘤细胞数量和肿瘤生长大小。一般裸鼠皮下接种，每只的接种细胞数量为 $1 \times 10^6 \sim 5 \times 10^6/0.2$ mL。《实验动物与比较医学》杂志建议，根据国内及国际通用准则，单个肿瘤体任何纬度的直径小鼠应不超过 2 cm 或大鼠不超过 4 cm，且不出现明显的肿瘤溃疡，否则研究违反动物福利伦理，期刊因此可做拒稿处理。

3. 涉及其他领域的伦理

涉及其他领域的研究，除了通用的伦理准则外编辑人员可依据不同领域的法律法规、伦理准则进行协同审查把关。例如，《中华人民共和国人类遗传资源管理条例》《药物临床试验质量管理规范》《医疗器械临床试验质量管理规范》《人体器官移植条例》《干细胞临床研究管理办法（试行）》《人类胚胎干细胞研究伦理指导原则》《生物技术研究开发安全管理办法》《生物医学新技术临床应用管理条例（征求意见稿）》《关于修订人类辅助生殖技术与人类精子库相关技术规范、基本标准和伦理原则的通知》《中医药临床研究伦理审查管理规范》《关于印发国家健康医疗大数据标准、安全和服务管理办法（试行）的通知》。

在人工智能应用领域，国际准则可参考美国 IEEE《人工智能设计的伦理准则》（2017 年第 2 版）及欧洲《可信任人工智能的伦理指南》（2019）等；国内准则可参考《新一代人工智能伦理规范》（2021）、《人工智能辅助诊断技术管理规范》《人工智能辅助治疗技术管理规范》。

4. 人工智能引发的出版伦理问题及对策建议

虽然人工智能应用于出版业已成为未来发展大趋势，然而 ChatGPT 衍生的人工智能生成内容出版伦理问题已引起了出版业界的高度关注，且诸如虚假信息、侵犯版权、输出偏见等目前尚未找到好的解决方案。2023 年 7 月美国联邦贸易委员会宣布正式调查 ChatGPT，原因是 ChatGPT 发布虚假信息，将用户的声誉和数据

置于危险之中。生成式人工智能"杜撰"的虚假信息已达到真假难辨的程度。研究显示，即使由专业审稿专家来辨别由生成式人工智能撰写的论文摘要，也仅能识别出 68% 的 ChatGPT 生成摘要和 86% 的真实摘要，这将可能引发数据造假等涉及论文真实性问题的学术不端。在侵犯版权方面，生成式人工智能通过抓取互联网上的海量数据生成的内容，极可能包含复制了他人公开发表的论文部分，但人工智能不会给出引用来源且其复制行为尚没有办法规避，这可能导致用户在不自知的情况下使用人工智能进行了剽窃。此外，生成式人工智能获取的数据可能含有未经许可使用的私人数据，即存在侵犯他人隐私的风险。算法是生成式人工智能的技术核心原理之一，但是算法的开发设计和数据筛选都会注入价值观，这就导致算法承袭了这些人类的偏见和歧视，由此产生输出偏见问题。我国互联网信息办公室也于近期发布了《生成式人工智能服务管理暂行办法》，该办法明确了生成式人工智能使用过程中需遵循的伦理道德规范，于 2023 年 8 月 15 日起实施。在上述众多的人工智能应用政策中，较为公认的意见包括"人工智能不能作为作者"以及"需要在论文中对人工智能的应用情况进行说明"。鉴于目前对人工智能的监管技术仍处于初级阶段，较多隐秘部分难以通过现有技术进行监测，因此，遵循科学研究的公开透明原则，在建立统一的生成式人工智能应用规范的基础上，鼓励科研人员和作者在文章中公开人工智能的使用情况，避免将人工智能应用"暗箱操作"，将有助于减少使用人工智能带来的各种出版伦理风险，从而为出版业建立起具有透明性、注重隐私保护和安全性、伦理规范的良好的人工智能发展生态。

为了规范生成式人工智能的在学术出版中的应用，减少其带来的伦理风险，国际出版伦理委员会（COPE）、国际医学期刊编辑委员会、世界医学编辑协会以及国际著名出版商 Wiley、Elsevier 等先后发布了人工智能应用的伦理政策，对 ChatGPT 等生成式人工智能的角色界定、应用范围等给出了明确定义。2023 年 9 月中国科学技术信息研究所、爱思唯尔、施普林格自然、约翰威立国际出版集团联合发布了《AIGC 在学术出版中边界指南》（*Guideline on the Boundaries of AIGC*

Usage in Academic Publishing），该指南指引作者正确地披露和声明生成式 AI 的使用情况，对作者在研究开展和论文撰写阶段、投稿阶段、论文发表/出版后生成式 AI 的使用均有明确的建议。该指南为研究机构、学术出版单位、论文作者等如何负责任地使用生成式 AI 提出了建议，以防范学术不端，加强诚信治理，引导相关利益主体就生成式 AI 使用达成共识。

三、科技期刊在伦理协同共治中的作用及策略

针对学术出版中各责任主体的伦理认知薄弱、科技伦理失范、撤回论文逐步上升的现状，以及期刊伦理政策不规范、不明晰、未公开等一系列问题，本书提出了科技期刊积极参与到国家科技伦理协同共治中的策略思考。

（一）伦理宣教常态化、多元化，提升期刊参与方的伦理意识

研究者伦理意识薄弱和伦理自律能力欠缺是科研伦理失范行为发生的主要因素。系统的科研伦理宣教，使研究者知晓科技伦理行为标准和规范，明确感知违反伦理带来的不良后果和要承担的责任，形成良好的科研伦理意识，从而更好地规范科研行为。科研伦理宣教旨在让研究者的伦理意识内化于心、外化于行，最终达到伦理自律的境界。科技期刊可通过多元化、常态化的伦理宣传教育手段引导研究者开展合规研究，具体措施包括：制定并公开伦理政策或伦理声明、开辟宣教栏目刊登科研伦理知识、期刊微信公众号推送伦理规范、在投稿环节推送作者伦理自查表、适时的线上线下伦理培训、通过学术研讨会宣讲科技伦理知识、编辑与作者直接沟通宣讲伦理问题等。

（二）伦理声明规范化、公开化，促进期刊参与方的伦理自律

科技期刊制定符合期刊自身定位并与国际接轨的出版伦理政策具有必要性和迫切性，是期刊参与行业伦理自律的具体表现，期刊的稿约或伦理声明是作者、审者及编者伦理认知的主要来源之一，伦理声明起着伦理宣传教育的作用，出版中不同责任主体可从伦理声明中获取相关伦理知识，提升伦理意识，是期刊伦理规范化建设的重要举措之一。具体为：①制订出版伦理声明的意义在于提升责任主体伦理意识，防范伦理失范行为；明确科研的伦理要求，引导作者合规开展研究；对接国际通行规则，增强期刊的国际传播力。②出版伦理声明的制订原则包括倡导负责任创新理念，确保研究合法、合规、合乎伦理；细化出版伦理规范，覆盖出版全流程和各责任主体；考量伦理共性及期刊定位，制定合适的出版伦理政策。③《暨南大学学报（自然科学与医学版）》提供了期刊制订伦理声明结构与内容模板（表4-3），供同行参考。该模板分别介绍了制定出版伦理和研究伦理的依据，并强调了期刊编辑应关注国内外伦理政策的动态变化，及时更新伦理声明，并就常见伦理问题及误区进行了提醒和解释。

表4-3　出版伦理声明的结构与主要内容

责任主体	作者	审者	编者
研究伦理	涉及人体试验 涉及动物实验 涉及其他领域	对作者的研究 伦理协同审查	对作者的研究 伦理协同审查
出版伦理	科学客观数据可回溯真实原创保密原则 引注合理基金规范 作者署名与贡献说明利益冲突声明 申辩与更正权利	科学客观评价 公平公正评价 独立保密原则 合规及时审稿 规避利益冲突 严禁以权谋私	遵循法规履职把关 公正对待慎重送审 及时反馈信息保密 自觉规避利益冲突 重视申诉、勘误、撤稿

注：由《暨南大学学报（自然科学与医学版）》陈咏梅原创。

（三）伦理审查制度化、流程化，引导多方参与伦理协同治理

科技期刊通过编辑初审、同行评议、编辑部终审等流程，对科技出版中的错误、失范或不端行为进行纠错，确保科技成果能客观、准确、合乎伦理地呈现和传播，因此，期刊在伦理治理中承担着重要的社会责任并发挥着协同审查把关的作用。尽管伦理审查应是伦理委员会的职责，但多数国际期刊对伦理复核审查相当严格，对违反伦理的论文直接拒稿。国内期刊也应制定切实可行的伦理审核制度和流程来监控出版中的伦理失范行为。《暨南大学学报（自然科学与医学版）》率先提出作者伦理自查、编辑初审、同行评议复审的多方协同把关的伦理审查机制，并提供常见伦理敏感领域的审查依据，配套伦理审查的实施流程和审查清单（图 4 - 5），使学术出版中多方伦理审查工作变得简单明晰。同时，也提出对科研活动全流程（科研立项、科研实施、成果发表）的不同责任主体实施伦理监管的思考（图 4 - 6），并梳理了不同领域的伦理规范及审查指南供作者、编者和审者供相关人员参考。

生物医药期刊科技伦理审查清单

尊敬的作者：请依据下面的选项打勾并著录相关内容，谢谢您的配合！

序号	伦理审查项目	伦理审批、知情同意、临床研究注册等证明（扫描电子版上传投稿系统）	文中相关伦理内容著录（如无，请说明理由）	编辑审查意见	审稿专家意见
1	论文是否涉及人的临床研究	1、前瞻性或回顾性研究均须提供机构伦理委员会（IRB）的伦理审查批件并上传投稿系统 □ 2、提供是否获得患者知情同意或者豁免的证明文件（可单独提供或在 IRB 伦理审批表中有描述） □	1、描述获得何种机构的伦理审查批及批件号 □ 2、描述是否获得患者知情同意或者豁免知情同意 □		
		3、前瞻性临床研究，原则上作者均应在临床试验平台注册，请勾选注册平台 国际临床试验注册 □ 中国临床试验注册 □	3、标注在什么临床试验注册平台注册及注册号 □		

续上表

序号	伦理审查项目	伦理审批、知情同意、临床研究注册等证明（扫描电子版上传投稿系统）	文中相关伦理内容著录（如无，请说明理由）	编辑审查意见	审稿专家意见
2	论文是否涉及动物实验研究	4、请提供获得动物实验伦理审查委员会（IACUC）伦理审查批件并上传投稿系统□ 5、提供三证：实验动物生产许可证□、使用许可证□、质量合格证□	4、描述获得何种机构的伦理审查批及批件号□ 5、写明所用动物的品种、品系、性别、日龄或月龄、体质量、数量、饲养条件、饲料品种及来源、建模方法和时间、实验起点和终点、麻醉镇痛及处死方法等必要信息□		
3	论文是否涉及其他伦理敏感领域的研究等	6、人工智能□ 7、大数据□ 8、其他领域：请填写□	6-8：描述遵循 XXX 领域的 XXX 法规或伦理准则？		

注：表格设计：陈咏梅。

图 4-5　科技期刊伦理审查清单

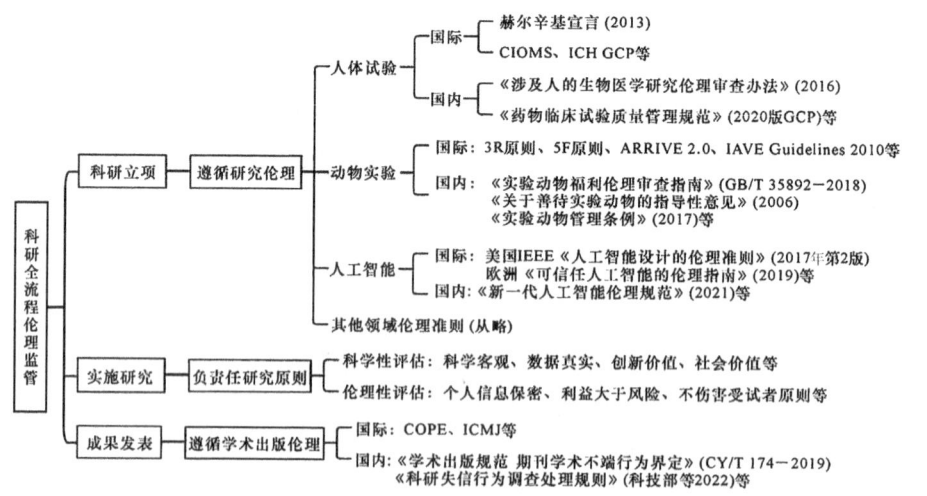

图 4-6　科研全流程的伦理规范及监管实施规则

第四节　科技期刊全产业链的构建设想

在现代生产活动中，产业链是一个非常重要的概念，是指各个产业部门之间基于一定的技术经济关联，并依据特定的逻辑关系和时空布局关系而形成的链条式关联关系形态。产业链的形成，有助于在产业内促进社会分工与合作，提升生产质量与效率，加快各产业元素的流通与融合。产业链的建设与完善，是提升产业发展质量的有效途径。

在科技期刊领域，产业的观念更早地存在于西方国家中。国外科技期刊实行"所有人＋出版人"模式，对于办刊主体没有任何限制，期刊所有权一般归出资人所有。期刊的出版、发展与壮大，是在市场的框架内遵循产业效益最大化的原则去实施。即使是由大学及学术团体主办的期刊，也要具备基本的盈利能力以维系期刊的运营。因此，期刊的产业经济效益是国外科技期刊发展的重要推动手段。我国科技期刊在办刊环境与制度上与国外期刊有很大差异，如实施出版许可制度、主管主办制度、期刊的出版受到一定程度上的监管等，在办刊资金、人员体制上与国外科技期刊也有很大的不同。由于多数期刊没有来自市场的生存压力，我国科技期刊一般并不把经济产出效益作为办刊的主要目标，而把主要精力放在提升期刊的学术质量和影响力上。中外科技期刊办刊体制及环境的不同，也导致了双方在行业形态和产业效益上都存在巨大差异。国外一些巨无霸式的期刊集团，在享有学术声誉的同时，也获取了可观的经济收益。如，2020 年爱思唯尔在学术出版领域的收益达 36 亿美元，施普林格·自然的学术出版收入达到 20 亿美元①。我国科技期刊在整体上还处于"小、散、弱"的状态，在国际上的彰显度较弱，在产业产出上与国外科技期刊更是存在巨大的差距。2021 年，我国 5 125 种科技期

---

① 数据源自"期刊说"公众号举办的"科技期刊产业发展论坛"，《科技期刊产业发展概况》，伍军红。

刊的经营总收入仅为 73.69 亿元人民币，利润总额仅为 5.97 亿元人民币。

加速我国科技期刊的聚集化、集团化办刊，增强我国科技期刊的自我"造血"能力，是近年来我国科技期刊业界探讨的重要议题之一。而重视科技期刊产业化发展，可为科技期刊融合能力和"造血"功能的提升创造更多的可能性，从而有助于提升我国科技期刊在国际上的影响力和话语权。2022 年和 2023 年，中国科学技术协会分别发布了《中国科技期刊产业发展报告（2021）》和《中国科技期刊产业发展报告（2022）》，也表明我国科技期刊产业的发展状况受到了越来越多的重视。研究科技期刊产业发展的内在规律及外在途径，对推动我国科技期刊的建设具有重要的意义。

一、科技期刊全产业链分析

（一）科技期刊全产业链的环节

产业链中包含了价值链、企业链、供需链和空间链四个维度，这四个维度之间的相互对接，是产业链稳定发展的前提。在产业链中同时存在着产品或服务的传输及信息的反馈，在不同的产业链环节间形成了闭环，从而形成更有融合能力及更具备产业生态的全产业链。全产业链是产业链的高级形态，从全局着眼，从产品源头出发，以产品效用为目标，重视每个产业链环节的畅通和效率，强调不同产业链环节之间的信息共享与融会贯通。我们探讨科技期刊产业，更应该从全产业链的角度去进行分析。

目前，有学者对科技期刊产业的构成进行了研究，普遍认为科技期刊产业链可分为上游、中游和下游环节。上游环节指科技期刊内容产品的供应，即科研成果的产出；中游环节指科技期刊内容产品的编辑和出版；下游环节指科技期刊内容产品的传播及应用。但目前的研究中学者们主要从期刊角度出发，过多地保留"编辑主体"意识，存在"以科技期刊产业服务于科技期刊"的思维桎梏，而缺乏对科技期刊产业链上、下游环节的关注。科技期刊欲"取能"于科技期刊产业，同时也必须"赋能"于科技期刊产业。只有科技期刊产业蓬勃发展了，科技期刊才能够真正从中获取能量。科技期刊如何给科技期刊产业赋能呢？笔者认为，科技期刊不仅是科技期刊产业链中物质传播的中间环节，还应成为科技期刊产业链中信息传播的关键节点，同时为上下游环节提供引领和指导。同时，在科技期刊产业链中要适当引入市场力量，引导产业资源更合理、更有效率地进行配置。基于以上认识，笔者构建了科技期刊全产业链的传导模型（图4-7）。值得一提的是，作为产业链传导模型中的重要市场力量，期刊服务企业不能仅影响编辑出版环节，而且应该能成为与政策环境同等重要的因素，在科技期刊全产业流程中发挥作用。

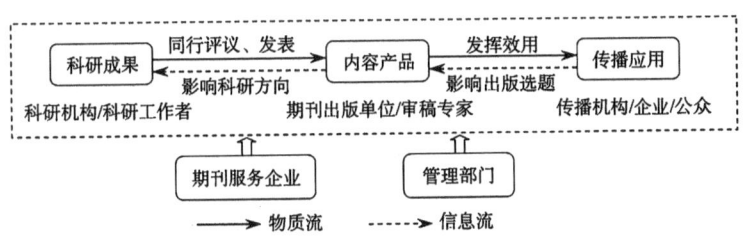

图4-7　科技期刊全产业链传导模型

（二）科技期刊全产业链的主体与要素

科技期刊全产业链包含了主体和要素两大方面。参与科技期刊全产业链的主体包括：

（1）科研部门及科研人员。实现科研成果的产出及科技论文的撰写，是科技期刊全产业链的产品源头。

（2）科技期刊出版单位、编辑人员、审稿专家等。把科研论文加工为期刊内容产品，在科技期刊全产业链中处于主要地位。

（3）传播机构。如期刊传播机构、各传播平台、数据库等，实现期刊内容的传播。

（4）应用企业、公众。实施科技论文的应用，包括学者对论文的施引、企业对论文技术的产业化等。

（5）期刊服务企业。为科技期刊产业链中的环节及主体提供技术、资金和服务。

（6）政府管理部门。通过出台政策，对科技期刊产业进行监管和引导。

（7）其他潜在的参与主体。如科技期刊在传播中影响到的受众等。

参与科技期刊全产业链的要素包括：

（1）物质要素。产业链中的物质要素通常指生产部门的原材料、半成品、成品等。科技期刊产业链中的物质要素则指论文产品在不同环节中的不同形态，如在科研人员中表现为科研数据、理论、方法、观点、初步撰写的论文等，在科技期刊中表现为经同行评议通过、编校加工并发表的学术论文，在传播机构及应用企业、公众中，则表现为在传播和应用中体现出来的各种数据片段、数据流与成果技术等。

（2）信息要素。科技期刊全产业链中的信息要素指的是不同主体之间对科研、出版信息进行共享与反馈的过程。在全产业链中，不能仅进行物质间的单向流动，还要有信息之间的反馈与共享。

（3）政策要素。科技期刊生产的是内容产品，内容产品的出版和传播在我国会受到一定的政策规范和要求。政策因素对我国科技期刊产业的形成和发展具有重大影响。

（4）技术要素。在科技期刊全产业链中的技术要素不仅是期刊出版单位在出版过程中所用到的技术，还应包括在科研过程和论文传播应用中需要应用到的技术。

（5）人才要素。产业的分工导致在不同环节都需要合适的人才。科技期刊全产业链中的人才不仅指出版领域，还包括在上游的科研、下游的成果转化等环节中所需要的人才。

（6）资本要素。资本是发展科技期刊产业的一个重要因素，影响物质流和信息流的形成、技术的应用、人才的引进等各方面。

（7）潜在的其他要素。如社会公众、国家对科技创新的要求，以及对科技期刊的认可程度等。

二、我国科技期刊全产业链存在的问题

一个成熟的产业，必须要有繁荣且稳定的产业链结构，每个环节及主体通过一定的活动作用于产业链上，从中获得利益，同时推动产业链的发展。国外科技期刊起源于资本主义生产关系的发展需求，期刊的发展促使了期刊产业的形成，产业中的分工与合作是市场需求反映的结果。我国科技期刊产业由于形成时间较短，上下游环节对产业链的支撑尚显不足。

（一）各环节与主体未能充分协同

学术论文是科技期刊产业上游环节提供的重要原材料，也是科技期刊产业发展的关键基础。一直以来，我国科技论文外流现象严重。如 2010—2019 年间，我国作者共发表了 275.5 万余篇 SCI 论文，只有 2.2 万余篇发表在 SCI 收录的中国期刊上。近年来为了鼓励我国作者把论文发在国内期刊上，国家发布了一系列建设科技期刊的政策。例如，2019 年 7 月 24 日，中国科协、中宣部、教育部、科技部四部委联合印发了《关于深化改革　培育世界一流科技期刊的意见》；2021 年 6 月，中宣部、教育部、科技部联合印发了《关于推动学术期刊繁荣发展的意见》。但国内科技期刊吸引一流科技论文的能力仍然不足。2021 年我国作者的国际论文产量超过了国内，SCI 收录中国论文数居前十位的高等院校和研究机构国际论文集中度也高于国内论文。国内产出的科技论文仍被大量吸引到国外科技期刊，甚至有愈演愈烈的趋势。这也表明了我国头部科技机构和科研工作者对我国科技期刊

的认可度不够，不能为我国科技期刊产业的发展发挥积极作用。

传播应用阶段的下游环节，也不能为我国科技期刊产业的发展提供有力支撑。在我国期刊评价体系中，影响因子、入选各种重要数据库等仍然是评价期刊影响力的重要指标，科技论文及背后技术的产业转化，并不是期刊出版单位所考量的因素。国内作者在论文写作、发表以及引用等环节，很大部分是从职称评定、项目结题、评奖评优等自身实际利益出发，存在"从文献到文献"的现象。加之学者们习惯把科研成果是否发表在国外著名期刊上作为成果重要性的判断标准，这也导致了社会公众对国内科技期刊内容产品产业转化的期望不足。科技期刊产业链各环节和主体没有融为一体、互相促进，而是相互割裂，不能形成产业链的良好生态。

（二）各要素未能充分参与

物质、信息、技术、人才、资本和政策等要素，对科技期刊产业的发展都有着重要影响。科技期刊全产业链的高质量发展，需要充分利用行业特点，实现要素间的充分融合，但目前我国科技期刊的发展在要素方面还存在一些短板，体现在：

（1）在物质要素和信息要素方面，侧重于对产品合格性的筛选（如论文的同行评议）以及对半成品的再处理（如编校加工）等，但在对原材料（科研成果）的培育和引导、对论文及期刊产品的营销及应用上显得不足，物质流和信息流在流通时不能互相融合，会造成物质产品（即科技论文）的冗余。不能产生效用的论文过多，也会对科技期刊产业造成损害。

（2）在技术要素方面，我国科技期刊应用新技术的动力与能力都弱于其他媒介，对新技术的关注度也比不上国外科技期刊。由于人力和财力有限，对新技术的探索应用只能依靠期刊服务企业，基本处于被动接受状态。

（3）在人才要素方面，我国科技期刊存在总体从业人数较少、高层次人才占比较低等问题。我国期刊出版单位中基本上是单一的编辑人员，而且处于"小部门"状态，只能完成期刊的编辑加工和出版工作，并没有经营、营销、技术等领域的专门人才。

（4）在资本要素方面，目前我国科技期刊的办刊资金一般来源于主管、主办单位的限额拨款，少数重点科技期刊获得了政府资助，但大部分科技期刊普遍存在办刊经费不足的状况。2005年，国务院发布了《关于非公有资本进入文化产业的若干决定》，规定非公有资本"不得投资设立和经营通讯社、报刊社、出版社……"。虽然也有文件鼓励社会资本应用到出版领域的非内容组织策划方面，但科技期刊较弱的经营盈利能力很难吸引到社会资本的参与。

（5）在政策要素方面，近年来国家及各省市出台了一些鼓励繁荣科技期刊的指导性文件，但从科技期刊产业的发展来说，亟须这些指导性意见落地成为具体的实践措施。

（三）科技期刊经营动力不足

科技期刊的经营能力对科技期刊产业有重要的推动作用。期刊年检数据表明，我国科技期刊2021年度的总收入为73.69亿元，其中，发行收入为17.78亿元，广告收入为11.42亿元，项目活动收入为8.24亿元，新媒体收入为2.19亿元，版权收入为0.46亿元，其他收入为33.60亿元。由此可见，其他收入（如版面费收入）是我国科技期刊收入的主要来源，占了总收入的45.60%；传统收入来源，如发行收入、广告收入、项目活动收入等，占了总收入的50.81%；而新媒体收入、版权收入占比非常低。国外知名期刊出版商如爱思唯尔、维科出版集团和美国化学学会，在2021年的数字化收入分别为23.34亿英镑、33.97亿欧元和6.14亿美元，分别占了当年总营收的88.11%、71.20%和89.50%。由此可见，相比国外科技期刊，我国科技期刊的收入来源单一，且都为传统资源型收入，而开拓型收入缺乏，经营动力不足，对科技期刊产业整体难以起到支撑作用，也难以吸引外部资源进入科技期刊产业中。

三、强化我国科技期刊全产业链的思考

（一）做好顶层设计，营造产业生态

卢嘉锡院士说过，编辑出版工作既是"龙头"，也是"龙尾"，意指科研工作与编辑出版工作是一体的。从科技期刊产业链的角度上说，上游的科研工作、中游的编辑出版工作，还有下游的传播应用，也是处于一个完整的产业生态圈中，应该互相促进、互相成就。因此，要建设好科技期刊全产业链，就应该有整体生态思维，从做好顶层设计出发，保障产业环节的通畅。

首先，重视科研论文的供给。一直以来，在国外科技期刊，特别是大刊、名刊上发表论文，是科学家们向往的事情。其中原因，一方面是有必要进行学术的国际交流，另一方面也是我国的学术评价体系导致，如论文评价的"SCI导向"等。2020年2月18日，教育部和科技部联合印发了《关于规范高等学校SCI论文相关指标使用 树立正确评价导向的若干意见》，要求破除"SCI至上"的导向。继而，有关部门也积极响应，江苏省科技厅在《关于2020年度江苏省科学技术奖提名工作的通知》中，要求在代表作中国内科技期刊论文的数量应不少于1/3。这些导向性政策无疑给我国科技期刊以及科技期刊产业带来了机遇。但除了政策引导优秀科技论文发表在国内科技期刊上，还应该增强学者们对国内科技期刊的认同感。鼓励优秀学者积极参与办刊，如院士创办新刊，担任期刊的名誉主编、编委等，利用自身的学术影响力为国内科技期刊增强凝聚力；增强国内科技期刊的学术质量与服务能力；鼓励及协助我国科技期刊积极参与国际竞争，在竞争中提升实力、增强自信等。

其次，重视科技期刊的功能定位。学术影响力是科技期刊孜孜以求的目标，而影响因子是学术影响力的量化指标。但同时，通过搭建学术和产业之间的桥梁，为产业的发展提供重要的学术阵地，助力于产业建设，也是科技期刊的重要功能之一。习近平总书记指出，广大科技工作者要把论文写在祖国的大地上，把科技成果应用在实现现代化的伟大事业中。为地区产业建设提供服务，正是科技期刊贯彻习近平总书记"把论文写在祖国的大地上"指示精神的重要体现。科技期刊可通过设置产业栏目、结合地区产业优势进行专题/专栏策划、结合地方重点工程建设进行重点约稿等方式，为地区产业建设提供学术阵地并献计献策。同时，也为科技论文的进一步传播应用夯实了基础。

最后，还应重视科技期刊产业链中信息的流通。在科技期刊产业链中，科技期刊不仅仅是论文产品的重要生产部门，还是对科技信息进行上承下达的关键环节；科技期刊不仅是科研成果的载体，更应该成为科学研究的导向，引导更多的科研成果转化为生产力。期刊出版单位根据从传播应用中获取的信息，可以调整出版选题；科研机构和科研工作者根据从内容产品中获取的信息，可以调整科研方向。正是基于与科技期刊良好的信息互联，传播应用环节才能真正发挥作用。应该以科技期刊为基础，为产业界、期刊界和学术界搭建沟通交流的平台，实现"学术+出版+产业"的真正融合。

（二）着力政策引导，完善产业要素

科技期刊产业是内容产业，与文化产业、出版产业均相关。在我国科技期刊产业的各个要素中，政策导向是非常重要的要素，会影响其他要素的聚集与应用。近年来，从国家到各省市，出台了一些促进期刊繁荣发展的指导性意见，但具体到操作层面，还应从进一步完善科技期刊产业参与要素的目的出发，加大政策引导力度。

在人才建设上，目前我国科技期刊从业人员在不断增加，年龄结构趋年轻化，学历层次也明显提高，但在激励措施上存在弊端。具体为：①岗位要求较高但待遇较低。科技期刊的学科编辑不但要有专业的编辑出版知识，还需具备理工类学科背景，在出版工作中要求高、工作强度大，但相比同等的研究人员或教学人员待遇较低。②岗位单一，晋升空间狭窄。期刊出版单位一般在主办单位中并非核心部门及核心业务，编辑人员一般不受重视，职业上升空间较小。③在项目资助的力度及竞争优势上逊于科研项目，削弱了编辑的职业认同感。科技期刊产业的良性发展需要一流的科技期刊，一流的科技期刊需要一流的队伍，一流的队伍需要被充分激励。因此，主管主办单位在人才激励制度设计上应向编辑队伍倾斜，提升他们的待遇及上升通道，增强科技期刊产业对人才的吸引能力。同时，加强编辑从业人员在期刊运营、市场营销、编辑技术等方面的技能培训，培养复合型人才。

在产业资本上，吸引社会资本参与到科技期刊产业链的强链、延链、补链等建设中来，加强数字化出版基础设施建设，吸引高层次人才，以市场为基础挖掘科技期刊潜在的商业模式和盈利价值。鼓励社会资本在国内出版机构的协助下走出国门，参与并购国外科技期刊，获取国外科技期刊运营经验，为国内科技期刊的发展提供参考。鼓励社会资本参与出版集团办刊，支持符合条件的学术期刊出版企业上市融资。对学术期刊企业可以采取一定的扶持政策，如在税收上实施免税或税收返还措施，在财政上给予一定补贴等。

（三）引入市场力量，加强期刊经营

由于人才及资金缺乏等原因，我国科技期刊一般并不重视期刊的经营。期刊年检数据表明，2021 年我国科技期刊总收入在 10 万元以下的占 10.63%，70 万元以下的占 54.50%，100 万元以上的占 33.30%。相比之下的我国科技期刊总支出，在 10 万元以下的占 4.24%，70 万元以下的占 52.11%，100 万元以上的占 33.08%。较多科技期刊在经营上处于微盈利、零盈利甚至亏损状态。

科技期刊产业的发展需要科技期刊在经营上进行加强。我国科技期刊在数字化和多媒体出版方面起步晚，但同时也说明发展潜力大，可以在期刊的经营上尝试多元化。如利用粉丝经济和社群经济建立期刊社群社区，利用论文资源挖掘盈利模式；与小视频平台合作，既可以提升期刊影响力，也可以通过引流实现商业化利益；在线为作者提供科技论文写作培训服务，提升作者科技写作能力；利用期刊的学术优势，为科学家和投资者创建项目交流平台等。但依靠出版单位自身的力量，很难充分挖掘科技期刊的经营潜力，需要引入市场力量。目前少数读者群体较大的科普期刊和专业性较强的专业性期刊，把期刊优势进行外部的商业化运作，取得了不俗的成绩。如《中国家庭医生》杂志社通过运营"家庭医生在线"网、家庭医疗 App 和小程序开发，2020 年的网络出版收入达到了 780 万元；与《中国国家地理》杂志相关的广告、发行、网站以及微信、微博、App 等新媒体的总收入，2020 年达到了 1.9 亿元。影响力一般的科技期刊，单种期刊在市场上并不具备优势，应该聚集于某个平台，通过抱团的方式与市场资源进行合作。鉴于不同期刊主办单位之间的行政壁垒较大，可充分利用各类学（协）会，为期刊的抱团建立平台，也为后续更深入的融合运营创造条件。

四、民间资本参与我国科技期刊全产业链的设想

在国外的科技期刊中，资本进出的自由度较大，甚至一些著名的科技期刊出版集团，也是通过资本的并购、兼并等方式壮大起来的。相对而言，我国科技期刊的办刊资金一般来源于公有资本。虽然非公资本不能投资设立期刊社，却可以作用于科技期刊产业，为科技期刊产业链中的强链、延链、补链等建设赋能。民间资本是我国非公资本的主要组成部分，蕴藏着强大的力量，而且分布广、额度小，与我国科技期刊的"小、散、弱"有着天然的一致性。目前，国家正大力发展民营经济。2023 年 7 月 14 日，《中共中央国务院关于促进民营经济发展壮大的意见》发布，民间资本正在成为我国社会主义现代化建设的重要力量。因此，探索民间资本与科技期刊产业相结合的模式，对建设我国科技期刊产业链有着重要的意义。

（一）期刊出版单位授权运营

民间资本作用于科技期刊产业，通常是由民间资本组建成期刊服务企业，为

科技期刊产业链中的主体提供服务。目前的期刊服务企业，主要是为科技期刊提供单项服务，如排版印制、投稿系统设计、期刊分析等技术服务，也有少数参与了期刊的运营。但总体上期刊服务企业与科技期刊的联系并不紧密，并没有对科技期刊的资源优势进行挖掘，对科技期刊经营能力的提升也没有帮助。因此，可以考虑建立一种新型的期刊服务企业，通过获取期刊出版单位的授权，对科技期刊进行整体运营，深层次地挖掘科技期刊的经营模式和盈利模式。期刊出版单位授权运营的方式，并不违反目前期刊出版领域的法律法规，同时科技期刊可以实现编辑权和运营权的分离，由出版单位专注于内容出版，期刊服务企业则聚焦于期刊的运营。如果期刊服务企业的平台上聚集了多种科技期刊，则可以实现一定的规模效益。

（二）建立多元的经营与盈利模式

期刊服务企业获得出版单位的授权后，可以深层次地挖掘科技期刊的学术资源优势。一般而言，由于我国科技期刊目前的经营并不活跃，期刊服务企业很难通过短期的经营取得成效，而要通过短期、中期、长期相结合的方式，构建自身多元的经营和盈利模式。期刊服务企业的短期收益主要是通过为平台上的科技期刊提供集约式的出版流程管理服务，如在部分编务、组约稿件、宣传推广等流程上组合不同期刊的资源进行联动，在为出版单位降本增效的同时取得相应的回报。期刊服务企业的中期收益主要来自对科技期刊的拓展性运营，如对期刊数字和多媒体资源的整合，对作者和读者服务的深入，对产业服务的延伸，等等。期刊服务企业利用资本的优势，融入科技期刊产业论文产品的前后端，则可以在加速科技期刊产业链中的信息流通的同时，获取长期的风险收益，如在科研阶段的天使投资、基金资助，及在技术产业化后的风险投资等。

（三）治理上建立"红线"思维

有学者反对把民间资本应用于我国科技期刊中，认为这可能会让资本控制科技出版，污染我国的科技出版环境。这是一种因噎废食的想法，就好像由于刀具有可能成为凶器，我们就不能在生产生活中利用它一样。管理部门的治理智慧是民间资本应用于科技期刊产业的关键，既要拉起不能触碰的"红线"，也要保障民间资本在合理合法范围内的自由度，保护民间资本活跃科技期刊产业的积极性。"红线"的标准在于看期刊的内容出版是否受到干扰，出版流程是否得到正确执行。因此，对于民间资本参与科技期刊产业的建设，管理部门一方面要"重鼓励"，如对新型期刊服务企业实施税收优惠、财政补贴，以及在办公场所上提供便利等；另一方面也要"严处罚"，对于以非法方式"走捷径""赚快钱"的期刊服务企业，要从民法、行政法、刑法和国家安全法等层面，加大处罚力度，以维持我国学术出版环境的纯净。

附录一

附表 1 广东省 196 种科技期刊基本情况

刊名	CN	ISSN	创刊时间	出版地	刊期	文种	学科分类	主办单位	主管单位	出版单位
癌变・畸变・突变	44-1063/R	1004-616X	1989	汕头	双月刊	中文	医药、卫生	中国环境诱变剂学会	中国科学技术协会	《癌变・畸变・突变》编辑部
癌症	44-1195/R	1000-467X	1982	广州	月刊	中文	医药、卫生	中山大学肿瘤防治中心	教育部	《癌症》杂志编辑部
桉树科技	44-1246/S	1674-3172	1978	湛江	季刊	中文	农业科学	中国林业科学研究院速生树木研究所	中国林业科学研究院速生树木研究所	《桉树科技》编辑部
按摩与康复医学	44-1667/R	1008-1879	1985	广州	半月刊	中文	医药、卫生	广东省第二中医院（广东省中医药工程技术研究院）	广东省中医药局	《按摩与康复医学》编辑部
包装与设计	44-1262/TB	1007-4759	1973	广州	双月刊	中文	工业技术	中国包装进出口广东公司	广东省广新控股集团有限公司	广东包装与设计杂志社有限公司
材料研究与应用	44-1638/TG	1673-9981	1991	广州	季刊	中文	工业技术	广东省科学院新材料研究所	广东省科学院	《材料研究与应用》编辑部
大地构造与成矿学	44-1595/P	1001-1552	1977	广州	双月刊	中文	天文学、地球科学	中国科学院广州地球化学研究所	中国科学院	《大地构造与成矿学》编辑部

续上表

刊名	CN	ISSN	创刊时间	出版地	刊期	文种	学科分类	主办单位	主管单位	出版单位
地球化学	44-1398/P	0379-1726	1972	广州	双月刊	中文	天文学、地球科学	中国科学院广州地球化学研究所	中国科学院	《地球化学》编辑部
电镀与涂饰	44-1237/TS	1004-227X	1982	广州	半月刊	中文	工业技术	广州大学	广州大学	《电镀与涂饰》编辑部
电脑与电信	44-1606/TN	1008-6609	1995	广州	月刊	中文	工业技术	广东省科技合作促进中心	广东省科学技术厅	《电脑与电信》编辑部
电子产品可靠性与环境试验	44-1412/TN	1672-5468	1980	广州	双月刊	中文	工业技术	工业和信息化部电子第五研究所	工业和信息化部	《电子产品可靠性与环境试验》编辑部
电子质量	44-1038/TN	1003-0107	1980	广州	月刊	中文	工业技术	中国电子质量管理协会、工业和信息化部电子第五研究所	工业和信息化部	《电子质量》编辑部
东莞理工学院学报	44-1456/T	1009-0312	1994	东莞	双月刊	中文	工业技术	东莞理工学院	广东省教育厅	东莞理工学院学报编辑部
分析测试学报	44-1318/TH	1004-4957	1982	广州	月刊	中文	工业技术	中国广州分析测试中心、中国分析测试协会	广东省科学技术厅	《分析测试学报》编辑部
分子影像学杂志	44-1630/R	1674-4500	1977	广州	季刊	中文	医药、卫生	南方医科大学	广东省教育厅	《分子影像学杂志》编辑部
分子诊断与治疗杂志	44-1656/R	1674-6929	1988	广州	月刊	中文	医药、卫生	《中国家庭医生》杂志社有限公司	中山大学	《中国家庭医生》杂志社有限公司

续上表

刊名	CN	ISSN	创刊时间	出版地	刊期	文种	学科分类	主办单位	主管单位	出版单位
佛山科学技术学院学报（自然科学版）	44-1438/N	1008-0171	1988	佛山	双月刊	中文	自然科学总论	佛山科学技术学院	佛山科学技术学院	佛山科学技术学院学报编辑部
佛山陶瓷	44-1394/TS	1006-8236	1991	佛山	月刊	中文	工业技术	佛山市陶瓷研究所	广东佛陶集团股份有限公司	《佛山陶瓷》编辑部
甘蔗糖业	44-1210/TS	1005-96956	1972	广州	双月刊	中文	工业技术	全国甘蔗糖业信息中心	广东省科学院生物工程研究所	《甘蔗糖业》编辑部
工程技术研究	44-1727/N	2096-2789	1978	广州	半月刊	中文	自然科学总论	广州市金属学会、广东工程职业技术学院	广东省冶金工业总公司	工程技术研究编辑部
工业工程	44-1429/TH	1007-7375	1994	广州	双月刊	中文	工业技术	广东工业大学	广东省教育厅	《工业工程》编辑部
广船科技	44-1208/U	2095-4506	1981	广州	季刊	中文	交通运输	广州广船国际股份有限公司	中共广州广船国际股份有限公司委员会	《广船科技》编辑部
广东安全生产	44-1535/T	1671-4032	2001	广州	月刊	中文	工业技术	广东省安全生产技术中心有限公司	广东省建筑工程集团有限公司	广东安全生产杂志社有限公司
广东蚕业	44-1319/S	2095-1205	1959	广州	月刊	中文	农业科学	广东省蚕学会、广东丝源集团有限公司	广东省丝绸集团有限公司	广东蚕业杂志社有限公司

续上表

刊名	CN	ISSN	创刊时间	出版地	刊期	文种	学科分类	主办单位	主管单位	出版单位
广东茶业	44-1564/S	1672-7398	1979	广州	双月刊	中文	农业科学	广东省茶叶学会	广东省科学技术协会	广东茶业杂志社
广东畜牧兽医科技	44-1243/S	1005-8567	1976	广州	双月刊	中文	农业科学	广东省农业科学院畜牧研究所、广东省农业科学院动物卫生研究所、广东省畜牧兽医学会	广东省农业科学院	《广东畜牧兽医科技》编辑部
广东电力	44-1420/TM	1007-290X	1988	广州	月刊	中文	工业技术	广东电网公司电力科学研究院、广东省电机工程学会	广东电网公司	《广东电力》编辑部
广东工业大学学报	44-1428/T	1007-7163	1974	广州	双月刊	中文	工业技术	广东工业大学	广东省教育厅	《广东工业大学学报》编辑部
广东公安科技	44-1373/N	NA	1985	广州	季刊	中文	自然科学总论	广东省公安科学技术研究所	广东省公安厅	《广东公安科技》编辑部
广东公路交通	44-1275/U	1971-7619	1975	广州	双月刊	中文	交通运输	广东华路交通科技有限公司	广东省交通集团有限公司	《广东公路交通》编辑部
广东海洋大学学报	44-1635/N	1673-9159	1975	湛江	双月刊	中文	自然科学总论	广东海洋大学	广东省教育厅	《广东海洋大学学报》编辑部
广东化工	44-1238/TQ	1007-1865	1974	广州	半月刊	中文	工业技术	广东省科学院化工研究所	广东省科学院	《广东化工》编辑部
广东技术师范大学学报	44-1746/Z	2096-7764	1980	广州	双月刊	中文	综合类图书	广东技术师范大学	广东省教育厅	《广东技术师范大学学报》编辑部

续上表

刊名	CN	ISSN	创刊时间	出版地	刊期	文种	学科分类	主办单位	主管单位	出版单位
广东建材	44－1249/TU	1009－4806	1985	广州	月刊	中文	工业技术	广东省建筑材料研究院有限公司	广东省广业检验检测集团有限公司	《广东建材》编辑部
广东交通职业技术学院学报	44－1555/Z	1671－8496	2002	广州	季刊	中文	综合性图书	广东交通职业技术学院	广东省教育厅	《广东交通职业技术学院学报》编辑部
广东科技	44－1313/N	1006－5423	1992	广州	月刊	中文	自然科学总论	广东省科学技术情报研究所	广东省科学技术厅	广东科技编辑部
广东工商职业技术学院学报	44－1520/Z	1009－931X	1985	广州	季刊	中文	综合类图书	广东工商职业技术学院	广东工商职业技术学院	广东工商职业技术学院学报编辑部
广东农业科学	44－1267/S	1004－874X	1965	广州	月刊	中文	农业科学	广东省农业科学院、华南农业大学	广东省农业科学院	《广东农业科学》编辑部
广东气象	44－1353/P	1007－6190	1973	广州	双月刊	中文	天文学、地球科学	广东省气象学会	广东省气象局	《广东气象》编辑部
广东轻工职业技术学院学报	44－1571/Z	1672－1950	2002	广州	季刊	中文	综合性图书	广东轻工职业技术学院	广东省教育厅	《广东轻工职业技术学院学报》编辑部
广东石油化工学院学报	44－1684/Z	2095－2562	1991	茂名	双月刊	中文	综合性图书	广东石油化工学院	广东石油化工学院	《广东石油化工学院学报》编辑部

续上表

刊名	CN	ISSN	创刊时间	出版地	刊期	文种	学科分类	主办单位	主管单位	出版单位
广东水利电力职业技术学院学报	44-1587/Z	1672-2841	2003	广州	季刊	中文	综合性图书	广东水利电力职业技术学院	广东省教育厅	《广东水利电力职业技术学院学报》编辑部
广东水利水电	44-1430/TV	1008-0112	1972	广州	月刊	中文	工业技术	广东省水利水电科学研究院	广东省水利厅	《广东水利水电》编辑部
广东饲料	44-1393/S	1005-8613	1992	广州	月刊	中文	农业科学	广东省饲料行业协会	广东省农业厅	《广东饲料》编辑部
广东通信技术	44-1221/TN	1006-6403	1981	广州	月刊	中文	工业技术	广东省通信学会，广东省电信情报中心站	中国电信股份有限公司广东分公司	《广东通信技术》编辑部
广东土木与建筑	44-1386/TU	1671-4563	1973	广州	月刊	中文	工业技术	广东省建筑科学研究院集团股份有限公司，广东省土木建筑学会	广东省建筑工程集团有限公司	《广东土木与建筑》编辑部
广东药科大学学报	44-1733/R	2096-3653	1985	广州	双月刊	中文	医药、卫生	广东药科大学	广东省教育厅	广东药科大学学报编辑部
广东医科大学学报	44-1731/R	2096-3610	1983	湛江	双月刊	中文	医药、卫生	广东医科大学	广东省教育厅	广东医科大学学报编辑部
广东医学	44-1192/R	1001-9448	1963	广州	半月刊	中文	医药、卫生	广东省医学学术交流中心（广东省医学情报研究所）	广东省卫生健康委员会	《广东医学》编辑部

续上表

刊名	CN	ISSN	创刊时间	出版地	刊期	文种	学科分类	主办单位	主管单位	出版单位
广东印刷	44-1222/TS	1005-7463	1979	广州	双月刊	中文	工业技术	广东省新闻出版高级技工学校	广东省人力资源和社会保障厅	《广东印刷》编辑部
广东园林	44-1219/S	1671-2641	1979	广州	双月刊	中文	农业科学	广东园林学会	广东省科学技术协会	《广东园林》编辑部
广东造船	44-1270/U	2095-6622	1982	广州	双月刊	中文	交通运输	广东造船工程学会	广东省科学技术协会	《广东造船》编辑部
广州城市职业学院学报	44-1642/Z	1674-0408	2007	广州	季刊	中文	综合类图书	广州城市职业学院	广州城市职业学院	《广州城市职业学院学报》编辑部
广州大学学报（自然科学版）	44-1546/N	1671-4229	2002	广州	双月刊	中文	自然科学总论	广州大学	广州市教育局	广州大学学报编辑部
广州广播电视大学学报	44-1547/Z	1672-0385	2001	广州	双月刊	中文	综合类图书	广州市广播电视大学	广州市广播电视大学	《广州广播电视大学学报》编辑部
广州航海学院学报	44-1713/U	1009-8526	1993	广州	季刊	中文	交通运输	广州航海学院	广东省教育厅	《广州航海学院学报》编辑部
广州化工	44-1228/TQ	1001-9677	1973	广州	半月刊	中文	工业技术	广州化工研究设计院、广州市化工行业协会	广州化工集团有限公司	《广州化工》编辑部
广州化学	44-1317/O6	1009-220X	1976	广州	双月刊	中文	生物科学	中国科学院广州化学研究所	中国科学院广州分院	《广州化学》编辑部

续上表

刊名	CN	ISSN	创刊时间	出版地	刊期	文种	学科分类	主办单位	主管单位	出版单位
广州建筑	44-1229/TU	1671-2439	1973	广州	双月刊	中文	工业技术	广州市建筑科学研究院有限公司	广州市建筑集团有限公司	《广州建筑》编辑部
广州医科大学学报	44-1710/R	2095-9664	1973	广州	双月刊	中文	医药、卫生	广州医科大学	广州医科大学	广州医科大学杂志社
广州医药	44-1199/R	1000-8535	1970	广州	双月刊	中文	医药、卫生	广州市第一人民医院	广州市卫生健康委员会	《广州医药》编辑部
广州中医药大学学报	44-1425/R	1007-3213	1984	广州	月刊	中文	医药、卫生	广州中医药大学	广东省教育厅	《广州中医药大学学报》编辑部
国际医药卫生导报	44-1417/R	1007-1245	1995	广州	半月刊	中文	医药、卫生	中华医学会、国际医药卫生导报社	国家卫生健康委员会	《中华医学杂志》社有限责任公司
海洋与渔业	44-1582/S	1672-4046	2000	广州	月刊	中文	农业科学	广东省海洋与渔业技术推广总站	广东省海洋与渔业厅	广东海洋与渔业出版传媒有限公司
罕少疾病杂志	44-1497/R	1009-3257	1994	广州	双月刊	中文	医药、卫生	深圳市卫生和计划生育委员会	深圳市卫生健康委员会	罕少疾病杂志社
合成材料老化与应用	44-1402/TQ	1671-5381	1972	广州	双月刊	中文	工业技术	广州合成材料研究院有限公司	广州合成材料研究院有限公司	《合成材料老化与应用》编辑部
护理学报	44-1631/R	1008-9969	1994	广州	半月刊	中文	医药、卫生	南方医科大学	广东省教育厅	《护理学报》编辑部

续上表

刊名	CN	ISSN	创刊时间	出版地	刊期	文种	学科分类	主办单位	主管单位	出版单位
花卉杂志社	44-1196/S	1005-7897	1985	广州	半月刊	中文	农业科学	广东省农业科学院环境园艺研究所	广东省农业科学院	广东花卉杂志社
华南地理学报	44-1245/P	NA	1980	广州	半年	中文	天文学、地球科学	华南师范大学	广东省教育厅	《华南地理学报》编辑部
华南地震	44-1266/P	1001-8662	1981	广州	季刊	中文	天文学、地球科学	广东省地震局	广东省地震局	《华南地震》编辑部
华南理工大学学报（自然科学版）	44-1251/T	1000-565X	1957	广州	月刊	中文	工业技术	华南理工大学	教育部	《华南理工大学学报（自然科学版）》编辑部
华南农业大学学报	44-1110/S	1672-0202	1959	广州	双月刊	中文	农业科学	华南农业大学	华南农业大学	《华南农业大学学报》编辑部
华南师范大学学报（自然科学版）	44-1138/N	1000-5463	1956	广州	双月刊	中文	自然科学总论	华南师范大学	广东省教育厅	华南师范大学学报编辑部
华南预防医学	44-1550/R	1671-5039	1960	广州	双月刊	中文	医药、卫生	广东省疾病预防控制中心、中华预防医学会	广东省卫生和计划生育委员会	《华南预防医学》编辑部
化纤与纺织技术	44-1574/TS	1672-500X	1972	广州	季刊	中文	工业技术	广东省化学纤维研究所有限公司	广东省广业检验检测集团有限公司	《化纤与纺织技术》编辑部
环境	44-1167/X	0257-0300	1978	广州	月刊	中文	环境科学、安全科学	广东省环境保护宣传教育中心	广东省生态环境厅	《环境》编辑部

续上表

刊名	CN	ISSN	创刊时间	出版地	刊期	文种	学科分类	主办单位	主管单位	出版单位
环境技术	44－1325/X	1004－7204	1983	广州	双月刊	中文	环境科学、安全科学	中国电器科学研究院有限公司	中国机械工业集团有限公司	《环境技术》编辑部
环境昆虫学报	44－1640/Q	1674－0858	1979	广州	双月刊	中文	生物科学	广东省昆虫学会、中国昆虫学会	广东省科学技术协会	《环境昆虫学报》编辑部
惠州学院学报	44－1553/Z	1671－5934	1981	惠州	双月刊	中文	综合性图书	惠州学院	惠州学院	《惠州学院学报》编辑部
机床与液压	44－1259/TH	1001－3881	1973	广州	半月刊	中文	工业技术	中国机械工程学会、广州机械科学研究院有限公司	中国科学技术协会	《机床与液压》编辑部
机电工程技术	44－1522/TH	1009－9592	1971	广州	月刊	中文	工业技术	广东省机械研究所有限公司、广东省机械工程学会	广东省工业装备制造集团有限公司	《机电工程技术》编辑部
集成技术	44－1691/T	2095－3135	2012	深圳	双月刊	中文	工业技术	中国科学院深圳先进技术研究院、科学出版社有限责任公司	中国科学院	科学出版社有限责任公司
暨南大学学报（自然科学与医学版）	44－1282/N	1000－9965	1936	广州	双月刊	中文	自然科学总论	暨南大学	广东省教育厅	《暨南大学学报（自然科学与医学版）》编辑部
家庭药师	44－1651/R	1674－4640	2008	广州	月刊	中文	医药、卫生	《中国家庭医生》杂志社有限公司	广州中大控股有限公司	《中国家庭医生》杂志社有限公司
家庭医生	44－1121/R	1004－6348	1983	广州	半月刊	中文	医药、卫生	《中国家庭医生》杂志社有限公司	中山大学	《中国家庭医生》杂志社有限公司

续上表

刊名	CN	ISSN	创刊时间	出版地	刊期	文种	学科分类	主办单位	主管单位	出版单位
家庭影院技术	44-1432/TS	1008-0945	1998	广州	月刊	中文	工业技术	广州市家用电器应用技术研究协会	广州市科学技术协会	《家庭影院技术》编辑部
嘉应学院学报	44-1602/Z	1006-642X	1983	梅州	双月刊	中文	综合性图书	嘉应学院	嘉应学院	《嘉应学院学报》编辑部
建筑监督检测与造价	44-1644/TU	1674-2133	2008	广州	双月刊	中文	工业技术	广东省建设工程质量安全监督检测总站、广东省建设工程造价管理总站	广东省建设厅	《建筑监督检测与造价》编辑部
健康时尚	44-1567/R	NA	2006	广州	月刊	中文	医药、卫生	广东炎黄保健研究会	广东省中医药管理局	《健康时尚》编辑部
健康养生	44-1714/R	2095-8943	2015	广州	月刊	中文	医药、卫生	《中国家庭医生》杂志社有限公司	广州中大控股有限公司	《中国家庭医生》杂志社有限公司
健康忠告	44-1639/R	1674-1412	2008	广州	半月刊	中文	医药、卫生	广东时代传媒集团有限公司	南方出版传媒股份有限公司	《健康忠告》编辑部
解剖学研究	44-1485/R	1671-0770	1979	广州	双月刊	中文	医药、卫生	广东省解剖学会、中国解剖学会	广东省科学技术协会	《解剖学研究》编辑部
今日健康	44-1543/R	NA	2015	广州	月刊	中文	医药、卫生	广东炎黄保健研究会	广东省中医药局	《今日健康》编辑部
今日药学	44-1650/R	1674-229X	1991	广州	月刊	中文	医药、卫生	广东省药学会、中国药学会	广东省药品监督管理局	广东今日药学杂志社有限公司
金融科技时代	44-1680/N	2095-0799	1992	广州	月刊	中文	自然科学总论	广州银行电子结算中心	中国人民银行广州分行	金融科技时代杂志社

续上表

刊名	CN	ISSN	创刊时间	出版地	刊期	文种	学科分类	主办单位	主管单位	出版单位
科技创新发展战略研究	44－1735/N	2096－5095	2017	广州	双月刊	中文	自然科学总论	广东省科学技术情报研究所	广东省科学技术厅	《科技创新发展战略研究》编辑部
科技与金融	44－1737/N	2096－4935	2017	广州	月刊	中文	自然科学总论	广东省科技合作研究促进中心	广东省科学技术厅	《科技与金融》编辑部
控制理论与应用	44－1240/TP	1000－8152	1984	广州	月刊	中文	工业技术	华南理工大学、中国科学院数学与系统科学研究院	教育部	《控制理论与应用》编辑部
口腔疾病防治	44－1724/R	2096－1456	1993	广州	月刊	中文	医药、卫生	南方医科大学口腔医院、广东省牙病防治指导中心	广东省卫生健康委员会	《口腔疾病防治》编辑部
林业与环境科学	44－1723/S	2096－2053	1985	广州	双月刊	中文	农业科学	广东省林业科学研究院、广东省林学会	广东省林业厅	《林业与环境科学》编辑部
临床护理研究	44－1716/R	2096－1685	1992	广州	旬刊	中文	医药、卫生	广东人民出版社有限公司	南方出版传媒股份有限公司	广东《临床护理研究》杂志社有限公司
临床医学工程	44－1655/R	1674－4659	1994	广州	月刊	中文	医药、卫生	广东省医疗器械研究所	广东省科学院	广东临床医学工程杂志社有限公司
岭南急诊医学杂志	44－1539/R	1671－301X	1996	广州	双月刊	中文	医药、卫生	广东省医学会	广东省卫生厅	《岭南急诊医学杂志》编辑部

续上表

刊名	CN	ISSN	创刊时间	出版地	刊期	文种	学科分类	主办单位	主管单位	出版单位
岭南现代临床外科	44－1510/R	1009－976X	2001	广州	双月刊	中文	医药、卫生	广东省医学学术交流中心	广东省卫生和计划生育委员会	《岭南现代临床外科》编辑部
岭南心血管病杂志	44－1436/R	1007－9688	1995	广州	双月刊	中文	医药、卫生	广东省心血管病研究所	广东省卫生健康委员会	《岭南心血管病杂志》编辑部
名医	44－1666/R	1674－9561	2010	广州	半月刊	中文	医药、卫生	广东科技出版社有限公司	南方出版传媒股份有限公司	《名医》编辑部
模具制造	44－1542/TH	1671－3508	2001	深圳	月刊	中文	工业技术	深圳市生产力促进中心	深圳市贸易工业局	《模具制造》编辑部
南方电网技术	44－1643/TK	1674－0629	2007	广州	月刊	中文	工业技术	南方电网科学研究院有限责任公司	中国南方电网有限责任公司	《南方电网技术》编辑部
南方航空	44－1329/F	1004－7441	1985	广州	月刊	中文	交通运输	中国南航集团文化传媒股份有限公司	广州市广天合传媒有限公司	南方航空报社
南方建筑	44－1263/TU	1000－0232	1981	广州	双月刊	中文	工业技术	广东省土木建筑学会	广东省建筑工程集团有限公司	《南方建筑》编辑部
南方金属	44－1521/TF	1009－9700	1980	广州	双月刊	中文	工业技术	广东省金属学会	广东省冶金工业总公司	南方金属编辑部
南方能源观察	44－1685/TK	2221－6111	2011	广州	月刊	中文	工业技术	南方电网数字传媒科技有限公司	中国南方电网有限责任公司	《南方能源观察》杂志社有限公司

续上表

刊名	CN	ISSN	创刊时间	出版地	刊期	文种	学科分类	主办单位	主管单位	出版单位
南方能源建设	44-1715/TK	2095-8676	2014	广州	季刊	中文	工业技术	南方电网传媒有限公司、中国能源建设集团广东省电力设计研究院有限公司	南方电网传媒有限公司	《南方能源观察》杂志社有限公司
南方水产科学	44-1683/S	2095-0780	1963	广州	双月刊	中文	农业科学	中国水产科学研究院南海水产研究所	农业农村部	《南方水产科学》编辑部
南方医科大学学报	44-1627/R	1673-4254	1981	广州	月刊	中文	医药、卫生	南方医科大学	广东省教育厅	《南方医科大学学报》编辑部
农财宝典	44-1694/S	NA	2012	深圳	月刊	中文	农业科学	广东南方报业传媒集团有限公司	南方报业传媒集团	广东南方报业传媒集团有限公司
皮肤性病诊疗学杂志	44-1671/R	1674-8468	1994	广州	双月刊	中文	医药、卫生	广东省皮肤性病防治中心	广东省卫生健康委会	《皮肤性病诊疗学杂志》编辑部
汽车导报	44-1552/U	1671-5349	1994	深圳	月刊	中文	交通运输	深圳报业集团	深圳报业集团	深圳市汽车导报杂志社有限公司
汽车与你	44-1203/U	1009-0541	1999	广州	双月刊	中文	交通运输	广东经济出版社有限公司	南方出版传媒股份有限公司	广州经济出版社有限公司
器官移植	44-1665/R	1647-7445	2010	广州	双月刊	中文	医药、卫生	中山大学	教育部	《器官移植》编辑部
清远职业技术学院学报	44-1652/Z	1674-4896	2008	清远	双月刊	中文	综合类图书	清远职业技术学院	广东省教育厅	《清远职业技术学院学报》编辑部

续上表

刊名	CN	ISSN	创刊时间	出版地	刊期	文种	学科分类	主办单位	主管单位	出版单位
热带地理	44-1209/N	1001-5221	1980	广州	双月刊	中文	自然科学总论	广东省科学院广州地理研究所	广东省科学院	《热带地理》编辑部
热带海洋学报	44-1500/P	1009-5470	1982	广州	双月刊	中文	天文学、地球科学	中国科学院南海海洋研究所	中国科学院	《热带海洋学报》编辑部
热带农业工程	44-1442/S	2096-725X	1976	广州	双月刊	中文	农业科学	中国热带农业科学院	中国热带农业科学院	《热带农业工程》编辑部
热带气象学报	44-1326/P	1004-4965	1984	广州	双月刊	中文	天文学、地球科学	广州热带海洋气象研究所	广东省气象局	《热带气象学报》编辑部
热带亚热带植物学报	44-1374/Q	1005-3395	1992	广州	双月刊	中文	生物科学	中国科学院华南植物园、广东省植物学会	中国科学院	科学出版社
热带医学杂志	44-1503/R	1672-3619	1979	广州	月刊	中文	医药、卫生	广东省寄生虫学会	广东省科学技术协会	广东热带医学杂志社
人民珠江	44-1037/TV	1001-9235	1980	广州	月刊	中文	工业技术	水利部珠江水利委员会	水利部	《人民珠江》编辑部
人之初	44-1608/R	1005-3581	1990	广州	半月刊	中文	医药、卫生	人之初杂志社	广东省人口和计划生育委员会	人之初杂志社
日用电器	44-1628/TM	1673-6079	1958	广州	月刊	中文	工业技术	中国电器科学研究院有限公司	中国机械工业集团有限公司	《日用电器》编辑部

续上表

刊名	CN	ISSN	创刊时间	出版地	刊期	文种	学科分类	主办单位	主管单位	出版单位
润滑与密封	44-1260/TH	0254-0150	1976	广州	月刊	中文	工业技术	中国机械工程学会、广州机械科学研究院有限公司	中国科学技术协会	《润滑与密封》编辑部
汕头大学学报（自然科学版）	44-1059/N	1001-4217	1986	汕头	季刊	中文	自然科学总论	汕头大学	广东省教育厅	汕头大学学报编辑部
汕头大学医学院学报	44-1060/R	1007-4716	1984	汕头	季刊	中文	医药、卫生	汕头大学医学院	广东省教育厅	汕头大学医学院学报编辑部
韶关学院学报	44-1507/C	1007-5348	1980	韶关	月刊	中文	综合类图书	韶关学院	韶关学院	《韶关学院学报》编辑部
深圳大学学报（理工版）	44-1401/N	1000-2618	1984	深圳	双月刊	中文	自然科学总论	深圳大学	深圳大学	《深圳大学学报（理工版）》编辑部
深圳特区科技	44-1224/T	1991-8712	1984	深圳	月刊	中文	工业技术	深圳市科学技术馆	深圳市科学技术协会	《深圳特区科技》杂志社
深圳信息职业技术学院学报	44-1586/Z	1672-6332	2003	深圳	双月刊	中文	综合类图书	深圳信息职业技术学院	广东省教育厅	深圳信息职业技术学院学报编辑部
深圳职业技术学院学报	44-1572/Z	1672-0318	2002	深圳	双月	中文	综合性图书	深圳职业技术学院	广东省教育厅	《深圳职业技术学院学报》编辑部
深圳中西医结合杂志	44-1419/R	1007-0893	1991	深圳	半月刊	中文	医药、卫生	深圳市中西医结合临床研究所	深圳市卫生局	《深圳中西医结合杂志》编辑部

续上表

刊名	CN	ISSN	创刊时间	出版地	刊期	文种	学科分类	主办单位	主管单位	出版单位
生儿育女	44-1569/R	1671-8674	2002	广州	月刊	中文	医药、卫生	广州市妇女儿童医疗中心	广州市卫生健康委员会	《生儿育女》编辑部
生态环境学报	44-1661/X	1674-5906	1992	广州	月刊	中文	环境科学、安全科学	广东省土壤学会、广东省科学院生态环境与土壤研究所	广东省科学技术协会	《生态环境学报》编辑部
生态科学	44-1215/Q	1008-8873	1982	广州	双月刊	中文	生物科学	广东省生态学会、暨南大学	广东省科学技术协会	《生态科学》编辑部
实用医学杂志	44-1193/R	1006-5725	1972	广州	半月刊	中文	医药、卫生	广东省医学学术交流中心（广东省医学情报研究所）	广东省卫生健康委员会	《实用医学杂志》编辑部
食经	44-1646/TS	1674-2044	1992	广州	月刊	中文	工业技术	广东省食品行业协会	广东省经济和信息化委员会	广东省食经杂志社有限公司
世界建筑导报	44-1236/TU	1000-8373	1985	深圳	双月刊	中文	工业技术	深圳大学	深圳大学	《世界建筑导报》编辑部
顺德职业技术学院学报	44-1605/Z	1672-6138	2003	佛山	季刊	中文	综合性图书	顺德职业技术学院	广东省教育厅	《顺德职业技术学院学报》编辑部
五邑大学学报（自然科学版）	44-1410/N	1006-7302	1994	江门	季刊	中文	自然科学总论	五邑大学	广东省教育厅	《五邑大学学报（自然科学版）》编辑部
纤维素科学与技术	44-1336/TQ	1004-8405	1993	广州	季刊	中文	工业技术	中国科学院广州化学研究所	中国科学院广州分院	《纤维素科学与技术》编辑部

续上表

刊名	CN	ISSN	创刊时间	出版地	刊期	文种	学科分类	主办单位	主管单位	出版单位
现代计算机	44－1415/TP	1007－1423	1984	广州	旬刊	中文	工业技术	广州中山大学出版社有限公司	中山大学	广东现代计算机杂志社有限公司
现代临床护理	44－1570/R	1671－8283	2002	广州	月刊	中文	医药、卫生	中山大学	教育部	《现代临床护理》编辑部
现代农业装备	44－1616/S	1673－2154	1980	广州	双月刊	中文	农业科学	广东省现代农业装备研究所	广东省农业农村厅	《现代农业装备》编辑部
现代食品科技	44－1620/TS	1673－9078	1985	广州	月刊	中文	工业技术	华南理工大学	华南理工大学	《现代食品科技》编辑部
现代消化及介入诊疗	44－1580/R	1672－2159	1996	广州	月刊	中文	医药、卫生	广东省医学学术交流中心	广东省卫生健康委员会	《现代消化及介入诊疗》编辑部
现代信息科技	44－1736/TN	2096－4706	2017	广州	半月刊	中文	工业技术	广东省电子学会	广东省科学技术协会	广东《现代信息科技》杂志社
现代医院	1671－332X	1671－332X	2001	广州	月刊	中文	综合性图书	广东省医院协会	广东省医院协会	《现代医院》编辑部
现代装饰	44－1031/TS	1003－9007	1985	深圳	月刊	中文	工业技术	深圳市建筑装饰（集团）有限公司	深圳市建筑装饰（集团）有限公司	《现代装饰》编辑部
心血管病防治知识	44－1581/R	1672－3015	2011	广州	旬刊	中文	医药、卫生	广东省介入性心脏病学会、广东省岭南心血管病研究所	广东省科学技术协会	《心血管病防治知识》编辑部

续上表

刊名	CN	ISSN	创刊时间	出版地	刊期	文种	学科分类	主办单位	主管单位	出版单位
新能源进展	44－1698/TK	2095－560X	2013	广州	双月刊	中文	工业技术	中国科学院广州能源研究所	中国科学院	中国科技出版传媒股份有限公司
新医学	44－1211/R	0253－9802	1969	广州	月刊	中文	医药、卫生	中山大学	教育部	《新医学》编辑部
新中医	44－1231/R	0256－7415	1969	广州	半月刊	中文	医药、卫生	广州中医药大学、中华中医药学会	国家中医药管理局	《新中医》编辑部
信息技术时代	44－1536/TN	1671－153X	2001	深圳	半月刊	中文	工业技术	深圳湾科技发展有限公司	深圳湾科技发展有限公司	深圳市信息技术时代杂志社有限公司
血栓与止血学	44－1513/R	1009－6213	1994	广州	双月刊	中文	医药、卫生	广州医科大学	广州医科大学	《血栓与止血学》编辑部
循证医学	44－1548/R	1671－5144	2001	广州	双月刊	中文	医药、卫生	广东省循证医学科研中心、广东省人民医院、中山大学附属第三医院	广东省卫生厅	《循证医学》编辑部
眼科学报	44－1119/R	1000－4432	1985	广州	季刊	中文	医药、卫生	中山大学	教育部	《眼科学报》编辑部
养禽与禽病防治	44－1202/S	1008－3847	1982	广州	月刊	中文	农业科学	广州华大实验畜牧有限公司	华南农业大学	《养禽与禽病防治》编辑部
医师在线	44－1700/R	2095－7165	2013	广州	月刊	中文	医药、卫生	国家药品监督管理局南方医药经济研究所	国家药品监督管理局南方医药经济研究所	广州医药经济出版有限公司

续上表

刊名	CN	ISSN	创刊时间	出版地	刊期	文种	学科分类	主办单位	主管单位	出版单位
移动通信	44-1301/TN	1006-1010	1973	广州	双月刊	中文	工业技术	广州通信研究所	中国电子科技集团公司	《移动通信》编辑部
影像诊断与介入放射学	44-1391/R	1005-8001	1992	广州	双月刊	中文	工业技术	中山大学	教育部	《影像诊断与介入放射学》杂志编辑部
造纸科学与技术	44-1532/TS	1671-4571	1982	广州	双月刊	中文	工业技术	广东省造纸研究所有限公司	广东省广业检验检测集团有限公司	《造纸科学与技术》编辑部
制冷	44-1220/TB	1005-9180	1982	广州	季刊	中文	工业技术	广东省制冷学会、河南省制冷学会、广西壮族自治区制冷学会、福建省（区）制冷学会	广东省科学技术协会	《制冷》编辑部
中国CT和MRI杂志	44-1592/R	1672-5131	2003	深圳	月刊	中文	医药、卫生	北京大学深圳临床医学院、北京大学第一附属医院	教育部	中国CT和MRI杂志社
中国病理生理杂志	44-1187/R	1000-4718	1985	广州	月刊	中文	医药、卫生	中国病理生理学会	中国科学技术协会	《中国病理生理杂志》编辑部
中国处方药	44-1549/T	1671-945X	2002	广州	月刊	中文	医药、卫生	国家药品监督管理局南方医药经济研究所	国家药品监督管理局南方医药经济研究所	广州医药经济报广州医药出版有限公司
中国临床解剖学杂志	44-1153/R	1001-165X	1983	广州	双月刊	中文	医药、卫生	中国解剖学会	中国科学技术协会	《中国临床解剖学杂志》编辑部

续上表

刊名	CN	ISSN	创刊时间	出版地	刊期	文种	学科分类	主办单位	主管单位	出版单位
中国神经精神疾病杂志	44-1213/R	1002-0152	1975	广州	月刊	中文	医药、卫生	中山大学	教育部	《中国神经精神疾病杂志》编辑部
中国医学物理学杂志	44-1351/R	1005-202X	1983	广州	月刊	中文	医药、卫生	南方医科大学、中国医学物理学会	南方医科大学	《中国医学物理学杂志》编辑部
中国职业医学	44-1484/R	2095-2619	1974	广州	双月刊	中文	医药、卫生	中华预防医学会、广东省职业病防治院	国家卫生健康委员会	《中国职业医学》编辑部
中华肾脏病杂志	44-1217/R	1001-7097	1985	广州	月刊	中文	医药、卫生	中华医学会	中国科学技术协会	《中华医学杂志》社有限责任公司
中华胃肠外科杂志	44-1530/R	1671-0274	1998	广州	月刊	中文	医药、卫生	中华医学会、中山大学	中国科学技术协会	《中华医学杂志》社有限责任公司
中华显微外科杂志	44-1206/R	1001-2036	1978	广州	双月刊	中文	医药、卫生	中华医学会	中国科学技术协会	《中华医学杂志》社有限责任公司
中山大学学报（医学科学版）	44-1575/R	1672-3554	1980	广州	双月刊	中文	医药、卫生	中山大学	教育部	《中山大学学报（医学科学版）》编辑部
中外玩具制造	44-1609/TS	1672-8564	2004	广州	月刊	中文	工业技术	家庭期刊集团有限公司、广东省玩具协会	广东省妇女联合会	家庭期刊集团有限公司
中学数学研究（华南师范大学版）	44-1140/O1	1671-4164	1955	广州	半月	中文	数理科学和化学	华南师范大学	华南师范大学	华南师范大学数学科学学院

续上表

刊名	CN	ISSN	创刊时间	出版地	刊期	文种	学科分类	主办单位	主管单位	出版单位
中药材	44-1286/R	1001-4454	1978	广州	月刊	中文	医药、卫生	国家食品药品监督管理局中药材信息中心站	广东省科学技术厅	《中药材》编辑部
中药新药与临床药理	44-1308/R	1003-9783	1990	广州	月刊	中文	医药、卫生	广州中医药大学、中华中医药学会	国家药品监督管理局	《中药新药与临床药理》编辑部
中医肿瘤学杂志	44-1743/R73	2096-6628	2019	广州	双月	中文	医药、卫生	广州中医药大学第一附属医院、中华中医药学会	广州中医药大学	《中医肿瘤学杂志》编辑部
仲恺农业工程学报	44-1660/S	1674-5663	1988	广州	季刊	中文	农业科学	仲恺农业工程学院	广东省教育厅	《仲恺农业工程学报》编辑部
珠江水运	44-1376/U	1672-8912	1993	广州	半月	中文	交通运输	交通运输部珠江航务管理局	交通运输部	广东珠江水运杂志社有限公司
自动化与信息工程	44-1632/TP	1674-2605	1980	广州	双月	中文	工业技术	广东省科学院智能制造研究所、广州市自动化学会	广东省科学院	《自动化与信息工程》编辑部
隧道建设（中英文）	44-1745/U	2096-4498	1981	广州	月刊	中英文	交通运输	中铁隧道局集团有限公司、中铁隧道勘察设计研究院有限公司	中铁隧道局集团有限公司	《隧道建设（中英文）》编辑部
中山大学学报（自然科学版）（中英文）	44-1752/N	2097-0137	1955	广州	双月刊	中英文	自然科学总论	中山大学	教育部	《中山大学学报（自然科学版）（中英文）》编辑部

续上表

刊名	CN	ISSN	创刊时间	出版地	刊期	文种	学科分类	主办单位	主管单位	出版单位
Liver Research 肝脏研究（英文）	44-1725/R	P2096-2878/E2542-5684	2017	广州	季刊	英文	医药、卫生	中山大学	教育部	广州中山大学出版社有限公司
Control Theory and Technology 控制理论与技术（英文版）	44-1706/TP	2095-6983	2003	广州	季刊	英文	工业技术	华南理工大学、中国科学院数学与系统科学研究院	教育部	《控制理论与技术（英文）》编辑部
South China Journal of Cardiology 岭南心血管病杂志（英文版）	44-1512/R	1009-8933	2000	广州	季刊	英文	医药、卫生	广东省心血管病研究所	广东省卫生健康委员会	《岭南心血管病杂志》编辑部
Journal of Tropical Meteorology 热带气象学报（英文版）	44-1409/P	1006-8775	1995	广州	季刊	英文	天文学、地球科学	广州热带海洋气象研究所	广东省气象局	《热带气象学报（英文版）》编辑部
Gastroenterology Report 胃肠病学报道（英文）	44-1750/R	2052-0034	2013	广州	双月刊	英文	医药、卫生	中山大学	教育部	广州中山大学出版社有限公司

注：数据来自 2022 年广东省科技期刊年检资料和本课题组调研结果。

附表 2 广东省主办和（或）承办的 CN10/11 开头的 16 种科技期刊名录

刊名	CN	ISSN	出版地	刊期	文种	分类	主办单位	主管单位	出版单位	创刊时间
消化肿瘤杂志（电子版）	11-9301/R	1674-7402	北京	季刊	中文	医药、卫生	人民卫生出版社有限公司	中华人民共和国国家卫生健康委员会	人民卫生电子音像出版社有限公司	2008
中国血管外科杂志（电子版）	11-9303/R	1674-7429	北京	季刊	中文	医药、卫生	人民卫生出版社有限公司	中华人民共和国国家卫生健康委员会	人民卫生电子音像出版社有限公司	2008
中华产科急救电子杂志	11-9323/R	2095-3259	北京	季刊	中文	医药、卫生	中华医学会	中华人民共和国国家卫生健康委员会	中华医学电子音像出版社有限责任公司	2012
中华创伤骨科杂志	11-5530/R	1671-7600	北京	月刊	中文	医药、卫生	中华医学会	中国科学技术协会	《中华医学杂志》社有限责任公司	1999
中华肥胖与代谢病电子杂志	11-9362/R	2095-9605	北京	季刊	中文	医药、卫生	中华医学会	中华人民共和国国家卫生健康委员会	中华医学电子音像出版社有限责任公司	2015
中华肝脏外科手术学电子杂志	11-9322/R	2095-3232	北京	双月刊	中文	医药、卫生	中华医学会	中华人民共和国国家卫生健康委员会	中华医学电子音像出版社有限责任公司	2012
中华关节外科杂志（电子版）	11-9283/R	1674-134X	北京	双月刊	中文	医药、卫生	中华医学会	中华人民共和国国家卫生健康委员会	中华医学电子音像出版社有限责任公司	2007
中华介入放射学电子杂志	11-9339/R	2095-5782	北京	季刊	中文	医药、卫生	中华医学会	中华人民共和国国家卫生健康委员会	中华医学电子音像出版社有限责任公司	2013

续上表

刊名	CN	ISSN	出版地	刊期	文种	分类	主办单位	主管单位	出版单位	创刊时间
中华口腔医学研究杂志（电子版）	11-9285/R	1674-1366	北京	双月刊	中文	医药、卫生	中华医学会	中华人民共和国国家卫生健康委员会	中华医学电子音像出版社有限责任公司	2007
中华临床实验室管理电子杂志	11-9340/R	2095-5820	北京	季刊	中文	医药、卫生	中华医学会	中华人民共和国国家卫生健康委员会	中华医学电子音像出版社有限责任公司	2013
中华普通外科学文献（电子版）	11-9148/R	1674-0793	北京	双月刊	中文	医药、卫生	中华医学会	中华人民共和国国家卫生健康委员会	中华医学电子音像出版社有限责任公司	2007
中华腔镜泌尿外科杂志（电子版）	11-9287/R	1674-3253	北京	双月	中文	医药、卫生	中华医学会	中华人民共和国国家卫生健康委员会	中华医学电子音像出版社有限责任公司	2007
中华神经医学杂志	11-5354/R	1671-8925	北京	月刊	中文	医药、卫生	中华医学会	中国科学技术协会	《中华医学杂志》社有限责任公司	2002
中华生物医学工程杂志	11-5668/R	1674-1927	北京	双月	中文	医药、卫生	中华医学会、广州医科大学	中国科学技术协会	《中华医学杂志》社有限责任公司	1995
中华血管外科杂志	10-1411/R	2096-1863	北京	季刊	中文	医药、卫生	中华医学会	中国科学技术协会	《中华医学杂志》社有限责任公司	2016
中华炎性肠病杂志（中英文）	10-1480/R	2096-367X	北京	季刊	中英文	医药、卫生	中华医学会	中国科学技术协会	《中华医学杂志》社有限责任公司	2017

注：数据来自2022年广东省科技期刊年检资料和本课题组调研结果。

附表 3　广东省正式出版的 28 种英文期刊名录

英文刊名及对应中文刊名	ISSN	JCR 学科分类（小类）	创刊年份	年均发文量/篇	刊期	主管单位	主办单位	国内外合作出版平台
Mycosphere 菌物圈	E2077－7019	真菌学	2010	30	半年刊	不确定	仲恺农业工程学院	Mycosphere Press
GigaByte	2709－4715	多学科科学	2020	38	不定期	深圳市科技创新委员会	深圳华大基因科技有限公司	GigaScience Press 出版
Journal of Tropical Meteorology 热带气象学报（英文版）	1006－8775	气象学与大气科学	1995	50	季刊	广东省气象局	广州热带海洋气象研究所	科学出版社
South China Journal of Cardiology 岭南心血管病杂志（英文版）	1009－8933	心脏与心血管系统	2000	45	季刊	广东省卫生健康委员会	广东省心血管病研究所	无
Control Theory and Technology 控制理论与技术（英文版）	2095－6983	自动化与控制系统	2003	50	季刊	教育部	华南理工大学，中国科学院数学与系统科学研究院	Springer Nature
Solid earth science 固体地球科学（英文）	2451－912X	地球科学，多学科研究	2016	30 ～ 40	季刊	中国科学院	中国科学院广州地球化学研究所	Elsevier
Annals of Eye Science 眼科学年鉴（英文）	2520－4122	眼科学	2016	40	季刊	教育部	中山大学	AME 出版社
Annals of Blood 血液学年鉴（英文）	2521－361X	血液学	2016	40	季刊	不确定	广州血液中心；AME 出版社	AME 出版社
Liver Research 肝脏病研究（英文）	P2096－2878/ E2542－5684	胃肠病学与肝病学	2017	32	季刊	教育部	中山大学	北京科爱森蓝文化传播有限公司

续上表

英文刊名及对应中文刊名	ISSN	JCR学科分类（小类）	创刊年份	年均发文量/篇	刊期	主管单位	主办单位	国内外合作出版平台
Advanced Industrial and Engineering Polymer Research 先进工业和工程聚合物研究	2542-5048	材料科学，复合材料；高分子科学，材料科学，多学科研究	2018	30～40	季刊	不确定	金发科技股份有限公司	北京科技爱森蓝文化传播有限公司
Giant	2666-5425	化学，多学科研究；材料科学，多学科研究；高分子科学	2020	60	季刊	不确定	华南理工大学和Elsevier	Elsevier
Journal of Holistic Integrative Pharmacy 整合药学杂志（英文）	2707-3688	药理学与药学；综合与补充医学；化学，药用	2020	40～50	季刊	广东省教育厅	广东药科大学、中国整合医学发展战略研究院	北京科技爱森蓝文化传播有限公司
Light: Advanced Manufacturing 光：先进制造	2689-9620	工程学，制造业；材料科学，多学科研究	2021	平均40	季刊	广东省科学技术厅	季华实验室	LAM编辑部
Materials Futures 材料展望	2752-5724	材料科学，多学科研究；高分子科学	2021	40	季刊	广东省科技厅	松山湖材料实验室	IOP出版社
Ocean-Land-Atmosphere Research 海洋-陆地-大气研究	2771-0378	海洋学	2021	40	季刊	广东省科技厅	南方海洋科学与工程广东省实验室（珠海）	AAAS美国科学促进会 SPJ 出版社
Carbon Research 碳研究	2731-6696	环境科学；工程，环境；地球科学，多学科研究	2022	40～50	季刊	广东省科学院	广东省科学院生态环境与土壤研究所	Springer Nature

续上表

英文刊名及对应中文刊名	ISSN	JCR学科分类（小类）	创刊年份	年均发文量/篇	刊期	主管单位	主办单位	国内外合作出版平台
Sustainable Horizons 可持续视野	2772-7378	环境科学；工程，环境；地球科学，多学科研究	2022	30～40	季刊	不确定	南方科技大学深圳可持续发展研究院	Elsevier
Energy Review 能源评论（英文）	2772-9702	能源与燃料；材料科学，多学科研究	2022	20	季刊	广东省教育厅	深圳大学	Elsevier
Interdisciplinary Medicine 交叉医学	2832-6245	多学科科学；医学实验室技术；医学，研究与实验	2022	40～50	季刊	南方医科大学	南方医科大学南方医院	Wiley 出版集团
Hygiene and Environmental Health Advances 卫生与环境健康进展	2773-0492	生态学；环境科学	2022	30～40	季刊	生态环境部	生态环境部华南环境科学研究所	Elsevier
Medicine Advances 医学进展（英文）	2834-4405	生物化学与分子生物学；细胞生物学；医学，研究与实验	2023	40	季刊	广东省医学科学院	广东省医学科学院、清华大学出版社	Wiley 出版集团
Renewables 可再生能源	2958-1893	能源与燃料；材料科学，多学科研究	2023	40～50	季刊	广东省教育厅	华南师范大学	Renewables 编辑部
Gastroenterology Report 胃肠病学报道（英文）	2052-0034	胃肠病学与肝病学	2013	90～100	双月刊	教育部	中山大学	牛津出版社
Genome Instability & Disease 基因组不稳定性与疾病	2524-7662	医学，研究与实验；生物学	2020	30	双月刊	广东省教育厅	深圳大学	Springer Nature

续上表

英文刊名及对应中文刊名	ISSN	JCR学科分类（小类）	创刊年份	年均发文量/篇	刊期	主管单位	主办单位	国内外合作出版平台
Aggregate 聚集体	2692-4560	化学，多学科研究；化学，物理；材料科学，多学科研究	2020	100	双月刊	教育部	华南理工大学、广东省大湾区华南理工大学聚集诱导发光高等研究院	Wiley 出版集团
Journal of Thoracic Disease 胸部疾病杂志（英文版）	2072-1439	呼吸系统	2009	超过500	月刊	广州医科大学附属第一医院	广州呼吸健康研究院（原广州呼吸疾病研究所）、呼吸疾病全国重点实验室，广州医科大学附属第一医院	AME 出版社
Cancer Communications 癌症通讯（英文版）	2523-3548	肿瘤学	2010	60～70	月刊	教育部	中山大学	Wiley 出版集团
GigaScience	2047-217X	多学科科学	2012	138	月刊	深圳市科技创新委员会	深圳华大基因科技有限公司	牛津大学出版社

注：数据来自2022年广东省科技期刊年检资料和本课题组调研结果。

附录二

2021—2022 年广东省科技期刊发展纪事[①]

编撰说明

本纪事以条目形式，系统、完整、真实、准确地记载和反映 2021—2022 年度广东省科技期刊出版业贯彻落实习近平新时代中国特色社会主义思想、习近平总书记关于打造世界一流科技期刊等重要指示精神的发展实践与突出成效，客观呈现广东省科技期刊出版事业发展轨迹和脉络，发挥存史和宣传教育作用，并供日后总结经验、工作决策和研究提供依据和参考。

编纂原则

严格按照党的路线、方针、政策和有关规定，坚持历史唯物主义的观点，坚持实事求是的原则。

翔实记录 2021—2022 年影响广东省科技期刊出版的主要事件和活动，做到要事突出、大事不漏。内容包括科技期刊业的主要活动和变革、相关法规政策，以及部分期刊社会组织、重要期刊出版单位的主要活动等。

[①] 执笔：曹小琼。

采用公元纪年顺序编排，所列条目有明确日期者标明月、日，日期不清者附于月末。

相关素材主要来源于公开出版的图书、报刊和相关机构官方网站以及现存档案等。

2021 年 1 月

1 月 14—15 日，广东省科学技术期刊编辑学会青年工作委员会召开第一次工作会议，讨论青年工作委员会 2021 年度主要工作规划。

1 月 20 日，广东省科学技术厅领导到广东省科学技术期刊编辑学会调研，就如何更好地开展学会工作、推动我省科技期刊发展、让学会起到紧密单位会员期刊与主管部门间沟通纽带作用等方面开展交流讨论。

1 月 22 日，广东省科学技术厅制定《广东省科研诚信管理办法（试行）》，并于 2021 年 2 月 1 日正式实施。这是广东省第一份以"科研诚信"命名的规范性文件。

1 月 25 日，中华出版促进会医学出版专业委员会、中国医师协会科研出版工作委员会发布《2020 中国医药卫生"核心期刊"目录》，《南方医科大学学报》《广州中医药大学学报》《岭南心血管病杂志》等 35 家广东科技期刊入选。

2021 年 2 月

2 月，《岭南心血管病杂志》再次入选《中国科技核心期刊（中国科技论文统计源期刊）目录》。该刊自 2006 年至 2021 年，连续 16 年入选《中国科技核心期刊（中国科技论文统计源期刊）目录》。

2021 年 3 月

3 月 10 日，广东省科学技术期刊编辑学会六届十次理事长会议及六届七次常务理事会议召开。会议明确了学会 2021 年的工作计划方向及具体工作方案。

3 月 25 日，《广东省科学技术厅关于组织申报 2021 年度广东省重点领域研发计划"文化和科技融合"重点专项的通知》发布。

2021 年 4 月

4 月 24—25 日，由广东省科学技术期刊编辑学会主办、广东省科学技术期刊编辑学会青年工作委员会承办的"2021 年广东省科技期刊高端学术论坛暨青年编辑学术研讨会"在广州增城举行。会议围绕科技期刊的评价方法和指标体系、科技期刊提升学术影响力的途径和策略、培育世界一流科技期刊的机遇和挑战等 3 个方面进行研讨。南方六省共 41 家期刊编辑部派代表参会。

4 月，由华南理工大学、华南师范大学主办的《体育学刊》被美国 EBSCO 数据库收录。

2021 年 5 月

5 月 9 日，由《岭南现代临床外科》编辑部主办、广东医科大学附属第二医院协办的"《岭南现代临床外科》杂志巡讲会·湛江站"在广东湛江举办。巡讲会包含转化治疗进展、手术讲解、基金申请、论文撰写/投稿及学术规范等内容。来自粤西地区多个地市的专家和学员参加本次巡讲会。

5 月 23 日，由中华医学会杂志社、《中华炎性肠病杂志》主办的"慧眼识文暨炎症性肠病营养治疗研讨会"在广东东莞举办。

5 月 26 日，广东省第十三届人民代表大会常务委员会第三十二次会议通过《广东省科学技术普及条例》，自 2021 年 10 月 1 日起施行。

2021 年 6 月

6 月 3 日，由广东省科学技术期刊编辑学会、北大方正电子有限公司联合举办的，以"期刊新媒体运营与传播"为主题的学术沙龙活动在广州举办。

6 月 16 日，第三届广东省期刊优秀论文评选活动结果揭晓，全省 382 家期刊出版单位推荐了 973 篇论文，经初评、复评与终评，共评出一等奖 86 篇、二等奖 88 篇、三等奖 70 篇。

6 月，由广东省科学院主管、中国广州分析测试中心和中国分析测试协会共同主办的《分析测试学报》通过爱思唯尔 Scopus 内容遴选与审查委员会（Content Selection & Advisory Board，CSAB）的评估，被 Scopus 数据库收录。

6 月，北京大学图书馆发布《中文核心期刊要目总览》2020 年版（第 9 版），广东省科技期刊共有 46 本入选，包括 3 本新晋期刊，分别为《广东海洋大学学报》《护理学报》和《南方建筑》。

2021 年 7 月

7 月 4 日，中国高校科技期刊研究会公布 2021 年青年基金课题评审结果，南方医科大学南方医院《护理学报》、《中山大学学报（医学科学版)》、华南理工大学建筑学院《南方建筑》等获得立项。

7 月 19—24 日，由广东省科学技术期刊编辑学会主办的"2021 年广东省科技期刊编辑业务培训班"在广东清远举行，来自全省科技期刊编辑出版单位的近 100 位学员参加培训。

7 月 22 日，中共广东省委宣传部发出通知，启动首届广东出版政府奖评选工作。

7 月，广东省期刊有 9 本入选 2020 年"第五届中国精品科技期刊"，2 本入选"2020 年度百种中国杰出学术期刊"。

2021 年 8 月

8 月 6 日，广东省人力资源和社会保障厅、广东省新闻出版局印发《广东省深化出版专业技术人员职称制度改革实施方案》的通知。

8 月 8 日，由中山大学中山眼科中心主办、《眼科学报》编辑部和 Annals of Eye Science 编辑部承办的"医学期刊发展建设座谈会"在中山眼科中心珠江新城

院区召开。

8月，广东省科学技术期刊编辑学会组织开展第七届广东省科技期刊评优活动，设"广东省精品科技期刊""广东省优秀科技期刊""广东省科技期刊优秀编校质量奖"等奖项。

2021 年 9 月

9 月 10 日，广东省科学技术厅发布《中共广东省委宣传部广东省科学技术厅〈2020—2021 年度计划实施一批高水平科技期刊建设项目指南〉的通知》。

9 月 16—17 日，由广东省科学技术期刊编辑学会主办的"广东省科技期刊审读研讨会"在广东鹤山召开，学会负责人、审读专家组成员、相关审读期刊负责人及编辑近 60 人参加此次研讨会。

9 月 26 日，中国科技期刊卓越行动计划办公室发布《关于下达 2021 年度中国科技期刊卓越行动计划高起点新刊入选项目的通知》。季华实验室主办的期刊 *Light：Advanced Manufacturing*（《光：先进制造》）、华南师范大学主办的期刊 *Renewables*（《可再生能源》）入选该项目。

2021 年 10 月

10 月 9 日，中共广东省委宣传部副部长兼省新闻出版局局长杜新山一行赴南方医科大学调研科技期刊发展情况并召开座谈会。

10 月，广东省科学技术期刊编辑学会开展 2021 年"科技之光"摄影大赛。经过组委会评选及理事长会议审议，在 12 月最终评出二等奖 4 项、三等奖 4 项、优秀奖 17 项。

10 月，由广东省生态学会和暨南大学联合主办的科技期刊《生态科学》入选《世界期刊影响力指数（WJCI）报告（2020 科技版）》。

2021 年 11 月

11 月 20 日，广东省人民政府印发《广东省全民科学素质行动规划纲要实施方案（2021—2025 年）》。

11 月 29 日，广东省科学技术厅公布《广东省科学技术厅关于 2021—2022 年度平台基地及科技基础条件建设（省重点实验室、高水平科技期刊等）拟立项目名单的公示》。其中，"高水平英文科技期刊创办"专题 4 项；"高质量科技期刊建设"专题 19 项；"卓越科技期刊人才培训"专题 1 项。

2021 年 12 月

12 月 2—4 日，以"引领创新，推动一流科技期刊发展"为主题的广东省科学技术期刊编辑学会 2021 年学术年会在广东恩平召开。会上发布了第七届广东省科技期刊评优活动评选结果。

12 月 6 日，"2021 中国学术期刊未来论坛"在北京线上开幕。会上发布了由中国知网和清华大学图书馆联合研制的《中国学术期刊国际引证年报》，广东省科技期刊《南方医科大学学报》、*Liver Research*、*Control Theoryand Technology* 获"2021 中国国际影响力优秀学术期刊"称号。

12 月 22—23 日，以"加强科技期刊建设"为主题的广东省科协第十四期省级学会秘书长沙龙在肇庆四会市举办。会上，各科技社团科技期刊编辑部负责人就期刊建设情况、期刊编辑策划经验做法、编辑队伍培育以及期刊建设所面临的问题和困难交流发言，并就如何进一步支持科技期刊建设提出意见建议。

12 月 27 日，中国科学技术信息研究所发布《2021 年中国科技论文统计报告》，广东省科技期刊《中华肾脏病杂志》《中国病理生理杂志》入选"2021 年度中国百种杰出学术期刊"。

12 月 28 日，广东省科学技术期刊编辑学会召开科技期刊集群化发展研讨会及 2022 年培训工作筹备会议。

12 月，广东省昆虫学会主办的科技期刊《环境昆虫学报》入选《世界期刊影响力指数（WJCI）报告（2020 科技版）》。

2022 年 2 月

2 月 15 日，中国科协第十届全国委员会第三次会议上，211 家中国科协全国学会联名发布《中国科协全国学会学术出版道德公约》。

2 月 23 日，广东省科学技术期刊编辑学会六届十四次理事长会议及六届九次常务理事会议召开。本次会议明确了 2022 年度学会工作计划。

2 月 25 日，首届广东出版政府奖入选获奖名单正式公示，设立 7 个子项，包括图书奖、期刊奖、音像电子网络出版物奖、印刷复制奖、装帧设计奖、先进出版单位奖、优秀出版人物奖。共有 10 种期刊获期刊奖，其中《南方医科大学学报》《中国病理生理杂志》《中山大学学报（自然科学版）（中英文）》《华南理工大学学报（自然科学版）》4 种科技期刊入选。

2022 年 4 月

4 月 14 日，由广东省科学技术期刊编辑学会承担的"广东省卓越科技期刊人才培训"项目系列活动之"同行评议专题论坛"以线上形式召开。论坛直播期间总访问量达 3 954 次，来自广东、北京、江苏、湖北、贵州、广西等 10 个省区市的 837 位期刊同行观看了直播。

2022 年 5 月

5 月 18 日，由广东省科学技术期刊编辑学会承担的"广东省卓越科技期刊人才培训"项目系列活动之"高水平英文科技期刊创办与建设专题论坛"以"线上嘉宾主讲＋线下主题研讨"的形式召开。来自广东、北京、上海、湖北、重庆、江苏、山东、湖南等地的同行观看了论坛直播，直播期间总访问量达 5 000 多次。

5 月 25—26 日，由广东省科学技术期刊编辑学会主办、广东省科学技术期刊编辑学会医学期刊分会（筹）承办的"2022 年学术道德与规范专题第一轮研讨会"在广州召开。会议针对学术伦理道德中作者署名及作者贡献声明、如何预防学术不端等问题进行交流。

2022 年 6 月

6 月 16—17 日，由广东省科学技术期刊编辑学会主办的"2022 年广东省科技期刊创新发展论坛"在广东中山召开。来自北京、上海、广东、湖北、重庆、辽宁、天津等地的同行线上观看了论坛直播，直播期间总访问量达 1 300 多次。

6 月 27—7 月 1 日，由广东省科学技术期刊编辑学会主办的"2022 年广东省科技期刊编辑业务培训班"在广东鹤山举行，来自全省各地的 100 多位科技期刊从业人员参加培训。

6 月，由广东省期刊协会举办的"广东期刊优秀工作者"评选结果揭晓，经过初评、终评，共评选"广东期刊优秀工作者"166 名、"广东侨刊乡讯优秀工作者"36 名。

2022 年 7 月

7 月 1 日，中共广东省委宣传部、广东省教育厅、广东省科学技术厅印发《广东省关于推动学术期刊繁荣发展的实施意见》。

7 月 22 日，由江门市新会区归国华侨联合会、江门市新会区侨务局主办的"广东省优秀期刊工作者（侨刊）颁奖典礼"于江门新会举行。

7 月 27 日，广东省科学技术期刊编辑学会召开科技期刊建设交流座谈会。

2022 年 8 月

8 月 7—8 日，广东省科学技术期刊编辑学会医学期刊分会筹备会暨第二次工作会在广州从化召开，讨论分会委员候选人遴选标准与人选、分会章程草案及成立大会的召开时间等事宜。

8月24日，在由中国科协学会服务中心主办的第五届科技期刊青年编辑大赛中，《中国神经精神疾病杂志》编辑部欧荞菲荣获"突出数字青年编辑"称号，《暨南大学学报（自然科学与医学版）》编辑部王海霞荣获"优秀学术青年编辑"称号。

2022 年 9 月

9月21日，中国科技期刊卓越行动计划办公室发布《关于下达 2022 年度中国科技期刊卓越行动计划高起点新刊入选项目的通知》，南方海洋科学与工程广东省实验室（珠海）主办期刊 Ocean-Land-Atmosphere Research（《海洋—陆地—大气研究》）、松山湖材料实验室主办期刊 Materials Futures（《材料展望》）入选该项目。

9月28日，广东省科学技术厅发布《中共广东省委宣传部广东省科学技术厅关于〈2023 年度广东省高水平科技期刊建设项目申报指南〉的通知》。

2022 年 11 月

11月2—4日，由广东省科学技术期刊编辑学会主办的"繁荣广东学术期刊 助力科技平台创新学术研讨会暨广东省科学技术期刊编辑学会医学期刊分会成立大会"在广州从化召开。会议宣布成立广东省科学技术期刊编辑学会医学期刊分会，表决通过《医学期刊分会章程》和选举产生医学期刊分会常务委员会。

11月11日，由广东省科学技术期刊编辑学会承担的"广东省卓越科技期刊人才培训"项目系列活动之"广东省科技期刊质量审读研讨会"在线上召开。

11月30日，中国高校科技期刊研究会公布"2022 年度中国高校科技期刊建设示范案例库·杰出/百佳/优秀科技期刊案例名单"，广东省高校科技期刊《南方医科大学学报》入选杰出科技期刊，《华南理工大学学报（自然科学版）》《华南农业大学学报》等 9 种期刊入选百佳科技期刊，《肝脏研究（英文）》《广东工业大学学报》等 10 种期刊入选优秀科技期刊。

2022 年 12 月

12 月 1 日，中国高校科技期刊研究会公布"2022 年度中国高校科技期刊建设示范案例库·金笔论著/银笔论著/铜笔论著入库名单"，广东省高校科技期刊《暨南大学学报》的论文入选金笔论著，华南理工大学主办的《现代食品科技》和《韩山师范学院学报》的论文入选银笔论著，《华南师范大学学报（自然科学版)》《暨南大学学报（自然科学与医学版)》的论文入选铜笔论著。

12 月 2—14 日，广东省科技期刊编辑学会联合埃米编辑部共同举办"斯坦福大学的英文论文写作系列课程"线上教学活动。

12 月 6 日，广东省科学技术厅公布《广东省科学技术厅关于〈2023 年度平台基地及科技基础条件建设、高水平科技期刊建设拟立项目清单〉的公示》。其中，"高起点英文新刊创办"专题 5 项；"高质量科技期刊建设"专题 10 项；"广东省科技期刊智慧服务管理平台"专题 1 项。

12 月 29 日，中国科学技术信息研究所发布《2022 年中国科技论文统计报告》，广东省科技期刊《南方医科大学学报》入选"2021 年度中国百种杰出学术期刊"。

附录三

广东省高水平科技期刊简介^①

A1　*Light*：*Advanced Manufacturing*（《光：先进制造》）

杂志创刊于 2020 年，季刊，ISSN2689 – 9620，主管单位为广东省科学技术厅，主办单位为季华实验室。

期刊面向制造工程领域国家和社会重大需求，依托领军期刊品牌优势，自主创新，建设世界一流英文期刊，超越论文，服务发展，打造先进制造领域知识产权完全自有的科技传播融媒体服务平台，在大数据时代抢占国际话语权，助力中国制造业从跟跑、并跑到领跑！特设优先出版栏目（Priority Publication），文章一经正式录用，7 天内实现在线出版。

---

① 资料由各期刊提供，郑巧兰、井思源进行整理。

编委会由来自工业界、研究机构和大学的 42 位世界一流科学家组成，近半数成员来自世界知名企业，包括微软、华为、蔡司、ASML 半导体、德国马尔精密测量等。由四位顶尖科学家担任共同主编：①曹健林研究员，季华实验室理事长、应用光学国家重点实验室主任，主要从事软 X 射线多层膜技术研究，主持设计研制了国内首台离子束测射镀膜设备，国家杰出青年科学基金、国家科技进步奖二等奖获得者；② Wolfgang Osten 教授，曾任德国斯图加特大学理事会副主席和应用光学研究所所长，主要研究领域包括多尺度传感器融合、计算显微技术、分辨率增强、基于模型的测量数据重建、非球面和自由曲面计量、光学系统设计、混合光学、数字全息术和逆散射等；③闫连山教授，西南交通大学信息科学与技术学院院长，美国光学学会会士，国家杰出青年科学基金获得者，教育部长江学者特聘教授，万人计划科技创新领军人才；④高亮教授，华中科技大学副校长，机械科学与工程学院教授、博士研究生导师，英国工程技术学会会士，国家智能设计与数控技术创新中心主任，中国机械工程学会工业大数据与智能系统分会主任委员，国家杰出青年科学基金、首届"科学探索奖"获得者。

杂志目前已经被 Scopus、DOAJ、Google Scholar、CNKI 等数据库收录。近些年获得"中国科技期刊卓越行动计划高起点新刊"称号，入选 2020—2021 年度广东省高水平英文科技期刊创办项目、北京国际图书博览会（BIBF）"2022 中国精品期刊展"、北京国际图书博览会（BIBF）"2023 中国精品期刊展"。

杂志官网：www.light-am.com。

微信公众号二维码

A2 *Annals of Eye Science*（《眼科学年鉴》）

杂志创刊于 2016 年，季刊，ISSN 2520 – 4122，主管单位为中华人民共和国教育部，主办单位为中山大学。

期刊旨在为国内外同行提供一个涵盖眼科疾病相关领域内最新研究、前沿知识和实践经验的国际化专业平台。设有 Original article、Review article、Case report 等栏目。

期刊共有来自 17 个国家的 81 位编委，其中 24 位来自美国、16 位来自中国、12 位来自意大利。主编为林浩添教授、主任医师、研究员，中山大学中山眼科中心主任（院长），中山大学中山医学院遗传学与生物医学信息学系主任，医学人工智能与大数据学科带头人，眼科学和生物医学工程双学科博士研究生导师，国家优青，国家重点研发项目首席科学家，国家"万人计划"科技创新领军人才，国家卫健委突出贡献中青年专家，中国青年五四奖章获得者，全国青联常委，广东省医学领军人才，从事医疗大数据在诊疗及人工智能技术的转化应用研究，擅长白内障超声乳化联合人工晶状体植入手术，尤其对先天性白内障的防治具有丰富经验。杂志还邀请到来自辛辛那提大学眼科主任 Karl Golnik 教授和加利福尼亚旧金山分校眼科教授、扎克伯格旧金山总医院和创伤中心眼科主任 Jay M. Stewart 教授担任副主编。

期刊目前已被 Scopus 数据库收录，入选 2020—2021 年度广东省高水平英文科技期刊创办项目。

杂志官网：https://journal.gzzoc.com。

微信公众号二维码

A3　*Aggregate*（《聚集体》）

杂志创刊于 2020 年，双月刊，ISSN 2692 – 4560，主管单位为中华人民共和国教育部，主办单位为华南理工大学、广东省大湾区华南理工大学聚集诱导发光高等研究院。

Aggregate 致力于报道聚集体科学相关基础研究和应用研究前沿科技成果，尤其注重报道在化学、材料、物理、器件、生命科学、生物医学工程等领域由聚集体实现的创新发现，包括但不限于聚合物、水凝胶、纳米颗粒、团簇、组装体、薄膜、复合材料、框架材料、无机聚集体、生物聚集体等。*Aggregate* 鼓励人们打破学科藩篱，实现研究范式的转移，在更高的结构层次上探索更复杂的系统和过程。设有专刊/虚拟合集组建、编辑推荐栏目。

编委共 116 人（国际编委 48 人），由包括中、美、日、韩、德、英、新加坡、加拿大、澳大利亚、西班牙、意大利、印度等国家和地区在聚集体科学领域著名的科学家组成，其中，中国科学院和工程院院士 13 人，有 39 人入选科睿唯安 2022 年高被引科学家。主编为唐本忠院士，香港中文大学（深圳）教授、华南理工大学客座教授，发展中国家科学院院士、亚太材料科学院院士、中国科学院院士、中国化学会会士、英国皇家化学会会士，曾为国家自然科学基金基础科学中心项目负责人、973 计划项目首席科学家、国家自然科学基金重大项目负责人，国家自然科学奖一等奖、何梁何利基金科学与技术进步奖、裘槎高级研究成就奖获得者，"聚集诱导发光"概念的提出者及全球研究的引领者，在国内外顶尖杂志上发表论文 3 000 多篇，被引用 16.8 万余次，H 指数为 180。

期刊已被 DOAJ 和 ESCI 数据库收录，入选 2020—2021 年度广东省高水平英

文科技期刊创办项目，2023 年度中国科技期刊卓越行动计划高起点新刊项目。

杂志官网：https://onlinelibrary.wiley.com/journal/26924560。

微信公众号二维码

A4 *Gastroenterology Report*（《胃肠病学报道（英文）》）

杂志创刊于 2013 年，双月刊，ISSN 2304 - 1412，CN 44 - 1750/R（2020 年获得），主管单位为中华人民共和国教育部，主办单位为中山大学。

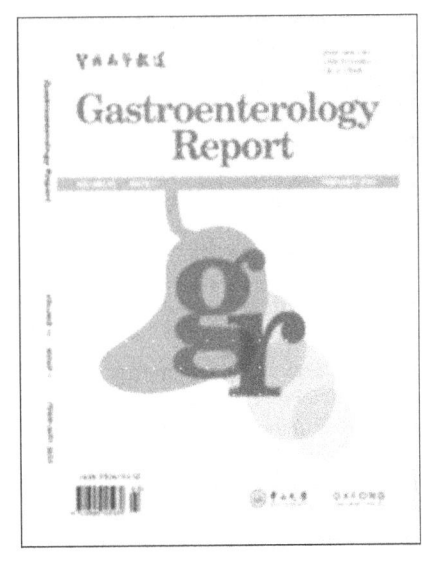

Gastroenterology Report 坚持临床与转化相结合、普及与提高并重，服务全球广大胃肠科医生及相关科研工作者，促进国内外胃肠病学学术交流和胃肠学科发展，繁荣中国医学科技出版事业，提高国内科技期刊和胃肠学者的国际话语权。

编委会有 60 名成员，其中 50 人为国际编委（美国 25 人，欧洲 15 人，亚洲 6 人，其他地区 4 人）；所有编委均为胃肠病领域的国际知名专家。主编汪建平教授，中山大学原常务副校长、中山大学附属第六医院首任院长、中华医学会外科学分会结直肠外科学组前任组长、胃肠外科知名专家。

期刊已被 PubMed、ESCI、SCIE（2022 年影响因子 3.6，Q2 区）数据库收录。2018 年获中国科技期刊国际影响力提升计划 D 类项目；入选 2020—2021 年度广东省高水平英文科技期刊创办项目。

杂志官网：https://academic.oup.com/gastro。

微信公众号二维码

A5　*Energy Reviews*（《能源进展》）

杂志创刊于 2021 年，季刊，ISSN 2772 - 9702，主管单位为广东省教育厅，主办单位为深圳大学。

Energy Reviews 以"关注前沿，引领趋势"为办刊宗旨，前瞻布局能源科技前沿领域，重点关注以下六大创新研究方向：① New methods and tools for energy research；② Applications of materials, physics, chemistry and biology in energy；③ Fossil fuel utilization, exploration and CCUS；④ Design, engineering and applications of novel energy conversion devices；⑤ Climate change and the environment；⑥ Applications of AI、big data and information in energy。

期刊目前编委成员共 46 人，涵盖来自中国、美国、加拿大、澳大利亚、荷兰等 10 多个国家和地区的知名学者（非中国大陆学术机构编委占比达 48%），包含中国两院院士 8 名，国外院士 7 名。采用联合主编制，主编团队由中国工程院院士、深圳大学特聘教授谢和平院士领衔，同时由中国科学院院士何雅玲教授，中国科学院院士李永舫教授，美国工程院院士 Derek Elsworth 教授，香港理工大学倪萌教授担任联合主编，主编团队的研究方向涵盖传统能源开发利用、新能源技术、能源系统工程、二氧化碳封存利用等前沿能源领域。谢和平院士是能源与力学专家，国务院学位委员会委员，中国科学技术协会常委。近年来，在深地科学探索领域，包括深地固体资源流态化开采、中低温地热发电、地下空间开发利用、海水能源化及深地医学等领域提出了创新性理念与构想，并在绿色能源、低碳技术与 CO_2 矿化及综合利用技术领域进行了深入探索。*Energy Reviews* 获批 2023 年度广东省高起点英文新刊创办项目，并入选 2023 年度中国科技期刊卓越行动计划高起点新刊项目。

杂志官网：https：//www.sciencedirect.com/journal/energy-reviews。

微信公众号二维码

A6　*Giant*

杂志创刊于 2020 年，季刊，ISSN 2666－5425，主办单位为华南理工大学。

Giant 由华南理工大学和 Elsevier 合办，是一本聚焦基础和应用高分子科学的跨学科期刊，涵盖化学、物理、生物和材料等学科，旨在为大分子学科的发展带来独特的包容性视角。该刊由美国工程院院士、华南理工大学前沿软物质学院院长程正迪教授创办并担任主编，程正迪教授曾长期担任著名高分子学术期刊 *Polymer* 资深主编，并先后担任美国

物理学会高分子物理分会的副会长和会长。中国科学院院士江雷教授与格拉斯哥大学 Emily Draper 教授担任执行主编。期刊编辑顾问委员包括中国科学院院士曹镛教授、张希教授、田中群教授、黄维教授、杨万泰教授、朱美芳教授；中国工程院院士张立群教授；美国科学院院士 Samuel Stupp 教授、锁志刚教授；美国科学院、美国工程院院士 Krzysztof Matyjaszewski 教授；瑞典皇家科学院 Virgil Percec 院士；日本紫绶褒章获得者、美国工程院外籍院士相田卓三教授；以色列科学院、德国科学院院士 Itamar Willner 教授；康奈尔大学教授；昆士兰科技大学 Christopher Barner-Kowollik 教授等 15 名资深科学家。期刊编委会成员共计 95 人，来自中国、美国、日本、英国、加拿大、法国、韩国等 14 个国家和地区。

Giant 已于 2021 年 3 月和 2021 年 7 月分别被 Scopus 和 ESCI 数据库收录，于 2023 年 6 月被 SCI 收录（2022 年影响因子 7.0）。期刊入选 2023 年度广东省高起点英文新刊创办项目。

杂志官网：https://www.sciencedirect.com/journal/giant。

微信公众号二维码

A7 *Carbon Research*（《碳研究》）

杂志创刊于 2022 年，季刊，ISSN 2731-6696，主管单位为广东省科学院，主办单位为广东省科学院生态环境与土壤研究所。

Carbon Research 是一个多学科国际期刊，主要刊登与生态和环境功能、能源生产和全球变化相关的天然和人工合成/生产的各种含碳化合物及碳材料的基础研究或应用基础研究论文。刊登范围：①人工合成/生产的含碳材料（如生物炭、生物可降解塑料、纳米材料、催化剂等）及其在环境修复和保护中的应用；②天然含

碳物质（如腐殖质、天然有机质、纤维素、黑炭、有机气溶胶等）及其生物地球化学循环和生态功能；③碳在可再生能源生产中的作用；④碳循环、非 CO_2 温室气体与全球变化；⑤碳中和与负碳技术；⑥其他与全球可持续发展相关的新科技。

期刊组建了 92 人的编委团队和 140 人的青年编委团队。92 位编委来自 28 个国家和地区，其中外籍编委 54 位；副主编的平均 H 指数是 69.6，编委团队的平均 H 指数是 46.1；24 位编委上榜科睿唯安发布的高被引科学家，其中中国籍科学家 6 位，外籍科学家 18 位。杂志采取"院士主编、双执行主编"机制，主编为吴丰昌教授，环境基准标准与污染防治专家，中国工程院院士，中国环境科学研究院副总工程师、研究员、博士研究生导师，环境基准与风险评估国家重点实验室（中国环境科学研究院）主任。杂志目前已被 CLOCKSS、CNPIEC、Dimensions、EBSCO Discovery Service、Google Scholar、Naver、OCLC World Cat Discovery Service、Portico、ProQuest-ExLibris Primo、ProQuest-ExLibris Summon、Scopus、TD Net Discovery Service、百度、CNKI、万方等数据库收录。期刊入选 2023 年度广东省高起点英文新刊创办项目。

杂志官网：https://www.springer.com/journal/44246。

微信公众号二维码

A8　*Materials Futures*（《材料展望》）

杂志创刊于 2021 年，季刊，ISSN 2752 – 5724，主管单位为广东省科学科技厅，主办单位为松山湖材料实验室。

Materials Futures 以多学科交叉、多技术融合、多应用驱动为特色，以材料科学为核心，面向绿色能源、先进制造、生物医学、量子信息等技术领域，构建材料科学、物理学、化学以及工程等领域科研工作者的学术交流载体和合作平台，刊载范围聚焦于能源材料（光伏材料、能源储存与转换、电池与超级电容材料等）、生物材料（生物活性材料、纳米医学生物材料、组织工程与再生医学材料等）、纳米材料（纳米复合材料、二维材料与涂膜、纳米器件）、量子材料（量子材料、光子学和机电设备的材料、柔性电子材料）、结构材料（金属、陶瓷、复合材料、极端条件下材料等）、材料理论与计算（材料设计、材料基因组学、机器学习与人工智能在材料领域的应用）方向。

期刊编委会共计 97 人，来自全球 15 个国家的 79 个机构，两院院士 9 名，国际化比例 60%。主编团队由中国科学院院士汪卫华、松山湖材料实验室首席科学家赵金奎、德国卡尔斯鲁厄理工学院 Torsten Brezesinski 研究员担任。汪卫华为松山湖材料实验室主任、中国科学院物理研究所研究员、中国科学院院士、发展中国家科学院院士、中国科学院极端条件物理重点实验室主任，从事新型非晶、纳米材料的探索及形成规律研究，非晶材料在极端物理条件下的结构及动力学演化、特殊的物理和力学性能研究。赵金奎，现任松山湖材料实验室首席科学家、中国科学院物理研究所杰出研究员。Torsten Brezesinski 研究员，德国卡尔斯鲁厄理工学院/BASF SE 电池和电化学联合实验室（BELLA）纳米研究中心负责人，从事新一代储能电池材料的表征以及介孔氧化物薄膜的结构—性能关系的制备和研究。各副主编均为相应材料学科方向，结构材料、能源材料、量子材料、生物材料、纳米材料、材料理论与计算方向带头人，包括美国工程院亚院士 David J. Srolovitz、美国橡树岭顶级科学家戴胜教授等。

期刊现已被 DOAJ、Inspec、Google Scholar、万方、MyScienceWork、Scilit、Scite、x-mol、Yewno 数据库收录。杂志入选 2022 年度中国科技期刊卓越行动计划高起点新刊项目、2023 年度广东省高起点英文新刊创办项目。

杂志官网：iopscience/mfmaterialsfutures.org。

微信公众号二维码

A9　*Hygiene and Environmental Health Advances*

杂志创刊于 2022 年，季刊，ISSN 2773 - 0492，主管单位为中华人民共和国生态环境部，主办单位为生态环境部华南环境科学研究所（生态环境部生态环境应急研究所）。

Hygiene and Environmental Health Advances（HEHA）坚持以人为本，聚焦环境与健康领域，关注新污染物，致力于打造环境科学、公共卫生学、毒理学等多学科共同推动的学术交流平台。期刊覆盖领域包括但不限于环境暴露及其健康效应，环境污染物毒理及健康风险评估，空气、土壤、水和生物污染与

健康等。

编委会成员包括美国马萨诸塞大学副校长 Marjorie Aeolian 教授、纽约大学医学院 Kurunthachalam Kannan 教授、乔治梅森大学 Michael Bloom 教授、印第安纳大学 Kan Shao 副教授、罗马尼亚巴比什—波雅依大学 Iulia A. Neamtiu 副教授、广州医科大学公共卫生学院院长蒋义国教授、郑州大学公共卫生学院邓启红教授等。主编为于云江和 Lin Shao，于云江现任生态环境部华南环境科学研究所（生态环境部生态环境应急研究所）副所长、学术委员会主任、国家环境保护环境污染健康风险评价重点实验室主任，国家生态环境保护专业技术领军人才、广东省特支计划杰出人才（南粤百杰），享受国务院特殊津贴，获国家科技进步二等奖 1 项，省部级科学技术一等奖 4 项。Lin Shao 为纽约州立大学阿尔巴尼分校环境健康科学系教授，主要研究方向为气候变化对健康的影响、极端天气和空气污染、灾害流行病学、学校环境和儿童健康等。副主编为董光辉，中山大学公共卫生学院教授、副院长，研究方向为环境污染健康风险评估。

期刊现已被 DOAJ 数据库收录，入选 2023 年度广东省高起点英文新刊创办项目。

杂志官网：https://www.sciencedirect.com/journal/hygiene-and-environmental-health-advances。

微信公众号二维码

B1　*Cancer Communications*（《癌症通讯》）

杂志创刊于 2010 年，月刊，ISSN 2523 – 3548，主办单位为中山大学肿瘤防治中心。

期刊旨在搭建国际化肿瘤学研究交流平台，促进学科发展。期刊组建了 82 名来自中国、美国、意大利等 12 个国家的国际编委团队，均为肿瘤学相关领域国际知名权威专家。主编为徐瑞华，中山大学肿瘤防治中心主任、医院院长、研究所所长，华南恶性肿瘤防治全国重点实验室主任，教授，博士研究生导师，中国医学科学院学部委员，中国临床肿瘤学会理事长，中国抗癌协会副理事长，中国抗癌协会靶向治疗专委会首届主任委员，中国抗癌协会化疗专委会候任主任委员，中

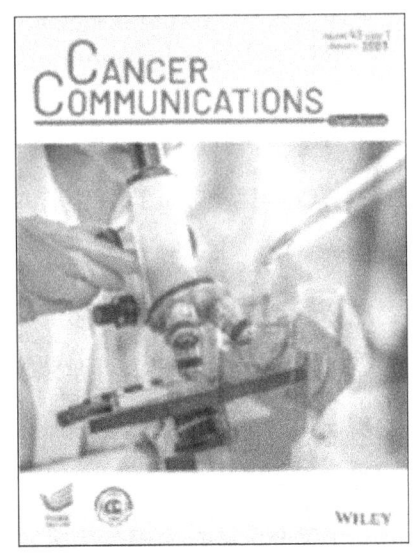

国临床肿瘤学会肠癌专委会主任委员，以通讯或第一作者在国际顶级期刊 *JAMA*、*Nature Materials*、*Nature Medicine*、*Lancet Oncology* 等发表 SCI 论文 200 多篇，入选科睿唯安全球高被引科学家，连续入选中国高被引学者榜单；以第一完成人获国家科技进步二等奖 2 项及省部级一等奖 6 项、吴阶平医药创新奖、谈家桢临床医学奖及 CSCO 年度成就奖；入选国家百千万人才工程、全国先进工作者、南粤百杰人才培养工程、国家卫生计生突出贡献中青年专家等人才项目。期刊已被 PubMed、Medline、PubMed Central、SCI（2022 年影响因子 16.2，Q1 区）、Scopus 数据库收录，入选 2020—2021 年度广东省高质量科技期刊建设项目。

杂志官网：www.cancercommunications.org。

微信公众号二维码

B2　*Control Theory and Technology*（《控制理论与技术》）

杂志创刊于 2003 年，季刊，ISSN 2095 – 6983，CN 44 – 1706/TP，主管单位为中华人民共和国教育部，主办单位为华南理工大学、中国科学院数学与系统科学研究院。

期刊旨在促进国内外学术交流，推动我国自动控制理论与应用技术的发展，为祖国社会主义建设服务。

编委会由来自中国、美国、英国、澳大利亚、加拿大、新加坡等 9 个国家的 42 位国内外享有学术声誉的学者组成，国际编委占 57%，编委会含中国两院院士 3 人、澳大利亚科学院士 1 人。主编为洪奕光，理学博士，同济大学教授，中国自动化学会控制理论专委会主任，中国系统工程学会常务理事，国务院系统科学学科评议组召集人，国家杰出青年基金获得者、IEEE Fellow、中国人工智能学会会士和中国自动化学会会士，IFAC 世界大会青年作者奖、中国科学院青年科学家奖、中国青年科技奖和自然科学二等奖获得者，研究领域包括优化和博弈、非线性动力学和控制、多智能体系统、机器学习、社会网络、机器人等。

期刊已被 ESCI（2022 年影响因子 1.4）、EI、Scopus、英国《科学文摘》（Inspec）、德国《数学文摘》、CSCD、CNKI 等数据库收录。2013—2018 年获得两期中国科技期刊国际影响力提升计划项目资助；2017—2021 年连续获得"中国最具国际影响力学术期刊"和"中国国际影响力优秀学术期刊"称号。2022 年进入中国科协自动化学科领域高质量科技期刊目录。入选 2020—2021 年度广东省高质量科技科技期刊建设项目。

微信公众号二维码

杂志官网：www. springer. com/11768。

B3　*Journal of Tropical Meteorology*（《热带气象学报（英文版）》）

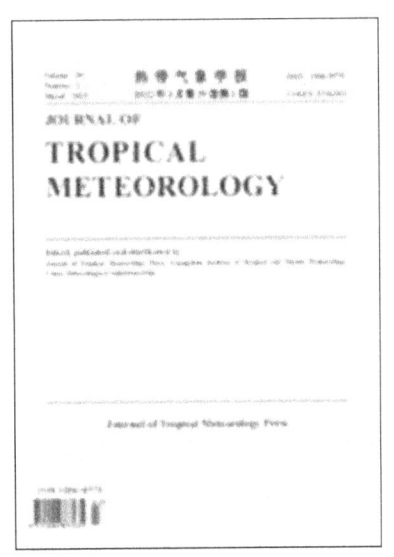

杂志创刊于 1995 年，双月刊，ISSN 1006－8775，CN 44－1409/P，主管单位为广东省气象局，主办单位为广州热带海洋气象研究所。

期刊聚焦"热带气象"特色领域，报道全球热带大气动力学、天气学、气候学、大气物理、大气环境及数值天气预报等方面的创新性研究成果，促进大气科学学科繁荣发展。

目前编委成员共 58 位，其中院士 2 位，国家自然科学基金杰出青年基金获得者 10 位。国际编委占比达 17%，中青年科学家占比达 21%，专业覆盖天气、气候、海气相互作用、大气环境、大气物理、数值天气预报等领域。主编为杨崧和王玉清，杨崧为中山大学教授，爱思唯尔"中国高被引作者"，韦伯斯特—杨崧指数创立者之一，主要研究领域为地球气候系统，特别是季风区短期气候变化，侧重于大气—海洋—陆地的相互作用。王玉清，美国夏威夷大学大气科学系终身教授、博士研究生导师，夏威夷大学国际太平洋研究中心资深研究员、指导委员会委员及模式团队的领衔科学家，是国际知名的热带气旋（台风）和数值预报模式专家。

期刊自 2008 年起被 SCI（2022 年影响因子 1.2）收录，是广东省第一种被 SCI 收录的科技期刊，同时被 Scopus、ProQuest、EBSCO 等数据库收录，入选中国知网《世界期刊影响力指数（WJCI）报告（2020STM）》，5 次获评"中国国际影响力优秀学术期刊"，并获"第七届广东省精品科技期刊"荣誉，入选 2020—2021 年度广东省高质量科技期刊建设项目。

杂志官网：http://jtm.itmm.org.cn。

微信公众号二维码

B4　*Journal of Thoracic Disease*（《胸部疾病杂志》）

杂志创刊于 2009 年，月刊，pISSN 2072 – 1439，eISSN 2077 – 6624，主管单位为广州医科大学附属第一医院，主办单位为广州医科大学第一附属医院、广州呼吸健康研究院、呼吸疾病全国重点实验室。

Journal of Thoracic Disease 是国内自主创办的、内容主要涵盖呼吸内科、胸外科、食管、乳腺、心脏疾病诊疗领域的国际性医学期刊。期刊共有来自 23 个国家和地区的 240 位编委，编委中有 31% 来自美国、13% 来自日本、11% 来自中国。

主编为钟南山，广州医科大学呼吸内科教授，博士研究生导师，"973" 首席科学家，中国工程院院士，中华医学会前会长、顾问；爱丁堡大学荣誉教授，伯明翰大学科学博士、英国皇家内科学会高级会员（爱丁堡、伦敦），首届 "港大百周年杰出学者"，首届 "英国爱丁堡大学年度国际荣誉杰出校友"；曾任广州呼吸疾病研究所所长、呼吸疾病国家重点实验室主任，现任广州国家实验室主任，国家呼吸系统疾病临床医学研究中心主任、国家呼吸医学中心荣誉主任。2020 年新冠疫情期间，担任国家卫健委高级别专家组组长、新冠疫情联防联控工作机制科

研攻关专家组组长；是我国支气管哮喘、慢性咳嗽、COPD、重大呼吸道传染性疾病（如 SARS、H1N1、H5N6、H7N9、MERS 等新型流感）防治的领军人物。在国际学术期刊上发表 SCI 论文 240 多篇，在中华医学会等机构主办的国家级杂志上发表论文 400 多篇；出版各类专著 20 多部；获得发明专利近 60 多项，实用新型30 多项。先后获得包括国家科技进步创新团队、国家科技进步二等奖、教育部科学技术进步奖一等奖、广东省科技进步一等奖等国家级、省部级科技奖等奖励 20多项；获得中华医学会杰出呼吸学术贡献奖、终身呼吸成就奖、全国白求恩奖章（2004）、南粤功勋奖（2011）、吴阶平医学奖（2011）、中国工程院光华科技成就奖（2016）、改革先锋（我国公共卫生事件应急体系建设的重要推动者，2018）、最美奋斗者（2019）、全国创新争先团队奖（2020）、共和国勋章（2020）等荣誉奖励 10 多项。

期刊被 SCIE、PubMed、PubMed Central 和 Scopus 等数据库收录。本刊编辑部主任曾广翘 2022 年荣获广东省期刊协会"广东期刊优秀工作者"光荣称号；编辑王瑞 2022 年获得广东省科学技术期刊编辑学会颁发的"广东省科技期刊优秀编辑奖"。期刊入选 2020—2021 年度广东省高质量科技期刊建设项目。

杂志官网：https://jtd. amegroups. org。

B5 《中山大学学报（自然科学版）》

杂志创刊于 1955 年，双月刊，ISSN 2097 - 0137，CN 44 - 1752/N，主管单位为中华人民共和国教育部，主办单位为中山大学。

以发表自然科学基础理论研究、应用基础研究以及高新技术方面的学术论文为办刊宗旨/方向，设有特约综述、特约论文特色栏目。

编委团队目前共 44 人，主任委员为王雪华教授，副主任委员为胡建勋教授。主编为胡建勋教授、博士研究生导师，享受国务院政府特殊津贴，"国家杰出青年科学基金""教育部自然科学奖一等奖""广东省教学成果奖二等奖"获得者，入选教育部"新世纪优秀人才支持计划""新世纪百千万人才工程""广东特支计划百千万人才工程领军人才""南粤优秀教师（教坛新秀）"。

目前已经被《中文核心期刊要目总览（2020 年版）》、中国科技论文与引文数据库（CSTPCD）、CSCD、中国核心期刊（遴选）数据库、中文科技期刊数据库、中国学术期刊文摘、美国《化学文摘》（CA）、俄罗斯《文摘杂志》（РЖ）、日本《日本科学技术振兴机构》（JST）、美国 EBSCO 学术数据库、英国《动物学记录》（ZR）、美国《数学评论》（MR）、奥地利《国际原子能信息系统》

（INIS）、美国地质数据库（GeoRef）、美国《乌利希期刊指南（网络版）》（Ulrichsweb）等收录。

近 10 年来先后获得"南粤先进出版单位奖""中国百杰学术期刊""中国精品科技期刊""中国高校优秀科技期刊一等奖""中国高校百佳科技期刊""广东省优秀期刊奖""庆祝中华人民共和国成立 70 周年精品期刊展""中国高校科技期刊优秀团队""中国高校科技期刊建设示范案例库·百佳期刊""中国高校科技期刊建设示范案例库·团队案例""广东省精品科技期刊""首届广东政府出版奖期刊奖""首届广东政府出版奖先进出版单位"等荣誉；入选 2020—2021 年度广东省高质量科技期刊建设项目。

杂志官网：http://xuebao.sysu.edu.cn。

自然科学版（中英文）

微信公众号二维码

B6 《中国神经精神疾病杂志》

杂志创刊于 1975 年,月刊,ISSN 1002-0152,CN 44-1213/R,主管单位为中华人民共和国教育部,主办单位为中山大学。

期刊关注以探索大脑秘密、攻克大脑疾病为导向的脑科学研究前沿,主要包括脑认知原理解析、认知障碍相关重大疾病、儿童青少年脑智发育、类脑计算与脑机智能等多个方面,聚焦我国以建立和发展人工智能技术为导向的类脑领域科学研究,设有方案与建议、罕见病专栏特色栏目。

现有名誉总编辑 10 人、主编 1 人、副主编 2 人、编委 131 人、顾问编委 70 人,其中包括中国工程院院士 1 名、国家卫生健康突出贡献中青年专家 2 人、政协北京市第十三届委员会委员 1 人、长江学者特聘教授 1 人、广东省"珠江学者"特聘教授 1 人、"广东省医学领军人才"1 人。主编曾进胜,中山大学附属第一医院副院长、神经科学学科带头人,教授、博士研究生导师,国家卫生健康突出贡献中青年专家,广东省"珠江学者"特聘教授,广东省重大神经疾病诊治研究重点实验室主任,中华医学会神经病学分会第八届委员会候任主任委员、广东省脑科学应用学会会长,主要从事脑血管病防治的临床和基础研究。

期刊已被中国科技期刊引证报告(核心版)、《中文核心期刊要目总览(2020年版)》、CSCD、WJCI、WPRIM、RCCSE 中国核心学术期刊、中国科技期刊精品数据库、中国生物学文摘、中国生物学文献数据库、美国《化学文摘(CA)》、CBMdisc 等收录。

近 10 年获评"中国高校科技期刊建设示范案例库优秀科技期刊""中国高校

百佳科技期刊"、第二、第三、第四届"中国精品科技期刊""第五届广东省优秀期刊奖"、第五、六届"广东省精品科技期刊""第七届广东省优秀科技期刊"等荣誉。入选 2020—2021 年度广东省高质量科技期刊建设项目。

杂志官网：www.zgsjjs.com。

微信公众号二维码

B7 《华南理工大学学报（自然科学版)》

杂志创刊于 1957 年，月刊，ISSN 1000 - 565X，CN 44 - 1251/T，主管单位为中华人民共和国教育部，主办单位为华南理工大学。

期刊坚持为国家重大战略服务、为广大科技工作者服务的宗旨；面向国内外科研人员，开放办刊，发表、报道自然科学各领域有重大科学价值的研究成果，设有电子、通信与自动控制技术；计算机科学与技术；材料科学与技术；土木建筑工程；交通运输工程；能源、动力与电气工程；机械工程；食品科学与技术；化学化工等栏目。

编委共 28 人，以自然科学领域各学科带头人为主，包括中国工程院院士、长江学者、国家杰青等。主编为王迎军，女，中国工程院院士，现任华南理工大学教授、博士研究生导师、国家人体组织功能重建工程技术研究中心主任，曾任华南理工大学党委书记、校长，从事生物医学材料领域的教学与科研工作，先后获国家科学技术发明二等奖、教育部自然科学一等奖各 1 项，广东省科学技术奖一等奖 1 项及国际发明展览会金奖银奖等 10 多项奖励。

期刊已被 EI Compendex、Scopus、INSPEC、EBSCO、CA、JST、CSCD 核心库、中国科学引文索引、中国科技期刊精品数据库等收录。

近十年来，获"中国国际影响力优秀学术期刊""第五届中国高校精品科技期刊奖""中国高校科技期刊优秀团队""广东省精品科技期刊""第五届广东省品牌期刊""广东省精品科技期刊""首届广东出版政府奖"，获教育部科技发展中心颁发的中国科技论文在线优秀期刊一等奖 1 次、二等奖 3 次、优秀组织单位奖 4 次；4 次获评中国高校科技期刊研究会颁发的"百佳科技期刊"。期刊入选 2020—2021 年度广东省高质量科技期刊建设项目。

杂志官网：https://zrb.bjb.scut.edu.cn。

微信公众号二维码

B8 《南方医科大学学报》

杂志创刊于 1981 年，月刊，ISSN 1673 – 4254，CN 44 – 1627/R，主管单位为广东省教育厅，主办单位为南方医科大学。期刊旨在推广最新医学研究成果，服务科研工作者。设有"基础研究""临床研究""技术与方法"等栏目。

编委团队共 124 人，主编为黎孟枫教授，南方医科大学党委副书记、校长，"长江学者"特聘教授，致力于恶性肿瘤和重症病毒感染的前沿基础与临床转化研究，主要聚焦上述两类疾病的非可控炎症机理，并在此基础上寻找肿瘤和病毒性疾病的新治疗靶点和早期诊断标志物。

期刊已被 PubMed、PubMed Central、CA、荷兰《医学文摘》（EMBASE）、Scopus、

《中文核心期刊要目总览（2020 年版）》、
CSCD、中国科技期刊引证报告（核心版）、
RCCSE 中国权威学术期刊等数据库收录。

2019 年入选"中国科技期刊卓越行动计划"项目；9 次获"百种中国杰出学术期刊"称号（2013—2020 年、2022 年）；连续 7 年获"中国国际影响力优秀学术期刊"（2016—2022 年）；多次获"中国高校杰出科技期刊"；"中国精品科技期刊顶尖学术论文（F5000）"项目来源期刊；2022 年获"首届广东出版政府奖"；入选 2020—2021 年度广东省高质量科技期刊建设项目。

微信公众号二维码

B9 《分析测试学报》

杂志创刊于 1982，月刊，ISSN 1004－4957，CN 44－1318/TH，主管单位为广东省科学院，主办单位为中国广州分析测试中心、中国分析测试协会。

《分析测试学报》刊登质谱学、光谱学、色谱学、波谱学、电子显微学及电化学等方面的分析测试新理论、新方法、新技术及其在各领域中的应用研究成果，反映国内外分析测试的进展和动态，设有"研究报告""实验技术与方法""综述"栏目。

编委团队共 65 人，其中外籍编委 2 名。主编为陈小明，中山大学教授，博士

研究生导师，"长江学者"特聘教授，2009年当选
为中国科学院院士。曾作为第一完成人获国家自然
科学奖二等奖1项和广东省自然科学奖一等奖2
项，并先后获得香港求是科技基金会"杰出青年学
者奖"、第五届"中国青年科技奖"，以及教育部
"全国优秀教师"等个人奖励。

期刊已被Scopus、CA、俄罗斯《文摘杂志》
（AJ）、英国《分析文摘》（AA）、日本《科学技术
文献速报》、《中文核心期刊要目总览（2020年
版）》、CNKI、《中国科技论文与引文数据库》（CSTPCD）、《中国科技期刊精品数
据库》、中国科技期刊引证报告（核心版）、CSCD等十几个国内外数据库收录。

近10年获"第四届中国精品科技期刊""第五届中国精品科技期刊""广东
省品牌期刊奖"荣誉，并3次获评"广东省精品科技期刊"。入选2020—2021年
度广东省高质量科技期刊建设项目。

杂志官网：http://www.fxcsxb.com。

微信公众号二维码

B10 《中山大学学报（医学科学版）》

杂志创刊于1980年，双月刊，ISSN 1672 - 3554，CN 44 - 1575/R，主管单位
为中华人民共和国教育部，主办单位为中山大学。

期刊旨在为医学学术交流、人才培养和科研成果传播而服务。设有"特约综
述""学术前沿"特色栏目。

编委团队含顾问委员 26 人，包含国内外知名专家、教授、院士；专家委员 80 人，覆盖医学各学科，包含国内知名专家、教授。主编为高国全教授，博士研究生导师，中山大学精准医学中心副主任，广东省生物化学与分子生物学会理事长，入选教育部首届新世纪优秀人才，广东省高等学校"千百十工程"国家级培养对象，"广东特支计划""百千万工程"领军人才，享受国务院政府津贴。

期刊现已被中国科技论文与引文数据库（CSTPCD）、CSCD、《中国学术期刊综合评价数据库》（CAJED）、美国剑桥科学文摘社 ProQuest 数据库（CSA）、CA、美国《乌利希期刊指南（网络版）》（Ulrichsweb）、WHO 西太平洋地区医学索引（WPRIM）、日本科学技术振兴机构数据库（JST）、国际原子能机构《国际核信息系统》（INIS）、俄罗斯《文摘杂志》（AJ）、CNKI、万方、维普、中国生物医学文献数据库（CBM）、中国台湾地区华艺 CEPS 中文电子期刊数据库及首席医学网等收录。

近十年来，获评科技部首批"中国精品科技期刊""百种中国杰出学术期刊"，3 次被教育部科技发展中心评选为"中国科技论文在线优秀期刊"，3 次获评中国高校百佳科技期刊，获评"2021 年度中国高校科技期刊建设示范案例库·团队案例""第七届广东省精品科技期刊"等荣誉，编辑部入选 2019 年中国高校科技期刊"优秀团队"，入选 2020—2021 年度广东省高质量科技期刊建设项目。

杂志官网：http://xuebao.sysu.edu.cn/Jweb_yxb/CN/1672-3554/home.shtml。

微信公众号二维码

B11 《中国病理生理杂志》

杂志创刊于 1985 年，月刊，ISSN 1000 – 4718，CN 44 – 1187/R，主管单位为中国科学技术协会，主办单位为中国病理生理学会。

期刊刊登病理生理学研究（包括实验研究和临床研究）方面的论著、专题综述、实验技术创新改进等，注重介绍疾病发病机制。设有"论著""短篇论著""综述""实验技术"特色栏目。

第八届编委会以韩启德院士为名誉主编，以陈国强院士、丛斌院士、董尔丹院士、付小兵院士、苏国辉院士，以及 Suisheng TANG、Xiaotian WANG、Yongxin LI 和朱毅等外籍专家为特邀常务编委，还有国内病理生理学领域（以及相关基础医学和临床医学领域）的资深专家和中青年专家组成强大的常务编委（57 人）和编委（47 人）团队。主编为陆大祥，二级教授，博士研究生导师，享受国务院政府特殊津贴，暨南大学原副校长，政协广东省第九、第十、第十一届常委，现任世界中医药学会联合会自然疗法研究会副会长、中国病理生理学会副理事长等，先后获教育部、卫生部等科技进步奖 10 多项，主要研究方向为脑功能与疾病、中西医结合防治危重病。期刊已被 CSCD、CNKI、万方、维普、超星、Scopus、美国 EBSCO、CA、日本科学技术振兴机构数据库（JST）、WHO 西太平洋地区医学索引（WPRIM）等数据库收录。入编《中文核心期刊要目总览（2020 年版）》，中国科技期刊引证报告（核心版），且 2013—2021 年连续 9 次在基础医学类综合排名第一。

荣获"百种中国杰出学术期刊"称号（2013—2021 年连续 9 次）；入选"中国精品科技期刊"（2014 年、2017 年和 2020 年）；2013 年、2015 年和 2017 年被评为"RCCSE 中国权威学术期刊"，2020 年被评为"RCCSE 中国核心学术期刊"；2016 年荣获中国（武汉）期刊交易博览会"2016 期刊数字影响力 100 强"（学术类期刊）称号；2015 年、2017 年和 2021 年被评为"广东省精品科技期刊"；2022 年获得"首届广东出版政府奖"；入选 2020—2021 年度广东省高质量科技期刊建设项目。

杂志官网：http://www.cjpp.net。

微信公众号二维码

B12 《大地构造与成矿学》

杂志创刊于 1977 年，双月刊，ISSN 1001 - 1552，CN 44 - 1595/P，主管单位为中国科学院，主办单位为中国科学院广州地球化学研究所。

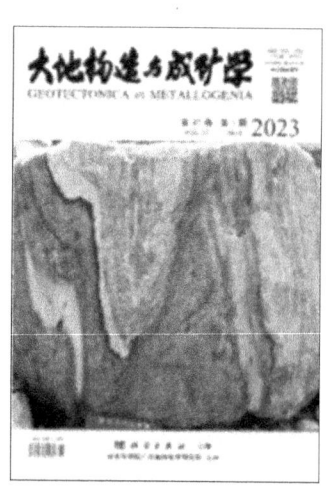

期刊以刊载构造地质及矿产资源等方面的最新研究成果为主要任务，以促进国内外地学学术交流、推动地球科学研究、活跃学术思想、为我国国民经济建设服务为目的。刊登内容涉及构造地质学、大地构造学、成矿学、岩石矿物与地球化学、地球动力学、大陆边缘地质和石油地质等多个学科和领域。

期刊现有 48 名编委，均为活跃在科研一线的专家，为期刊的学术把关和优质稿件贡献发挥着重要作用。为了对编委会进行有效补充，发挥年轻科学家们的积极性，于 2022 年成立了青年编委会，青年编委会由 46 名青年学者组成。主编团队由国内构造地质学、成矿学和岩石大地构造学领域优秀专家组成，其中包括 3 名院士，5 名国家杰出青年科学基金获得者。

期刊已被 EI、Scopus、《中文核心期刊要目总览（2020 年版）》、中国科技期刊引证报告（核心版）等数据库收录。2016 年、2017 年分别获广东省"第五届精品科技期刊""第六届精品科技期刊"称号，2018 年获"第五届广东省品牌期刊奖"称号；入选 2020—2021 年度广东省高质量科技期刊建设项目。

杂志官网：http://www.ddgzyckx.com/。

微信公众号二维码

B13 《华南农业大学学报》

杂志创刊于 1959 年，双月刊，ISSN 1001 – 411X，CN 44 – 1110/S，主管单位为华南农业大学，主办单位为华南农业大学。

期刊报道农（林）业各学科的最新科研成果，主要刊登动植物遗传育种、作物栽培、植物保护、动物科学与动物医学、水产科学、生物学、土壤科学、农业生态与环境科学、园艺学、食品科学、农业应用化学、农业机械工程和智能化、农业信息与电气工程等学科的科研学术论文、文献综述，设有"农业工程/作物遗传育种与栽培/植物保护"等特色栏目。

编委会成员共 54 人，主要为校内各学科的科研带头人，并吸收了 11 位校外知名专家；主编为刘雅红，华南农业大学校长，兽医学学科领军人物，从事兽医药理与毒理学研究，长期致力于解决我国畜牧业健康养殖发展过程中的"卡脖子"问题，在兽医病原微生物耐药性风险评估与控制、兽药残留与生态毒理、新兽药研制与临床评价等方面取得成绩。先后入选教育部"长江学者"特聘教授、国家杰出青年基金获得者、国家万人计划科技创新领军人才、国家"百千万"人才工程有突出贡献中青年专家、农业部科研杰出人才、广东省特支计划杰出人才和珠江学者特聘教授。

目前期刊已经被《中文核心期刊要目总览（2020年版）》、中国科技期刊引证报告（核心版）、CSCD、《中国核心期刊（遴选）数据库》、《中国期刊全文数据库》（CJFD）、《中国科技论文与引文数据库》（CSTPCD）、《万方数据库：中国核心期刊（遴选）数据库》、《中国科技论文统计源（中国科技核心期刊)》、《中国学术期刊综合评价数据库》（CAJCED）、《中文科技期刊数据库》、《世界期刊影响力指数（WJ-CI）报告（科技版)》、CA、美国《剑桥科学文摘：生物技术与生物工程》（CSA－BB）、EBSCO、Scopus、俄罗斯《文摘杂志》、日本《科学技术振兴机构数据库》（JST）、英国CAB Abstracts、英国《动物学记录》（ZR）、英国《食品科技文摘》（FSTA）、意大利《农业索引》《国际农业文献索引》（AGRIS）等收录。

2022年荣获中国农业期刊"融媒体先进集体"；2021年荣获"中国农业期刊领军期刊"；2018年荣获"广东省优秀期刊"；2016年、2018年、2020年、2022年荣获"中国高校百佳科技期刊"；2016年、2018年荣获"教育部中国科技论文在线优秀科技期刊一等奖"；2015年、2017年、2021年荣获第五、六、七届"广东省精品科技期刊"；2015年荣获"第三届中国高校科技期刊优秀网站奖"；2014年荣获"第五届中国高校优秀科技期刊"；入选2020—2021年度广东省高质量科技期刊建设项目。

官方网站：https://xuebao.scau.edu.cn/zr/hnny_ zr/home。

微信公众号二维码

B14 《润滑与密封》

杂志创刊于 1976 年，月刊，ISSN 0254 - 0150，CN 44 - 1260/TH，主管单位为中国科学技术协会，主办单位为中国机械工程学会、广州机械科学研究院有限公司。

期刊主要报道机械工程领域摩擦学学科（包括摩擦、磨损、润滑、密封）的基础理论研究、工程技术应用的优秀科研成果，是国内摩擦学知识传播交流的重要平台。设有"试验研究""开发应用""技术探讨""技术讲座""综述与分析""企业论坛"等特色栏目。

编委会由温诗铸、谢友柏、王玉明、雒建斌、严新平、葛世荣、杜如虚 7 位院士领衔的 50 位国内外专家组成，其中中国矿业大学葛世荣院士担任编委会主任，编委会成员来自清华大学、上海交通大学、西安交通大学、浙江大学、武汉理工大学等国内著名高校，此外，还有来自澳大利亚新南威尔士大学机械与制造工程学院 Z. Peng 教授、日本东京理科大学机械工程学院佐佐木教授和美国 Rtec Instruments，Inc. 的肖军高级工程师。主编为贺石中，教授级高级工程师，广州机械科学研究院有限公司副总工程师，机械装备润滑磨损监测诊断与智能运维工程科技专家。荣获"2016 年中央企业熠星创新创意大赛一等奖"、工信部"2019 年首届工业互联网大赛二等奖""2019 年度中国机械工业集团科技进步二等奖"及"2020 年度广东省科学技术奖二等奖"。

期刊目前已被 CSCD、CA、JST 日本科学技术振兴机构数据库、美国 EBSCO 数据库收录。

2015 年、2017 年获"广东省优秀科技期刊"称号，2018 年获"广东省优秀期刊"称号，2019 年、2020 年、2021 年、2022 年获"中国机械工程学会优秀论文"，2020 年、2022 年获"中国机械工业集团优秀科技期刊"称号，2021 年获"第七届广东省精品科技期刊"称号，2022 年荣获"机械工业科学技术进步三等奖"，2022 年获"中国石油和化工自动化行业优秀科技期刊二等奖"，入选 2020—2021 年度广东省高质量科技期刊建设项目。

官方网站：www.rhymf.com.cn。

微信公众号二维码

B15 《中华胃肠外科杂志》

杂志创刊于 1998 年，月刊，ISSN 1671 - 0274，CN 44 - 1530/R，主管单位为中国科学技术协会，主办单位为中华医学会、中山大学。

期刊的办刊宗旨为执行理论与实践相结合、普及与提高相结合的方针，全面系统地反映国内外胃肠外科领域的学术动态，促进我国胃肠外科的学科发展和学术交流。

第六届编委会由 110 位编委、60 位通讯编委以及 9 位顾问组成，均为学术领域的知名专家，其中副总编辑 10 名。主编为兰平教

授、中山大学副校长、广东省胃肠病学研究所所长，国家重点研发计划项目首席科学家、国务院特殊津贴获得者、卫生部有突出贡献中青年专家、"南粤百杰"人才。

期刊目前已被中国科技论文统计源期刊、中国科技期刊引证报告（核心版）、CSCD、MEDLINE、Scopus、《科技期刊世界影响力指数（WJCI）报告》收录。

近十年来，连续两年获得中国科协"全国学会期刊出版能力提升计划"项目；获广东省首批高水平科技期刊建设项目资助；获评中国高校科技期刊建设示范案例库"百佳科技期刊"；连续三年荣获"中国百种杰出学术期刊"，获得第四期"中国科协精品科技期刊工程"的"学术质量提升项目"资助，连续三届入选"中国精品科技期刊"，获评中华医学会杂志社"期刊管理优秀奖"，在中华医学会杂志社第七届劳动技能大赛全国总决赛获得三等奖；2020 年在中华医学会系列杂志审读中获得法定计量单位审读优胜奖；入选 2020—2021 年度广东省高质量科技期刊建设项目。

杂志官网：https://zhwcwkzz.yiigle.com/。

微信公众号二维码

B16 《控制理论与应用》

杂志创刊于 1984 年，月刊，ISSN 1000-8152，CN 44-1240/TP，主管单位为中华人民共和国教育部，主办单位为华南理工大学、中国科学院数学与系统科学研究院。期刊旨在促进国内外学术交流，推动我国自动控制理论与应用技术的发展，为我国社会主义建设服务。

编委会由来自中国、美国、法国、加拿大、新加坡 5 个国家的享有学术声誉的 99 位专家学者组成，其中院士 17 人（中国两院院士 14 人、美国国家工程院院士 1 人、发达国家科学院/工程院院士 2 人），国际编委 7 人。主编为裴海龙，华南理工大学自动化科学与工程学院常务副院长，国务院特殊津贴专家，广东省政协委员，"自主系统与网络控制"教育部重点实验室主任，广东省无人机系统工程技术研究中心主任，主要从事智能无人系统设计、非线性控制与智能机器人控制方向的研究与开发。

期刊目前已被 EI、SCOUPS、CSCD、CA、Inspec、德国《数学文摘》、俄罗斯《文摘杂志》（AJ）、《日本科学技术振兴机构中国文献数据库》等国际检索系统收录，入编《中文核心期刊要目总览（2020 年版）》。

近十年，连续获评"中国精品科技期刊""中国国际影响力优秀期刊""中国高校百佳科技期刊"等；2022 年、2023 年获得国家自然科学基金资助，在信息科学与系统科学领域学术指标排名第四；入选 2020—2021 年度广东省高质量科技期刊建设项目。

杂志官网：http://jcta.alljournals.ac.cn/cta_cn/ch/index.aspx。

微信公众号二维码

B17 《暨南大学学报（自然科学与医学版)》

杂志创刊于 1936 年，双月刊，ISSN 1000 - 9965，CN 46 - 257，主管单位为广东省教育厅，主办单位为暨南大学。

期刊以"面向国家重大需求、面向人民生命健康"为导向，聚焦报道生命科学与医学领域的前沿研究和临床实践研究成果，设有"预防医学与公共卫生""医学影像与人工智能""生物医用材料"等特色栏目。

编委会现有 16 名委员，主编陈林教授，为"国家万人计划"青年拔尖人才、"珠江学者"特聘教授、博士研究生导师、中国工业经济学会理事、广州市人民政府决策咨询专家，同时担任《暨南学报（哲学社会科学版)》的主编。副主编张齐好，研究员，博士研究生导师，获广东省科技进步二等奖、国家产学研合作一等奖和发明创新奖等奖励，担任广东省药品监督管理局药品注册许可专家。编委会主任为洪岸教授，暨南大学副校长，长期从事基因工程药物及其关键技术研究，特别是细胞因子和多肽，主要围绕 FGFs、FGFRs 受体及其功能开展研究。

期刊被《中文核心期刊要目总览》、中国科技期刊引证报告（核心版）、科技期刊世界影响力指数（WJCI）报告收录。

近十年荣获 2022 年度中国高校科技期刊建设示范案例库"百佳科技期刊"；2020 年度"中国高校百佳科技期刊奖"；2019 年获中国期刊协会荣誉证书；2017 年获第六届"广东省优秀科技期刊奖"；2017 年获第四届"中国高校科技期刊优秀网站奖"；2016 年获年度"中国高校优秀科技期刊"奖；2014 年获年度"中国科技论文在线优秀期刊"；2014 年获第五届"中国高校优秀期刊奖"；入选 2020—2021 年度广东省高质量科技期刊建设项目。

微信公众号二维码

杂志官网：https://jnxb.jnu.edu.cn/zrb/CN/home。

B18 《实用医学杂志》

杂志创刊于 1972 年，半月刊，ISSN 1006–5725，CN 44–1193/R，主管单位为广东省卫生健康委员会，主办单位为广东省医学学术交流中心（广东省医学情报研究所）。

期刊旨在传播医学新理论，交流医学新技术，为推动学术进步服务。按照理论与实际应用相结合的原则，着重报道具有创新性和临床转化前瞻的基础研究论文、临床创新科研论文及医学最新研究成果、医学新技术、新动态等。设有"述评""专题笔谈""专题报道"等。

第七届编辑委员会由钟南山、曾益新、钟世镇、侯凡凡 4 名院士作为名誉顾问牵头，下设主任委员 1 名，副主任委员 10 名，主编 1 名，常务副主编 1 名，常务编委 90 名，编委 66 名及英文编委 7 名。主编为李国营，二级教授、医学博士、研究生导师、美国哈佛大学医学院访问学者、广东省"千百十"人才工程省级重点培养对象。曾任广东药科大学基础学院院长、党委书记，广东省生命文化学会副理事长、广东省解剖学会常务理事。获广东省科技进步三等奖，发表学术论文近百篇。现任广东省医学会副会长兼秘书长，广东省医学学术交流中心（广东省医学情报研究所）党委书记、主任。

期刊已被《中文核心期刊要目总览（2020 年版）》、中国科技期刊引证报告（核心版）、《世界影响力指数（WJCI）报告》、CNKI、维普资讯、万方、CBM 数据库及超星数字图书馆工程、CA、美国艾博思科（EBSCO）学术数据库、日本科学技术振兴机构数据库（JST）及 WHO 西太平洋地区医学索引（WPRIM）等收录。

2015 年获评百种中国杰出学术期刊；连续四届获评中国精品科技期刊；RCCSE 中国核心学术期刊（A＋）；连续三届获评"广东省精品科技期刊"；连续四届获评"广东省优秀期刊"；入选 2020—2021 年度广东省高质量科技期刊建设项目。

杂志官网：www.syyxzz.com。

微信公众号二维码

B19 《中华肾脏病杂志》

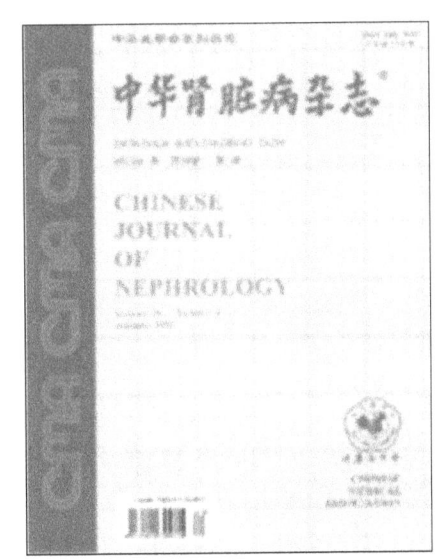

杂志创刊于 1985 年，月刊，ISSN 1001－7097，CN 44－1217/R，主管单位为中国科学技术协会，主办单位为中华医学会。期刊旨在贯彻党和国家的卫生工作方针政策，贯彻理论与实践、普及与提高相结合的方针，反映我国肾脏病临床和基础科研工作的重大进展，促进国内外肾脏病学术交流。设有"专家共识"和"临床指南"栏目。

编委会共 101 人，总编辑为余学清教授、博士研究生导师；现任广东省人民医院（广东省医学科学院）院长、党委副书记，教育部"长江学者"特聘教授、国家杰出青年基金获得者、国家"百千万工程"有突出贡献的中青年专家，教育部跨世纪优秀人才、卫生部有突出贡献中青年专家、中国医师奖、全国"五一劳动奖章"获得者、广东省特聘教授—珠江学者，广东省南粤百杰人才，建设了国际领先水平的腹膜透析中心，患者及技术存活率均居世界先进水平，被誉为"广州模式"；国际著名期刊《柳叶刀》称之为"中国肾脏学发展的引擎"，在《柳叶刀》向全世界介绍"如何建设成功的腹膜透析中心：中国经验"。

期刊目前已被中国科技期刊引证报告（核心版）、《中文核心期刊要目总览（2020 年版）》、CSCD、CA、Scopus、中国科技论文与引文数据库（CSTPCD）、《世界期刊影响力指数（WJCI）报告（2021）》、WHO 西太区医学索引（WPRIM）、中国生物医学文献数据库、中华医学期刊全文数据库等数据库收录。

连续 5 次获评为"中国精品科技期刊"（第 1—5 届）；2021 年获评"第七届广东省精品科技期刊"；荣获 2014、2016、2020 年度"百种中国杰出学术期刊"称号；2022 年获评《中华医学杂志》社有限责任公司高影响力期刊和《中华医学杂志》社有限责任公司期刊进步奖；入选 2020—2021 年度广东省高质量科技期刊建设项目。

杂志官网：www.cjn.org.cn；http://zhszbzz.yiigle.com/。

微信公众号二维码

B20 《中华显微外科杂志》

杂志创刊于 1978 年，双月刊，ISSN 1001 - 2036，CN 44 - 1206/R，主管单位为中国科学技术协会，主办单位为中华医学会。

期刊以显微外科专业为主要报道内容，交流和推广显微外科领域的新成果新技术和新经验；进一步提高我国显微外科技术水平，促进本专业学科的发展，使我国显微外科专业技术继续保持在世界的领先地位。设有"专家共识""世界显微

外科大师""中国显微外科先驱""显微外科
大师访谈录"等特色栏目。

期刊编委会编委、通讯和特约编委共 200
多位，集中了我国显微外科学界及相关学科的
院士、著名专家及部分国外和我国港台知名专
家。现任总编为顾立强教授，中山大学附属第
一医院显微创伤手外科荣誉首席专家，教授、
主任医师，博士研究生导师，中华医学会显微
外科学分会第十届主任委员，中国医师协会手
外科学分会常委，中国康复医学会修复重建外
科专业委员会副主任委员。从事创伤骨科、显微外科、手外科医教研工作 35 年，
在周围神经及臂丛损伤、肢体创伤与畸形的显微修复与功能重建、功能性肌肉移
植研究方面具有特色。2018 年获中国康复医学会修复重建外科专业委员会"杰出
贡献奖"。2019 年获国际矫形外科及创伤学会（SICOT）中国部"杰出贡献奖"。
2022 年获第五届人民名医"人民名医·卓越建树"荣誉。

本刊为《中文核心期刊要目总览（2020 年版）》、中国科技期刊引证报告（核
心版）、CSCD 核心期刊，国内所有检索系统和数据库认定为来源期刊和收录，被
西太平洋地区医学索引（WPRIM）、JST China、Scopus 收录。

近十年来，2 次获"中国科协优秀学术期刊"三等奖，多次获"中华医学会
优秀期刊"三等奖，连续四届获"广东省优秀期刊奖"，2015 年荣获广东省精品
科技期刊奖，获 2020 年度、2021 年度、2022 年度中华医学会系列杂志"科学设
计与统计学审读优胜奖""法定计量单位审读优胜奖"和
"参考文献优胜奖"等多项奖项，2021 年荣获第七届"广
东省精品科技期刊奖"；入选 2023 年度广东省高质量科技
期刊建设项目。

微信公众号二维码

杂志官网：https://zhxwwkzz.yiigle.com。

B22 《口腔疾病防治》

杂志创刊于 1993 年，月刊，pISSN 2096 - 1456，eISSN 2097 - 0234，CN 44 - 1724/R，主管单位为广东省卫生健康委员会，主办单位为南方医科大学口腔医院、广东省牙病防治指导中心。

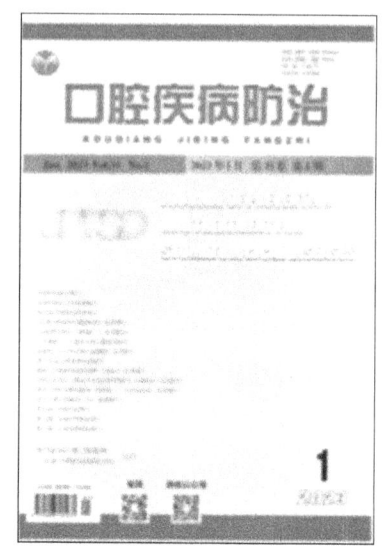

期刊面向临床、面向基层、面向预防，反映口腔医学进展和口腔疾病预防新成果、新技术、新经验，服务口腔疾病预防治疗领域学术交流和口腔疾病防控工作。设有"专家论坛""基础研究""临床研究""防治实践""综述"栏目。

第七届编委会由学术顾问、编委共 190 名国内外著名的口腔医学专家组成。现任主编为邵龙泉：二级教授、主任医师、博士研究生导师、博士后合作导师、国家"百千万"人才工程国家级人选，国家有突出贡献中青年专家，享受国务院政府特殊津贴，广东省高等学校"千百十工程"省级培养人才，美国罗马琳达大学牙学院访问学者，广州市"青年科技人员托举工程"导师，爱思唯尔中国高被引学者，入选全球顶尖前十万名科学家排行榜。主持国家"十三五"重点专项课题 1 项，国家自然科学基金 7 项。以第一完成人的身份获得广东省科技进步二等奖 1 项、中国整形美容协会科学技术奖创新奖 1 项、广东医学科技奖二等奖 1 项、中华口腔医学会科技奖三等奖 1 项。

本刊已被中国科技期刊引证报告（核心版）、中国科技论文统计源期刊、RCCSE 中国核心学术期刊、《中国生物医学文献数据库》、《中国学术期刊（网络版）》、万方、维普网《中文科技期刊数据库》、Scopus、Embase、DOAJ、WHO《西太平洋地区医学索引》（WPRIM）、美国《乌科希期刊指南（网络版）》（Ulrichsweb）、瑞士 HINARI 数据库、波兰《哥白尼索引》、日本科学技术振兴机构数据库（JST）收录。

近十年来，期刊荣获"中华预防医学会系列杂志编辑质量奖"、第五届"广东省优秀期刊"、第六、七届"广东省优秀科技期刊"、中国高校科技期刊建设示范案例库"优秀科技期刊"等荣誉；入选 2023 年度广东省高质量科技期刊建设项目。

杂志官网：www.kqjbfz.com。

微信公众号二维码

B23　*GigaScience*

杂志创刊于 2012 年，月刊，ISSN 2047 - 217X，主管单位为深圳市科技创新委员会，主办单位为深圳华大基因科技有限公司。*Giga-Science* 是全球第一本生物类数据期刊，主要发表生命科学和医学领域的大数据研究，包括组学和其他高通量生物学研究，如影像学、神经科学、生态学和网络数据，以及系统生物学和其他新的大数据类型研究，同时也发表大数据分析相关的软件、工具和工作流等。

现拥有来自 15 个国家和地区的世界顶级编委团队（共 46 人），均已在领域内取得杰

出成就：Stephen J. O'Brien 为美国国家科学院院士，俄罗斯科学院外籍院士，是 20 世纪 80 年代创造"基因组学"一词的人之一，也是 Genome 10K 项目的创始人；Richard Durbin 为剑桥大学遗传学教授，作为人类基因组项目的首席信息学家和千人基因组计划的联合创始人，也是欧洲高被引科学家之一；Eimear Kenny 为纽约西奈山伊坎医学院医学与遗传学教授兼基因组健康研究所创始主任，美国人类遗传学学会"青年科学家奖"获得者；Katherine Belov 为悉尼大学比较基因组学教授兼副校长，澳大利亚科学院院士、澳大利亚勋章官、澳大利亚科学院"芬纳勋章"和澳大利亚遗传学学会"罗斯—克罗泽勋章"获得者；Carole Goble 为曼彻斯特大学计算机科学教授，英国皇家工程院院士，第一届微软研究—金·格雷电子科学奖获得者，"大英帝国"勋章获得者。主编 Scott Edmunds，博士毕业于英国帝国理工学院生物化学专业，曾在知名出版社 BMC 担任高级学术编辑和 Dryad 副主席。

期刊目前已被 SCI（2022 年影响因子 9.2）、CNKI、DOAJ、MEDLINE、PubMed、PubMed Central、Scopus、Google Scholar、Chemistry Abstracts Service 和 EMBASE 等国际主流数据库收录。

2018 年，期刊荣获美国出版商协会（AAP）颁发的 PROSE "期刊出版创新奖"，成为国内唯一获得该奖项的期刊。期刊入选 2023 年度广东省高质量科技期刊建设项目。

杂志官网：https：//academic.oup.com/gigascience。

微信公众号二维码

B24 《生态环境学报》

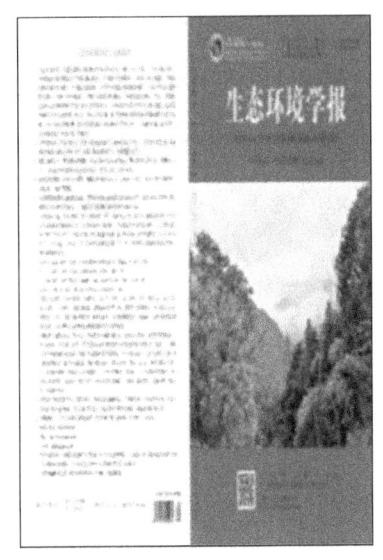

杂志创刊于 1992 年，月刊，ISSN 1674 – 5906，CN 44 –1661/X，主管单位为广东省科学技术协会，主办单位为广东省土壤学会，广东省科学院生态环境与土壤研究所。本刊围绕国家生态文明建设等重大战略需求，聚焦生态环境领域前沿基础研究，坚持以创新水平和科学价值引导高质量学术论文的发表，深度报道具有原创性和战略性的科学前沿成果，实现学术引领。策划有新污染物防治专题。

编委会共有 70 位委员，其中有 27 位编委为国家杰出青年基金项目获得者，8 位编委获得教育部"长江学者"荣誉称号。第一届青年编委会共有 102 位优秀的科研工作者，有 17 位为国家优秀青年科学基金项目获得者（包含海外项目），3 位为国家青年拔尖人才支持计划项目获得者。现任主编为中国科学院陶澍院士，北京大学城市与环境学院博雅讲席教授、博士研究生导师，南方科技大学环境科学与工程学院讲席教授，主要从事微量有毒污染物排放，行为、归趋和效应等区域尺度环境过程的研究，重点研究全球污染物排放清单、污染物迁移和暴露模拟以及农村生活源污染物生成和对室内外空气质量及健康影响等。现任执行主编为李芳柏研究员，广东省科学院生态环境与土壤研究所现任所长，曾获国家自然科学杰出青年基金资助、入选广东省第六届"杰出人才"、"百千万"人才工程国家级人选，兼任国家"十三五"重大研发计划项目首席科学家、农田土壤污染防控与修复技术国家工程实验室副主任、国家农产品产地重金属污染综合防治协同创新联盟副理事长。获第十届"中国青年科技奖"1 次，"广东省科学技术一等奖"3 次、"中国专利优秀奖"2 次及"第十届大北农科技奖环境工程奖"1 次。

期刊现已被《中文核心期刊要目总览（2020 年版）》、中国科技期刊引证报告（核心版）、CSCD 核心库、日本科学技术振兴机构数据库（JST）等收录。

多次荣获"中国国际影响力优秀学术期刊""中国精品科技期刊""广东省优秀期刊""广东省优秀科技期刊""广东省精品科技期刊"。入选 2023 年度广东省高质量科技期刊建设项目。

杂志官网：www.jeesci.com。

微信公众号二维码

B25 《隧道建设（中英文）》

杂志创刊于 1981 年，月刊，ISSN 2096 - 4498，CN 44 - 1745/U，主管单位为中铁隧道局集团有限公司，主办单位为中铁隧道勘察设计研究院有限公司。

期刊旨在为我国经济建设服务，为读者和作者服务，培养隧道及地下工程领域人才，为促进隧道及地下工程技术交流与进步服务。设有"专家论坛""综述""研究与探索""规划与设计""施工技术""施工机械""监控与维护""典型工程""数据统计""行业资讯"等栏目。

由 171 位国内外隧道及地下工程知名专家学者组成编委会、36 位行业青年专家组成青年编委会，其中，有 26 位中国两院院士、12 位国际编委，还有多位全国工程勘察设计大师、长江学者、国家百千万人才获得者、国务院政府特殊津贴专家。何华武院士任编委会名誉主任，陈湘生院士任期刊名誉主编。主编为洪开荣，工学博士，正高级工程师，先后荣获中组部、人社部授予的国家高层次人才特殊支持计划领军人才、国家"百千万"人才工程有突出贡献中青年专家、全国劳动模范、国务院特殊津贴专家、中原学者等国家级和河南省荣誉称号，现任中铁隧道局集团总工程师、盾构及掘进技术国家重点实验室主任、中国土木工程学会隧道及地下工程分会常务理事及秘书长、中国岩石力学与工程学会常务理事。

本刊已被 CSCD、《中文核心期刊要目总览（2020 年版）》、中国科技期刊引证报告（核心版）、RCCSE 中国核心学术期刊、世界期刊影响力指数报告 WJCI（科技版）、《中文精品科技学术期刊外文版数字出版工程》收录；在国际上已被 Scopus、EBSCO、《日本科学技术振兴机构数据库（中国）》、俄罗斯《文摘杂志》（AJ）、美国《剑桥科学文摘》等数据库收录。

入选 2023 年度广东省高质量科技期刊建设项目。

杂志官网：www.suidaojs.com。

微信公众号二维码

B26 *Advanced Industrial and Engineering Polymer Research*
（《先进工业和工程聚合物研究》）

杂志创刊于 2018 年，季刊，英文，ISSN 2542 – 5048，主办单位为金发科技股份有限公司。

期刊业务范围聚焦于发表高分子聚合物及相关领域高水平的原创文章，致力于发布聚合物及相关领域的创新性前沿成果，解决学术和产业领域的瓶颈问题；

主要领域包括但不限于：聚合物共混改性、聚合物复合材料、高性能聚合物及添加剂的制备和应用、聚合物加工技术及设备、聚合物流变及成型模拟、生物降解和可再生聚合物、聚合物的表征和测试方法等相关研究。

期刊组建了 23 人的编委会队伍和 8 人的顾问委员会队伍，编委来自全球十个国家，国际编委比例为 52.2%，每个聚合物技术领域都配备了相应的编委或地区编委；其中不乏高分子工业的标志性人物、各国院士、国际纯粹与应用化学联合会（IUPAC）主席等领域内翘楚。主编黄险波博士，现任塑料改性与加工国家工程实验室主任、高分子材料资源高质化利用国家重点实验室主任、金发科技股份有限公司首席技术专家，长期从事塑料改性与加工、特种工程塑料与纤维增强热塑性复合材料的技术开发及产业化工作。先后主持设计实施并主导建成年产 150 万吨亚太地区最大改性塑料生产基地。其成果获国家科技进步二等奖 3 项，获省部级技术发明一等奖、科技进步一等奖各 1 项；申请专利 116 项，授权并实施专利 84 项，发表论文 41 篇，出版专著 3 部；先后获"何梁何利基金科学与技术创新奖"、中华国际科学交流基金会"杰出工程师""丁颖科技奖""南粤百杰人才""广州市科学技术突出贡献奖""全国五一劳动奖章"等荣誉。

期刊已被 Scopus、Ei Compendex、CAS、DOAJ 和 INSPEC 等国际权威数据库收录。入选 2023 年度广东省高质量科技期刊建设项目。

杂志官网：https://www.keaipublishing.com/en/journals/advanced-industrial-and-engineering-polymer-research。

B27 *Mycosphere*

杂志创刊于 2010 年，半年刊，ISSN 2077 – 7019，主办单位仲恺农业工程学院。

期刊以发表菌物学科高水平创新性研究成果，促进菌物学发展和国际学术交流为宗旨。设有以科级以上分类单元的系统分类探讨特色栏目。

由 Jayawardena R. S. 教授担任主编，Hyde K. D. 教授担任学术顾问，仲恺农业工程学院程萍教授担任行政主编、徐彪教授担任执行主编，编委人员包括来自美国、加拿大、法国、德国等菌物学界的 45 名科学家。主编 Jayawardena R. S. 为泰国皇太后大学菌物卓越研究中心研究员，H 因子 47，入选 2021 年度全球前 2% 顶尖科学家"年度科学影响力"榜单。

期刊已被 SCI 数据库收录（2022 年影响因子 14.6001）。入选 2023 年度广东省高质量科技期刊建设项目。

杂志官网：https://www.mycosphere.org/。

B28 《新医学》

杂志创刊于 1969 年，月刊，ISSN 0253 – 9802，CN 44 – 1211/R，主管单位为中华人民共和国教育部，主办单位为中山大学。

期刊旨在通过形式多样的栏目帮助读者掌握医学新信息，提高诊疗水平。以基础研究与临床医学紧密结合为宗旨，涵盖临床医学各学科的新理论、新知识、新诊疗技术。设有"述评""综合病例研究"特色栏目。

编委会成员 57 人，为全国各地高水平医学专家，并定期招收有学术潜力的青年编委，现共有青年编委 52 人。主编为杨钦泰教授、主任医师、博士研究生导师，中山大学研究生院副院长、中山大学附属第三医院副院长、耳鼻咽喉头颈外科和变态反应（过敏）科学科带头人。主持国家自然科学基金等项目 20 多项，入选 2018 广东省杰出青年医学人才。

期刊已被中国科技期刊引证报告（核心版）、DOAJ、日本科学技术振兴机构数据库（JST）、CA、美国全学科学术全文数据库（EBSCO）、哥白尼索引期刊数据库（ICI World of Journals）、万方数据——数字化期刊群、CNKI、中文科技期刊数据库、SciEngine 等数据库收录。

近十年来，3 次获评"广东省优秀科技期刊"，2020 年获"中国高校优秀科技期刊"荣誉称号。2019 年入选"庆祝中华人民共和国成立 70 周年精品期刊展"，2022 年荣获"中国高校科技期刊建设示范案例库优秀科技期刊"称号，入选 2023 年度广东省高质量科技期刊建设项目。

杂志官网：www.xinyixue.cn。

微信公众号二维码

B29 《器官移植》

杂志创刊于 2010 年，双月刊，ISSN 1674 - 7445，CN 44 - 1665/R，主管单位中华人民共和国教育部，主办单位中山大学。

期刊报道国内外器官移植领域最新科研成果、临床诊疗经验，促进国内外器官移植学术交流，坚持尊重科学、实事求是和百家争鸣的方针，设有"指南与共识""诊疗规范""述评""专家论坛""移植前沿""论著""综述""捐献之窗"等栏目。

编委团队由器官移植领域医学临床、科研等方面的专家学者组成，全面负责杂志质量的学术指导。总编辑 1 名，顾问 14 名，名誉总编辑 6 名，副总编辑 10 名，常务编委 72 名，编委 284 名，通讯编委 25 名。现任主编陈规划教授、主任医师、博士研究生导师，中山大学附属第三医院荣誉院长，器官移植科学科带头人，广东省器官移植研究中心主任，获国家科学技术进步奖二等奖 1 次，教育部科学技术进步奖（推广类）一等奖 2 次，广东省科学技术进步奖一等奖 4 次，中

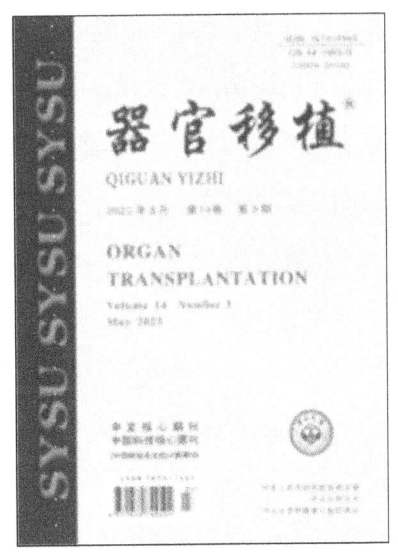

华人民共和国成立 70 周年纪念章获得者，获中国医师奖、中国医院突出贡献优秀院长奖、柯麟医学奖、丁颖科技奖、广东省医学会"突出贡献专家"奖，荣获"卫生部有突出贡献中青年专家"和"全国卫生系统先进工作者"荣誉称号，享受国务院特殊津贴，长期以来致力于中国肝移植事业的发展，是临床肝脏移植主要推动者和国家规范的主要制定者之一，是国内多个肝脏移植术式的首创者，也是国内完成肝脏移植手术例数最多的手术者之一，为我国器官移植的发展起到关键的开拓作用。

期刊已被《中文核心期刊要目总览（2020 年版）》、中国科技期刊引证报告（核心版）、CSCD、美国《史蒂芬斯数据库》（EBSCOhost）、日本科学技术振兴机构数据库（JST）、西太平洋地区医学索引（WPRIM）、CA、美国《剑桥科学文摘（生物科学）》、美国《乌利希期刊指南》、"万方数据——数字化期刊群"、中文科技期刊数据库、CNKI、中文生物医学期刊数据库（CMCC）、华艺线上图书馆、超星期刊域出版平台收录。

近十年来，期刊获得"中国高校特色科技期刊奖""中国高校编辑出版质量优秀科技期刊""2020 年度中国高校科技期刊建设示范案例库优秀科技期刊""2021

年度中国高校科技期刊建设示范案例库·编辑案例""2022 年度中国高校科技期刊建设示范案例库百佳科技期刊""广东省优秀科技期刊""广东省优秀期刊等"等荣誉，入选 2023 年度广东省高质量科技期刊建设项目。

杂志官网：www.organtranspl.com。

微信公众号二维码